디트리히 본회퍼의
타자를 위한 교회

디트리히 본회퍼의
타자를 위한 교회

2018년 3월 20일 초판 1쇄 발행
2019년 1월 10일 초판 2쇄 발행

지은이 | 김성호
펴낸이 | 김영호
편 집 | 박연숙 디자인 | 황경실 관 리 | 이영주
펴낸곳 | 도서출판 동연
등 록 | 제1-1383호(1992. 6. 12)
주 소 | 서울시 마포구 월드컵로 163-3
전 화 | (02)335-2630
전 송 | (02)335-2640
이메일 | yh4321@gmail.com

Copyright ⓒ 김성호, 2018

이 책은 저작권법에 따라 보호받는 저작물이므로
무단 전재와 복제를 금합니다.
잘못된 책은 바꾸어드립니다.
책값은 뒤표지에 있습니다.

ISBN 978-89-6447-399-3 93200

이 저서는 2014년 정부(교육부)의 재원으로 한국연구재단의 지원을 받아 수행된 연구임
(NRF-2014S1A6A4025830)
This work was supported by the National Research Foundation of Korea Grant funded
by the Korean Government (NRF-2014S1A6A4025830)

Dietrich Bonhoeffers Kirche für andere

디트리히 본회퍼의
타자를 위한 교회

김성호 지음

동연

나의 참 스승 라인홀드 모크로쉬 교수님과
오랜 친구인 일제 퇴트 박사님께 이 책을 드립니다.

Prof. Dr. Reinhold Mokrosch und Dr. Ilse Toedt zugeeignet

추 천 의 글

　우리가 교회(church)라고 명명할 수 있는 공동체에 대한 본회퍼의 사상을 연구하는 것은 매우 가치 있는 일입니다.

　디트리히 본회퍼(1906-1945)는 신학생 시절에, 신학적 개념이 인간존재의 상호관련성 혹은 사회성(sociality)과 관련이 있다는 사실을 깨달았습니다. 자기 스스로의 인격적인 실존 안에서 말 걸음의 현실은, 자신과 타자가 이러한 말 걸음을 통해 서로 속해 있다는 사실을 깨닫게 합니다.

　주님의 말씀(logos)은 교회 공동체를 세우시고, 교회 공동체 안에서의 삶으로 초청하십니다. 성서에서 이러한 현실이 증명되었다는 것을 발견한 이들은, 그들의 일상에서 공동체로의 부르심에 응답하는 삶을 함께 마련하고, 그렇게 살아가기 위해 노력합니다. 이는 타자를 자기 자신에게 쏟는 관심 보다 더 존귀하게 여기고(빌립보서 2:3-4), 예수 그리스도께서 그러셨던 것처럼 타자의 요구 앞에 자신의 요구를 양보하고 굴복시키는 것을 의미합니다.

　독일에서 본회퍼를 연구한 이래로 김성호 박사는 나와 계속해서 연락을 주고 받고 있습니다. 김 박사의 박사학위 논문 중에서 특히 초기 본회퍼의 학제간의 연구에 대한 깊이 있는 연구 덕분에 저 또한 많이 배울 수 있었습니다. 김 박사가 연구한 초기 본회퍼의 논문은 가시적인 거룩한 공동체(Communio Sanctorum)의 신학적 이해를 위한 철학과 사회학에 대한 폭넓은 학문적인 지식을 응용했던 논문이었으며, 본회퍼의 박사학위 논문인 『성도의 교제』였습니다.

나의 오랜 친구인 김성호 박사의 『디트리히 본회퍼의 타자를 위한 교회』 출판을 진심으로 축하드립니다. 이 책이 한국에서 본회퍼의 '타자' 개념과 교회이해를 위한 연구서로 널리 사용되기를 소원합니다.

2017년 여름 북반구에서

일제 퇴트(Dr. Ilse Toedt) 박사
하이델베르크의 학제간 연구의 개신교 연구소, FEST의 회원
디트리히 본회퍼 전집(*Dietrich Bonhoeffer Werke*) 편집위원

추천의 글

디트리히 본회퍼(1906-1945)는 그리스도의 증인으로서 독일의 나치하에서 히틀러를 제거 하려다가 뜻을 이루지 못하고 사형당한 순교자이다. 본회퍼 신학의 중심은 그리스도와 교회이다. 본회퍼는 정의와 평화를 위한 교회와 그리스도인의 책임을 강조하였다.

본회퍼는 옥중에서 예수 그리스도를 가리켜 "타자를 위한 존재 예수"라고 하였고, 교회를 타자를 위한 교회(Kirche für andere)라고 하였다. 그는 "교회는 타자를 위해 존재할 때 교회가 된다"고 하였다. "타자를 위한 교회"의 사상은 제2차 대전 후 세계교회가 나아갈 방향을 제시한 이정표가 되었다. "타자를 위한 교회"의 사상은 종교개혁 500주년을 보낸 한국교회와 전 세계교회가 귀 기울이고 실천해야 할 신학 사상이다. 본회퍼의 타자를 위한 교회 사상이 이 땅위의 평화와 한국의 평화통일에 밑거름이 되기를 기원한다.

김성호 박사는 서울신학대학교에서 나의 강의를 듣고 공부한 내가 아끼는 제자이다. 독일에서 "본회퍼의 교회론과 평화윤리"로 박사학위를 받고 와서 첫 번째 결실로 『디트리히 본회퍼의 타자를 위한 교회』를 출판하게 되었다. 이 책이 한국신학계뿐만이 아니라 국제적인 본회퍼 학계에도 큰 기여를 하기를 바란다.

김성호 박사가 앞으로 정진하여 제자가 스승보다 나은 출람지예(出藍之譽)가 되기를 희망한다.

유석성
(안양대학교 총장, 전 서울신학대학교 총장)

추 천 의 글

본회퍼 연구자로서 활발하게 활동 하고 있는 김성호박사가 이번에 역작인『디트리히 본회퍼의 타자를 위한 교회』를 세상에 내놓게 됨을 기쁘게 생각합니다.

디트리히 본회퍼(Dietrich Bonhoeffer, 1906-1945)는 매우 진지하게 교회의 현실과 대결하였던 신학자입니다. 본회퍼가 14세 때 목사가 될 결심을 표현했을 때 형들은 "교회는 네가 관심을 가지고 무언가를 하기는 너무나 시들어 버렸다"라고 하며 그를 만류하였습니다. 그때 소년 디트리히는 굴하지 않고 "그렇다면 내가 그것을 개혁하겠다"고 답하며, 오히려 세상의 관심에서 멀어지고 존중받지 못하는 시들어버린 교회를 갱신하겠다는 의지를 표현했습니다. 교회는 본회퍼에게 일생의 주제가 되기에 충분할 만큼 중요한 관심의 대상이었습니다.

본회퍼는 그의 신학 지망의 동기처럼 처음부터 현실의 교회에 대한 소명을 가지고 있었으며, 교회의 본질과 경험적 형태 사이의 긴장을 놓치지 않고, 그것을 신학적으로 규명하였고 더 나아가 나치스 정권하에서 독일교회를 바로잡기 위해 교회의 투쟁에 나섰습니다. 이번에 출간되는 김성호 박사의 본회퍼 연구서는 본회퍼의 신학적 노작과 삶이 교회의 회복과 갱신을 일관되게 보여주고 있다는 전제하에, 그 사유와 실천의 궤적을 세밀하게 스케치 한 것입니다.

나치스 시대의 현실 속에서 그리스도의 증인으로 타자를 위한 삶에 헌신 했던 디트리히 본회퍼는 종교개혁 500주년을 지나며 오늘의 한국교회에 커다란 울림을 주는 신학자입니다. 본회퍼는 타자로부터 신학적 관심이 시작되고 타자에게 그 사유의 종착점을 찾을 만큼, 타자와 타자성에 집중한 신학자였습니다.『성도의 교제』에서부터『저항과 복종』에 이르기까지 그의 신학적 사색은 현실 속에서 타자의 음성을 듣고 구체적으로 응답하는 타자의 해석학이고 타자의 윤리입니다. 바로 이점을 놓치지 않고 김성호박사는 히틀러 시대의 유대인처럼 정치·사회·종교·생태·문화적 폭력 속에서 희생당하는 타자를 위해 교회가 무엇을 할 수 있는지에 대해 진지한 신학적 질문을 던지고 있습니다.

이 책을 읽는 우리가 양극화와 폭력의 일상화, 생태계의 파괴와 전쟁의 대량살상이 지구 곳곳에서 일어나고 있는 현실에서 본회퍼와 더불어, 교회가 세상 속에 존재하는 이유에 대한 실천적인 대답을 함께 찾게 되길 바랍니다.

강성영
(한신대학교 교수, 한국본회퍼학회 회장)

머리말

이 책은 독일의 목사이자 신학자였던 디트리히 본회퍼(Dietrich Bonhoeffer, 1906년 2월4일 ~ 1945년 4월9일)의 삶과 신학에서의 교회 이해를 '타자를 위한 교회'(Kirche für andere)라는 지평에서 재구성한 것이다.

본회퍼에게 '타자'(andere)란 사유 속에서(cogito)만 혹은 분리된 객체로만 존재하는 관념적인 '너'(du)가 아니라, 마주 대하는 순간 '나'(Ich)와 원래 하나였음을 인식하게 하는 대상이며, '서로에게 속함'(Einandergehören)이라는 가능성으로, 예수 그리스도 안에서 공동체적 관계를 맺어야만 하는 대상이다.

하나님의 창조세계에서 그 타자는 지금, 여기에서(nunc et hic) 나와 마주선 인간이고, 나와 관계를 맺고 있으며, 맺게 될 가능성을 지닌 모든 다른 피조물이다. 죄로 인해 상실된 인간의 '타자성'은 본회퍼에 의하면, 성육신, 십자가, 부활이라는 예수 그리스도의 형성의 과정에 참여함으로서 재창조 된다. 역사 속에서의 이러한 재창조의 모든 과정들이 본회퍼에게는 '교회의 현실'(Wirklichkeit der Kirche)이다. 예수 그리스도 안에서 예수 그리스도를 통한 교회의 현실은 하나님과 인간 사이의 공동체를 새롭게 창조한다. 이 공동체에 속한 인간은 타자를 대할 때, 인간 홀로 타자를 마주대할 때 발생하는 한계를 극복한다. 예수 그리스도! 그는 '나'와 '우리'를 하나님과의 공동체 그리고 타자와의 공동체로 초대한다. 예수 그리스도 안에서 하나의 교회된 인간은 예수의 시선으로 타자를 바라보며, 예수의 몸으로 타자에게 다가가 그들을 마주대한다. 예수의 교회된 인간은 그렇게 '타자를 위한 교회'가 된다. 이러한 의미에서 본회퍼는 1944년 8월 3일 '연구를 위한 기획'이라는 옥중원고에서 다음과 같은 말을 남겼다.

> 교회는 타자를 위해서 현존할 때만 진정한 교회가 된다(Die Kirche ist nur Kirche, wenn sie für andere da ist(DBW8, 560).

아무쪼록 본 저서를 읽는 독자들이 본회퍼의 '교회'(Kirche)와 '타자'(andere) 이해에 관한 이론적, 실천적 담론을 알게 되고, 현 한국교회의 상황 속에서 교회개혁을 위한 대안을 각자의 삶의 자리에서 마련하고 반드시 그렇게 살아가기를 소망한다.

이 책의 내용은 대부분 부산에서 개척 교회를 섬기던 4년 반 동안의 시절에 썼다. 옥상 바로 아래에 위치한 상가 건물 교회 내의 작은 쪽방에서 추운 겨울과 무더운 여름날을 네 시즌이나 보냈지만, 힘겨운 내색 한 번 없이 눈물의 기도로 내조하고 이 책이 나오기까지 인내하며 나의 '교회' 되어준 사랑하는 아내 황인영과 하나님의 두 선물 예진이, 예인이에게 고마운 마음을 전한다. 또한 어린 시절부터 지금까지 기도해주시는 김천 모암성결교회 모든 성도님들과 평생을 자식들을 위해 끊임없이 헌신하시는 나의 '기도'되신 부모님, 김현장 장로님과 우덕희 권사님께 더할 나위 없는 감사의 인사를 드린다.

우리나라의 본회퍼 연구의 초석을 다지신 박봉랑 교수님, 손규태 교수님, 유석성 총장님, 강성영 교수님께 존경과 깊은 감사를 드린다. 위의 교수님들과 이신건 교수님, 김재진 교수님, 오성현 교수님 외 본회퍼 선집(대한기독교서회, 2010)의 번역에 참여하신 여러분들의 번역과 본회퍼에 관한 연구들이 없었다면 본 저서는 세상에 나오기 힘들었을 것이라고 감사의 마음과 함께 고백한다. 아울러 한 번도 뵌 적은 없지만 전라도 여수에서 목회하시면서 베트게판 본회퍼 전기집(DB) 등 여러 본회퍼 관련 저서들을 번역하신 김순현 목사님께 존경의 마음을 담아 감사 인사를 드린다. 나는 서울신학대학교 시절 여러 교수님들께 신학을 배웠다. 유석성 총장님, 이신건 교수님, 황덕형 교수님, 차준희 교수님, 윤철원 교수님께 감사히 배웠던 신학 내용들은 이 책의 곳곳에 다양한 진술들 속에 용해되어 있다. 서울신대 시절의 모든 스승님들과 최근 몇 년간 한국교회의 현 주소를 걱정하며 진지하게 대화했던 선-후배 교수님들과 동료들, 수업을 함께 했던 학생분들께 감사의 인사를 전한다.

나의 부족한 긴 원고를 1차 교정해준 제자 권정하 양, 스위스 바젤에서 본회퍼 관련 자료들을 찾는데 많은 도움을 주었던 친구 죠수아(Joshua Nickelson)에게도 감사의 인사를 남긴다. 한국어 실력이 부족한 원고를 독자들이 읽을 수 있는 글이 될 수 있도록 여러 번 수정하시고, 이 땅에서 '책'이라는 존재로 탄생할 수 있도록 도와주신 김영호 대표님과 도서출판 동연의 식구들에게도 감사의 말씀을 드린다.

독일 유학시절 베를린(Berlin)에서 본회퍼 연구방법론을 흔쾌히 가르쳐 주신 장신대 고재길 교수님의 은혜도 잊을 수 없다. 하이델베르크 대학(Universität Heidelberg) 석사 시절 혹독한 가르침으로 논문을 지도해 주신 미하엘 벨커 교수님(Prof. Dr. Dr. Michael Welker), 깊은 관심과 사랑을 늘 보내주시는 세계본회퍼학회 회장이신 취리히 대학의 크리스티아네 티츠 교수님(Prof. Dr. Christiane Tietz), 나의 오랜 친구인 세계적인 본회퍼 전문가인 일제 퇴트 박사님(Dr. Ilse Toedt)께도 감사의 인사를 드린다. 특히 퇴트 박사님께서는 유학생활 동안 나를 위해 적지 않은 재정과 본회퍼 관련 서적들을 후원해 주셨다. 평생 잊을 수 없는 그녀의 깊은 우정과 사랑에 진심어린 감사를 드린다.

마지막으로 내 생애 최고의 삶의 모델이자 신학적 스승이신 독터 파터(Doktor Vater) 오스나부뤽대학(Universität Osnabrück)의 라인홀드 모크로쉬 교수님(Prof. Dr. Reinhold Mokrosch)께 큰 감사를 남긴다. 그는 '디트리히 본회퍼의 교회론과 평화윤리'를 주제로 쓴 나의 박사논문을 지도해주셨으며, 2005년 11월 11일 처음 만났을 때부터 지금까지 신학의 아버지, 삶의 아버지로서 나와 함께 해 주시고 계신다. 모크로쉬 교수님의 본회퍼, 산상수훈, 평화, 관용에 관한 가르침과 대화들 그리고 너무나 온화한 성품과 인격, 평안한 미소가 무척 그립다.

이 책을 나의 참 스승 라인홀드 모크로쉬 교수님과 오랜 친구인 일제 퇴트 박사님께 바친다.

2018년 1월

서울신학대학교 아래의 세 천사들과 함께하는 집에서
'타자를 위한 교회'와 '가난'과 '포기'의 제자도를 꿈꾸며

김성호 목사

차 례

추천의 글(일제 퇴트/유석성/강성영) | 5
머리말 | 10

제1장_ 교회: 본회퍼의 삶과 신학의 주제   19

제2장_ 본회퍼의 교회 개념을 주제로 한 연구들   23

제3장_ 본회퍼의 생애   29

제4장_ 『성도의 교제』(Sanctorum Communio): 교회의 현실   35
   Ⅰ. 『성도의 교제』의 등장 배경 | 35
   Ⅱ. 교회 이해의 초석: 그리스도교적 인격과 집단인격 | 36
   Ⅲ. 교회의 현실 | 48
   Ⅳ. 『성도의 교제』에 관한 연구들 | 65
   Ⅴ. 오늘, 여기에서의 『성도의 교제』의 의미 | 68
   Ⅵ. '공동체로 존재하는 그리스도'부터 '타자를 위한 교회'까지 | 69

제5장_ 바르셀로나(1928. 2. 15 – 1929. 2. 14): 수련목회자(Vikar)로서의 본회퍼   71
   Ⅰ. 수련목회자 생활의 시작 | 71
   Ⅱ. '교회의 현실'의 구체화 | 74
   Ⅲ. 본회퍼의 바르셀로나 시절의 교회 이해 | 86
   Ⅳ. 바르셀로나 시절 속의 타자를 위한 교회 | 88

제6장_ 『행위와 존재』(Akt und Sein)
      : 계시로서의 교회(Kirche als Offenbarung)   91
   Ⅰ. 『행위와 존재』의 등장 배경 | 91
   Ⅱ. 『행위와 존재』에 관한 연구들 | 93
   Ⅲ. '진정한 초월철학'과 '초월론적 철학' | 97
   Ⅳ. 직접적 의식과 반성적 의식 | 99

Ⅴ. 행위 개념으로서의 계시 | 100
   Ⅵ. 존재 개념으로 해석되는 계시 | 106
   Ⅶ. 계시로서의 교회 | 108
   Ⅷ. 계시를 통한 죄의 인식 | 110
   Ⅸ. 오늘, 우리에게 『행위와 존재』의 의미: 계시로서의 교회 | 114
   Ⅹ. 『행위와 존재』와 타자를 위한 교회: 예수 그리스도를 통한
      하나님의 계시를 통해 일상속의 타자를 바라보기 | 117

제7장_ 교회 이해의 지평의 확장(1930. 7. 8 - 1931. 6)　　　　　123
   Ⅰ. 유니온 신학교에서의 연구학기 | 123
   Ⅱ. 본회퍼의 '전쟁'에 관한 강연과 평화 사상의 형성 | 125
   Ⅲ. 미국에서의 연구학기 기간의 본회퍼의 교회 이해 | 128

제8장_ 베를린에서의 강의들(1932/33년 겨울학기, 1933년 여름학기)　133
   Ⅰ. 최근 조직신학의 논의와 토론(1932/33년 겨울학기) | 133
   Ⅱ. 『창조와 타락』(Schöpfung und Fall, 1933년)
      : "교회는 창조를 그리스도로부터 바라본다"(DBW3, 22) | 150
   Ⅲ. 그리스도론(Christologie) : 그리스도 이해를 통한 교회 이해 | 172

제9장_ 교회의 과제로서의 평화 설립
   - 본회퍼의 1932-1934년의 활동을 중심으로　　　　　　183
   Ⅰ. 본회퍼의 '하나님의 뜻' 이해 | 183
   Ⅱ. 그리스도와 교회 이해에서 평화 이해로 | 184
   Ⅲ. 평화: 오늘, 우리에게 주어진 하나님의 구체적 계명 | 187
   Ⅳ. 하나님의 뜻: 교회 이해에서 평화 이해로 | 193
   Ⅴ. 『나를 따르라』와 『윤리학』 안에 나타난 '평화' 개념의 실천적 담론 | 194
   Ⅵ. 1927년부터 1937년까지의 본회퍼의 '평화' 이해 | 202
   Ⅶ. 디트리히 본회퍼: 히틀러 암살을 위한 방첩단에 가담한
      그리스도교 평화주의자? | 202
   Ⅷ. 결론: 평화를 설립하는 교회 - '타자를 위한 교회' 구체적 모델? | 210

제10장_『나를 따르라』(*Nachfolge*): 교회의 실천적 담론   217
   Ⅰ. 『나를 따르라』의 등장 배경 | 217
   Ⅱ. 『나를 따르라』에 관한 연구들 | 223
   Ⅲ. 본회퍼의 『나를 따르라』 안에서의 제자도 | 224
   Ⅳ. 산상수훈: 포기와 가난을 통한 하나님 나라의 실현 | 237
   Ⅴ. 그리스도인의 단순함에 관하여 | 251
   Ⅵ. 타락한 인간의 선의 악함 | 252
   Ⅶ. 보이지 않는 교회로서의 제자도 | 253
   Ⅷ. 말씀, 성례전, 세례: 제자직의 현실 | 255
   Ⅸ. 그리스도의 몸에 관하여 | 259
   Ⅹ. 보이는 교회로서의 제자도 | 262
   Ⅺ. 『나를 따르라』 안에 나타난 제자직 이해
     : 본회퍼의 교회 이해의 연속성인가? | 269
   Ⅻ. 『나를 따르라』와 '타자를 위한 교회' | 273

제11장_『신도의 공동생활』(*Gemeinsames Leben*): 밖을 향한 섬김의 교회   275
   Ⅰ. 신도의 공동생활의 등장 배경과 비밀훈련(Arkandisziplin) | 275
   Ⅱ. 형제의 집: 밖을 향한 섬김 | 278
   Ⅲ. 예수 그리스도 때문에, 예수 그리스도를 통해서,
     예수 그리스도 안에서의 친교 | 280
   Ⅳ. 밖을 향한 섬김의 교회의 조건들
     : 감사, 형제애, 영적사랑, 기도, 홀로 있음 | 283
   Ⅴ. 교회의 섬김: 경청의 섬김, 돕는 섬김, 짐을 짊어지는 섬김 | 290
   Ⅵ. 『신도의 공동생활』: '밖을 향한 섬김의 교회'로서의
     타자를 위한 교회 되기 위한 영성 훈련 | 292

제12장_『윤리학』(*Ethik*): 교회론적 윤리, 교회론적 평화윤리   295
   Ⅰ. 『윤리학』의 등장 배경 | 298
   Ⅱ. '하나의 현실'이 이루어지는 장소로서의 교회 | 298
   Ⅲ. 위임(Mandat): '하나의 현실'(Eine Wirklichkeit) 개념의 구체적 담론? | 302

Ⅳ. 형성의 윤리: 예수 그리스도 안에서 하나님의 현실에 참여의 과정 | 306
Ⅴ. 형성의 윤리: 예수되기? | 308
Ⅵ. 책임적으로 행동한다는 것의 의미 | 321
Ⅶ. 역사적 행동 속의 선에 대한 질문("역사와 선" 제1판을 중심으로) | 326
Ⅷ. 생명이신 그리스도("역사와 선" 제2판을 중심으로) | 333
Ⅸ. 책임적인 삶의 구조: 대리, 현실적합성,
   삶과 행동의 수용(죄책 수용), 자유 | 337
Ⅹ. 책임의 장소: 직업 | 345
Ⅺ. 본회퍼의 『윤리학』의 해석들과 비판 | 350
Ⅻ. 『윤리학 원고』와 '타자를 위한 교회' | 354

제13장_ 『저항과 복종』(Widerstand und Ergebung)
      : 교회를 위한 신학적 유언   361

Ⅰ. 『저항과 복종』의 등장 배경 | 361
Ⅱ. 10년 후: 저항의 신학적 근거? | 363
Ⅲ. 책임적 인간의 자유로운 책임성: 고난을 함께 나누는 것 | 365
Ⅳ. 타자를 위한 교회 | 373

제14장_ 나오는 말   383

Ⅰ. 본회퍼의 타자의 신학 | 383
Ⅱ. 오늘, 여기에서의 타자를 위한 교회 | 387

참고문헌 | 397

주님의 선하신 권능에 감싸여(본회퍼 작사/S. Fietz 작곡/손성현 역) | 414

제 1 장
교회: 본회퍼의 삶과 신학의 주제

본회퍼의 삶과 신학의 주제는 교회(Kirche)였다. 그는 교회가 무엇인지, 무엇이 교회가 되어야 하는지, 지금 여기에서 우리에게 여전히 말하고 있다. 본회퍼는 오늘 여기에서 나와 너, 우리가 예수 그리스도 안에서 교회되기를 요구한다. 이러한 본회퍼의 요구에 대해 '교회 되기'는 예수 그리스도의 성육신, 십자가, 부활 사건을 통해 교회가 새롭게 시작되었지만 아직 완성되지 않았다는 인식에서 출발해야 한다. 동시에 이러한 출발은 우리가 예수 그리스도와 함께 '타자를 위한 교회가 될 수 있음'이라는 가능성과 일상에서 '타자를 위한 교회가 되어야 함'이라는 삶의 과제를 수행하는 목표를 지향한다. 본회퍼의 신학을 주도면밀히 연구해 볼 때, 오늘 여기에서 나와 너 그리고 우리가 타자를 위한 교회됨에 관한 담론은, 이미(schon), 그러나 아직 아닌(aber noch nicht) 사이에서 '교회의 현실'(Wirklichkeit der Kirche)에 관한 것이다. 그 교회의 현실은 본회퍼에 의하면 예수 그리스도 안에서, 예수 그리스도를 통해(in und durch Jesus Christus) 새롭게 창조된 '성도의 교

제'(Sanctroum Communio)이자 '공동체로 존재하는 그리스도'이다.

교회가 새롭게 시작되었지만 완성되지 않았다는 인식과 오늘 여기에서 '성도의 교제', '공동체로 존재하는 그리스도의 교회' 될 수 있음은 본회퍼의 삶과 전체에 흐르고 있는 교회 개념으로 모두 소급된다. 이 책의 목표는 바로 이러한 본회퍼의 교회 이해를 이론적, 실천적 담론으로 재구성하는 것에 있다. 그리고 그의 교회 이해를 현재와 미래의 한국교회의 교회됨을 위한 대안들 가운데 하나로 제시하는데 있다. 이를 위해 저자는 본회퍼의 삶과 저작들의 기본적인 신학적 개념들을 그가 말하는 '교회'와 '교회됨'을 지향하는 방식으로 분석하고, 비판하고자 한다.

본회퍼의 저작들은 매우 다양한 방식으로 기술되었다.[1] 이와 상응하게 본회퍼의 교회 이해는 다의적(多意的)이다. 본회퍼에게 교회는 '보이지 않는 교회' 이해에서 '보이는 교회'[2]로의 이해로 형성되고 발전된다. 그가 옥중에서 설계한 '타자를 위한 교회' 개념은 이 두 가지 의미의 교회 이해를 융합하고 있다. 본회퍼에게 교회는 예수 그리스도이며, 예수 그리스도는 교회이다. 본회퍼의 '공동체로 존재하는 그리스도'(*Christus als Gemeinde existierend*)라는 개념은, 그리스도가 인간에게 또한 인간과 더불어 공동체로 실존하는 분이라는 의미로 해석 할 수 있다.

본회퍼는 그의 1924년 박사학위를 시작할 당시부터 그의 사후 70여년이 지난 지금까지 여전히 이 땅의 그리스도인들에게 '교회되기'를 요구한다. 본회퍼의 신학 배경 하에서, 이는 그리스도인들에게 예수

---

1 참조: Ernst Feil, *Die Theologie Dietrich Bonhoeffers, Hermeneutik Christologie Weltverständnis*, München: Chr. Kaiser, 1991, 23.
2 본회퍼의 '보이는 교회'(Die sichtbare Gemeinde)에 대한 신학적 이해는 참조: DBW4, 110-115, 241-268.

되기를 요구한다고 이해할 수도 있다. 그리스도인들에게 '공동체로 존재하는 그리스도인'이 되기를 요구하는 것이다. 즉, '나'와 '우리'가 그리스도와 타자가 거룩한 공동체를 형성할 수 있는 도구가 되고, 그리스도와 타자의 교제, 즉 거룩한 공동체를 형성하라는 것이다. 예수 그리스도께서 성육신, 십자가, 부활을 통해 보여주신 형상(Gestaltung)이 우리 그리스도인들의 삶에 각인되기를 본회퍼는 다양한 저작들을 통해 오늘, 우리에게 요구하고 있다.

본회퍼는 1차 세계대전(1914-1918)후에 당시 독일 교회가 종교 공동체로 변질되었다고 비판했다.3 이에 본회퍼는 진정한 교회의 본질을 회복하기를 기대하며4 박사학위논문인 『성도의 교제』(1927)와 교수자격논문인 『행위와 존재』(1930)를 썼고, 교회의 과제로서 평화(1932-1934)를 이야기 했으며, 핑켄발데 신학교에서 교장으로서 미래의 교회 지도자가 될 학생들에게 예수 그리스도의 산상수훈의 말씀을 토대로 '제자도'를 가르쳤고(1935-1937), 기독교의 종교화됨(1943-1945)에 대해서 비판의 목소리를 냈다. 본회퍼의 이러한 삶과 신학은 자신이 처한 상황 속에서 과연 '무엇이 하나님의 뜻인가?'라는 실존신학적 질문에서 시작된다. 본회퍼의 삶 속에서 하나님의 뜻에 관한 질문들은, 신학적으로는 '오늘 우리에게 예수 그리스도는 누구신가'라는 그리스도론적 질문으로 나타나며, 동시에 '교회란 무엇인가?'라는 교회론적 질문으로도 나타난다.

---

3 참조: DBW1, 79-80.
4 이에 비해 갓시는 "『성도의 교제』는 교회의 실존이 정적, 실체적 범주가 아닌 살아 있는 사회학적 범주 안에서 해석된다는 교회의 존재론을 발전시키려는 시도였다. 그의 두 번째 저서, 『행위와 존재』에서, 그는 이 존재론이 19세기의 인식철학의 영향 아래 지금까지 인식론과 종교철학의 지배를 받아왔던 교의학의 서언으로 열매를 맺도록 시도하였다"라고 전한다. 참조: John D. Godsey, *The Theology of Dietrich Bonhoeffer*, 유석성, 김성복 역, 『디트리히 본회퍼의 신학』(서울: 대한기독교서회), 17.

위와 같은 내용들을 규명하기 위해 본 저서는 우선 본회퍼의 삶과 저작들을 전기(傳記)적으로 분석하고, 이 가운데 본회퍼의 교회에 관한 담론이 어떻게 형성되고 발전되는지 분석할 것이다. 이어 1927년부터 1945년까지 교회에 관한 질문들이 무엇이었는지, 그가 스스로 제안한 답변들과 대안들은 무엇이었는지 살펴보고자 한다. 마지막으로 본회퍼의 교회 이해를 통해 이 땅에서 제기되는 새로운 교회론적 질문들은 무엇이고, 이에 대한 본회퍼 신학에 근거한 대안들을 제시할 것이다.

본회퍼의 교회에 대한 이해를 주도면밀히 살펴본다면 '오늘 우리에게 그리스도는 누구신가?'와 '삶의 결단의 순간에 과연 하나님의 뜻은 무엇인가'라는 그리스도론적, 기독교 윤리적 질문들에 대한 답변들을 보게 될 것이다.

제 2 장
본회퍼의 교회 개념을 주제로 한 연구들

　　디트리히 본회퍼의 연구를 위해서는 파일(Ernst Feil)이 집대성한 『국제 디트리히 본회퍼 목록』(Internationale Bibliographie zu Dietrich Bonhoeffer)[1]을 참조할 수 있다. 이 책은 1933년부터 1996년 사이 독일은 물론 영·미 권, 한국, 일본 등 전 세계에 걸친 본회퍼 연구 서적 및 논문들의 목록들을 모아놓은 책으로 총 3907개의 문헌들이 기술되어 있다. 이 책은 위의 기간 동안에 본회퍼의 삶과 신학에 대한 연구를 참고할 수 있을 뿐만 아니라 인물별, 주제별로 분류된 목록들도 참고 할 수 있어서 제3의 본회퍼 연구자들을 위한 양서(良書)이다. 1997이후의 본회퍼 연구 목록들은 2년에 한 번씩 발행되는 『디트리히 본회퍼 연감』(Dietrich Bonhoeffer Jahrbuch)을 통해서 만나볼 수 있다. 또한 베를린 국립도서관 홈페이지를[2] 통한 검색 방법도 본회퍼

---

[1] Ernst Feil(ed.), *Internationale Bibliographie zu Dietrich Bonhoeffer*, Gütersloh, 1998.
[2] http://staatsbibliothek-berlin.de.

연구를 위한 좋은 길잡이가 될 수 있을 것이다. 이 도서관에서는 본회퍼의 자필 원고를 포함한 다양한 자료들을 열람할 수 있다.3

본회퍼 연구는 그의 친구이자 제자였으며 조카사위였던 베트게(Eberhard Bethge)에 의해 시작되었다고 해도 과언이 아니다. 베트게가 없었다면 오늘날 우리에게 알려진 본회퍼도 없다고 단언할 수 있다.4 그만큼 베트게는 본회퍼를 알리는데 평생 동안 헌신했으며, 베트게가 초석을 다진 독일 본회퍼 학회와 세계 본회퍼 학회는 오늘날에도 여전히 다양한 연구를 통해 활발히 활동하고 있다.5 사후 70년이 지난 지금도 여전히 전 세계에서 본회퍼에 대한 연구는 끊이지 않고 있으며, 그의 삶과 신학은 전 세계의 교회와 신학계에서 여전히 살아 숨 쉬고 있다.

---

3 참조: Mareike Rake, *Der Nachlass Dietrich Bonhoeffers – Restaurierung und physische Stabilisierung der Dokumente*, in: Martin Hüneke, Heinrich Bedford-Strohm (Hg.), Eberhard Bethge, *Weggenosse, Gesprächspartner und interpret Dietrich Bonhoeffers*, Gütersloh, 2011, 121-130.

4 Eberhard, Bethge, Dietrich Bonhoeffer, Theologe – Christ – Zeitgenosse. Eine Biographie (1967), Gütersloh, 8. Auflage 2004.

5 제1회 세계본회퍼 학회: Kaiserswerth(1971)- Founding of the International Bonhoeffe Societies; 제2회: Genf(1976)- Werk und Wirkung Dietrich Bonhoeffers; 제3회: Oxford(1984)- Dietrich Bonhoeffer and the Church in the Modern World; 제4회: Hirschluch(1984)- International Bonhoeffer Congress; 제5회: Amsterdam(1988)- Bonhoeffer and Europa – The History of a Book; 제6회: New York(1992)- Bonhoeffer's Legacy for the Future-Responding in a New World; 제7회: Kapstadt(1996)- "Are We Still of any Use?" - Bonhoeffer for a New Day; 제8회: Berlin(2000) - Religion – und die Gestald des Christentums im 21. Jahrhundert; 제9회: Rome(2004) - Bonhoeffer and Christian Humanism; 제10회: Prague(2008); Dietrich Bonhoeffer's Theology Today – A Way between Fundamentalism and Secularism?; 제11회: Sigtuna(2012) - A Spoke in the Wheel. Reconsidering the Political in the Theology of Dietrich Bonhoeffer; 제12회: Basel(2016년 7월 6일-10일): Bonhoeffer in einer globalen Zeit: Christlicher Glaube, Zeugnis, Dienst

본회퍼 신학에 관한 최초의 박사학위 논문을 쓴 사람은 한프리드 뮐러(Hanfried Müller)이다. 뮐러는 하인리히 포겔(Heinrich Vogel)의 지도로 『교회에서 세상으로』(Von der Kirche zur Welt)6라는 제목으로 1956년에 박사학위 논문을 마쳤으며, 이 논문은 1961년도에 출판된 이래 오랫동안 본회퍼 연구사에 영향을 미쳤다. 본회퍼 신학에 관해 영어로 된 최초의 박사학위 논문은 갓시(John D. Godsey)의 박사학위 논문이다. 그는 1958년에 칼 바르트(Karl Barth)의 지도로 본회퍼의 신학에 관해 박사학위논문을 썼으며 이 논문은 1960년에 단행본으로 출판되었다.7

랑에(Ernst Lange)는 본회퍼의 '타자를 위한 교회' 개념이 그의 주요 저서들 속에서 어떻게 형성, 발전되는지에 대해 연구했으며,8 슈튀젤(Stützel)은 특히 『저항과 복종』 내에서의 본회퍼의 '타자를 위한 교회' 용어의 의미에 대해 분석했다.9 홀렌베거(Walter J. Hollenweger)는 본회퍼의 '타자를 위한 교회 개념'의 핵심 문장인 "Die Kirche ist nur Kirche, wenn sie für andere da ist"의 다양한 해석을 시도했다.10

파이퍼(Pfeifer)는 본회퍼의 신학을 교회론의 관점에서 재구성했다.11 아브로마이트(Hans-Jürgen Abromeit)는 본회퍼의 그리스도론에

---

6 Hanfried Müller, *Von der Kirche zur Welt*. Ein Beitrag zu der Beziehung des Wortes Gottes auf die Societas in Dietrich Bonhoeffers theologischer Entwicklung, Leipzig 1961.
7 John D. Godsey, *The Theology of Dietrich Bonhoeffer*, London, 1960.
8 Ernst Lange, Kirche für andere. Dietrich Bonhoeffers Beitrag zur Frage einer verantwortbaren Gestalt der Kirche in der Gegenwart, in: Evangelische Theologie 10 (1967), 513-546.
9 Sabine Bobert-Stützel, Kirche für andere oder Spielraum der Freiheit? in: Evangelische Theologie 55 (1995), 534-557.
10 Walter J. Hollenweger, Die Kirche für andere – ein Mythos, in: Evangelische Theologie 36 (1977), 425-443.

관해 연구한 대표적 인물이다. 그는 본회퍼의 그리스도론을 "과정-그리스도론"(eine Prozeßchristologie)이라고 규정했다. 그는 본회퍼의 그리스도론은 예수의 성육신, 십자가, 부활이라는 세 가지 근본사건에 집중하고 있다고 분석하고 각 사건의 현재적 의미를 규명했다.[12] 딩어(Jörg Dinger)는 1950년의 독일어권에서의 본회퍼 해석과 이 후의 수용사에 대해서 연구했다.[13] 그린(Clifford J Green)은 그의 책 *The Sociality of Christ and Humanity: Dietrich Bonhoeffer's Early Theology*, 1927-1933[14]에서 본회퍼의 초기(1927-1933) 신학을 연구했다. 그린은 본회퍼의 초기 신학이 '사회성의 신학'(Theologie der Sozialität)의 지평에서 이해되어야 한다고 주장했다.[15] 파일(Feil)은 본회퍼의 『행위와 존재』(*Akt und Sein*)에서의 신학적 개념이 1930년 이후의 본회퍼의 신학에서 어떻게 발전되는지에 대해 연구했다. 찜멀링(Peter Zimmerling)은 본회퍼를 실천신학자로 규명하고, 본회퍼의 교회 이해를 영성, 설교학, 예배학, 목회학, 공동체론의 관점에서 재해석했다.[16] 크

---

11 Hans Pfeifer, *Das Kirchenverständnis Dietrich Bonhoeffers*. Ein Beitrag zur theologischen Prinzipienlehre, Diaa. Heidelberg 1963.

12 참조: Hans-Jürgen Abromeit, *Das Geheimnis Christi*. Dietrich Bonhoeffers erfahrungsbezogene Christologie, Neukirchen-Vluzn 1991, 33.

13 Jöerg Dinger, *Auslegung, Aktualisierung und Vereinnahmung* – Das Spektrum der deutschsprachigen Bonhoeffer-Interpretation in den 50er Jahren, Neukirchener Verlag, 1998.

14 Clifford James Green, The Sociality of Christ and Humanity. Dietrich Bonhoeffer's Early Theology. 1927-1933, Diss. Union Theological Seminary, New York, 1971. 이 책은 일제 퇴트(Ilse Toedt)에 의해 독일어로 번역되었으며, 내용이 추가되어 2004년에 출판되었다: Clifford J. Green, *Freiheit zur Mitmenschlichkeit* – Dietrich Bonhoeffers Theologie der Sozialität, übersetzt von Ilse Toedt, Gütersloh, 2004. 그린은 미국의 본회퍼 연구가로서 영·미권 본회퍼 연구의 선구자라고 평가할 수 있다.

15 참조: Green, *Freiheit zur Mitmenschlichkeit*, 13.

16 Peter Zimmerling, *Bonhoeffer als Praktischer Theologe*, Vandenhoeck &

뢰트케(Wolf Krötke)와 쉔헤어(Albrecht Schönherr)의 연구는 구동독에서의 본회퍼 연구와 그의 교회 이해의 수용이 실제로 독일의 통일 과정에서 어떤 역할을 했는지 보여준다.17 겔라흐(Gernot Gerlach)는 그의 박사학위 논문에서 본회퍼의 핑켄발데 신학교 시기 중의 특히 1935년부터 1936년 사이의 교회 이해에 관해 연구했으며, 이를 "교회 지도학"(kirchlicher Kybernetik)에 접목을 시도했다.18

Reprecht, 2006.
17 Wolf Krötke/Albrecht Schönherr, *Bonhoeffer-Studien*, Beiträge zur Theologie und Wirkungsgeschichte Dietrich Bonhoeffers. Im Auftrage des Bonhoeffer-Komitees beim Bund der Evangelischen Kirchen in der DDR, Evangelische Verlagsanstalt Berlin, 1985.; Albrecht Schönherr, *Die Bedeutung Dietrich Bonhoeffers für das Christsein in der DDR*, in: Ernst Feil (Hg.), Glauben lernen in einer Kirche für andere. Die Beitrag Dietrich Bonhoeffers zum Christsein in der Deutschen Demokratischen Republik, Gütersloher Verlaghaus.
18 참조: Gernot Gerlach, *Bekenntnis und Bekennen der Kirche bei Dietrich Bonhoeffer*. Entscheidungen für sein Leitbild von Kirche in den Jahren 1935-36, Lit 2003, 17.

제 3 장
본회퍼의 생애

　디트리히 본회퍼는 1906년 2월 4일 브레슬라우에서 8남매 중 여섯째로 태어났다. 일곱째인 여동생 자비네(Sabine)와는 쌍둥이었다.[1] 그의 아버지인 칼 본회퍼(Karl Bonhoeffer)는 고등법원 판사의 아들로 태어나 후에 정신 및 신경의학과 전공 의사가 되었다. 어머니 파울라 본회퍼(Paula Bonhoeffer)는 19세기 민주주의를 지향했던 슈바비안 가문 출신이었다.[2] 파울라 본회퍼의 할아버지였던 칼 아우구스트 폰 하제(Karl August von Hase)는 예나 대학교의 교회사 교수로 60여 년간 재직했던 저명한 신학자였다. 파울라의 어머니, 즉 본회퍼의 외할머니는(Clara von Hase)는 피아노에 조예가 깊었다. 그녀는 다양한 예술가적 소질을 지녔으며, 슈만(Klara Schumann)과 리스트(Franz von Liszt)에게 피아노 교습을 받기도 하였다.[3] 그녀의 음악에 대한 깊

---

[1] 참조: Eberhard Bethge, *Dietrich Bonhoeffer, Theologe-Christ-Zeitgenosse*, 김순현 역, 『디트리히 본회퍼, 신학자-그리스도인-동시대인』(서울: 복있는사람, 2014), 42.
[2] Eric Metaxas, *Dietrich Bonhoeffer*, 김순현 역, 『디트리히 본회퍼』(서울: 포이에마, 2011), 27.

은 이해와 재능은 그의 딸을 거쳐, 본회퍼를 비롯한 파울라의 자녀들에게도 이어졌다.4 본회퍼는 소위 엘리트이자 부르주아 집안 출신으로, 경제적으로 부족함 없이 생활할 수 있는 소수 그룹에 속했다. 본회퍼의 아버지가 1912년 베를린 대학교로 초빙되어 정신의학 및 신경학 교수직을 맡게 되었다.5 이때 여섯 살이었던 본회퍼는 다른 가족들과 함께 브레슬라우에서 베를린 브뤼켄알레로 이사를 했다. 이 후 본회퍼의 가족들은 1916년에 같은 브뤼켄알레에서 베를린 내의 다른 지역인 그루네발트로 이사했다. 이 집에는 1200평이 넘는 정원과 운동장이 있었고, 가축도 여러 마리 길러졌다. 매주 토요일 저녁에는 음악회가 열렸고, 수많은 생일잔치와 축하 행사로 인해 본회퍼의 가족들은 행복한 시절을 보냈다.

그러나 1918년 4월, 본회퍼의 둘째 형 발터가 1차 세계대전 중에 목숨을 잃게 되었다는 소식으로 본회퍼 가족들은 고통의 시간을 보냈다. 그해 5월 초 본회퍼의 사촌은 발터의 시신을 집으로 호송했다.6 장례식의 마지막 순서에 본회퍼의 어머니는 '하나님이 하시는 일은 선한 일이다'라는 제목의 찬송가를 골랐으며 이 곡은 트럼펫 칸타타로

---

3 참조: Eberhard Bethge, *Dietrich Bonhoeffer, Theologe-Christ-Zeitgenosse*, 김순현 역, 『디트리히 본회퍼, 신학자-그리스도인-동시대인』(서울: 복있는사람, 2014), 43; Ricard Dale Sjoerdsma, Bonhoeffer and Music, in: Journal of Singing 67 (2010), 123-125.

4 실제로 디트리히 본회퍼는 열네 살 무렵에 슈벨트의 '잘자라'[아름다운 물방앗간이 처녀에 수록된 시냇물의 자장가]를 삼중주로 편곡할 정도로 음악 실력이 뛰어났다. 여덟 살부터 피아노 교습을 받은 본회퍼는 일평생 음악에 대한 강한 열정이 있었다. 실제로 본회퍼는 훗날 제자들에게 음악을 감상하는 법과 음악으로 신앙을 표현하는 법을 가르치기도 했다고 한다(참조: Eric Metaxas/김순현 역, 『디트리히 본회퍼』, 53).

5 칼 본회퍼의 의사로서의 더 많은 이력에 관해서는 Eberhard Bethge, 『디트리히 본회퍼, 신학자-그리스도인-동시대인』, 72-73을 참조할 것.

6 Eric Metaxas, 『디트리히 본회퍼』, 59.

연주되었다. 이 찬송가의 가사는 "하나님이 하신 일은 선한 일이다. 그분의 뜻은 언제나 바르다. 그분이 나에게 무슨 일을 하시든, 나 언제나 그분을 신뢰하리라"7라는 내용을 포함했다.

같은 해 12월 어머니가 둘째 형의 죽음으로 인해 고통의 시간을 보내고 있었을 때 디트리히는 이미 목사가 되기로 결심 했던 것 같다. 그가 목사가 되겠다고 마음먹었던 결심은 아마도 외가(外家) 쪽의 신앙내력의 영향이 컸을 것이고 발터의 죽음 후에 핏자국이 선명하게 남아있는 성경책 유품을 어머니로부터 전달받은 것이 결정적인 원인이 되었을 것이다. 본회퍼가 1920년에 신학을 공부 하겠다고 말했을 때, 이미 저명한 과학자이자 무신론자였던 첫째 형에게 "내 목에 칼이 들어와도 하나님은 계셔"8라고 말했다고 전해진다. 본회퍼의 친구 폰 라트(Gerhard von Rad)에 의하면, 당시 학구적인 엘리트에 속한 청년이 신학을 공부하기로 마음먹은 건 대단히 드문 일이었으며, 신학 공부와 신학자라는 직업은 엘리트 집안에서 크게 존경받지 못했다. 당시 독일은 계급을 확연히 구분 할 수 있는 사회였으며, 신학자들은 학계와 사회에서 분리되어 있었다.9

본회퍼가 음악가가 되기를 바랐던 부모님의 의견은, 본회퍼가 고등학교 때 선택과목으로 히브리어를 택함으로써 신학자가 되겠다는 확고한 결심으로 인해 받아들여지지 않았다.10 본회퍼의 대학생활은 1923년 가을 튀빙엔 대학에 입학하면서부터 시작된다. 이듬해 고난주간과 부활절에 로마에서의 여행 중에 경험한 교회는 본회퍼에게 '교회의 보편성'이라는 인상을 남긴다. 본회퍼가 당시 자신의 일기에 기

---

7 Eric Metaxas, 『디트리히 본회퍼』, 61.
8 Eric Metaxas, 『디트리히 본회퍼』, 74.
9 Eric Metaxas, 『디트리히 본회퍼』, 75.
10 Eric Metaxas, 『디트리히 본회퍼』, 75.

록한 교회의 보편성의 내용은 독일에서 경험하지 못한 모습이었다: "여러 수도회의 백인, 흑인, 황인 회원 모두가 통합된 성직 복장을 하고 교회 아래 있었다. 정말로 이상적인 것처럼 보인다."11 메택시스는 본회퍼가 기록한 교회의 보편성에 대해 다음과 같이 평가했다: "교회를 보편적인 것으로 생각하자 모든 것이 바뀌었고, 바로 그것이 본회퍼의 남은 인생 전체를 움직였다. 교회라는 것이 실제로 존재한다면, 그것은 독일이나 로마에만 있는 것이 아니라 그 너머에 존재할 것이기 때문이다. 교회를 독일 루터파 개신교 너머에 있는 것으로, 보편적 기독교 공동체로 어렴풋하게나마 보게 된 것은 그야말로 계시이자 더 많은 숙고를 요하는 도전이었다. 교회란 무엇인가? 이것은 디트리히의 박사학위 논문인『성도의 교제』와 교수 자격 취득 논문인『행위와 존재』에서 씨름한 문제였다."12

베트게는 본회퍼의 전기를 다룰 때 부제를 신학자(Theologe), 그리스도인(Christ), 동시대인(Zeitgenosse)으로 구분하고 있다.13 다른 어떤 누구보다도 본회퍼 가까이에서 그의 삶과 신학을 지켜보았던 베트게는 소위 초기 본회퍼(1923-1931)14를 '신학자'로 평가하고 있다. 본회퍼는 이 시기에『성도의 교제』와『행위와 존재』를 집필했다. 『성도의 교제』의 부제에서도 볼 수 있듯이 그는 교회를 사회철학적, 사회학적 지평에서 이해하고자 했다. 본회퍼는 스스로 "미치광이 같은 패기(*wahnsinnige(m) Ehrgeiz*)"15에 휩쓸려『성도의 교제』를 1927년 7월

---

11 Eric Metaxas,『디트리히 본회퍼』, 95.
12 Eric Metaxas,『디트리히 본회퍼』, 96.
13 참조: Eberhard Bethge/김순현 역, *Dietrich Bonhoeffer, Theologe-Christ- Zeitgenosse*,『디트리히 본회퍼, 신학자-그리스도인-동시대인』(서울: 복있는사람, 2014)
14 베트게에 의한 구분, 본회퍼의 삶을 초기, 중기, 말기로 구분할 때의 시기 구분은 본회퍼 전문가들 마다 조금씩 다르다.
15 DBW1, 1. (편집자 서문)

에 박사학위 논문으로 제출하였다고 이 책의 편집자들은 전한다. 이 패기는 야심을 의미하는 것으로서, 학문적 오만함을 의미한다고도 볼 수 있다. 또한 『행위와 존재』를 집필할 당시에도 본회퍼가 그의 신학을 베를린 학파의 테두리와 박사논문 지도교수였던 제베르크의 심리학적 신학을 극복하면서 자신의 신학의 독특함을 내세우려고 했다고 전해진다.16 이렇듯 소위 초기 본회퍼(1927-1930)17는 학문적으로 오만했던, 매우 학구적인 신학자로 평가할 수 있다.

초기 본회퍼의 교회 이해는 하나님의 뜻, 인격, 집단인격, 윤리적 집단인격, 공동체로 존재하는 그리스도, 직접적 신앙과 반성적 신앙 등의 관념론과 인식론을 극복하기 위해 사회학적, 사회철학적 개념들을 신학에 적용했던 소위 '융합적 신학'의 시도였다. 이 시기의 본회퍼의 신학 개념들은 1931년 이후의 그의 삶과 신학에 큰 영향을 끼쳤다.

베트게는 본회퍼가 1931년과 1932년 사이에 신학자에서 그리스도인으로의 전환이 이루어졌다고 본다. 그는 이 시기에 본회퍼가 소명을 찾았다고 기록했다.18 소위 중기 본회퍼(1931-1939)는 미국에서의 다양한 체험을 계기로 목사로서의 자신의 새로운 오늘과 여기를 재정립하게 된다. 본회퍼가 라인홀드 니버, 장 라세르, 에르빈 주츠와의 만남을 통한 기독교윤리, 기독교 평화주의를 섭렵하면서 자신의 신학을 아카데믹한 신학에서 타인의 삶의 자리로 옮기기 시도했다. 이후 본회퍼는 뉴욕 할렘가의 예배를 경험하면서 로마여행 당시(1924년 고

---

16 참조: DBW2, 7. (편집자 서문)
17 필자에 의한 구분, 필자는 소위 '초기-본회퍼'의 시기를 『성도의 교제』 집필 시기(1927년)부터 미국의 유니온 신학교에 교환학생으로 가기 전까지로(1930년)본다.
18 참조: Eberhard Bethge, *Dietrich Bonhoeffer, Theologe-Christ-Zeitgenosse*, 김순현 역, 『디트리히 본회퍼, 신학자-그리스도인-동시대인』(서울: 복있는사람, 2014), 957.

난주간, 부활절) 성 베드로 성당에서 가톨릭교회의 부활 예배를 통해 깨달았던 교회의 보편성의 인식을 개신교 예배에서도 확인하게 된다. 본회퍼에게 미국에서의 교환학생으로서의 시기(1930-1931)는 하나님을 뜻의 구체적 명령을 이 땅에서의 평화 설립이라는 교회의 과제를 부여받는 시기라고도 평가할 수 있다. 본회퍼의 평화와 교회 이해의 이론적 담론에서 실천적 담론으로의 확장은 1934년 덴마크 파뇌에서의 평화설교를 통해 신학적으로 정립되고, 핑켄발데 신학교 교장직을 수행하고 있을 시절 집필했던 『나를 따르라』와 『신도의 공동생활』의 내용을 장식하고 있다.

베트게에 의하면 1939년, 소위 후기 본회퍼(1939-1945)는 타자, 특히 유대인의 고통와 고난을 함께 이해하고자 노력했던 동시대인으로서의 모습을 지향하고 있다. 이는 1933년 여름 본회퍼가 강의한 『그리스도론』에서 주장했던 '타자를 위한 존재' 이해가 옥중신학에서 '타자를 위한 교회'의 이해로 타자에 관한 지평이 확대되는 결과이다. 당시 본회퍼의 '타자'는 구체적으로는 유대인들이었다. 그의 현실 속에 타자였던 유대인의 고통과 아픔을 함께 수반하기 위해 본회퍼는 1939년 미국에서의 교수직 제안을 포기하고 독일로 귀국한다. 이 후 본회퍼는 히틀러 정권에 저항하고 그의 암살을 주된 목적으로 했던 방첩단에 가입하여 활동하다가 1943년 4월 5일 체포되어 2년여 간의 감옥생활 끝에, 1945년 4월 9일 새벽 플로센뷔르크 수용소에서 39세의 나이로 사형에 처해졌다.[19]

---

[19] 특히 1937년 11월부터 1943년 4월 5일 게슈타포에 의해 본회퍼가 체포될 때까지의 상세한 전기적 삶에 대해서는 참조: 김성호, "저항과 복종. 디트리히 본회퍼", in: 『신학고전 20선』, 서울신학대학교출판부, 2016, 210-213.

제 4 장

『성도의 교제』(*Sanctorum Communio*)
: 교회의 현실

I. 『성도의 교제』의 등장 배경

본회퍼는 1925년 9월 중순 오전 7시쯤 라인홀드 제베르크(Reinhold Seeberg)와 대화하면서 자신의 박사학위 논문 주제에 관해 결정지었다. 당시 베를린 대학교 신학부의 교회사 교수였던 하르낙(Adolf von Harnack)[1]이 본회퍼를 자기 제자로 삼으려 했지만, 본회퍼는 제베르크의 지도하에 박사학위 논문을 썼다. 본회퍼는 1927년 7월에 자신의 박사학위 논문을 베를린 신학부에 제출했고, 7월 18일에 평가서와 함께 논문을 돌려받았다. 1927년 12월 17일 그는 구두시험과 박사학위 논문 명제들에 대해 공개적으로 방어한 뒤 최우수(Summa cum

---

[1] 본회퍼의 하르낙에 대한 기억에 대한 짧은 글은 참조: DBW10, 346-349: 본회퍼는 이 글의 마지막에서 하르낙의 서거 일 년 전에 한 세미나 수업에서 했던 말을 소개했다. "Non potest non laerari qui sperat in Dominum (하나님을 희망하는 자에게 행복하지 않는 것은 불가능하다"(349).

laude)평가와 더불어 신학박사 학위를 받았다. 1928년 바르셀로나에서 출판을 위해 수정한 후, 1930년 3월에 트로비취 운트 존 출판사(Verlag Trowitzsch & Sohn)로 넘겨진 박사학위논문 원고는 1930년 8월말경에 '신학과 교회의 역사에 대한 새로운 연구서'의 시리즈의 한 권으로 출판되었으며,[2] 신학문헌 신문, 개혁교회 신문, 개신교인 회보 등에 논평이 실렸다. 볼프(Ernst Wolf)는 1933년 '시대들 사이에서'(Zwischen den Zeiten)에 실린 논문들 가운데 이 책에 관하여 짤막하게 언급 했다. 『성도의 교제』는 디트리히 본회퍼의 계속적인 발전과 생애에 끊임없이 영향을 미쳤으며, 편집자들은 아마도 이러한 이유에서 볼프가 1954년 카이저 출판사에서 『신학문집. 20세기의 새로운 인쇄물들과 보고서들』 시리즈의 3권으로 재출간했던 이유라고 보고 있다.[3]

II. 교회 이해의 초석: 그리스도교적 인격과 집단인격

본회퍼의 『성도의 교제』는 그의 삶과 신학의 테제를 '교회'(Kirche)라고 규정할 수 있는 이론적 담론을 형성했다. 본회퍼는 이 책의 서두에서 두 가지 개념으로 교회 이해를 위한 신학적 초석을 마련했다. 그것은 '그리스도교적 인격'(Die christliche Person)과 '윤리적 집단 인격'(ethische Kollektivperson)이다.

---

[2] 『성도의 교제』는 디트리히 본회퍼 전집(Dietrich Bonhoeffer Werke: DBW)의 16권 중에 첫 번째 저서(DBW1)이다. 본서는 DBW1(Sanctorum Communio). *Eine dogmatische Untersuchung zur Soziologie der Kirche* (1930), hg. von Joachim von Soosten, München 1986.을 참조 했다.
[3] 참조: DBW1, 5. (편집자 서문)

1. 그리스도교적 인격

본회퍼에 의하면 '그리스도교적 인격', '공동체', '하나님' 이 세 개념들은 서로 본질적 연관성을 갖고 있다.4 이 개념들은 본회퍼의 삶과 신학에서 서로 융합된 채 논의되며, 궁극적으로 이 세 가지 개념은 모두 그의 교회 이해를 지향하고 있다.

본회퍼는 거룩한 공동체로서의 교회에 관한 담론을 위해 우선 '공동체'(Gemeinschaft) 개념을 설명한다. 이를 위해 그는 '그리스도교적 인격' 개념을 철학적 인격 개념들과 비교하고 이후 그리스도교적 인격 개념을 사회학적, 사회철학적 개념을 통해 설명함으로써 '교회사회학에 대한 교의학적 연구'를 전개해 나간다.

본회퍼는 아리스토텔레스의 형이상학적 구조5, 스토아6, 에피쿠

---

4 참조: DBW1, 19.
5 "중세로부터 근세에 이르기까지 철학의 전 역사를 관통하고 있는 두 가지 노선들은 고대에 그 출발점을 두고 있다. 하나는 아리스토텔레스에게서, 또 다른 하나는 스토아적이고 그리스도교적 윤리에서 출발한다[…] 아리스토텔레스에게서 인간은 보편적인 유적(類的) 이성에 동참하는 한에서만 '인격'이다. 누우스(Nous)는 아리스토텔레스가 말하는 신성의 개념에 포함되어 있으며, 따라서 인간의 유적 존재와 인간의 인격을 이루는 이상적인 본질이다. 오직 인간이 유(類)에 참여하는 한에서만, 다시 말하면 사회화되어 있는 한에서만, 인간은 유(類)의 이성 속에 해소될 수 있다. 아리스토텔레스가 보기에는 바로 여기서 인간을 정치적 동물(zoon politikon)로 간주하는 본질규정이 비롯된다. […] 오직 국가 안에서만 인간은 자신의 이성을 펼칠 수 있으며, 따라서 국가는 그 본질상 모든 개별적 존재에 앞서는 것으로 표시될 수 있다. 그럼에도 불구하고 인간은 정감을 지닌 영혼(nous pathetikos)과 제작하는 영혼(nous poietikos), 다시 말하면, 개별적 이성과 보편적 이성, 자신을 결정하게 하는 이성과 결정하는 이성의 동일성에 완전히 도달하지는 못한다. […] 이렇게 해서 인격 자체를 뛰어넘는 인격 개념이 창조된다. 인간은 개별적 한계를 뛰어넘음으로써만 자신의 본질적인 부분에 참여할 수 있다(디트리히 본회퍼, 『성도의 교제 – 교회사회학에 대한 교의학적 연구』, 대한기독교서회 2010, 268-269(편집자 해설))."
6 "스토아의 당위는 보편타당한 것이다. 인격들은 보편타당한 것에 복종함으로써 친밀한 우정관계로부터 세상의 왕국에까지 이르는 이성의 왕국에 합류하며, 당위에 복종하는 각각의 인격은 다른 인격들과 똑같은 종류의 것으로 받아들여진다. 자신을 이성의 영역

로스 학파7 그리고 관념주의8에서 말하는 인격은 사회학적 범주에서는 다룰 수 없다고 본다.9 즉 위의 네 부류에서는 주체 대 객체와의

> 아래 놓는 영혼들의 동류성과 등가성으로 인하여 인간은 사회적으로 정치적인 삶(ho sopos politeusetai)을 수행할 의무를 갖는다. 부드러운 성향을 갖는 스토아의 인간성 개념은 강제하는 운명 개념의 딱딱함을 거부하는 데서 비롯된 것이다. 물론 스토아의 인간성 개념은 의지적 내면성, 곧 인격성의 돌봄과 관련되어 있다. 그러나 여기서도 윤리적, '인격적' 동인이 강조되고 있기는 하지만, 고유한 인격을 이루는 것이 개별적 인격을 뛰어넘고 있다(디트리히 본회퍼, 『성도의 교제 – 교회사회학에 대한 교의학적 연구』, 270(편집자 해설)."

7 "각 개인은 그를 다른 사람과 분리하는 개인적 욕망을 통해 완성된다. 인격과 인격은 서로에게 낯설며, 평등하지 않다. 왜냐하면 각자는 최고의 욕망을 추구하면서 서로 대립하기 때문이다(DBW1, 22)."

8 "타자의 구체적 실재성에 도달하고자 하는 관념론적 인격 개념의 시도는 오류를 범할 수밖에 없었다. […] 보편성의 이념으로부터 출발하는 관념론의 길에서 사람들은 기껏해야 타자의 가능성에 이를 뿐이다. 타자는 요청이라는 식이다. 그리스도교의 역사적 요소에 대한 관념론의 총체적 이해는 요청적 이해이다(편집자 해설, 283)."; 셸링은 그의 책 『System des transzendentalen Idelismus』(선험적 관념론의 체계, 김혜숙 옮김, 지식을만드는지식, 2010, 27. 참조)에서 다음과 같이 선험철학의 개념을 설명한다. "1. 모든 지식은 객관적인 것과 주관적인 것의 일치로부터 생긴다. 왜냐하면 우리는 참인 것만을 아는데, 참(die Wahrheit)이란 것은 일반적으로 말해서 표상들(Vorstellungen)과 그 표상의 대상들(Gegenstände)이 일치할 때 정립되기 때문이다. 2. 우리는 우리가 갖는 지식에 있어서 그저 객관적이기만 한 것 전체를 묶어서 자아(das Ich) 또는 지성(die Intelligenz)이라고 부를 수 있겠다. 두 개념은 서로 대립된다. 지성은 본래 오로지 표상하는 자로만 여겨지며, 자연은 오로지 표상될 수 있는 것으로만 생각된다. 또한 지성은 의식 있는 것으로, 자연은 의식 없는 것으로 생각된다. 그런데 모든 하나하나의 지식에 있어서 이 둘(의식 있는 것과 그 자체로 의식 없는 것)의 만남은 피할 수 없는바, 이 둘이 만나는 것을 설명하는 것이 과제다. 3. 내가 아는 동안에는, 지식 그 자체 안에서는 객관적인 것과 주관적인 것은 하나로 결합되어 있어서 둘 중 어느 것이 우선적인 것인지 말할 수 없다. 여기에 있어서는 첫 번째 것도 두 번째 것도 없으며, 둘은 동시적이며 하나다."; "'자아론 (Vom Ich)', […] 여기에서 다루어지는 것은 하나의 단일한 원리(자아), 그러니까 모든 지식과 존재의 통일성인 동시에 실재성의 궁극적인 근거가 되는 절대자로부터 철학의 통일성을 사유하는 일이다. 이를 통해 유일하게 가능한 철학만이 아니라 그 안에 의지와 행위의 통일성이 근거 지어져 있는 통일성을 그리고 '오직 통일성 안에만 그리고 통일성을 통해서만 존재하는' 인간의 참된 본질을 드러내고자 한다."(참조: 바움가르트너, 코르텐, 『셸링 – 절대자와 자유를 향한 철학』, 이용주 옮김, 동연, 2013, 62.)

9 참조: DBW1, 20-24.

관계만 사유 가능할 뿐 주체성을 가진 '개별인격'들 간의 만남, 즉 주체 대 주체로서의 사유는 힘들다고 보는 것이다.10

본회퍼는 위의 네 부류의 인격 개념들은 '사회성'(Sozialität)의 관점에서 사유가 불가능하다는 것을 말하고자 했으며 자신의 박사학위 논문에서 '사회성'의 관점에서 인격을 새롭게 규정하고 이것을 그의 교회 이해의 초석으로 삼고자 했다.

그리스도교적 인격은 구체적인 장소와 시간의 사유를 가능하게 하는데, "(그리스도교적) 인격은 관념적 정신이나 이성적 인격이 아니라 구체적 생동성과 특수성 안에 있는 인격이다. 그것은 자신 안에서 분열된 인격이 아니라 전인적 인격이다. 여기서 인격은 무시간적인 가치로 가득한 존재, 무시간적인 정신이 아니라 시간의 한복판에서 결단의 상황 안에 있다. 인격은 시간의 연속적 흐름 속에 있지 않고 가치와 관련된 — 가치에 의해 채워지지 않는! — 순간 속에 있다."11 본회퍼는 그리스도교적 인격은, 코기토(Cogito)에 의해서가 아니라, 타자와의 구체적인 장소(hic)에서 구체적인 시간(nunc) 속에서의 역동적인 만남을 통해 형성된다고 본다.12 이러한 인격의 이해를 토대로 본회퍼는 '인격' 개념을 '하나님', '공동체' 개념과 연결시킨다.13 "내가 하나님의 사랑의 계시 안에서 비로소 하나님의 '나'를 알 수 있듯이, 타자를 아는 것도 마찬가지다. […] 그리스도교적 인격이 자신의 진정한 본질을 얻게 되는 것은 하나님이 당신으로서 그와 대면할 때가 아니

---

10 참조: Ernst Feil, *Die Theologie Dietrich Bonhoeffer*(ThDB). Hermeneutik, Christologie, Weltverständnis, München 41991, 29-32.
11 DBW1, 28.
12 참조: DBW1, 28. 이러한 이해는 본회퍼의 삶과 신학을 지배했던 "오늘, 우리에게 예수 그리스도는 누구인가?(Wer ist Jesus Christus für uns heute?)"라는 그리스도론적 질문 형식을 형성했다.
13 참조: DBW1, 19.

라 '나'로서 그 안으로(hinein) '들어올' 때라는 사실이 분명해 진다."14

"따라서 비록 개인과 타자는 서로 분리되어 있다고 하더라도, 또는 바로 분리되어 있기 때문에 개인은 본질적으로 하나님의 뜻에 의해, 어떤 방식으로든 절대적으로 타자와 결합되어 있다."15 본회퍼에 의하면, 타자와 분리되어 있는 개인은 본질적으로 어떤 방식으로든 타자와 결합되어야 하는 형상을 지닌다. 그 형상의 시작은 본회퍼에 의하면 하나님의 자유하심에 있다. '타자를 위한 자유'라는 하나님의 형상이 각인된 인간은 더 이상 독립된 개체로서의 삶을 지향할 수 없다. 하나님은 타락한 타자였던 인간을 위해 자유하심으로 공동체적 관계를 회복해 주셨다. 본회퍼에 의하면, 하나님의 이러한 '타자를 위한 자유'(Freiheit für andere)하심이 창세기 1장 26절의 하나님의 형상이며, 이러한 타자를 위한 자유 즉, 하나님의 인간과의 공동체적 관계의 회복하심은 하나님과 공동체적 관계를 회복한 인간에게 각인된다. 하나님의 공동체 안에 인간은 타자를 더 이상 분리된 개체, 나의 생각 속에서만 존재의 의미가 사유되는 대상으로 이해하지 않고, 타자 속으로 들어가서 타자와 적극적이고 생동하는 관계맺음을 맺는 구체적인 현실의 인격관계를 형성한다.

인격의 문제에 있어 구체적인 현실을 파악하려고 했던 또 다른 사상가는 키에르케고르였다. 키에르케고르에게서 인격이 된다는 것은 자기 자신을 설정하는 나, 곧 자신을 윤리적 결단의 상황에 놓은 자의 행위이다. 그러나 키에르케고르의 인격 개념은, 본회퍼의 그리스도교적 인격 개념과는 달리 '구체적인 너'와의 필연적 관계 속에 있지는 않다. 키에르케고르의 인격 개념은 인격을 자신(Ich)이 설정하며, 본

---

14 DBW1, 34.
15 참조: DBW1, 34.

회퍼에게서처럼 '너'(du)를 통해 그 인격이 설정되지 않는다. 이런 면에서 키에르케고르는 인격의 문제에서 구체적인 현실을 파악하려고 노력했지만, 여전히 관념주의적 입장안에 머물러있다고 볼 수 있으며, 그 결과 그는 극단적인 개인주의의 토대를 마련했다고 평가할 수 있다. 키에르케고르에게서 개인에 대한 타자의 의미는 단지 상대적이며 결코 절대적이지 않다.16 이에 반해 본회퍼는 타자에 대해서 다음과 같이 말한다. "개인은 오직 '타자'에 의해서만 존재한다. 개인은 '단독자'가 아니다. 오히려 개인이 될 수 있기 위해서 '타자'가 필연적으로 존재해야 한다. '타자'란 무엇인가? 만약 내가 개인을 구체적인 '나'라고 부른다면, 타자는 구체적인 '너'다."17 그리스도교적 기본관계인 이러한 나와 너의 관계, 즉 타자를 통해 비로소 나(Ich)의 존재를 사유할 수 있다는 본회퍼의 주장은 관념론적 인식론이 주장해왔던 주체와 객체의 관계를 비로소 넘어서게 되었다.18 인간이 자기 자신의 사유가 아니라 타자를 통해 비로소 자아의 존재를 인식할 수 있다는 주장은 본회퍼의 교수자격논문인 『행위와 존재』(Akt und Sein)에서 더욱 깊이 논의 되며, 소위 옥중신학(1943년-1945년)에서 논의된 그의 '타자를 위한 교회' 개념의 초석을 이룬다.

'그리스도교적 인격' 개념은 우선, 하나님과 한 인간 사이의 관계 개념이고 구조적 개념이다. 본회퍼는 이 개념을 통해 그의 책임 개념의 단초를 마련하고 있다. 이것은 또한 그의 교회 이해를 마련하기 위한 초석이기도 하다. 이후에 다루게 될 것이지만 '집단인격' 개념은 하나님과 한 공동체 사이의 관계 개념을 통해 공동체 윤리의 단초, 나아

---

16 참조: DBW1, 34, 각주 12.
17 DBW1, 30.
18 참조: DBW1, 31.

가 교회 이해로부터 기독교 윤리를 실제 담론화하기 위한 근거를 마련한다.

본회퍼는 공동체의 지체들 사이에 공동체적이고 거룩한 인격관계가 늘 형성되지 못할 수도 있음을 배제하지 않는다. 이것은 하나님과 한 개인 간의 관계에 있어도 마찬가지다. 그러나 예수 그리스도를 통한 하나님과 한 인간사이의 관계회복은 하나님 나라의 시작을 알리지만 아직 완성되지 않았기 때문에, 이러한 관계가 깨질 수 있는 가능성과 언제든 다시 회복될 수 있는 가능성을 동시에 포함하고 있다.[19]

본회퍼에 의하면 이러한 관계의 회복은 하나님의 뜻에 의해, 성령을 통해 윤리적 결단을 요구하는 순간에 일어난다.[20] 그 순간은 타자와의 관계 속에서 책임이 요구되는 순간이다. 책임이 요구되는 구체적인 장소에서 개인과 하나님, 개인과 타자는 다시 결합한다. 이 결합은 인간의 의지를 통해 선택하거나 거부할 수 있는 것이 아니다. 타자를 위해 하나님의 뜻에 의한 삶의 응답으로서의 책임을 다할 수 있는 실제적 관계는 하나님과 나와의 관계를 전제한다. 즉 예수 그리스도를 통해서, 예수 그리스도 안에서 하나님과 공동체적 관계를 이루고 있는 자에게는 하나님의 뜻에 의해 결단을 해야 하는 삶의 응답이 끊임없이 요구되는 시간과 장소에서, 오직 하나님의 뜻에 순종할 수밖에 없는 삶을 살아 갈 수 있는 새로운 삶의 원리가 부여된다. 하나님은 죄로 인해 그와의 관계와 삶의 원리가 파괴된 곳에서, 당신과의 관계의 회복을 위한 의지를 예수 그리스도를 통해 인간에게 끊임없이 부

---

19 이런 의미에서 본회퍼는 『성도의 교제』에서 '죄인들의 공동체'(peccatorum communio)도 다룬다. 참조: DBW1, 73, 76-78, 127, 140-147, 294. "죄의 실재는 하나님의 교회 안에도 남아 있다. 죄인의 공동체도 역시 그러하다. 아담은 오직 종말론적으로, 희망 안에서(in spe) 그리스도에 의해 실제로 극복된다(WA II, 457). 죄가 있는 한 인간의 모든 타락한 본성은 모든 인간들 속에 남아 있다"(DBW1, 77-78).

20 참조: DBW1, 33.

여하신다. 오직 하나님의 의지로 인간은 공동체로 새롭게 초대받는다.21 바로 이러한 공동체의 모습으로 타자에게 다가갈 수 있는 가능성과 구체적인 시간과 장소가 부여된다.

> 하나님의 뜻에 의해 (그리스도교적) 인격은 구체적인 활동성과 전체성, 독특성 내에서 궁극적인 통일체로 설립되었다. […] 사회적 기본 범위는 나와 너의 관계이다. 타자의 너는 하나님에 의한 '너(göttliche du)'이다. 따라서 타자에게 이르는 길도 하나님에 의해 '너'에게 이르는 길과 동일하다. 그것은 인정의 길이 아니면 거부의 길이다. 개인은 타자를 통해 '순간' 속에서 항상 다시금 인격이 된다. 타자는 우리에게 하나님 자신과 동일한 깨달음의 문제를 던진다. 타자에 대한 나의 실제적 관계는 하나님에 대한 나의 관계에 따라 결정된다.22

본회퍼가 설명하고 있는 '그리스도교적 인격'은 관념주의의 인격에서는 찾아볼 수 없는 "늘, 반복해서, 시간 속에서 형성되었다가 사라지는", "역동적인",23 생동하는 인격 개념이며 본회퍼의 교회 개념을 이해하는 시금석이다. 그리스도교적 인격은 '공동체'와 '하나님' 개념과 불가분의 관계24에 있으며, 우선은 관계적 개념이다. 그것은 본회퍼의 박사학위 논문의 부제 '교회 사회학에 대한 교의학적 연구'에서도 볼 수 있듯이 교회를 사회학적으로, 즉 교회를 사회성(Sozialität)

---

21 "교회는 인간들과 함께하는 하나님의 새로운 뜻(의지)이다."(DBW1, 87.)
22 DBW1, 34. 본회퍼의 타자에 대한 이해는 그가 『창조와 타락』에서 창 1:26-27을 다루면서 더욱 구체적으로 설명된다. 참조: DBW3, 59-63. 이 외의 『창조의 타락』안에서의 타자 개념은 같은 책, 89, 92-95, 109f, 112, 115-117, 120, 126, 132, 150을 참조할 것.
23 DBW1, 28.
24 DBW1, 19.

이라는 지평에서 조명해 볼 때 우선은 하나님과 인간 사이의 사회성, 바로 관계 개념을 의미한다.25 또한 그리스도교적 인격은 하나님과 인간 상호간의 역동적인 관계 형성을 의미하는 구조적 개념이다. 인간은 타락으로 인해 하나님과 인간 사이의 관계가 깨진 상태에 있었지만 '순간'26의 관계를 이룸, 즉 하나님과 인간 사이의 관계가 예수 그리스도를 통해 회복된 상태가 바로 본회퍼의 교회 이해를 위한 그리스도교적 인격 개념이다.

본회퍼는 하나님과 인간 사이의 순간의 관계가 회복되는 구체적인 시간의 현실을 책임 개념과 연결시킨다. "본질적인 것을 말하자면, 순간은 구체적인 시간이다. 그리고 오직 구체적인 시간 속에서만 윤리의 진정한 요구는 실행된다. 그리고 오직 책임 속에서만 '나'는 내가 시간에 연결 되어 있다는 사실을 완전히 의식한다. […] 시간에 연결되어 특수한 상황 가운데 있는 구체적인 인격인 나에게 이 당위성과 관련을 맺고 윤리적 책임을 지움으로써, 나는 시간의 실재 안으로 들어간다."27 본회퍼에 의하면 이 인격적인 관계 형성의 주체는 "하나님" 혹은 "성령"이다. 본회퍼는 "하나님 혹은 성령은 구체적인 너에게 다가온다. 오직 그의 활동을 통해서만 타자는 내게 네가 된다. 그에게서 나의 자아가 생겨난다. 다르게 말하면, 모든 인격적인 너는 하나님의 '너'에게서 기인한다"28라고 말한다.

---

25 본회퍼의 '사회성'에 대한 연구는 다음의 책을 참조할 것: Clifford J. Green, *Freiheit zur Mitmenschlichkeit, Dietrich Bonhoeffers Theologie der Sozialität* (Guetersloh, 2004).

26 본회퍼는 이 '순간'을 다음과 같이 설명한다: "순간은 시간의 가장 작은 부분, 흡사 기계적으로 생각된 원자와 같은 것이 아니다. 순간은 책임의 시간, 가치와 관련된 시간이다. 우리는 이를 하나님과 관련된 시간이라고 말한다. 그리고 본질적인 것을 말하자면, 순간은 구체적인 시간이다. 그리고 오직 구체적인 시간 속에서만 윤리의 진정한 요구는 실행된다"(DBW1, 28).

27 참조: DBW1, 28.

본회퍼에 의하면 성령 혹은 하나님의 구체적인 다가오심, 구체적인 역동성과 활동성을 가지는 인격은 그리스도의 성육신, 십자가에서의 죽음과 부활을 통해 이루어지며,29 하나님의 뜻과 부르심에 대한 삶으로서의 응답(Antwort)이라는 의미에서, 한 개인의 '책임'(Verantwortung)이라는 형태로 '윤리적 결단'을 요청한다.30 예수 그리스도의 죽음과 부활이 아담의 죄에 의해 깨어진 하나님과 인간과의 관계를 회복한다는 본회퍼의 견해는 그의 교회 이해가 철저히 그리스도 중심적이라는 것을 보여준다. 그러나 그리스도를 통한 하나님과 인간, 하나님과 인간들 사이의 관계가 어떻게 늘 유지되는가라는 질문이 제기될 수 있다. 본회퍼는 이러한 질문에 '윤리적 결단'의 개념으로 답변하고 있다. 즉, 하나님께서 '윤리적 결단'을 요청하는 '순간'에 '죄'로 인해 하나님으로부터 분리되어 있던 인간은 공동체적 관계로 다시 초청받는다. 그리고 타락의 순간마다 초청되는 윤리적 결단의 순간 가운데 그리스도교적 인격이 새롭게 형성되고, 하나님과 인간과의 공동체가 다시 구성된다. 본회퍼는 이 순간을 가치와 관련된 시간, 책임의 시간이라고 말하면서 이 시간은 시간의 가장 작은 부분, 마치 기계적으로 생각된 원자와 같은 것이 아니며 하나님과 관련된 시간이라고 말한다.31 즉, 본회퍼는 공동체적 관계를 창조하신 하나님께서 역사 속에서 계속되는

---

28 참조: DBW1, 28.

29 DBW6, 62-90. 본회퍼는 교회 이해를 기독교윤리적인 개념들로 발전시킨다. 그는 『성도의 교제』에서 이미 그의 교회 개념을 '책임', '대리', '공존', '평등', '사랑' 등의 개념을 논하면서 기독교 윤리학적 개념으로 발전시킨다. 이와 같은 의미에서 필자는 그의 윤리를 '교회론적 윤리(die ekklesiologische Ethik)'라고 규정했다(김성호, "디트리히 본회퍼의 교회론적 윤리", in: 신학과 선교 43(2013), 332.) 예수 그리스도의 성육신, 십자가, 부활의 지평에서 윤리적 담론은 본회퍼의 '형성으로서의 윤리(*Ethik als Gestaltung*)'(DBW6, 62-90)에서 구체적으로 나타난다.

30 DBW1, 32-35.

31 참조: DBW1, 28.

인간들의 타락의 시간에 그들을 향해 끊임없이 공동체적 관계를 회복할 수 있는 윤리적 결단의 순간을 만드시고, 그 순간이 일어나는 구체적 장소에서 그리스도 안에서, 그리스도를 통해 당신과의 공동체적 관계를 끊임없이 회복해 나가시고자 한다고 설명한다. 바로 이와 같은 의미에서 본회퍼는 "교회란 인간들과 함께하는 하나님의 새로운 뜻"32이라고 규정하는 것이다.33 이러한 본회퍼의 교회 이해에서 비롯되는 하나님의 뜻에 대한 삶의 응답, 삶의 반응으로서의 책임은, 이 땅에서의 타자를 위한 책임적 삶도 함께 요구된다고 해석할 수 있다.

필자는 이러한 본회퍼의 '순간'의 책임적 반응에 관한 이해를 '순간의 윤리'(Ethik des Augenblicks)라고 재해석한다. 이 땅위에서의 하나님의 뜻에 대한 실현은 행위 이전의 순간적 판단을 지배하는 하나님의 은혜에 속한다. 인간 스스로의 이성과 경험, 가치에 의한 판단이 아니라, 오직 인간과 함께하시는 예수 그리스도만이 하나님의 뜻을

---

32 DBW1, 87.
33 본회퍼의 교회에 대한 이 정의는 1933년 '교회란 무엇인가(Was ist Kirche?) (DBW 12, 235-239)'에 대한 논문에서 "교회의 정치적 책임과 결단(DBW12, 239)"이라는 교회의 시대 적합한 과제로 확장된다. 본회퍼는 이 논문에서 교회가 무엇인지는 교회가 하나님에 의해 설립되었는지, 인간으로부터 비롯되었는지에 대한 논의와 동시에 규정되어야 한다고 말했다(참조: DBW12, 235). 본회퍼의 이러한 진술은 그가 바르트의 변증법적 신학을 적극적으로 수용했다는 증거로 삼아야 한다. 본회퍼의 교회 이해는 『성도의 교제』에서는 그의 지도교수였던 제베르크의 영향아래 주의주의적 성격이 많이 반영되었다고 볼 수 있는데, 1932년 바르트와의 만남을 기점으로 본회퍼에게 미친 바르트의 영향이 제베르크의 영향을 점차 넘어서는 것으로 분석할 수 있다. 그 근거로 본회퍼는 『성도의 교제』에서의 하나님의 의지의 행위를 많이 강조하고 아울러 Wille(의지)라는 단어의 빈번한 사용들과 주의주의(Voluntarismus)적 규정(교회란 인류와 함께하는 하나님의 새로운 의지(DBW1, 87))에서, 위의 '교회란 무엇인가'에 논문에서 볼 수 있듯이, 무엇이 하나님께 속하고 무엇이 인간에게 속하는 가에 사유에 따른 변증법적 신학 방법론의 적극적인 수용을 제시할 수 있다. 교회의 정치적 책임과 결단은 1933년 4월 15일에 완성된 본회퍼의 논문 "유대인 문제에 대한 교회(DBW12, 349-358)"에 당시 나치정부와 독일교회를 비판하는 내용과 더불어 구체적으로 제시되어 있다.

이 땅위에 실현 시키는 판단의 순간을 지배하신다. 이러한 '선한 순간'은 인간의 욕심이 낳는 죄에 의해 훼손되어 '악한 순간'을 야기하기도 하지만 예수 그리스도는 성령을 통해 끊임없이 훼손된 '악한 순간'을 반성하게 하고 삶 속에서 '선한 순간'을 끊임없이 재창조해낼 수 있도록 돕는다. 이러한 관점에서 '순간의 윤리'는 예수 그리스도 안에서의 '선한 순간'을 통한 이 땅위에서의 하나님의 뜻의 실현이라고 규정할 수 있을 것이다. 이러한 '선한 순간'들의 총합은 오늘, 여기에서 인간의 삶 전체의 선함과 선한 공동체를 지향하고 있다. '선한 순간'은 오직 '그리스도교적 인격'을 통해 시작된다.

2. 윤리적 집단인격: 교회 이해를 통한 기독교 윤리적 단초 마련

그리스도교적 인격은 하나님과 아담, 하나님과 한 인간 사이의 깨어진 공동체적 관계가 예수 그리스도를 통해 회복된 상태이고, 이것은 하나님 혹은 성령의 다가오심과 구체적인 시간을 의미하는 순간과 구체적으로 주어진 장소에서 '책임'이라는 윤리적 결단이 일어나는 곳이 바로 교회라고 주장하기 위한 전제였음이 분명해졌다. 이러한 이해가 성립된다면 아담이 전체인류를 의미한다는 점에서는 하나님과 다수의 인간들 간의 관계를 설명해야 하는 난제가 남아 있다. 본회퍼는 이 난제를 그의 '윤리적 집단인격' 개념을 통해 극복한다. "비록 '죄를 지은 인류'가 완전한 개인으로 분열되더라도 그는 하나이다. 그는 집단인격임에도 불구하고 자신 안에서 끝없이 자주 분리된다. 그는 아담이다. 모든 개인은 아담이다. 모든 개인은 그 자신인 동시에 아담이기도 하다. 이와 같은 이중성이야말로 그의 본질이다. 이것은 그리스도 안에서 창조된 새로운 인류의 통일성을 통해 비로소 극복된다."[34]

본회퍼는 '집단인격'의 개념으로 위에서 설명한 그리스도교적 인격 개념이 하나님과 공동체, 나아가 하나님과 전 인류 사이에서도 가능한 인격 개념이라는 점을 설명한다. 그리고 이제 이 다수가 모인 '집단인격'은 그리스도교적 인격 개념에서 설명한 '한 개인'처럼 이해된다. 즉, 한 개인이 예수 그리스도를 통해서 형성된 그리스도교적 인격 관계에서 비롯되는 책임이라는 삶의 과제가 요구되듯이, 한 공동체 혹은 인류도 한 개인처럼 책임이 요구된다는 것이다. 이는 본회퍼의 그리스도교적 인격 이해와 집단인격 개념이 '개인의 책임' 뿐만 아니라 '공동체의 책임'까지도 논의할 수 있는 틀을 마련했다는 점에서 기독교윤리학적 의의가 있다고 할 수 있을 것이다.

III. 교회의 현실

본회퍼의 『성도의 교제』의 핵심 주제는 '교회의 현실'(Wirklichkeit der Kirche)이다.35 '그리스도교적 인격' 개념과 '윤리적 집단인격' 개념은 '공동체로 존재하는 그리스도' 개념에서 통합되는데, 이는 헤겔의 "공동체로서 존재하는 하나님"(Gott als Gemeinde existierend) 개념으로부터 착안된 개념이다.36

---

34 DBW1, 76.

35 에른스트 파일 역시 '교회의 현실'의 의미를 지닌 '교회의 실재(Realität der Kirche)'를 『성도의 교제』의 주제로 본다. 참조: Ernst Feil, *Die Theologie Dietrich Bonhoeffers*, 29.

36 여기에 관해서 헤겔의 종교철학에 대한 제베르크의 견해를 참조하라. R. Seeberg, Dogmatik II, Erlangen 1925, 298-300. 헤겔은 하나님과 인간 사이의 영적 관계가 그리스도를 통해 처음 이루어졌다고 설명하고, 그리스도이후 인간들도 스스로 하나님과 영적 관계는 가능하다고 여겼다(Seeberg, Dogmatik II, 300). 그러나 본회퍼는 이 문제를 그리스도론화하고, 오직 그리스도 안에서, 그리스도를 통해서 하나님과 인

1. 본회퍼와 헤겔

찰스 마쉬는 죠그 레이즈(Jorg Rades)의 『성도의 교제』와 헤겔 세미나까지의 기간이 본회퍼의 후기 저작들에 영향을 끼쳤다고 본 견해를 소개했다.37 헤겔의 '공동체로 존재하는 하나님' 개념은 본회퍼의 『성도의 교제』의 '공동체로 존재하는 그리스도' 개념에 영향을 주었고,38 마쉬에 의하면 이는 『윤리학』 원고에서 본회퍼가 하나님과 '세계(Welt)'의 관계에 관한 신학적 패러다임을 구축하는 과정에서 여전히 이어지고 있다.39 본회퍼는 공동체가 하나님과 인간의 화해의 장소이며, 이곳에서의 거주가 '근본적 불완전성'(fundamental incompleteness)을 의미한다는 헤겔의 입장을 수용했다.40 역사성을 상실한 형이상학적 하나님 이해를 비판했던 헤겔의 영향으로 본회퍼는 하나님의 내재성을 강조했다. 그렇다고 본회퍼가 그의 신학에서 하나님의 초월성을 축소시키거나, 내재성의 강조와 대립시키지 않았다. 인간 스스로의 자의식으로는 하나님과 인간의 공동체적 관계는 근본적으로 불완전할 수밖에 없지만, 본회퍼에 의하면 예수 그리스도 안에서, 예수 그리스도를 통해 하나님은 인간과 공동체적 관계를 맺어주시기

간 사이의 관계가 회복된다고 말하였다. 본회퍼 초기 신학의 헤겔의 영향에 관한 논문은 Jakob Holm, "G.W.F. Hegel's Impact on Dietrich Bonhoeffer's Early Theology", in: Studia Theologica 54 (2002), 64-75를 참조할 것.

37 참조: Charles Marsh, Human Community and Divine Presence: Dietrich Bonhoeffer's Theological Critique of Hegel, in: *Scottish Journal of Theology* 45 (1992), 428 각주 9.

38 참조: DBW1, 126

39 참조: Charles Marsh, *Human Community and Divine Presence: Dietrich Bonhoeffer's Theological Critique of Hegel*, 429.

40 참조: Charles Marsh, *Human Community and Divine Presence: Dietrich Bonhoeffer's Theological Critique of Hegel*, 435.

때문에 역사 속에서 근본적 불완전성을 극복하며, 그 장소는 자기 헌신적 사랑이 가득한 사랑의 공동체로 세계 속에서 구체적으로 현존한다. 본회퍼는 이 공동체의 장소에 관한 담론을『윤리학』원고에서 그의 성육신 이해와 더불어 '세계'로 확대 시킨다.

오스발트 바이어(Oswald Bayer)는 그의 논문 '중보자로서 그리스도. 헤겔의 종교철학에 의한 윤리'[41]에서 헤겔의 철학적 신학이 본회퍼 후기에 속하는『윤리학』(Ethik) 원고에 담긴 사상에 큰 영향을 주었다는 논지를 전개한데 반해 홀름(Jacob Holm)은 본회퍼 초기 신학 속에 담긴 헤겔의 영향[42]에 대해 연구했다. 초기 본회퍼는 바르트의 로마서 주석(1922년)을 읽고 변증법적 신학의 영향을 크게 받았으며, 자유주의 신학으로부터 받은 흔적을 지워 나가기 시작했다. 본회퍼는 바르트를 수용하면서도 불트만의 영향으로 바르트와 차별을 모색했으며, 헤겔의 철학적 신학이 내재주의에 사로잡혔다는 배경에서 근대사회에서 정신형이상학자(Geistmeataphysiker)라고 평가된 그를 박사학위 논문과 교수자격 논문에서 수용했다. 홀름은 헤겔과 본회퍼의 화해 개념을 비교하면서, 본회퍼가 헤겔의 화해 개념을 어떻게 수용하였는지 규명한다. 홀름에 의하면, 헤겔은 예수의 성육신에서의 하나님의 역할, 즉 신성-인성의 의식을 통합하는 역사 속에서의 화해하는 하나님(신)의 역할에 주목하며, 본회퍼는 교회 안에서 하나님과 세상의 화해자로 계시 되시는 예수 그리스도에게 주목한다. 헤겔에게 그리스도는 '공동체로 존재하는 하나님'의 사고하는 과정에서의 인간적-신적-의식을 통합하는 화해자로 존재하며, 본회퍼에게 그리스도는

---

41 참조: Oswald Bayer, *Christus als Mitte. Bonhoeffers Ethik im Banne der Religionsphilosophie Hegels*, in: Berliner Theologische Zeitschrift 2 (1985), 259-276.

42 Jacob Holm, G.W.F. Hegel's Impact on Dietrich Bonhoeffer's Early Theology, in: *Studia Theologica* 54 (2002), 64-75.

헤겔의 논리처럼 이 땅위에서의 하나님의 역사성을 전달하는 의식이나 정신이 아니라 그리스도교적 인격, 집단인격으로 실존하시는 분이시다. 이러한 의미에서 헤겔의 화해 개념은 철학적이며, 본회퍼의 화해 개념은 철저히 신학적이다.43

홀름은 헤겔이『종교철학』에서 고안한 '드러난 인간'(The revealed human) 개념을 소개했다. '드러난 인간'이란 과학, 예술, 정치 등과 같이 다양한 분야에 관심을 가지고 이 분야들의 다양한 이미지와 구조들의 처음과 나중, 진리를 하나의 생각, 즉 신의 생각 속에서 찾으려고 하는 인간을 의미한다. 헤겔에 따르면 사회 과학자들은 인간의 존재 속으로 생명력을 불어넣어 인간적―신적 영혼(human-godly sprit)을 소유한 '드러난 인간'을 유지시키실 수 있는 곳의 중심에 서 있는 신 개념을 고안해 낼 수 있었다. 홀름은 헤겔의 '드러난 인간' 개념이 본회퍼가 박사학위를 사회성의 개념을 신학화한 부분에서 영향을 주었다고 보고 있다.44 필자가 보기에 본회퍼는 헤겔의 이러한 '신의 내재성'과 '드러난 인간' 개념뿐만 아니라 정신 개념(특히 객관적 정신)을『성도의 교제』와『행위의 존재』에 수용하면서, 당시 교리화 되어버린 비실존적인 교회론과 계시이해를 비판했으며 '교회의 현실'과 '계시 현실'의 개념을 사회성의 관점에서 재구성했다. 그러나 본회퍼는 헤겔의 객관적 정신 개념을 성령의 역할과 철저히 구분하였으며, 헤겔의 '신의 내재성'과 '드러난 인간' 개념을 그리스도론적 이해로 재구성했지만, 하나님의 내재성을 수용하면서도 초월성을 포기하지 않았다. 그러면서 본회퍼는 예수 그리스도의 현실에 참여하는 인간은 근대 사

---

43 참조: Jacob Holm, G.W.F. Hegel's Impact on Dietrich Bonhoeffer's Early Theology, in: *Studia Theologica* 54 (2002), 68-70.
44 참조: Jakob Holm, *G.W.F. Hegel's Impact on Dietrich Bonhoeffer's Early Theology*, 66.

회 속에서 고립된 자아가 아니라, 예수 그리스도를 통해 타자 혹은 타물과의 사회적 관계를 생성하며 살아가야만 하는 공동체적 삶을 추구해야 한다고 신학화했다.

홀름은 위의 논문에서 피터 버거의 본회퍼 비판을 소개한다. 피터 버거는 본회퍼가 더 역사적으로 초점을 맞추는 베버식의 사회학이 아니라 소위 시스템 사회학의 형식주의 학파의 노선을 따르고 있다고 논하면서 본회퍼가 인격 개념의 윤리적, 사회적 반성을 불필요하게 신학적으로 확장시켰다고 비판했다. 그러나 홀름에 의하면, 이러한 버거의 입장은 본회퍼의 박사학위 논문이 경험적 데이터에 의존하는 것의 거부나 사회학적 큰 흐름 중의 하나를 선택한 것에서가 아니라 신학적인 동기에서 시작되었다는 것을 간과한 것에서 비롯되었다고 지적했다.45 본회퍼와 헤겔에게 인간 공동체는 그 스스로의 경험적 인식(sui generis)이거나 사회적 인식의 결과물이 아니라 그 이상의 결과, 즉 개별인간을 연합하게 하는 정신의 활동의 결과이다. 다만 헤겔은 관념론적 사고를 통해 그 스스로 안에서, 그 스스로를 위한 사고를 통해 객관적 정신이 지배하는 구조 공동체의 형성에 관해서 논의했다면, 본회퍼는 하나님의 예수 그리스도 안에서의 계시 현실과 성령을 통해 설립된 공동체를 논의하면서 이러한 공동체가 바로 교회라고 규정했다. 정리하자면, 본회퍼는 교회를 인간들의 어떠한 목적에 따라 설립된 이익 집단이 아니라 하나님의 인간들과 다시 함께 하시고자 하시는 새로운 의지로 규정하면서, 이는 역사 속에서 예수 그리스도 안에서 재설립되며, 성령을 통해 생명력 있게 활동하는 실존 그 자체가 목적이라고 설명한다. 헤겔은 그리스도는 '공동체로 존재하는

---

45 참조: Jakob Holm, *G.W.F. Hegel's Impact on Dietrich Bonhoeffer's Early Theology*, 67.

하나님'이라는 사고의 과정을 통해 인간과 신적 의식의 조정으로써 존재한다고 말했다. 이러한 이해를 차용하여 본회퍼는 교회를 '공동체로 존재하는 그리스도'라고 규정했다. 그러면서 본회퍼는 헤겔처럼 어떠한 변증법적 과정 안에서 인간이 신적-인간적 존재가 되는 것이 아니라 바로 교회 안에서, 즉 그리스도 안에서, 그리스도를 통해 그리스도의 인격을 소유할 때 진정한 교회 공동체가 역사 속에서 생성된다고 주장했다.

2. 교회의 실재화

본회퍼의 교회 이해는 그리스도 이해와 불가분의 관계에 있다. 죄로 인해 하나님과 인간 사이에 깨어진 관계는 교회 안에서만 회복이 가능한데, 본회퍼에 따르면 교회 안에서의 이러한 관계는 '그리스도 안에서', '그리스도를 통해'[46] 회복된 관계에 놓인다고 말한다.

그(그리스도)의 죽음은 개인들을 분리한다. [⋯] 부활의 빛에서 십자가 공동체는 그리스도 안에 있는 하나의 공동체로서 의롭다고 인정을 받게 되고, 거룩하게 된다. 새로운 인류는 하나의 장소에서, 예수 그리스도 안에서 응집된다. 하나님의 사랑이 그리스도의 대리 행위 안에서 하나님과 인간의 교제를 다시 회복시키듯이 인간의 교제도 사랑 안에서 다시 형성되었다.[47]

교회는 '공동체로서 존재하는 그리스도'이다. [⋯] 교회는 그리스도

---

46 참조: DBW5,
47 DBW1, 100.

와 함께 죽었고 부활했으며, 그리스도 안에서 이제 새로운 피조물이 되었다. 교회는 목적을 위한 수단뿐만 아니라 교회 그 자체로서 목적이기도 하다. 교회는 현존하는 그리스도 그 자신이다. 그러므로 '그리스도 안에 있다'와 '교회 안에 있다'는 같은 의미이다.48

1920년대 독일에서는 '교회'가 '종교 공동체'로 인식되는 경향이 두드러지게 나타났다. 이에 본회퍼는 『성도의 교제』를 통해 교회를 사회성의 관점에서 다루면서 교회의 본질적 의미를 다시 회복하는 데에 그의 박사학위의 연구 의도를 두었다. 본회퍼는 이 책에서 교회를 "인간들과 함께하는 하나님의 새로운 뜻"49으로 정의 했다. 하나님과 인간 사이의 올바른 공동체적 관계를 이루는 창조 안에 담긴 하나님의 원래의 의지는 아담(인간)의 타락으로 인해 그 관계가 깨졌다. 이러한 하나님과 인간 사이의 깨어진 공동체적 관계는 그리스도 안에서, 그리스도를 통하여 설립된다. 이를 본회퍼는 "교회의 실재화"(die Realisierung)50라고 규정했고, 이 교회의 실재화를 교회의 현실을 위한 전제로 삼는다. 교회는 말씀과 성령의 활동을 통하여 세 가지 사회학적 기본관계인 영의 다양성, 영의 교제, 영의 일치가 일어난다. 이러한 현실을 본회퍼는 "본질적 교회의 활성화"(Die Aktualisierung der wesentlichen Kirche)51라고 규정했다. 즉 "성령을 통해 활성화된 예수 그리스도의 교회는 지금 현실적으로 존재하는 교회"52가 되어 우

---

48 참조: DBW1, 127.
49 DBW1, 87.
50 참조: DBW1, 90-100.
51 참조: DBW1, 100-140; 본회퍼가 제시한 성령에 관한 성서적 근거들과 성령에 관한 교리적 이해는 참조: DBW14, 466-478.
52 DBW1, 140.

리의 현실 가운데 실존하는 교회가 된다. 이것이 본회퍼가 말하는 교회의 현실의 구체적 모습이다.53

3. 본질적 교회의 활성화

본회퍼는 교회의 사회학에 대한 교의학적 연구를 위해 '그리스도교적 인격'과 '집단인격' 개념들을 '공동체로 존재하는 그리스도' 개념에서 융합시키며, 이는 '교회의 현실' 개념으로 다시 설명되고 '교회의 현실'은, '교회의 실재화'와 '교회의 활성화' 개념을 통해 설명된다. 본회퍼는 교회 이해를 그리스도 안에서, 그리스도를 통해서 하나님과의 공동체적 관계를 회복하는 상태라고 규정되는 '교회의 실재화'에서 그치지 않고 교회 내의 성령의 활동을 설명하며 '교회의 활성화' 개념을 전개한다. "교회 안에 있지 않는 자는 그리스도와 함께 생명을 나누는 교제를 가질 수 없다. 그러나 그리스도 안에 있는 자는 완성되고 활성화된 교회 안에 있다."54

'교회의 실재화'가 본회퍼의 교회 이해의 그리스도론적 초석을 다졌다면, '교회의 활성화'는 그의 교회 이해의 성령론적 접근이라고 볼 수 있다. '교회의 활성화'는 성령의 세 가지 사회학적 관계인 영의 다양성, 교제, 일치에 관한 것이다.

---

53 참조: DBW12, 297-306: 본회퍼는 1933년 여름학기 동안 베를린에서 진행했던 '그리스도론 강의'(DBW12, 279-348)에서 '그리스도의 형상'에 관해 다룬다. 그는 『성도의 교제』의 '공동체로 존재하는 그리스도'는 구체적으로 말씀, 성례전, 공동체로서 현재하는 그리스도를 의미한다고 이 강의에서 가르쳤다. 이 그리스도의 형상 개념은, 1940년 여름부터 1940년 11월 13일 사이에 본회퍼가 연구한 개념, 즉 그리스도의 성육신, 부활, 형성 개념이 오늘, 여기에서의 그리스도인들의 현실에 어떻게 현재하는지에 대해 기독교윤리학적 접근을 시도한 '형성으로의 윤리'(Ethik als Gestaltung: DBW6, 62-90) 개념으로 발전된다.

54 DBW1, 102.

1) 영의 다양성

본회퍼는 인간 가운데 예정을 실현하는 것이 그리스도의 말씀인 점을 강조하며, 바로 그러한 점에서 개인은 항상 교회(공동체)의 지체로서만 생각되고, 선택된다는 예정론의 이해를 소개한다.[55] 그러나 이러한 예정론의 이해가 마치 하나님과 개인만의 교제만을 강조하는 것처럼 이해된다는 점을 지적하고[56], 하나님은 그리스도의 공동체와 개인을 하나의 행위 속에서 바라보며 이를 통해 개개인들을 바라본다고 강조한다.[57] 즉, 본회퍼의 예정론적 교회 개념은 하나님과 교회 공동체 사이의 관계의 사유 없이, 하나님 없는 교회 지체들 간의 관계에서 바로 규정되는 것이 아니라 하나님과 공동체 사이의 관계가운데 발생하는 하나님과 개별 지체들 간의 관계로 이해했는데, 이는 그에 따르면, 성령의 활동을 통해 이루어진다. 본회퍼가 이해한 교회의 활성화의 내용 중에 첫 번째 '영의 다양성'은 바로 하나님과 교회 공동체의 관계 속에서 존재하는 하나님과 교회 지체들 간의 다양한 관계를 의미한다고 볼 수 있다. 이러한 본회퍼의 영의 다양성에 관한 담론은 그동안의 예정론적 교회 개념이 개별 그리스도인의 문제로만 국한시킨 것에 대한 비판적 내용을 담고 있다.

2) 영의 교제

본회퍼는 '교회의 활성화'에 대한 두 번째 내용을 '영의 교제'라는

---

[55] 참조: DBW1, 105.
[56] 참조: DBW1, 104-105.
[57] 참조: DBW1, 105.

부제하에 설명하는데 이는 '새로운 사회관계의 창조'를 의미한다. 이러한 성령을 통한 새로운 사회관계의 창조라는 영적 교제의 구체적 내용은 본회퍼에 의하면 '사랑'이다. 이 사랑은 그리스도교적 사랑이며, 인간성의 이념 혹은 동정심, 관능적 사랑 혹은 고통을 함께하는 행위로서의 인간적 가능성이 아니다.58 이는 오직 그리스도에 대한 믿음 속에서만 인간은 인간의 사랑을 성령이 마음속에 넣어 준 하나님의 사랑으로 이해하며 하나님과 이웃에 대한 인간의 요구를 포기할 것을 요구한다.59 이러한 사랑은 의지적 행위로서 목적을 지향하기도 한다. 즉 근거가 없는 호감이 아니라 절대적으로 타자를 위한 하나님의 뜻(의지)을 통해 결정되는 사랑의 목적이 있다. 이 의지는 타자를 하나님의 통치에 굴복시키려는 것이며, 어떤 법칙으로 정리되는 것이 아니라 삶 가운데 주어지는 그리스도인의 다양한 의무로 부여된다.60 또한 그리스도인은 자기 자신과 자신의 모든 의지를 바침으로써 이웃을 실제로 사랑한다. 하나님께서는 자신을 사랑하는 인간들에게 이웃을 실제로 사랑하기를 원하신다. 이는 인간 스스로의 사랑의 활동을 통해 하나님의 나라를 가지고 올 수 있다는 의미가 아니라, 하나님께서 자신의 뜻을 관철시키기 위해 이웃사랑 속에서 실천된 순종을 이용한다는 의미이다.61 본회퍼는 결론적으로 그리스도교적 사랑은 한계가 없으며, 하나님 나라를 세우기를 지향한다고 주장한다. 타자를 위한 하나님의 의지는 이웃을 위해 인간 자신의 의지를 내어 주라는 무한한 계명으로 인해 드러난다.62

---

58 참조: DBW1, 108.
59 참조: DBW1, 108.
60 참조: DBW1, 108-109.
61 참조: DBW1, 110.
62 참조: DBW1, 110.

본회퍼가 전개하는 '영의 교제'의 내용은 성령의 활동을 통해서만 가능한 그리스도인들의 사랑의 교제이며, 이는 하나님의 뜻으로부터 서로에게 부단히 헌신하는 것을 의미한다.63

> 많은 인격이 서로에게 끊임없이 헌신함으로써 새로운 인격이 형성되며, 이와 더불어 '새로운 인격들의 교제'가 실현된다. […] 자신의 생명을 잃기를 원하는 자는 생명을 얻을 것이다. 오직 그리함으로써 이웃을 향한 하나님의 뜻에 헌신하는 인격들의 삶은 참으로 하나님이 만든 성도들의 교제로 인도한다. 각자는 하나님의 도구로서 그 실현을 위해 봉사함을 통하여, 그리스도교적 사랑의 교제로서 사회학적으로 독특한 구조가 생겨난다. 곧 성도들 상호간의 사랑 속에서 교제 자체가 목적이 된다.64

본회퍼는 하나님의 통치 의지가 교회를 위한 사랑의 의지이며 이와 같은 의지에서 하나님의 통치 개념과 하나님 나라 개념은 통합된다고 본다.65

본회퍼의 '영의 교제'에 관한 내용은 교회 공동체가 성령을 통해 사랑의 공동체가 되어야 함을 강조하고 있으며, 이 사랑의 공동체로 나타나는 구체적 행동을 '하나님이 제정한 교회와 교회 지체들의 구조적 공존'과 '서로를 위한 지체들 간의 활동과 대리의 원리'로 나눈다. 즉 본회퍼는 교회 이해를 그리스도론적 이해에만 머무르지 않고 성령론적 이해를 통해, 성도의 교제를 성령을 통한 사랑의 교제로 이해하고 있다. 또한 본회퍼는 사랑의 교제의 구체적 행동양식을 '공존'과 '대리'

---

63 참조: DBW1, 115.
64 참조: DBW1, 115.
65 참조: DBW1, 116-117.

개념을 통해 기독교 윤리학적 담론으로 발전시킨다.

'공존'은 서로 함께 있음을 의미한다. 본회퍼는 '교회는 하나의 생명'[66]이기 때문에 지체들 중의 그 누구도 교회와 분리되어 있다고 생각할 수 없다'라는 교회 지체들 간의 구조적 공존의 이해를 제시하고 이후 루터의 글들을 인용하며 공존의 신학적 이해를 전개한다. 본회퍼는 "보라, 당신이 그들을 모두 짊어지듯이 그들도 모두 당신을 짊어지며, 선한 것이든 악한 것이든 모든 것들을 서로 함께 나눈다"[67]라는 루터의 관점을 소개한다. 본회퍼는 세속적 공동체에서는 보기 힘든 공동체의 사회학적 구조를 바로 공존, 서로 함께하는 가능성에서 발견한다. 단독자 개인이 아니라 교회 공동체 내에서의 개인은 죽음과 고통 가운데 놓인 고독한 존재가 아닌 공존의 형태로 존재한다. 루터는 "공동체가 그(그리스도)와 '함께' 죽고 고통을 당한다"[68]라고 말한다. 본회퍼는 이러한 루터의 이해는 공동체가 존재하는 곳에는 그리스도가 존재하기 때문이라는, 그리스도론적 이해를 통해서만 가능하다고 설명한다. 즉, 교회의 지체들이 개개인으로 공존의 형태로 존재하는 것이 아니라 그리스도 안에서, 그리스도로 인해 교회 지체들이 공존, 서로 함께 있다는 사실이 성립된다. 본회퍼는 이러한 공존의 그리스도론적 이해를 통해 교회 공동체의 공존이 그리스도 없이 설립될 수 없음을 강조하고 공존, 서로 함께 있음은 서로를 위함을 포함한다고 말한다.[69] 이는 성령을 통한 '영의 교제'의 두 번째 기독교 윤리학적 이해인 '대리' 사상으로 안내한다. 본회퍼는 그리스도가 그리스도인의 행위의 척도와 규범이며(요 13:15, 34f., 요일 3:10) 그리스도인의 행

---

66 참조: DBW1, 117.
67 WA II. 745. DBW1, 118, 각주 45에서 재인용.
68 참조: DBW1, 119.
69 참조: DBW1, 120.

위는 그리스도의 몸에 있는 지체들의 행위라고 본다. 즉, 그리스도인의 행위는 그리스도의 사랑의 능력을 입으며 그 사랑 안에서 모든 지체는 다른 사람에게 그리스도가 될 수 있고, 또 그리스도가 되어야 한다고 본회퍼는 주장한다(고전 12:12, 롬 12:4ff., 엡 4:4, 12ff., 골 3:15).[70]

　본회퍼의 대리 사상의 핵심은 그리스도인이 타인에게 그리스도가 되는 것이며, 이는 그리스도의 사랑의 능력으로 타인을 위하는 존재가 되는 것을 뜻한다. 이는 공동체 없는 개개인의 그리스도인들에게 해당되는 것이 아니라, 그리스도 안에서 설립되는 공동체 내의 개개인의 그리스도인들에게 해당된다. 한 그리스도인이 자신의 능력으로 타인을 위하는 존재가 되는 것이 아닌 공동체 내에서 그리스도의 사랑의 능력을 덧입은 개별인격들이 그 안에서 그리스도를 대신하는 존재가 되는 것이다. 이러한 존재의 복합체와 그 구조들은 성령을 통해 서로를 위하는 사랑의 공동체가 되며, 본회퍼에 의하면 이러한 '서로를 위함'이 활성화되는 사랑의 행위란 "이웃을 위해 헌신적이며, 자신을 포기하는 활동, 타자를 위한 중보기도, 하나님의 이름으로 서로 간의 죄를 용서해 주는 것"[71]이다.

　이웃을 위한 자기포기는 행복의 포기, 타자를 위한 대리적인 삶, 심지어 타자를 위해 재산과 명예, 심지어는 모든 생활까지도 포기할 것이 요구된다.[72] 나아가 본회퍼는 이웃을 위해서 하나님과의 교제도 포기할 수 있어야 한다고 말한다. 본회퍼는 모세(출애굽기 32:32)와 바울(롬 9:1ff)을 예로 들면서 형제들을 위해 하나님의 진노를 기꺼이 감수하는 하나님에 대한 사랑의 역설을 논한다. 모세와 바울은 그들이

---

70 참조: DBW1, 121.
71 DBW1, 121.
72 참조: DBW1, 122.

사랑하는 백성이 그들이 무엇보다 더 사랑하는 하나님과 교제를 누릴 수 있기를 간절히 원했다. 모세의 경우 자기 백성과 함께 하나님에게 받아들여지든지 아니면 자신이 버림받기를 원했고, 바울의 경우 자기 백성들이 받아야 할 징계를 대신해 자신이 하나님과의 교제와 분리되기를 바랐다.[73] 그러나 "하나님에게 버림을 받기를 원하는 바로 그때, 그는 여전히 하나님과 가장 깊이 결합되어 있었다."[74]

본회퍼는 타자를 위한 기도인 중보기도를 인간의 행위와 하나님의 뜻이라는 두 측면에서 이해한다. 인간의 행위로서의 중보기도란, 타인을 위해 기도하는 자가 타인의 고통과 궁핍으로부터 기도하고 타인의 죄와 그의 고통을 위해 기도하는 것을 의미한다. 그런데 본회퍼에 의하면 이 기도 중에 기도자의 감정이입이나 심리적 요소는 사라져야 한다. 중보기도는 기관으로서의 교회 공동체 내의 지체들을 위한 기도이기도 하지만 인류의 죄를 위한 기도이기도 하다. 중보기도는 타인에 대한 슬픈 위로가 아니라 타인에 대한 하나님의 죄 사함과, 죄의 제거를 위해 기도하는 것이다. 이러한 의미에서 본회퍼는 중보기도 속에서 기도하는 자가 이웃에게 그리스도가 될 수 있다고 설명한다. 본회퍼에 의하면 중보기도는 인간의 행위로 나타나기는 하지만 결국 하나님의 자신의 뜻을 실현하기 위한 도구이다.[75]

> 중보기도에서 이웃과 '함께하는', 이웃을 '위한', 결국에는 이웃을 대신하는 그리스도교적 사랑의 본질이 입증되며, [⋯] 예수의 이름으로 다른 사람을 위해 기도하는 한 사람 안에서 온 교회가 기도한다.[76]

---

73 참조: DBW1, 122.
74 DBW1, 123.
75 참조: DBW1, 124-126.
76 참조: DBW1, 126.

본회퍼는 이러한 교회가 '공동체로 존재하는 그리스도'라고 주장하면서 교회는 단지 목적을 위한 수단만이 아니라 그 자체로서 목적이라고 말했다.[77] "교회는 현존하는 그리스도 자신이다. 그러므로 '그리스도 안에 있다'는 말과 '교회 안에 있다'는 말은 같은 의미이다."[78] 본회퍼는 이웃을 위해 자신을 포기하고 중보기도하는 그리스도인들의 공동체는 한 사람이 제사장과 같은 전권으로 다른 사람의 죄를 용서할 수 있다고 본다.[79] 한 사람의 사랑의 실천과 중보기도, 완전한 대리를 통한 사죄 속에서 다른 사람의 죄를 짊어진다.[80]

3) 교회의 영의 일치 - 집단 인격

세 번째 성령의 활성화 내용은 교회의 영의 일치이다.

우리 모두에게 몸도 하나요, 성령도 하나요, 주도 하나요, 믿음도 하나요, 세례도 하나요, 하나님과 아버지는 한 분이시다.(엡 4:4ff., 고전 12:13, 롬 12:5) 은사는 많으나 성령은 하나요, 직무는 많으나 주도 하나요, 능력은 많으나 하나님은 한 분이시다(고전 12:4ff.).[81]

본회퍼는 이 영의 일치는 성령의 일치이며 이는 개별인간과의 인격적인 교제를 소멸시키는 것을 의미하지 않는다. 오히려 앞서 설명한 교회 안에서의 하나님과 성도들 그리고 예수 그리스도를 통한 성

---

77 참조: DBW1, 127, 181.
78 DBW1, 127.
79 참조: DBW1, 126, 128.
80 DBW1, 128.
81 DBW1, 129.

도들의 교제를 뜻하는 '영의 다양성'과, 교회 안에서의 하나님의 새로운 관계의 창조들을 의미하는 '영의 교제'와 더불어 일어나는 현상이다. 정리하자면, 본회퍼가 말하는 영의 일치는 기독교적 인격과 집단인격이 교회 내에서 끊임없이 공존하게 하는 성령의 역할을 의미한다.[82]

본회퍼가 여기에서 의도하는 바는 교회의 일치가 인간의 정신적 통일성이 아니라 하나님의 영의 단일성에 근거하고 있다고 설명하는 것이다.[83] 즉 본회퍼는 교회 내에 존재하는 관계들의 통일성은 교회 이외에 다른 공동체의 영의 일치, 정신적 통일성의 종합이 아니라 위로부터 아래로 부여되는, 즉 하나님께서 예수 그리스도를 통해 새롭게 창조하신 관계회복들, 본회퍼의 용어로는 기독교적 인격, 집단인격의 총합을 의미한다. 이러한 일치됨의 연속이 교회 안에서는 성령을 통해서 활성화된다고 본회퍼는 주장하면서 이러한 면에서 "교회의 인격적 일치는 공동체로 존재하는 그리스도다"[84] 라고 말하고 종교적 공동체의 영과 교회의 거룩한 영을 동일시하는 것은 불가능하다고 주장한다.[85]

앞서 '영의 교제'를 사랑과 공존과 대리라는 개념으로 발전시켰던 본회퍼는 '영의 일치' 개념을 '평등'의 문제로 연결시킨다. 법 앞의 평등은 법의 가치와 관련되어 있지만 본회퍼가 말하는 영의 일치 개념을 통한 평등 개념은, 창조주 하나님 앞에서의 피조물들과 관계 개념에 근거한다. 그는 보편적 죄(롬 3:23)의 개념을 인간의 평등을 위한 신학적 근거로 삼고, 하나님 앞에서 중요한 것은 인간이 아니라 마음

---

82 참조: DBW1, 129-130.
83 참조: DBW1, 132.
84 DBW1, 133.
85 참조: DBW1, 136, 145.

이며(행 10:34, 15:8, 갈 2:6) 하나님 앞에서 더는 유대인과 헬라인의 차별이 없으며, 한 사람이 다른 사람 앞에서 자기의 주장을 내세울 수도 없으며, 모두가 은총으로 살아가야 한다고 본다.86

본회퍼에 따르면 사회적 불평등, 존귀한 자와 비천한 자, 강한 자와 약한 자, 윤리적, 종교적으로 낮은 가치를 지닌 자와 높은 가치를 지닌 자가 존재한다는 사실을 인정하는 것 등의 불평등의 현실은 기독교적으로도 이해하고 대안을 마련해야 하지만, 하나님 앞의 불가시적 평등사상으로 인해 한계에 부딪친다. 그렇다면 본회퍼가 말하는 하나님 앞의 불가시적 평등사상이란 무엇인가? 이를 위해서는 우선 '불가시적 불평등'이 무엇인지 질문해야 할 것이다. 그것은 강함과 약함, 도덕과 비도덕, 명예와 수치, 경건과 불경건 등의 하나님과의 관계 속에서 발생하는 인간이 하나님으로부터의 멀어짐을 의미한다고 볼 수 있다. 인간은 이러한 현상들을 확인할 수 없다. 오직 하나님과의 관계를 통해서만 확인할 수 있고 이 보이지 않는 불평등, 즉 하나님 앞에서의 하나님으로부터의 멀어짐, 하나님과의 관계 깨짐이 성령의 활동을 통해 끊임없이 회복되어야 함을 의미한다고 볼 수 있으며, 또한 실제로 교회 공동체 안에서의 원래적 성령의 일치의 회복, 본회퍼의 용어를 빌리자면, '공동체로 존재하는 그리스도'의 현실을 의미한다고 해석할 수 있다.

본회퍼는 교회 내에 존재하는 사회적 불평등뿐만 아니라, 하나님과의 관계의 깨짐에서 오는 불가시적인 불평등, 즉 하나님으로부터 멀어짐에서 나타나는 약함, 수치, 비도덕, 불경건 등의 현상들도 기독교적 인격을 소유하고 있는 다른 지체들의 영적 교제, 영적 섬김을 통해 극복되어 기독교적 인격과 집단인격이 올바르게 공존되는 교회가

---

86 참조: DBW1, 137.

되어야 함을 설명하고 있다. 이것이 본회퍼가 주장하는 영의 일치의 모습을 통한 불가시적 불평등을 극복해야하는 평등의 현실이라고 해석할 수 있다.

IV. 『성도의 교제』에 관한 연구들

본회퍼의 박사학위 논문인 『성도의 교제』는 그의 신학을 이해하기 위한 필독서이자 입문서이다. 『성도의 교제』가 본회퍼의 아카데믹한 첫 번째 저서인 만큼 이 책에 관한 해석들은 매우 다양하다. 이 책의 탄생 배경은 본회퍼의 80번째 생일인 1986년에 발간된 디트리티 본회퍼 전집(DBW) 제1권 『성도의 교제』의 편집자 서문을 참조할 수 있다. 이 책의 편집자였던 요아힘 폰 주스텐(Joachim von Soosten)은 본회퍼의 '대리'(Stellvertretung) 이해를 그의 신학의 핵심 사상(Leitmotiv)으로 규정하고 있다. 그러나 하인츠 에듀워드 퇴트가 지적한 대로 '대리'는 본회퍼의 다른 핵심 내용들 중의 하나로, 본회퍼의 사상을 지배하는 유일한 주제로 보는 것은 무리가 있다. 하인츠 퇴트의 이러한 견해는 로터 파덴(Roter faden)의 원리로 본회퍼의 삶과 신학 전체를 이어 나가려고 하는 방법론에 대해 의구심을 갖게 한다. 이에 반해 바르트가 1967년에 베트게판 본회퍼의 전기를 접했을 때 발견한 시각,[87] 즉 본회퍼의 다양한 신학 개념들이 어떻게 연결되어 있으며, 본회퍼의 전체 삶과 신학 속에서 신학 개념들 사이에 연속성이 있는가를 연구하는 것이 하나의 지평으로 그의 삶과 신학을 조명하는 것보다 더 의미 있다고 여겨진다. 필자 역시 어느 한 신학 개념이 본회퍼의 사상을

---

87 Toedt, Authentic Faith, 2.

어떻게 꿰뚫고 있는 가에 대한 접근보다도, 본회퍼의 여러 신학 개념들이 당시 역사적 배경과 더불어 어떠한 연속성, 혹은 비연속성을 지니는 가에 대한 연구가 더 의미 있다고 본다. 왜냐하면, 본회퍼의 신학은 연속성과 비연속성의 담론 속에서 오늘, 여기에서의 하나님의 뜻과 교회의 현실로 늘 우리를 초대하기 때문이다.

본회퍼 연구가들은 『성도의 교제』를 어떻게 다루고 있는가? 『성도의 교제』의 해석에 관한 대표적인 저서는 파일(Ernst Feil)의 『디트리히 본회퍼의 신학』(*Dietrich Bonhoeffers Theologie*)이다.88 볼프강 후버(Wolfgang Huber)는 본회퍼의 『성도의 교제』 속의 "교회는 인간들과 함께하는 하나님의 새로운 뜻이다"라는 테제를 시의적절하게 재해석하고, 이 개념이 본회퍼의 저작들 속에서 어떻게 발전되고 특히 '타자를 위한 교회' 개념에 어떻게 수용되는지 분석했으며, 이와 더불어 『성도

---

88 Ernst Feil, Die Theologie Dietrich Bonhoeffers. Hermeneutik/Christologie/Weltverständnis(GT. S 6), München/Mainz 31979; 이외의 『성도의 교제』의 연구를 위해서는 다음의 책들을 참조할 것: Berger, P.L., The Social Character of the Question Concerning Jesus Christ : Sociology and Ecclesiology, in: M. E. Marty(Ed.), *The Place of Bonhoeffer*, New York 1962, 51ff; Day, Th. I., *Conviviality and Common Sense*. The Meaning of Christian Community for Dietrich Bonhoeffer, Diss. New York 1975; Duchrow, U., Dem Rad in die Speichen fallen – aber wo und wie? Luthers und Bonhoeffers Ethik der Institution im Kontext des heutigen Weltwirtschaftssystems, in: Bonhoeffer und Luther (Internationales Bonhoeffer Forum. Forschung und Praxis 6), hg. v Chr. Gremmels, München 1983, 16ff. Green, C.J., The Sociality of Christ and Humanity. Dietrich Bonhoeffer's Early Theology. 1927-1933(AARSR 6), Missaoula, Monata 1972; Hase, H. Chr. von, Begriff und Wirklichkeit der Kirche in der Theologie Dietrich Bonhoeffers, in: EvTh 15(1955), 164ff; Honecker, M., Kirche als Gestalt und Ereignis, München 1963, 124ff; Huber, W., Wahrheit und Existenzform. Anregungen zu einer Theorie der Kirche bei Dietrich Bonhoeffer, in: Ders., Folgen christlicher Freiheit(Neukirchener Beiträge zur Systematischen Theologie Bd. 4), Neukirchen-Vluyn 1983, 169ff; Kalteborn, C.J., Adolf von Harnack als Lehrer Dietrich Bonhoeffers (ThA 31), Berlin 1973.

의 교제』의 교회 개념이 '바르멘 신학선언'의 교회 개념에 어떻게 초석을 다졌는지 연구했다.[89] 영미권에서 본회퍼의 『성도의 교제』를 논할 때 그린의 연구와 저서[90]를 빼놓을 수 없다. 그는 소위 초기 본회퍼의 신학 개념들을 '사회성'(Sozialität)의 관점에서 재구성했다. 비교적 최근의 『성도의 교제』 해석들을 소개하자면, 올리(Lukas Ohly)는 본회퍼의 『성도의 교제』를 연구하면서 '나와 너 사이의 삼위일체의 하나님'[91]이라는 제목의 논문을 통해 본회퍼의 인격 개념의 이해 속에서 하나님, 성령, 예수 그리스도의 역할이 어떻게 형성되고 있는지 분석했다. 모투(Henry Mottu)는 마틴 부버와 본회퍼의 인격 개념[92]을 비교했다.

---

89 Wolfgang Huber, *Wahrheit und Existenzform*. Anregungen zu einer Theorie der Kirche bei Dietrich Bonhoeffer, in: Wolfgang Huber, Folgen christlicher Freiheit. Ethik und Theorie der Kirche im Horizont der Barmer Theologischen Erklärung (Neukirchener Beiträge zur Systematischen Theologie, 4), Neukirchen-Vluyn 1983, 169-204.

90 Clifford James Green, *Sociality and Church in Bonhoeffer's 1933 Christology*, in Scottisch Journal of Theology 21 (1968), 416-434; *Freiheit zur Mitmenschlichkeit*. Dietrich Bonhoeffers Theologie der Sozialität, Gütersloh 2004 (Original: The Sociality of Christ and Humanity. Dietrich Bonhoeffer's Early Theology 1927-1933, Missoula, Montana 1972).

91 참조: Lukas Ohly, Der dreieinige Gott zwischen Ich und Du. Eine Untersuchung von Dietrich Bonhoeffers Sanctorum Communio. in: *Dietrich Bonhoeffer Jahrbuch 4 (2009/2010)*, Gütersloh, 2010, 55-79.

92 참조: Henry Mottu, Similarities between Martin Buber and Dietrich Bonhoeffer. A Contribution to Jewish-Christian Dialogue, in: *Dietrich Bonhoeffer Jahrbuch 4 (2009/2010)*, Gütersloh, 2010, 80-95.

V. 오늘, 여기에서의『성도의 교제』의 의미

본회퍼는 교회를 실재적인 것으로 어떠한 독립적인 현존재로 규명하지 않았다. 그는 교회를 막스 쉘러와 마틴부버의 인격 개념, 헤겔의 공동체 개념, 하이데거의 존재 개념, 바르트의 변증법적 신학, 퇴니스의 공동체 개념을 통해 신학적으로 '교회의 현실'에 관해 논한다. 당시 베를린에서 유행했던 주의주의[93]나 역사의 심리학적 해석을 스스로 극복하였으며 교회의 인식에 관하여 인간의 이성적, 경험적, 합리론적 접근에서 벗어나 사회적, 사회철학적 개념을 통해 교회란 '역사 속에서 인간들과 함께하는 하나님의 새로운 뜻'이라고 규정했다. 본회퍼는 당시 독일 교회를 '종교 공동체'로 비판하고, 교회를 '계시 공동체', '사회 공동체', '영적 공동체'로 이해했다.

본회퍼는 관계 개념을 통해 스스로 관념주의를 벗어나고자 했으나 헤겔주의자라는 비판으로부터는 자유롭지 못했다. 그러나 그가 성령(Heiliger Geist)의 개념을 통해 헤겔의 객관적 정신(objektiv Geist) 개념을 극복하며, 하나님의 영에 관한 이론인 교회의 활성화를 통해 서구 정신의 개념을 신학화하는데 성공했다고 볼 수 있다. 그의 '사랑'에 관한 이해는 모세와 바울에게서 나타나는 근거로 자신의 교회됨을, 포기를 통해서라도 타자의 교회됨의 설립이라는 그의 '그리스도론적 교회론'의 지평에서 일관되게 논의되고 있으며, 영의 일치 개념에서 나타나는 '평등' 개념은 사회적 불평등을 넘어 영적 불평등의 해소를 통한 교회됨이라는 이해로 오늘, 우리에게 새로운 지평으로 다가온다.

『성도의 교제』의 본회퍼의 신학은 철학사적, 사회학적, 사회철학

---

93 주의주의(Voluntarismus)란 이성이나 오성보다는 의지의 행위를 통하여 세계를 조명하는 인식론의 한 담론이다[필자 주].

적 배경가운데 그리스도론적 교회 이해로 발전된다. 이 후 교회의 실재화, 본질적 성령의 활성화 개념을 통해 현존재로서의 교회 이해에서 벗어나 교회의 존재를 관계 개념을 통해 규명하고, 대리, 책임 개념을 통해 교회의 이론적 담론에서 이 후 그의 삶과 저작들 가운데 더욱 구체적으로 전개될 교회의 실천적 담론의 초석을 마련하고 있다는 점에서 그 의의를 찾을 수 있다.

『성도의 교제』의 교회 이해는 '공동체로 존재하는 그리스도' 개념에서 그 특이성을 발견할 수 있는데 이는 '생존'을 위해 치열하게 살아갈 수밖에 없는 현대인들에게 '공존'이라는 일상에서의 삶의 윤리를 제안하고 있다고 여겨진다. 또한 본회퍼에게 서로를 위한, 서로와 함께, 서로의 곁에서라는 그의 교회 이해의 삼중 도식은 모두 '공동체로 존재하는 그리스도'라는 그의 용어로 소급되며, 이는 '그리스도교적 인격'과 '집합인격'의 총합의 현실이며, 이 땅에서 '책임'과 '대리'라는 기독교윤리적 과제를 부여한다. 이러한 본회퍼의 교회 이해는 오늘, 여기에서의 그리스도인과 교회는 개인윤리적 책임과 사회윤리적 책임이 분리되지 않은 채로 타자를 위한 공동체로 존재해야 해야만 한다는 시대 적합한 삶의 과제를 요구하고 있다.

VI. '공동체로 존재하는 그리스도'부터 '타자를 위한 교회'까지

'교회의 현실'(Wirklichkeit der Kirche)이라는 용어로 함축적으로 요약 되는 『성도의 교제』의 교회 이해는 그의 그리스도 이해 없이는 논의 될 수 없다. 본회퍼의 유명한 어구 '공동체로 존재하는 그리스도' (*Christus als Gemeinde existierend*)는 '교회의 현실'과 동의어로 이해할 수 있다. 본회퍼에게 예수 그리스도는 역사적 예수와 케리그마 그리스도 이해의 총합이며 공동체로 존재하는 그리스도에 참여하기를 통한 한 몸 되기, 이렇게 교회된 나와 우리의 삶에 예수 그리스도가 나와 함께 타자를 향해 나아가기라는 삶의 과제가 부여되고, 이는 본회퍼에게 '책임'(Verantwortung)과 '대리'(Stellvertretung)였다.

본회퍼의 삶과 신학에서 『성도의 교제』 속 '공동체로 존재하는(existierend) 그리스도'로 시작된 본회퍼의 교회 이해는 옥중에서 "타자를 위해 존재하는(da ist) 교회만이 진정한 교회다"[94]라는 그의 교회 이해로 마감된다. '공동체로 실존하는 것'과 '타자를 위해 현존'하는 것은 공동체로 탈존하기이며, 타자와 함께 언제나 거기(da) 머물러 있음(ist)이다. 또한, 공동체로 탈존하기(existieren)는 그대로 서 있음(sistere)으로부터(e[ex]) 벗어나는 것이다. 예수 그리스도는 타락한 인간 옆에 그대로 서 있기만 하지 않으셨고, 역동적으로 활동하시며 공동체가 되어주셨다. 타자를 위해 거기 있음은 예수 그리스도의 타락한 인간과 함께 계심의 현존(Da-sein)처럼, 타자와의 거리와 벽을 없애고 공존과 화해의 삶을 살아야 하는 것을 의미한다. 종합하자면, 본회퍼의 삶과 신학의 시작과 끝을 아우르는 교회 이해는, '인간이 예수와 함께 공동체를 이루며, 예수와 함께 타자와 더불어 살아가기'를 의미한다.

『성도의 교제』에서 교회로서의 탈존하기, 즉 타자를 위해 거기 있음은 20여년 후 옥중에서는 [그런 교회(타자를 위한 교회)가 되기 위해] 모든 재산을 가난한 사람들에게 선물하는 교회되기[95]로 구체화되었다.

---

94 DBW8, 560.
95 참조: DBW8, 560.

제 5 장

바르셀로나(1928. 2. 15 - 1929. 2. 14)
: 수련목회자(Vikar)로서의 본회퍼

I. 수련목회자 생활의 시작

본회퍼는 1927년 12월17일 박사 학위를 받는다.[1] 그해 11월 초, 본회퍼의 교구 감독이자 베를린의 쾰른란트 제1교구(Kölln-Land I) 감독[2]이었던 막스 디스텔(Max Diestel)은 스페인 바르셀로나에서 프리츠 올브리히트(Fritz Olbricht)가 담임목사로 있는 독일인 교회의 수련목회자로 추천한다. 본회퍼는 1928년 2월 15일 바르셀로나에 도착한다.[3] 올브리히트 목사는 본회퍼를 마중 나와 거처까지(*Calle San / Eusebio 59 pral.*)[4] 안내했다. 본회퍼의 수련목회자로서의 공식적인 기

---

[1] 참조: DBW9, 181-183.
[2] 참조: DBW10, 17, 각주 2.
[3] 참조: Eberhard Bethge, 『디트리히 본회퍼』, 186-187.
[4] 참조: DBW10, 30. (1928년 2월 15일 본회퍼가 부모에게 쓴 편지)

간은 이날부터 1929년 2월 14일까지 1년간이었다.5

본회퍼는 강렬한 열정의 도시 바르셀로나에서 독일인 이민자들의 여러 단체에 가입했다.6 그는 독일에서 경험했던 신경과민이나 지나친 언행, 지적인 허세와 부자연스러움과는 대조적으로 스페인에서는 인간적으로 대단히 탁월한 특징들 곧 예의 바름, 성실함, 단순함, 스스로를 아무렇지도 않게 여기는 태도를 볼 수 있다고 기록했다. 여러 개의 단체 회원증을 소유한 본회퍼는 과도한 험담을 하는 사교계의 견디기 힘들었던 풍토를 제외하고는 대부분 즐겁게 사교계 문화를 경험했다.7 이와는 대조적으로 본회퍼는 독일인 거류지에서 지독한 가난과 수많은 실업도 목격했다.8 그는 바르셀로나의 가난한 이들을 위해 그의 부모님께 도움을 요청하기도 했는데 그 내용은 의료적 조언, 진단서나 처방전을 문의, 무이자 대출 등이었다.9 본회퍼는 바르셀로나에서 예배와 목회 활동 이외에도 신학 연구, 교회와 독일인 거류지에서 이루어지는 사회참여 활동에도 힘썼다.10 본회퍼는 특히 독일 자선회(Deutscher Hilfsverein)의 사회복지 사업을 위해 열정적으로 일했다.11

본회퍼는 여름 휴가철에 그가 설교자로 섬긴 예배에서 예배 참석 인원이 평균치를 넘어섰을 때 대단히 기뻐했다. 그런데 이런 현상은

---

5 참조: DBW10, 17.
6 DBW10, 32. (1928년 2월 20일 본회퍼가 어머니에게 쓴 편지): "저는 독일인 클럽, 테니스 클럽, 합창단에 가입하기도 하였습니다. 독일인 클럽과 합창단에는 사람들을 좀 더 사귀기 위해서였고, 테니스 클럽은 순전히 재미있을 것 같아 가입하였습니다."
7 참조: Eberhard Bethge, 『디트리히 본회퍼』, 198.
8 참조: DBW10, 72.
9 참조: Eberhard Bethge, 『디트리히 본회퍼』, 199.
10 참조: Eberhard Bethge, 『디트리히 본회퍼』, 197.
11 참조: DBW10, 23 (본회퍼의 일기), 35. (1928년 2월 23일 본회퍼가 할머니에게 쓴 편지).

담임목사가 교회 회보에 설교자를 미리 공지하던 일을 중단하는 결과를 낳았다. 베를린교회 학생회 담당 시절 전도사로서의 본회퍼의 열정은 바르셀로나에서도 이어졌다. 그가 부임하였을 당시 한 명뿐이었던 어린이 주일 예배 출석 인원은12 서른 명가량으로 늘었다.13 본회퍼는 당시 독일인 김나지움에서 종교 수업이 없었던 것을 보고, 김나지움에서 정규 종교수업을 실시하려고 애썼지만 교사진과 담임목사의 반발로 인해 그 일이 성사되지는 않았다. 본회퍼는 이러한 시련을, <u>스스로</u> 기획하고 행한 1928년-1929년 겨울의 강연들을 통해 극복한다. 당시 본회퍼는 주어진 임무에만 충실했던 전도사는 아니었다. 그는 그에게 주어진 시간과 장소에서 끊임없이 그리스도인으로서의 사명을 감당했다. 그는 교회 내에서 뿐만 아니라 교회 밖에서도 스페인에 있는 독일인 그리스도인들을 위해 열정을 다해 섬겼다. 본회퍼의 설교는 당시 교인들에게 그의 다음 설교를 기대하게 만들었다. 본회퍼의 주일학교 학생들을 위한 다양한 섬김들은 성탄절에 풍성한 기쁨으로 이어졌었다. 본회퍼는 바르셀로나에 있었던 가난하고 소외된 독일인들을 위해 상담가로서의 역할도 했었으며 그의 부모를 통해 실제적인 도움을 주기도 하였다.

이렇듯 『성도의 교제』에서의 교회 이해에 관한 이론적 담론은 본회퍼의 사역을 통해 스페인에 있는 독일 교회 공동체의 교회됨의 실천적 과제로 구체화 되었다. 다음 장에서는 본회퍼가 바르셀로나 시절에 행한 설교들과 강연들 속에서의 교회 이해들을 『성도의 교제』의 교회 개념들과 비교하며 살펴보고자 한다.

---

12 참조: DBW10, 33. (1928년 2월 20일 본회퍼가 어머니에게 쓴 편지)
13 참조: DBW10, 38. (1928년 3월6일 본회퍼가 부모에게 쓴 편지)

II. '교회의 현실'의 구체화

본회퍼는 1928년 7월 29일 바르셀로나에서 고린도전서 12장 26-27절을 본문으로 한 설교에서 다음과 같이 말한다.

> [가톨릭 신자와는 다르게] 개신교 신자에게는 한없이 식상한 것, 다소 냉담하고 쓸데없는 것의 울림처럼 들리는 한 단어가 있습니다. 그 단어는 개신교 신자의 가슴을 두근거리게 하지 못하고, 종종 권태감과 연결되기도 합니다. 우리의 종교 감정에 전혀 활기를 주지 못하는 단어이지요. 하지만 우리가 그 단어에서 새로운 의미를 길어 올리거나 태고적 의미를 회복하지 못하는데도 그 단어는 우리의 운명을 결정합니다. 안타깝게도 이 단어가 우리에게 중요하게 다가오지 않으며, 우리 삶의 관심사도 그리되고 말 것입니다. 그래요, 우리가 그 의미를 망각한 단어는 다름 아닌 '교회'입니다.[14]

본회퍼의 바르셀로나 시절은 그의 박사학위 논문을 그의 삶의 자리에 펼쳐 놓은 인상을 남기기에 충분하다. 즉, 『성도의 교제』의 핵심 주제인 '교회의 현실'이 그의 삶의 자리에서 가시적인 교회됨으로 이어진 것이다. 실제로 본회퍼는 1928년 3월 10일 일기에서 자신의 신학이 인도주의적이 되기 시작했다고 기록했다.

> 나의 신학이 인도주의적이 되기 시작했다. 이것은 무슨 뜻인가? […] 내일은 내가 여기에서 첫 설교를 하는 날이다. 여러 텍스트를 고르다 로마서 11장 6절을 본문으로 택했다.[15]

---

14 Eberhard Bethge, 『디트리히 본회퍼』, 김순현 역 (서울: 복있는 사람, 2014), 135; DBW10, 486.

본회퍼의 베를린에서의 학창시절에 교회에 관한 아카데믹한 사고는 바르셀로나에서의 수련 전도사 활동을 통해 교회의 실존론적 담론으로 이어진다. 본 장에서는 본회퍼의 바르셀로나 시절 설교들과 강연들에서 그의 교회 이해가 어떻게 펼쳐지는지 논의해보고자 한다.

1. 바르셀로나 시절 설교들 안에서의 교회 이해

본회퍼는 설교를 어떻게 이해하고 있는가?

교회는 설교의 직무를 유지하며, 설교자는 교회를 위해 설교한다.[16]

설교는 하나님의 섭리에 의한, 교회를 위한 교회의 활동이다. […] 교회를 창조하는 말씀은 늘 새롭게 구체적인 모임으로 부른다. 왜냐하면 이 말씀은 하나님의 뜻과 하나님의 교회에 의해 선포된 말씀이고, 하나님은 교회를 통해 이러한 뜻을 실현하기 때문이다.[17]

본회퍼에 의하면 말씀은 오직 교회 안에서만 있다. 말씀이 있는 곳에 교회가, 교회가 있는 곳에 말씀이 있다.[18] 설교는 그리스도의 증거이며 인간들의 수고에 의한 것이 아니다. 설교는 성육신한 그리스도 자신이며[19], 현재하는 그리스도 자신이다.[20] 선포되는 말씀, 즉 설교

---

15 DBW10, 27-28; 설교 본문은 DBW10, 455-460.
16 DBW1, 157.
17 DBW1, 155, 참조: DBW11, 281.
18 참조: DBW11, 280.
19 참조: DBW14, 502-503.
20 참조: DBW14, 503, 508, 529. 본회퍼는 핑켄발데 신학교 시절 설교학(Homiletik)을 수업했다. 당시 설교학 강의의 내용은, 참조: DBW14, 502-530.

의 현재화는 제자직, 예수 그리스도를 뒤따름에서 실존한다.21

본회퍼는 설교를 그리스도의 현재로 보았고, 선포되어지는 말씀에 따른 그리스도인의 삶을 통해서 생동한다고 보았다. 본회퍼의 바르셀로나 시절의 설교들은 초기 본회퍼의 교회 이해를 설교 언어를 통한 펼침으로 볼 수 있다.

본회퍼의 바르셀로나 시절의 첫 설교22는 은혜에 관한 말씀이었으며, 박사학위 논문 이후 그의 저작들에서 그랬던 것처럼 변증법적 신학의 흔적이 깊게 스며든 설교였다. 본회퍼는 하나님에게 속한 것과 인간에게 속한 것의 철저한 구분23이라는 변증법적 신학의 정도(正道)를 걷는다. 본회퍼는 은혜와 행위의 구분을 통해 오직 은혜만이 칭의를 가능하게 하며 본문(롬 11:6)에서 말하는 행위는 불안한 마음에서 비롯된 것이며, 인간이 하나님에게로 가려고 하는 그릇된 길이라고 규정하고 그것이 바로 종교라고 단언한다. 그러면서 아래부터 위로의 길이 아니라 은혜의 길, 위로부터 아래로의 계시, 사랑이 기독교의 핵심이라고 바르셀로나에 있는 독일 교회 그리스도인들에게 말했다.24 이는 본회퍼의 박사학위논문이었던 『성도의 교제』의 일관된 지평이기도 하다. 그는 『성도의 교제』에서 책임의 개념을 윤리적인 용어로 이론적 규정을 하지 않았고, 하나님의 뜻에 대한 인간의 전체 삶을 통한 응답으로 이해했다. 본회퍼는 그의 교회 이해를 통해 하나님과 공동체적 관계를 회복한 인간은 그 스스로 행위의 의지를 지니는 존재가 되는 것이 아니라 예수 그리스도를 통해 공동체를 이루어주신

---

21 참조: DBW14, 483.
22 DBW10, 455-460. (1928년 3월 11일 설교: 롬 11:6)
23 하이델베르크의 조직신학 교수였던 미하엘 벨커(Michael Welker)는 변증법적 신학을 이와 같이 정의했다.
24 참조: DBW10, 455-456, 458.

하나님의 뜻이 내 삶에 주체가 되는 것을 논문 전체에서 이야기 했으며, 그것이 현실 가운데에서는 사랑, 공존, 평등으로 구체화 된다고 주장했다. 본회퍼의 박사학위 논문의 주제였던 '교회의 현실'은 바르셀로나 첫 설교 안에 은혜에 관한 담론으로 구체적으로 수용되어 있다. 그것은 교회가 인간들과 함께하는 '하나님의' 의지(뜻)라는 『성도의 교제』 속에서 교회의 정의에서도 볼 수 있듯이, 은혜를 끊임없이 위로부터 아래로 이루어지는 오직 하나님께 속한 것으로 이해하는 것에서 그 연속성을 찾아볼 수 있는 것이다. 또한 교회가 어떤 객관적 정신(Objektiv Geist)을 통한 구조적 연합이 아니라 하나님께서 예수 그리스도를 통해 새롭게 설립한 공동체적 관계라고 규정했듯이, 영원으로의 길이 인간의 종교성으로 가능한 것이 아니라 오직 하나님의 은혜로만 가능하다는 본회퍼의 설교는 바르셀로나 시절이 박사학위 논문을 썼던 시절과 마찬가지로 그가 철저히 제베르크의 주의주의(Voluntarismus)와 바르트의 변증법적 신학의 영향 아래 있다는 것을 반증한다.

1) 그리스도교적 인격 개념 펼치기: 하나님의 뜻을 심호흡하기, 하나님 보기

본회퍼의 삶과 신학은 하나님의 뜻에 관한 담론의 과정이라고 규정할 수 있다. 본회퍼의 삶과 신학을 초기, 중기, 말기로 나누어 분석해 볼 때 그가 이해한 하나님의 뜻은 교회, 평화, 선이었다. 『성도의 교제』에서는 교회가 인간들과 함께하는 하나님의 새로운 뜻[25]이었으며 교회는 하나의 목적, 즉, 하나님의 뜻의 실현을 위해 설립되었다고 보고 있다.[26]

---

25 참조: DBW1, 87.

본회퍼는 바르셀로나에서 행했던 설교들 안에서 하나님의 뜻을 어떻게 이해하고 있는가? 본회퍼는 하나님의 뜻을 이해하기 위해서 하나님 앞에서 잠잠해야 한다고 말했다. 그는 시편 62편 1절 말씀을 본문으로 설교[27]하면서 하나님 앞에 잠잠하다는 것은 우리 스스로 의롭게 되었다고 주장하는 것이 아니라 하나님께서 우리의 의롭게 됨(Rechtfertigung)을 규정하셔야만 하며, 우리가 아무 일도 하지 않는 것이 아니라 하나님의 뜻을 깊게 들이마시면서 긴장감을 가지고 하나님의 뜻을 경청하며, 이에 대해 순종할 준비를 해야만 하는 것이라고 말했다.[28] 물론 본회퍼의 이 말이 설교원고에 속하기 때문에 청중들의 결단을 요구하는 설교언어의 문학적 표현이라고 볼 수도 있다. 그러나 이날 설교에서 본회퍼가 강조하는 것은 그리스도인은 하나님의 뜻을 깊게 들이마셔야만 한다는 것, 즉, 그리스도인의 삶의 근원적인 생명력은 오직 하나님의 뜻에 근거한다는 것이며 이는『성도의 교제』에서 교회 이해의 출발점으로 삼았던 '그리스도교적 인격' 개념의 설교 언어로의 전환이라고 해석할 수 있다. 예수 그리스도 안에서 하나님과 타락한 한 인간(a man) 사이의 관계 회복이 그리스도교적 인격이라고 규정한 것을 상기한다면 인간은 하나님 앞에서 잠잠함으로써, 하나님의 뜻을 깊게 호흡함으로써 새로운 생명을 선물로 주어지는 인간으로 재창조되고 교회됨을 위한 가장 기본적인 단위를 구성하게 된다. 그러나 이러한 호흡은 새로운 생명력을 부여하는 그 자체에만 머무르지 않는다. 본회퍼는『성도의 교제』에서 "하나님의 뜻은 다른 사람을 향한 사랑 안에서 실현된다"라고 말했다. 본회퍼는 1928년 8월

---

26 참조: DBW1, 181.
27 DBW10, 479-485. (1928년 7월 15일 설교: 시편 62:1)
28 참조: DBW10, 482.

12일 설교29에서 마태복음 5장 8절을 본문으로 설교하면서, 하나님을 본다는 것을 자신의 삶 속에서 하나님을 인식할 뿐 아니라 세상 속에서 하나님을 인식하고 그분을 보며, 그분의 뜻을 이해하는 것이라고 말했다. 이에 덧붙여 본회퍼는 하나님을 본다는 것은 사랑과 감사, 순수함 속에서 우리 자신이 영원의 한 부분이 되는 것이라고 설교했다.30 본회퍼는 하나님의 뜻에 대한 인식론적 규정을 넘어 세계 내에서, 일상에서의 하나님의 뜻의 현실에 대해 끊임없이 연구했다.

2) 윤리적 집단 인격 개념의 확장: 매 순간 영원의 존재로 살아가는 우리

본회퍼는 1928년 8월 26일 설교(본문: 요한일서 2:17)31에서 『성도의 교제』에서 다루었던 '윤리적 집단인격'(ethische Kollektivperson)의 개념을 펼친다. 하나님의 뜻은 한 인간뿐만 아니라 집단 인격, 나아가 전 인류의 삶의 산소가 되어 죽어가는 공동체에 새로운 생명력을 부여하고, 세상 속에서 하나님을 마주 대하게 한다. 본회퍼에 의하면, 예수 그리스도의 십자가 사건은 우리를 이 세상에서 이미 영원한 존재가 되게 하는 기적을 일으킨다. 예수 그리스도를 통해 하나님과의 관계를 회복한 우리는 시간이 존재하는 역사 속에서 이미 영원한 존재가 된다. 사망에서 생명으로 옮겨진 우리는 모든 순간 속에서 하나님을 바라보며 영원의 존재로 살아간다. 본회퍼는 영원에 속한 자의 마음은 하나님의 소유이며, 이 영원에 속한 자들은 할 수 있는

---

29 DBW10, 493-498. (1928년 8월 12일 설교: 마 5:8)
30 참조: DBW10, 498.
31 DBW10, 499-504. (1928년 8월 26일 설교: 요일 2:17)

한 최선을 다해서 하나님의 뜻을 기뻐하며 행하는 헌신적인 삶을 살아가야 한다고 주문한다.32

3) '공동체로 존재하는 그리스도'의 현실: 타자에게 그리스도 되기

본회퍼는 『성도의 교제』에서 그리스도의 몸 개념을 유기체적 형체로 이해하는 것을 넘어서서 그리스도의 활동과 관련된 기능 개념으로 이해해야 한다고 주장했다.33 본회퍼는 이러한 그리스도의 몸 개념을 헤겔의 공동체로 존재하는 하나님 개념에서 착안하여 교회사회학에 대한 교의학적 용어로 변용하여 '공동체로 존재하는 그리스도'로 규정한다. 교회가 그리스도 안에서 하나의 생명이 되어 교회의 지체들은 그리스도의 사랑의 능력을 입어 타인에게 그리스도가 될 수 있고 또 그리스도가 되어야 한다고 보았다.34 그리스도로 인해 교회의 지체들이 서로 함께 있으며 서로를 위하게 된다. 본회퍼는 교회 지체들의 서로를 위함의 구체적인 과제를 이웃을 위해 자신을 포기하기, 타자를 위한 기도, 하나님의 이름으로 서로의 죄를 용서하기라고 제시했었다.35 고린도전서 12장 26-27절의 말씀을 본문으로 선포했던 1928년 7월 29일 본회퍼의 설교는 『성도의 교제』의 제5장의 내용 전체를 함축한 설교로 볼 수 있다.

그리스도의 몸된 우리는 이곳저곳의 종탑을 소유한 건물, 이러저러한

---

32 참조: DBW10, 503-504.
33 참조: DBW1, 153.
34 참조: DBW1, 121.
35 참조: DBW1, 121.

기관, 더욱이 현세의 어떠한 거처나 본향에 속하지 않습니다. 우리는 순례하는 하나님의 백성, 거룩한 공동체, 예수 그리스도의 거룩한 교회, 그리스도의 몸의 지체에 속합니다.[36]

본회퍼는 교회란 "하나님 안에서 하나님의 백성과 함께하는 교제 그 자체"[37]라고 규정하고, 『성도의 교제』에서 제시했던 것처럼, 이러한 예수 그리스도의 교회에서 실제로 일어나야만 하는 세 가지 현실들에 대해 설교한다. 본회퍼는 이 세 가지 현실들은 공동체에 수여하는 하나님의 선물이며, 교회의 지체들에게 이 땅위에서 가장 강력한 능력으로 주어진다고 설명한다. 본회퍼가 말하는 세 가지 능력들은 타자를 위해 희생하는 능력, 타자를 위해 기도하는 능력, 타자의 죄를 하나님의 이름을 용서하고 제거하는 것이다.[38] 본회퍼에 의하면 이 세 가지 능력들은 하나님께서 우리에게 보여주신 '사랑'이라는 개념 속으로 소급되며, 이 사랑은 타자에게 그리스도 됨으로 이 땅위에서 구체화 된다.[39]

2. 바르셀로나 시절 강연들 안에서의 교회 이해

본회퍼는 바르셀로나 시절 교회에서 세 번의 중요한 강연을 했다. 본회퍼의 바르셀로나 시절 설교들이 초기 본회퍼의 교회 이해의 설교 언어를 통한 펼침이었다면, 이 세 번의 강연들은 독일 교회의 그리스도인들에게 본질적 교회의 모습과 교회의 윤리성의 회복을 강조했다.

---

36 DBW10, 487-488.
37 DBW10, 488.
38 참조: DBW10, 489-490.
39 참조: DBW10, 491.

1) 예언자성의 비극과 남겨진 의미(1928년 11월 13일)

첫 번째 강연의 제목은 "예언자성의 비극과 남겨진 의미"(Die Tragödie des Prophetentums und ihr bleibender Sinn)[40]였다. 본회퍼는 강연 서두에서 암울했던 당시 시대상황을 언급한다. 그는 불명확한 정치적인 이데올로기가 팽배한 사회 속에서 교육적, 윤리적, 종교적 대안이 전혀 없는 시대에 과연 교회는 어떠한 책임 있는 대안을 내놓을 수 있는지 질문한다.[41] 본회퍼는 오직 하나님만이 인간이 나아가야 할 올바른 길을 제시할 수 있다고 말하면서 구약의 예언자의 역사를 회중들에게 회상시킨다. 그는 예언자란 그의 삶의 결정적이고 깊은 감동을 주는 순간을 경험하고 하나님으로부터 소명을 받아 사람들 속으로 들어가 하나님의 뜻을 선포하는 자라고 규정한다.[42] 본회퍼는 구약의 선지자들의 소명과 사역들을 묘사하면서 점점 더 퇴폐적이고, 비도덕적이며, 냉소주의가 가득한 당시 독일과 유럽의 실상을 한탄했다. 본회퍼가 이 강연에서 말하는 예언자들의 비극이란 독일 교회는 세상의 주권자이시고 구원자이신 하나님과 함께하며 그의 말씀을 선포하고 하나님의 역사를 주관하심에 협력했던 예언자적 사명을 감당해왔지만 독일의 철학이 숭고한 이러한 예언자들의 사명들을 좀먹고 있다는 의미였다.[43] 본회퍼는 당시 침몰하는 암울한 세상을 살아가는 청중들에게 하나님과 함께 힘든 길을 걸어갔던 예언자들의 정신은 오늘, 여기에도 반드시 필요하다고 강조했다.

---

40 참조: DBW10, 285-302.
41 참조: DBW10, 285-286.
42 참조: DBW10, 288.
43 참조: DBW10, 301.

2) 예수 그리스도와 기독교의 본질에 관하여(1928년 12월 11일)

두 번째 강연의 제목은 "예수 그리스도와 기독교의 본질에 관하여"(Jesus Christus und vom Wesen des Christentums)[44]였다. 그는 이 강연의 서두에서 "우리는 그리스도가 실제로 우리 삶에서 사라지셨고, 우리가 함께 그분과 거주하고 살아야 할 교회와 교회에 속한 것들은 인간적인 모임이 되어버렸습니다. […] 기독교는 빵을 맛있게 한번 베어 무는 것이 아니라, 빵 전체이거나 아니면 아무것도 아닙니다"[45]라고 당시 독일 교회를 진단했다. 그러면서 그는 『성도의 교제』의 그리스도 이해와 교회 이해의 내용을 상기시키는 내용을 강연 중에 전개했다. 본회퍼는 예수가 역사적 인격이 아니라 주(主, Kyrios)로 지나치게 강조되었기 때문에, 예수에 대한 심리학적이고 역사적인 관심이 상대적으로 덜해지게 되었다고 생각했다. 즉 예수 사건은 너무 빠르게 구원자와 기적을 일으키는 자로 덧입혀져 전승되었기 때문에 상대적으로 예수의 삶을 묘사하는 것이 너무나 어렵게 되어 버렸다고 소개했으며(Vita Jesu scribi non potest),[46] 당시 20세기 초 역시 인지학, 신비주의, 이단 같은 기독교의 본질을 방해하는 요소가 현저하게 실존한다고 보았다.[47] 본회퍼가 이 강연에서 적어도 복음서에 기록된 예수 그리스도의 이야기들을 어떠한 개념으로 절대화시켜 이해하는 것을 경계하고 있는 것은 확실해 보인다.[48] 본회퍼에게 기독교의 본

---

44 참조: DBW10, 302-322.
45 DBW10, 302-303.
46 참조: DBW10, 305, 베트게는 본회퍼의 이러한 이해는 프리드리히 나우만에게서 수용된 것이며, 『저항과 복종』에서의 주요한 신학 개념들로["성서의 비종교적 해석": 필자 주] 이어진다고 보았다.(참조: 베트게, 디트리히 본회퍼, 212)
47 참조: DBW10, 321.
48 참조: DBW10, 306-308.

질을 찾는 과정은 역사적 예수와 케리그마 그리스도의 이해를 균형 있게 시도하는 것이었다.49 이어서 본회퍼는 인간과 하나님이 함께 만날 수 있는 길은 오직 하나님께서 인간에게 오는 길밖에 없다고 강조하면서,50 기독교의 본질은 하나님의 주권을 이 땅위에 전달하는 것이라고 말했다. 마지막으로 그동안의 윤리, 종교, 교회의 인문주의적 접근을 비판하고 인간의 길이 하나님께로 나아가는 것이 아니라 하나님의 길이 인간으로 향하는 길이라는 기독교의 본질을 회복해야 한다고 주장했다.51 본회퍼가 바르셀로나 교회의 청중들에게 강조했던 이 길은 예수 그리스도의 길이며 하나님의 사랑이 있는 곳이며,52 십자가의 길53이다.

3) 기독교윤리학의 근본문제들(1929년 2월 8일)

본회퍼의 세 번째 강의는 "기독교윤리학의 근본문제들"(Greundfragen einer christlichen Ethik: 1929년 2월 8일)54이었다. 본회퍼는 기독교윤리는 어떠한 원칙과 규범을 통해서가 아니라 행동이 수행되는 과정 속에서 선과 악을 규정하는 것이라고 보았다.55 필자의 언어로 옮기자면, 본회퍼에게 기독교윤리적 선은 원칙과 규범, 정해진 가치나 약속된 관습으로 규정되는 것이 아니라 일의 되어짐 속에서 발견

---

49 참조: DBW10, 308.
50 참조: DBW10, 315.
51 참조: DBW10, 316-317.
52 참조: DBW10, 319.
53 참조: DBW10, 322.
54 참조: DBW10, 323-345.
55 참조: DBW10, 323.

되는 것이다.

본회퍼에게 윤리는 독일 윤리, 프랑스 윤리, 미국 윤리처럼 그 민족의 행동이 일어나는 시간과 장소에서 선과 악이 규정되며 서로를 향해 윤리적이다 혹은 비윤리적이라고 규정할 수 없다. 이러한 의미에서 본회퍼는 전쟁이라는 참혹한 상황에서 민족정신에 의한 살인을 비윤리적이라고 규정할 수 없다고 완곡하게 설명하고 있다.56 이어 본회퍼는 적지 않은 분량을 할애해 당시부터 10여 년 후에 저술 될『나를 따르라』와『윤리학』원고의 내용을 미리 의도해 놓은 듯한 기독교 윤리적 담론을 펼친다. 이 강연에서 주의 깊게 논의 되어야 할 부분은 본회퍼의 전쟁에 관한 입장이다. 바르셀로나 시절(1928년 2월 15일 - 1929년 2월 14일)의 본회퍼는 전쟁은 살인 이외에 아무것도 아니며 전쟁은 범죄이며 어떠한 그리스도인도 전쟁에 참여할 수 없다고 말하면서도 실제로 전쟁 중에 있는 상황에서 '이웃'을 전쟁 중의 상대국이 아니라 자신들의 민족으로 규정하며 전쟁 중의 살인을 불가피한 것으로 보고 있다.57 그러나 이 부분에 관하여 베트게는 본회퍼를 그런 극우 성향의 민족주의자로 분류해서는 안 된다고 본다.58 실제로 본회퍼는 미국의 체류 기간과 세계교회친선연맹 경험 등 평화운동에 참여하는 기간을 거치면서 기독교 평화주의자로 거듭난다. 본회퍼의 신학을 연구할 때 가장 힘든 부분 중의 하나는 바로 그의 '전쟁'에 관한 입장처럼 그의 관점의 연속성이 단절될 때이다. 예를 들어, 그의 신학적 사고가 위로부터 아래로의 신학의 산물이라고 보는 연속성의 지평은 옥중생활에서 어느 정도 균열이 일어난다. 본회퍼는 그의 삶 속에서 신학적

---

56 참조: DBW10, 323-324.
57 참조: DBW10, 336.
58 베트게, 디트리히 본회퍼, 217.

연속성을 잃지 않는다. 단지, 현실 속에서 균열되는 자신의 지평의 틈새를 오늘, 여기에서의 하나님의 뜻은 무엇인가라는 질문의 답을 찾아나가는 방식으로 메꾸어 나갔을 뿐이다.

본회퍼는 '오늘, 우리에게 예수 그리스도는 누구신가?'라는 신학적 질문과 함께 삶을 살았다. 그는 하나님의 전능성의 의문이 제기될 법한 이 땅위에서 일어나고 있는 현상들에 대해서 때로는 그 스스로도 절규하면서도, 과연 이 땅의 현실 속에서 예수 그리스도를 통한 하나님의 현실은 도대체 무엇인지에 대해 시의적절하고 상황 적합한 하나님의 뜻을 찾으려고 발버둥 쳤다. 하나님의 말씀과 그 말씀의 삶으로의 적용은 절대화되어서는 안 된다. 오늘, 여기에서의 하나님의 뜻은 상황 안에서 행위의 되어감 속에서 선명하게 드러날 것이다. 본회퍼에 의하면 이는 오직 예수 그리스도 안에서, 예수 그리스도를 통해서 공동체적 관계를 회복한 자, 즉 교회된 자에게만 열려있는 가능성이다.

III. 본회퍼의 바르셀로나 시절의 교회 이해

본회퍼가 바르셀로나 시절 일기장에 "나의 신학이 인도주의적이 되고 있다"라고 했던 기록은59 박사학위를 쓰던 시기의 교회에 대한 교리적, 사회적, 사회철학적 이해에서 바르셀로나의 봉사활동이나 목회활동을 통해 그의 교회 이해가 그의 삶이나 설교 언어를 통해 교회됨이란 무엇인가를 고민한 흔적이라고 볼 수 있을 것이다. 그의 이러한 일상에서의 교회됨의 생각은 그의 미국 방문에서 일어날 경험들의 예고편이며 이후 『나를 따르라』나 『윤리학』에 나타난 교회됨 그리고

---

59 참조: DBW10, 27.

소위 그의 '옥중신학'에서 다루는 그의 교회 사상을 발전시키는 시발점이라고 평가할 수 있다.

본회퍼는 바르셀로나에 있는 중산층 신분의 독일인들을 위해 세 번의 강의를 했다. 이 강의들은 예언자성의 회복, 기독교의 본질, 기독교윤리의 근본 질문에 관한 것이었다. 본회퍼는 이 강연들을 통해 20세기 초와 초기 기독교 사회를 비교해 가면서 본질을 잃어가고 규범화되고 율법화 되는 당시 독일과 유럽의 기독교를 비판하고, 교인들에게 올바른 기독성을 회복시켜 주고자 했다. 본회퍼는 바르셀로나에서 보낸 20대 초반의 젊은 시절에 목회자가 되기 위한 과정 중에 주어진 1년의 시간을 결코 나태하게 보내지 않았다. 그의 설교는 철저한 준비와 더불어 늘 정돈된 원고로 작성되었고, 주일학교 아이들과 청소년들을 적극적으로 양육하였으며, 사교 모임을 통해 이민자들과의 관계도 돈독히 하고, 소외된 이들을 위한 봉사활동에도 적극적이었다. 무엇보다도 기독교의 본질을 잃어가고 있었던 인상을 주었던 당시 바르셀로나 교인들을 위해 세 번에 걸쳐 강연까지 직접 맡아 했다. 구약과 신약 그리고 기독교윤리학이라는 세 강연의 카테고리는 본회퍼의 박사학위 받기까지의 대학생활의 총합의 분배였으며, 이후의 그의 베를린에서의 강의들과 『나를 따르라』와 『윤리학』 원고의 서론이기도 하다. 이 강연을 들은 청중들의 반응에 대해서는 기록이 남아있지 않아 자세하게 알 수 없는 아쉬움은 있지만, 전도사 시절 본회퍼의 교회의 교회됨을 위해 헌신적이었던 본회퍼의 열정은 오늘날의 교회를 섬기는 이들에게 고스란히 전해진다.

바르셀로나 시절의 설교와 강연 속에서 본회퍼의 교회 이해는 그의 박사학위 논문이었던 『성도의 교제』에서 확장된다. 그러나 본회퍼가 타자를 위한 기도를 제시하기는 했지만 여전히 민족주의적 성향하에 교회를 이해하고 있는 것은 부인할 수 없다. "민족이 존재하는 곳에 교회가 있고, 교회가 있는 곳에 고독이란 절대 존재하지 않는다."[60] 이러한 그의 민족주의적 성향은 심지어 전쟁을 불가피한 것으로 수용하는 배경이 되기도 한다. 그러나 본회퍼는 1930년 미국 체류 시절을 통해 타자의 범위를 교회의 지체나 같은 민족에서 고통 속에 있는 이웃들, 구체적으로는 유대인으로 확장시키며 『창조와 타락』에서는 모든 피조물, 즉 인간에서 동식물을 포함한 자연으로까지 타자의 개념을 확대한다. 그리고 이러한 타자에 대한 인식의 확장은 그의 평화사상의 형성에 영향을 끼친다. 이는 단순히 타자에 대한 인식론적 범위의 확대를 의미하는 것이 아니라, 본회퍼 자신의 삶의 실존적 타자가 형성되는 과정이며, 계명을 깨뜨리면서도 오늘, 여기에서의 하나님의 뜻을 실현하는 것이 선이라고 하는 그의 독특한 기독교윤리 개념을 낳는다. 이러한 본회퍼의 교회 이해의 형성과 발전 과정에 대해서는 이어지는 장에서 더욱 상세히 다루게 될 것이다.

IV. 바르셀로나 시절 속의 타자를 위한 교회

본회퍼는 "연구를 위한 기획"(Entwurf für eine Arbeit)[61]이라는 옥중 원고에서 다음과 같이 말한다:

믿음은 이러한 예수의 존재[타자를 위한 존재]에 참여하는 것이다. (성육신, 십자가, 부활) 하나님과 우리의 관계는 종교적으로 생각할

---

60 참조: DBW10, 21.
61 참조: DBW8, 556-561.

수 있는 가장 높은, 가장 강력한, 가장 최선의 본질이 아니고—이것은 진정한 초월이 아니다— 하나님과 우리의 관계는 예수의 존재에 참여하는 가운데 주어지는 타자를 위한 존재에서 드러나는 새로운 삶이다. 무한하고 도달 할 수 없는 과제가 아니라 각자에게 주어진 도달 가능한 이웃이 초월적인 것이다.62

"타자를 위한 존재이신 예수의 존재에 참여하는 가운데 주어지는 타자를 위한 삶은 초월적이다"라는 본회퍼의 말은 예수와 함께하는 타자를 위한 삶을 통해 하나님을 만날 수 있고, 우리 존재의 궁극적 깊이를 체험할 수 있고, 상대적인 것 안에 있는 절대적인 것을 만나기 때문에 초월적이다라는 의미로 이해할 수 있다.63

본회퍼는 바르셀로나에서 타자를 위한 존재로서의 삶을 충분히 살았다. 그에게 타자는 스페인 시절 때는 바르셀로나에 있는 독일 교민들, 독일 교회 교인들, 독일 민족이었지만 1930년 이후 미국에서의 연구학기를 보낸 이후부터 타자는 이 땅위의 모든 민족들로 확대되었으며, 단순히 타자를 위해 복지 서비스를 하는 교회가 아니라, 예수의 존재에 참여함으로서 탄생하는 새로운 삶으로서의 타자를 위한 존재가 되어 타자를 돕고 섬기는 교회로서의 의미로 확대된다. 본회퍼에게 교회는 처음부터 규정된 형태가 아니라, 시대적 배경과 사역의 현장 속에서 다듬어진 다양한 형태를 띠고 있다. 본회퍼는 그의 저작들 속에서 이전 저작의 교회 개념을 포괄하면서 점층적으로 확대시키는 교회 이해를 전개했으며, 이는 교회 이해의 이론적 담론뿐만 아니라 실천적 담론과 실제 사역까지도 포함된 담론들의 총합이었다.

---

62 DBW8, 558.
63 참조: 존 로빈슨, 『신에게 솔직히』, 현영학 옮김, 대한기독교서회, 2012, 99.

제 6 장
『행위와 존재』(*Akt und Sein*): 계시로서의 교회(Kirche als Offenbarung)

I. 『행위와 존재』의 등장 배경

본회퍼는 1928년 7월 20일 스페인 바르셀로나에서 라인홀드 제베르크에게 편지를 보냈다. 이 편지에서 본회퍼는 자신의 교수 자격 논문은 역사적이며 심리학적인 것이 아니라, 조직신학적인 연구가 될 것이라고 밝혔다.[1] 이 편지에는 신학을 종교적 선험성에 근거한 심리학적으로 해석하려고 하는 제베르크의 시도에 반대하는 본회퍼의 입장이 숨겨져 있다고 볼 수 있다.

본회퍼는 1928년 8월 7일 그의 친구 뢰슬러(H. Rößler)에게 '의식 문제의 맥락에서 신학의 어린이 문제'에 관한 연구를 해보겠다는 구체적인 계획을 밝혔었으나 그의 교수 자격 논문은 '행위와 존재, 조직신학 내에서의 초월철학 그리고 존재론'에 관한 연구였다. 이 논문은

---

1 DBW2, 7. (편집자 서문)

1930년 2월 말에 완성되었다. 본회퍼는 1930년 7월 5일부터 8일 사이에 제2차 목사자격 시험에 합격했고 며칠 후 7월 12일에 조직신학으로 교수자격을 취득했으며, 다음날인 7월 13일에 "현대 철학과 신학에 있어서 인간에 대한 물음"이란 제목으로 교수 취임 강연을 했다.2 본회퍼의 교수자격 논문은 1931년 9월 귀터슬로(Gütersloh) 출판사의 시리즈 제34권 2번째 책으로 출판되었다. 이 책이 출판된 지 2년 후에는 아이젠후트와3 크니터마이어에4 의한 요약과 비판이 담겨진 채 널리 소개되었다. 『행위와 존재』는 1956년 볼프(Ernst Wolf)에게 헌정된 신판으로 카이저 출판사의 신학총서 제5권으로 재출판되었다. 이 책은 1년 후 프라이에 의해5 소개되었다. 정작 본회퍼 자신에게 사랑을 별로 받지 못했던 이 책은 브룬너(E. Brunner)에 의해 배울 것이 많은 책으로 언급되기도 했다. 『행위와 존재』는 1961년과 1962년 영국에서, 1968년 일본에서 번역되었고, 1970년 프랑스에서, 1985년 이탈리아에서 선집의 형태로 각각 출판되었다. 한국에서는 2010년 대한기독교서회에서 본회퍼 선집 중 제2권으로 번역되어 출판되었다.6 독일에서는 본회퍼 전문가들의 해설들이 첨가되어 디트리히 본회퍼 전집(Dietrich Bonhoeffer Werke) 시리즈 제2권으로 1988년 카이저 출판사를 통해 재탄생하게 된다.7

---

2 이 강연의 내용에 대해서는 참조: DBW10, 357-378.

3 Heinz Erich Eisenhuth, Rezension zu *Akt und Sein*, Theologische Literatur-zeitung 58 (1933), 188-190.

4 Hinrich Knittermeyer, Rezension zu *Akt und Sein*, Zwischen den Zeiten 11 (1933), 179-183.

5 Walter Frei, Rezensioin zu *Akt und Sein*, Theologische Zeitschrift 13 (1957), 391-392.

6 Dietrich Bonhoeffer, *Akt und Sein*, 김재진·정지련 옮김, 『행위와 존재』(대한기독교서회, 2010)

7 DBW2, *Akt und Sein*. Transzendentalphilosophie und Ontologie in der

II. 『행위와 존재』에 관한 연구들

티츠(Tietz)는 그녀의 박사학위 논문8에서 『행위와 존재』의 연구사를 소개했다. 그녀는 뮐러, 베트게, 마이어(Rainer Mayer), 파일, 페터스의 입장들을 소개했는데, 이들은 모두 본회퍼의 전체 신학 안에서 『행위와 존재』의 위치에 대해 연구했다. 뮐러는 본회퍼가 『행위와 존재』를 "교회의 교의학적 근거"를 주제로 삼고 있다고 보았으며,9 소위 초기 본회퍼의 교회론적 관점은 그의 후기 저작들에 다양한 영향을 끼친다고 주장하였으나, 티츠는 뮐러가 정작 『행위와 존재』를 다룰 때 교회론적 관점에서 다루지 않았음을 지적했다. 이어 티츠는 『행위와 존재』의 목적은 어린이 문제에서 행위와 존재를 다루기 위함이었다고 주장했던 베트게의 견해를 소개하면서, 초기 본회퍼의 신학 주제인 교회의 현실에 관한 관심은 불트만의 인간학과 바르트의 신중심적 신학으로부터 영향을 받은 실존적 행위-신학(Akt-Theologie)과 신 동방정교적 순수 담론인 존재 신학(Seins-Theologie) 사이의 긴장 속에서 형성되었다고 보는 관점을 소개했다. 그러나 본회퍼의 인식론은 정작 베트게에게서는 전혀 비중 있게 다루어지지 않았다.10 이어 티츠는 마이어가 『성도의 교제』와 『행위와 존재』는 같은 주제를

---

systematischen Theologie (1931), hg. von Hans-Richard Reuter, München 1988, 3. Auflage Gütersloh 2008(본서는 이 3판[3. Auflage]을 참조 함).

8 Christiane Tietz-Steiding, *Bonhoeffers Kritik der verkrümmten Vernunft*. Eine erkenntnistheoretische Untersuchung, Mohr Siebeck, 1999, 6-16.

9 Hanfried Müller, *Von der Kirche zur Welt*. Ein Beitrag zu der Beziehung des Wortes Gottes auf die societas in Dietrich Bonhoeferrs theologische Entwicklung, 2. Auflage, Leipzig 1966.

10 참조: Christiane Tietz-Steiding, *Bonhoeffers Kritik der verkrümmten Vernunft*. Eine erkenntnistheoretische Untersuchung, Mohr Siebeck, 1999, 7.

다루었다고 보았던 관점에 해당하는 내용을 직접 인용했다:11

> 본회퍼는 […] 하나님의 현실과 세상의 현실 사이의 관계를 이해하기 위한 존재론을 연구했다. […] 본회퍼는 하나님의 초월성과 하나님의 낮아지심의 어느 한쪽으로의 치우침이 없는 균형상태를 묘사하기 위한 사상적 도구를 찾으려고 했다.12

페터스는 티츠가 잘 분석한대로 『행위와 존재』를 인식론적 차원이 아니라 윤리적-사회적 차원의 정치적인 영역에서 해석하려고 시도했지만,13 본회퍼의 인식론적 카테고리를 너무 간과했다는 비판은 피할 수 없다고 여겨진다.

파일(Ernst Feil)은 직접적 의식(actus directus)과 반성적 의식(actus reflexus)의 구분이 『행위와 존재』의 핵심 주제이고 내용이며, 1930년 이후의 본회퍼의 저작들 속에서 이 구분이 연속성으로 작용한다고 보았다.14 슈바르츠(Joachim Schwarz)는 『성도의 교제』와 『행위와 존재』에서의 그리스도론의 이해를 사회의 모델로서 제시하기를 시도한다.15 붐가르덴(Boomgaarden)은 슈바르츠의 연구의 기여도

---

11 참조: Christiane Tietz-Steiding, *Bonhoeffers Kritik der verkrümmten Vernunft*. Eine erkenntnistheoretische Untersuchung, Mohr Siebeck, 1999, 8.

12 Rainer Mayer, *Christuswirklichkeitt. Grundlagen, Entwicklungen und Konsequenzen der Theologie Dietrich Bonhoeffers*, Stuttgart 1969, 72.

13 참조: Christiane Tietz-Steiding, *Bonhoeffers Kritik der verkrümmten Vernunft*. Eine erkenntnistheoretische Untersuchung, Mohr Siebeck, 1999, 10-11. 페터스의 책은, Tiemo Rainer Peters, Die Präsenz des Politischen in der Theologie Dietrich Bonhoeffers. Ein historische Untersuchung in systematischer Absicht, München / Mainz 1976.

14 참조: Ernst Feil, *Die Theologie Dietrich Bonhoeffers*. Hermeneutik, Christologie, Weltverständnis, München 41991, 83-85.

15 Joachim Schwarz, *Christologie als Modell der Gesellschaft*. Eine Untersuchung

는 『성도의 교제』에서처럼 『행위와 존재』에서도 사회철학과 사회학을 구분하면서 연구한 부분이었다고 평가한다.16 그린(Green)은 본회퍼의 초기 저작들을 연구한 학자로 저명하다. 그는 『성도의 교제』에서 『행위와 존재』까지의 본회퍼의 사상을 인간학적 시각으로 분석했다. 그린은 본회퍼의 『성도의 교제』가 초기 변증법적 신학의 현실주의에서 영향을 받았다고 보았다.17 붐가르덴은 그린이 『성도의 교제』의 인격 개념과 『성도의 교제』와 『행위와 존재』 두 책에서 연속해서 다루는 집단인격 개념이 차안(in der Zeit)의 현실적인 개념으로 이해하고 있다고 소개하고 있다.18 뫼져(Peter Möser)는 그의 박사학위 논문19에서 『행위의 존재』에서의 본회퍼의 양심 이해에 관해 연구하고, 『행위와 존재』 이후의 본회퍼의 저작들 속에 본회퍼의 양심 이해가 어떻게 분산되어 형성되고 발전되는지에 대한 해석을 시도했다. 그러나 뫼져는 본회퍼의 양심 이해를 칭의론에 근거한 충분한 분석을 해내지 못했는데, 이에 반해 모크로쉬는 루터의 칭의론이 본회퍼 스스로 이해했던 양심 이해보다 훨씬 더 정확하게 본회퍼의 양심 이해

zu den dersten Schriften Dietrich Bonhoeffers, theol. Diss., Wien 1968.

16 Jürgen Boomgaarden, *Das Verständnis der Wirklichkeit*, Dietrich Bonhoeffers systematische Theologie und ihr phliosophischer Hintergrund in *Akt und Sein*, Gütersloh 1999, 23.

17 참조: Boomgaarden, *Das Verständnis der Wirklichkeit*, 23; 그린의 책은 C.J. Green, The Sociality of Christ and Humanity. Dietrich Bonhoeffer's Early Theology 1927-1933 (Aemerican Academy of Religion, Dissertation Series 6), Missoula/Montana 1972. 이외에도 행위와 존재의 연구에 관한 영어권의 대표적인 서적들은 다음을 참조할 것: W.W. Floyd Jr., *Theology and the Dialectics of Oeherness. On Reanding Bonhoeffer and Adorno*, Lanham/New York/London 1988./ C. Marsh, *Reclaiming Dietrich Bonhoeffer. The Promise of His Theology*, New York/Oxford 1994.

18 참조: Boomgaarden, *Das Verständnis der Wirklichkeit*, 23.

19 P. Möser, Gewissenspraxis und Gewissenstheorie bei Dietrich Bonhoeffer, theol. Diss, Heidelberg 1983.

를 규정할 수 있다는 의견을 내놓았다.[20]

본회퍼의 『행위와 존재』는 1차 세계대전 이후의 화두였던 신학의 방법론 문제를 다루고 있다. 이는 패망해 가는 부르주아 세계의 독특한 양태인 종교적 인간이 평가절하 되었고, 기독교가 인간화의 문화적 힘으로 조롱당하고, 그리스도교의 원전들이 역사비평학적으로 상대화되었을 때 그리고 계시와 신앙과 역사의 관계가 사유 가능성의 관점에서 토론이 진행되는 배경에서 시작된 것이다.[21] 본회퍼 스스로는 이 책에 대해서 "교회 개념에 대해 그리스도교적 인식론적 근거마련"에 관해 다루고 있다고 밝히고 있다.[22] 본회퍼가 의도한 이 책의 궁극적인 목표는 계시 속에 있는 하나님의 존재 규명이었고,[23] 참된 존재론과 진정한 초월론의 관심을 '교회' 사상 속에서 통일시키려는 하나의 시도였다.[24]

---

[20] 참조: Boomgaarden, *Das Verständnis der Wirklichkeit*, 26. 모크로쉬의 논문은: R. Mokrosch, Das Gewissensversändnis Dietrich Bonhoeffers. Reformatorische Herkunft und politische Funktion, in: Bonhoeffer und Luther. Zur Sozialgestalt des Luthertums in der Moderne, hg.v.C. Gremmels (Internationales Bonhoeffer Forum 6), München 1983, 59-92. 이외의 행위와 존재의 연구에 관한 논문들은 다음을 참조할 것: M. Beintker, Kontingenz und Gegenständlichkeit. Zu Bonhoeffers Barth-Kritik in Akt und Sein, in: Die Aktualität der Theologie Dietrich Bonhoeffers, hg. v. N. Müller, Halle a.d.S. 1985; F. Sherman, Act und Being, in: M.E.Marty (Ed.), The Place of Bonhoeffer. Problems and Possibilities in his Thought, Westport/Connecticut 1981, 83-111; E. Feil, Bonhoeffer und die Zukunft der philosophischen Theologie, NZSTh 35 (1993), 150-175.
[21] 참조: DBW2, 163. (편집자 후기)
[22] 참조: DBW12, 178.
[23] 참조: DBW2, 22-23. (편집자 서문)
[24] 참조: DBW2, 26.

III. '진정한 초월철학'과 '초월론적 철학'

본회퍼는 당시 보편적인 철학적 사유방식을 통한 계시에 관한 이해가 모든 인간적 사유 노력의 위기들 가운데 하나라고 보았으며, 이는 그가 '하나님 말씀의 신학'이라는 새로운 신학의 계승자였음을 반증한다.25 본회퍼는 계시에 대한 올바른 인식 방법을 제시하기 위해 계시에 대한 행위 해석과 존재 해석을 시도한다. 그는 1920년대 후반 독일 신학은 "행위와 존재 문제를 이해하려는 시도"26가 주류였다고 보았다. 그것은 "신학적 개념 형성, 즉 신학적 개념들을 '초월철학적'(transzendentalphilosophisch)으로 해석하느냐 아니면 존재론적으로 해석해야 하느냐는 양자택일의 결단문제"였으며, "'계시 속에 있는 하나님의 존재'가 무엇을 의미하는지 그리고 그것이 어떻게 인식될 수 있는지, 행위로서의 신앙과 존재로서의 계시가 어떻게 서로 상대에게 작용하면서 동시에 서로 상응하는지, 인간이 계시로부터는 어떻게 정립될 수 있는지, 계시란 오직 행위 실행 속에서만 주어지는 것인지, 아니면 계시 속에 인간을 위한 존재가 존재하는 것인지가 신학적으로 해석되어야 하는 것"27에 관한 문제였다. 본회퍼에게 한 가지 분명한 것은 "하나님 인식, 인간, 죄 그리고 은총에 관한 교리에 있어서 모든 신학은 행위와 존재 개념 이해에 결정적으로 의존되어 있다"28는 것이다.

본회퍼는 초월론에 관한 큰 틀을 스콜라 신학에서 제기했던 '진정한 초월철학'(die echte Transzendentalphilosophie)과 칸트 이후의

---

25 참조: DBW2, 163. (편집자 후기)
26 DBW2, 21.
27 DBW2, 22.
28 참조: DBW2, 24.

초월론적 철학(die transzendentalistische Philosophie)으로 구분한다.29 본회퍼에 의하면 진정한 초월철학은 사고와 초월적인 것의 관계가 내포되어 있지만 그 자체를 스스로 규정할 수는 없다. 본회퍼는 이러한 초월철학의 특성을 회귀적(rückläufig)이라고 규정한다. 즉, 초월철학은 사고가 사고 스스로 가질 수 없는 의미를 요구하며 이 의미는 초월적인 로고스와 관계를 맺는다. 이에 반해 칸트의 초월론적 철학은 선취적(vorläufig)인데 이는 사고의 초월적인 것의 관계가 구체적인 대상과 관련된다는 것이다. 초월론적 철학은 사고와 초월하는 것이 대립관계에 놓여있다. "사고에 맞서는 초월의 맞섬이 유지되는 한, 말하자면 순수한 한계 개념으로서 '물 자체'(Ding an sich)와 '초월적 통각'(die transzendentale Apperzeption)으로 이해되는 한에는 어느 하나가 서로를 소멸시키지 않는 순수 한계 개념들로 이해되는 한 진정한 초월론에 관해서 이해할 수 있다."30 본회퍼는 여기에서 하이데거의 현존재(Dasein) 개념 즉, 초월적인 것 사이에 있는 존재(Sein zwischen) 개념을 빌려온다. 모든 존재자들은 사고를 통해 인간 현존재와 연관성(in Bezug auf)을 갖게 된다.31 이러한 인간적 현존재는 초월적인 것들 사이에 존재하는 것으로 이해하도록 만들고, 자신을 그렇게 이해한다. 그러나 본회퍼에게 이러한 인간적 현존재는 인간 자신이 가진 이성의 한계성으로 인해 초월적 대상을 스스로 한계 지음으로써 자신을 진정한 초월적 존재로부터 이해하지 못하게 된다.32

본회퍼는 이러한 초월론과 초월철학의 논의 가운데 현존재로서의 인간의 한계는 관념론에서도 발견된다고 보았다. 본회퍼는 데카르트

---

29 참조: DBW2, 27.
30 DBW2, 28.
31 참조: DBW2, 29.
32 참조: DBW2, 29-30.

의 '나는 생각한다. 고로 나는 존재한다'(cogito ergo sum)로 대표되는 관념론의 한계를 지적한다. 즉 관념론의 자아 역시 자신 속에 사로 잡혀 있으며 다른 것을 보려고 시도해도 오직 자신만을 보게 된다는 것이다. 본회퍼는 관념론의 자아는 자신을 결국 자신으로부터 이해하려 한다고 분석한다.33 본회퍼가 이러한 초월론적 인간의 현존재 혹은 관념론의 인간의 자아의 한계에 대해 서술하는 이유는 개신교 교의학의 '이성의 타락'(Korruption der Vernunft)34이라는 교리를 자신의 교수자격논문의 저술 의도로 시대적, 학문적 상황을 서술하기 위한 것이라고 평가할 수 있다.

IV. 직접적 의식과 반성적 의식

『행위와 존재』를 집필할 당시에 본회퍼는 신학적 과도기에 있었다고 평가할 수 있다. 베를린에서 박사학위 논문을 쓸 당시 자유주의의 유산을 고스란히 간직하고 있었던 그는 칼 바르트의 변증법적 신학의 영향으로 자유주의의 그늘에서 벗어날 수 있는 계기를 마련했다. 이후 그는 『행위와 존재』를 집필하면서 구 개신교에서의 직접적 의식(actus directus)과 반성적 의식(actus reflexus)의 구분을 통한 믿음의 이해를 적극적으로 수용했으며, 이 수용은 『행위와 존재』뿐만 아니라 이후의 본회퍼의 저작들의 다양한 개념들에 용해되어 있

---

33 참조: DBW2, 38-39.
34 DBW2, 39; 참조: DBW10, 524: "This fact of the captivity of human thinking in itself, that is to say, of its inevitable autocracy and self-glorification as it is found in philosophy, can be interpreted theologically as the corruption of the mind, which is caused by the first fall."

다. 본회퍼는 이 두 구분을 신학적으로 각각 '직접적 신앙'과 '반성적 신앙'이라는 신학언어로 옮기면서 『행위와 존재』에서 그 자신만의 신학적 인식론을 전개하고 계시에 대한 행위 해석과 존재 해석을 시도했을 뿐만 아니라, 당시 신학을 지배하고 있었던 관념론적 사고체계를 극복했으며 그의 박사학위 논문 지도교수였던 제베르크의 종교적 선험성을 심리학적으로 신학에 적용하려고 했던 시도를 거부하는데 성공했다. 『행위와 존재』는 교회가 하나님의 계시의 장소이며, 계시가 예수 그리스도 성육신 사건을 통해 시작된 하나님의 현실이라는 점을 변증해나가는 작업을 지향하고 있다.

> 하나님은 항상 주(主)로, 항상 '주체'(Subjekt)로 계신다. 그러므로 하나님을 대상으로 가질 수 있다고 생각하는 사람은 이제 하나님을 소유할 수 없다.[35]

본회퍼는 인간이 도대체 하나님을 어떻게 인식할 수 있는가에 대한 질문에서 인간 스스로 하나님을 인식 가능하다고 주장하는 초월론적 철학과 관념론의 한계를 발견하고, 하나님의 행위, 즉 하나님 스스로 자신을 계시하는 행위를 통해서만 하나님을 인식할 수 있음을 주장한다.

V. 행위 개념으로서의 계시

본회퍼가 이해하는 '행위' 개념으로서의 계시란 무엇인가? "행위

---

35 DBW2, 79.

가 의식적으로 실행된다는 것은 '직접적인 의식'(직접적인 행위, actus directus)과 '반성된 의식'(반성적 행위, actus reflexus)을 구별하도록 만든다. '직접적인 행위'에서는 의식이 순수한 '지향성'(gerichtet auf)을 의미하지만, '반성적 행위'에서는 의식이 자기 자신을 대상적으로, 반성 속에서 '자기자신'(sich seiner selbst)을 의식할 수 있다"36라는 것을 의미한다.

본회퍼는 이 두 용어 'actus directus'와 'actus reflexus'를 델리츠쉬(Franz Delitzsch)의 1855년에 출판된 '성서 심리학의 체계'에서 빌려와 구 개신교의 '직접적 신앙'(fides directa)과 '반성적 신앙'(fides reflexa)이라는 신학적 용어로 변용한다.37 구 개신교 교의학은 직접적 신앙을 인간의 의식에 의해 실현되지만 의식 속에서는 반성될 수 없는 신앙(믿음)의 행위로 설명했다.38 델리츠쉬에 의하면 직접적 행위(actus directus) 그 자체는 이미 하나님의 약속(Gottes Verheißung)을 소유한다. 그는 "신적 확인, 기쁨의 자기 확신, 감각적 직관과 음미에 대한 반성의 행위(actus reflexi)는 의롭게 하는 신앙의 본질에 속하지 않으며 '직접적 행위'가 신앙의 본질적 형식이다"39라고 말했다.

본회퍼의 『행위와 존재』 안에서의 직접적 의식과 반성된 의식의 구분은 그의 나머지 저작들에 계속해서 나타난다.40 파일에 의하면 이 구분은 본회퍼의 믿음과 신학의 구분과도 같다. 즉 본회퍼가 하나님의 계시에 관한 믿음의 영역을 직접적 의식의 영역으로, 하나님의 계시에 관한 신학적 이해를 반성된 의식의 영역으로 이해하였다는 것

---

36 DBW2, 23.
37 참조: DBW2, 23, 각주 15.
38 참조: DBW2, 158.
39 참조: DBW2, 195, 각주 29.
40 Feil, ThDB 28, 83-85.

이다. 파일은 "본회퍼에게 직접적 의식으로서의 믿음은 제자도와 같은 것이다. 믿음은 우선은 지성적으로 이해되어서는 안 된다"[41]라고 설명했다. 파일은 위의 두 구분이 구 개신교의 세례에 관한 가르침에서 비롯되었다고 보고 본회퍼가 1942년 세례에 관한 질문에 대한 중요한 텍스트를 다룰 때 다시 사용하고 있으며,[42] 『나를 따르라』와 『윤리학』에서도 나타나고 있음을 밝힌다.

본회퍼의 '직접적 의식'과 '반성된 의식'으로 구분된 '행위' 이해는, 계시를 어떻게 인식해야 하는가로 그 질문의 자리를 옮긴다. 본회퍼는 '계시 해석에서 행위와 존재 문제(Akt-Sein-Problem)와 문제 해결로서의 교회'를 다루는데, 계시를 행위 개념으로 해석할 때 '계시의 우연성', '계시에 대한 인식', '결단의 인간'으로 구분한다.

1. 계시의 우연성(Kontingenz der Offenbarung)

계시의 우연성은 이성 초월을 주장하게 한다. 즉 이성에 대한 그리고 —잠재적 실존으로부터 전개되는— 모든 가능성에 대한 계시의 절대적 자유를 의미한다. 따라서 자아를 진리 안에 세우는 계시, 즉 하나님 이해와 자기 이해를 제공하는 우연적인 사건이다.[43]

본회퍼는 '계시로서의 행위'를 인간의 반성적인 의식으로는 사유 불가능한 우연적인(kontingenten) 사건으로 이해하면서 하나님의 주

---

41 Feil, ThDB 83.
42 Feil, ThDB 83, 각주 9. "후기 루터의 직접적 신앙과 반성적 신앙, 직접적 신앙과 간접적 신앙에 대한 구분은 신학적으로 옳으며 믿음에 대한 개념의 심리화와 율법화를 보호하고 있다."(Vgl. GS III, 443)
43 DBW2, 76.

체성을 강조한다. "하나님은 항상 주로, 항상 '주체'(Subjekt)로 계신다."44

2. 계시의 인식(Erkenntnis der Offenbarung)

'계시의 인식'에서도 본회퍼는 하나님의 주체됨에 대해 강조한다. "계시는 오직 하나님이 항상 계시의 주체로 인식되는 곳에서만 바르게 이해될 수 있다."45 본회퍼는 인간이 하나님의 계시를 인식했다고 할 때, 그는 하나님을 인식한 것이 아니고 그것은 '신앙함'을 의미하며 '계시된 것'이란 예수 그리스도를 뜻하며 이해의 주체는 인간이 아니라 바로 '성령이신 하나님'이라고 설명한다.46 본회퍼는 "하나님은 오직 행위 속에서만, 즉 실존적으로만 알게 된다는 것이다. 그렇지 않다면, 하나님은 자신을 체계에 내어 주시게 될 것이다. 왜냐하면 지식은 곧 소유이기 때문이다"47라고 말하면서 "하나님에 대해 말하는 것, 하나님에 관해 아는 것, 학문으로서의 신학은 ─계시가 좀 더 순수한 행위로 이해되지 않고 오히려 그 어떤 방법으로든 계시의 존재가 계시에 관한 나의 실존적 지식 밖에 있을 때, 즉 나의 신앙과 나의 사고 그리고 나의 지식의 근거가 되는 나의 신앙 밖에 있을 때에만─ 가능하다"48라고 덧붙이면서 직접적 의식(actus directus)과 반성적 의식(actus reflexus)라는 행위 개념의 철저한 구별을 통한 하나님의 인식, 계시의 인식을 사유가능하게 한다.

---

44 DBW2, 79.
45 DBW2, 86.
46 참조: DBW2, 86.
47 DBW2, 90.
48 DBW2, 90.

3. 결단의 인간(Der Mensch der Entscheidung)

계시를 행위로 해석하는 '결단의 인간'이라는 제목의 마지막 단락은 본회퍼의 『성도의 교제』에서 제시했던 관계 개념이 용해되어 있다. 여기서 결단(Entschlossenheit)이란 하나님이 '주체'가 되어 하나님의 인간과 관계 맺어주심, 인간과 '하나님과의 연관성'(in bezug auf Gott sein)을 의미한다. 인간의 자기이해는 결국 타자의 관계를 통해 실존적으로 이해된다는 것인데 이는 신학적으로 인간은 심판과 은혜 속에서 자신을 그리스도에 의해 진리 안에 세워진 존재임을 알게 된다는 것이다.[49]

위의 두 단락에서 제시한 '하나님의 주체됨'은 인간이 자기결단을 통해 계시를 인식할 수 있는 어떤 가능성도 부정한다. 하나님과 인간과의 관계성은 바로 '하나님에 의해 야기된 결단'[50]이다. 본회퍼는 신앙도 인간 자신에게 있는 그 어떠한 가능성도 아니라고 말한다.[51] 아울러 그는 "존재 이해가 현존재의 존재규정성으로 파악된다면, 자기 자신을 이해하는 실존의 존재가 계시로부터 사고될 수 있는지, 그렇다면 어떻게 가능한지가 의문으로 남는다"[52]라고 말하면서 바로 이러한 이유 때문에 하이데거적 실존 속에서는 신앙 안에 있는 존재를 이해하는 것이 불가능하다고 말한다. "인간이 실존한다는 것은 하나님의 요구 아래 서고, 행동하며, 결단한다는 것이다."[53] 불트만은 하이데거의 현존재 이해에 관해서, "[…] 자기 자신에 대한 염려(Sorge) 안

---

49 참조: DBW2, 91.
50 DBW2, 93.
51 참조: DBW2, 94.
52 DBW2, 94.
53 DBW2, 92.

에 있는 현존재는 그때마다 자신의 고유한 가능성을 선택한다. 이러한 선택은 오직 현존재 속에서 결단성(Entschlossenheit)이 실현될 때에만 참된 결단이 되는 것이다. 왜냐하면 이러한 결단성은 현존재가 자신의 가장 고유한 가능성인 죽음을 주목할 때, 그에 의해 현재로 내던져지고 그로부터 현재를 이해하고 상황 안으로 결단할 때 생겨나기 때문이다"54라고 말한다. 이는 실존론적이며 존재론적인 현존재 분석이며, 이러한 현존재 이해는 위에서 설명한 '하나님'으로부터 계시되는 '사건으로부터의 계시'를 사유하는 것은 불가능하다. 본회퍼는 하이데거의 현존재 이해는 구체적인 그리스도교적 의미로는 이해될 수 없으며 바로 그 때문에 '죄' 가운데(혹은 '은혜' 가운데) 있는 '존재' 또한 하이데거로부터 해석될 수 없다고 이해한다.55

본회퍼에 의하면 계시는 인간의 반성(actus reflexus의 의미에서), 즉 인간의 의지에 의해 가능한 것이 아니라 바로 하나님으로부터 계시되는 행위(Akt)로서, 직접접 의식으로서 '사건'으로 주어진다. 이런 의미에서 본회퍼의 계시이해는 우연적인 것이다. 본회퍼는 이 같은 '사건으로서의 계시' 이해를 통해 계시의 주체가 하나님임을 끊임없이 변증하고 있으며, '계시'가 '존재자체'로부터 사유가 가능한 '현존재'로 이해될 수 없음을, 즉 하이데거식의 실존론적-존재론적 이해는 '사건으로서의 하나님의 계시 이해'가 불가능함을 진술한다.56

이러한 문제를 해결하기 위해 바르트는 총체적 자아의 연속성을 희생시키고 새로운 실존의 연속성을 보존하려고 시도하며 불트만은 새로운 실존의 연속성을 희생시키고 총체적 자아의 연속성을 주장했

---

54 DBW2, 93, 편집자주 22: 참조: R. Bultmann의 *Die Geschichtlichkeit des Dasein*, 354(= Heidegger und die Theologie, 85).
55 DBW2, 92-94.
56 참조: DBW2, 93-94.

다. 즉 바르트에게 새로운 자아('나', Ich)는 형식적으로 옛 자아의 '비존재'(Nichtsein)로 규정되며 새로운 자아는 직관될 수 없는 것이다.57

VI. 존재 개념으로 해석되는 계시

본회퍼는 계시를 존재로 해석하기 전에 우선 계시를 교리로, 심리적, 종교적 체험으로, 제도(Institution)로 이해할 수 있는 가능성들을 설명한다. 그러나 본회퍼는 이 세 가지 시도는 인간의 실존의 문제를 극복할 수 없으며, 계시하시는 하나님이 '존재자'로 인식되고 있다는 한계를 지적한다.58

본회퍼는 우선 교리에 대해 긍정한다. 즉, 교리가 그리스도인의 신앙 체계를 아주 온전하게 보완해 준다는 것이다. 그러나 인간의 실존이 실제적으로 만나지는 곳에서, 인간이 십자가에 관하여 들으면서 은혜를 받기 위해 심판과 십자가 밑으로 들어가는 곳에서 비로소 생성되는 것이 문제가 되는데 이때, 교리가 규정해 놓은 존재로서의 계시를 넘어서는 그 어떤 다른 것이 발생한다는 것을 본회퍼는 문제 삼는다.59

다음으로 본회퍼는 계시가 종교적 경험으로 이해된다면 계시는 존재자의 '대상성'으로 고양되고, 그러면 하나님은 자아의 체험 속에서 발견될 수 있고, 아주 분명하게 체험이라는 인간적 체계 속으로 편입될 수 있다고 말한다. 그러나 본회퍼는 계시를 이러한 종교적, 심리

---

57 참조: DBW2, 94-99.
58 참조: DBW2, 99.
59 참조: DBW2, 100.

적 체험을 통해서 이해할 수 있는 것이 아니라 내가 계시를 듣는 중에 나의 실존을 만나고 발견하며 그리고 새로운 실존방식으로 변화됨을 인식하는 것이다.60

본회퍼는 계시가 가톨릭의 교회와 개신교 정통주의의 축자영감적 성서처럼 제도로 파악하는 것도 역시 인간의 실존이 관계되지 않음을 지적하면서, 제도 안에서가 아니라 오직 외부로부터만 인간의 실존을 만날 수 있다고 주장한다.61 "제도 속에 있는 존재는 죄인된 실존을 만날 수 없으며 진정한 의미로 인간의 실존과 마주 서 있을 수도 없다."62

본회퍼에 의하면 "계시가 임의적으로 발견될 수 있다는 의미의 존재자로 사고된다면, 그리스도교적 계시는 결코 이해될 수 없다. 초월적 시도로 이해되든 아니면 현상학적, 존재론적 시도로 이해되든 이러한 것은 인간의 실존을 만날 수 없다."63

본회퍼에 의하면, 모든 존재자들은 '행위와 존재'에 의해 초월되며 인간은 존재자를 자신의 초월적 자아 속으로 끌어들인다. 이로 인해 존재자는 '마주 서 있을' 수 없다.64 본회퍼는 이러한 문제를 극복하기 위하여, 인간의 실존을 '~안에 있는 존재'라는 인식의 틀을 마련한다. 이는 계시의 문제를 '인간의 실존'과 관련시키고 계시의 존재가 '연속성' 안에서 사고될 수 있어야 함을 요구하는 것이다.65

---

60 참조: DBW2, 100.
61 참조: DBW2, 101.
62 DBW2, 102.
63 DBW2, 103.
64 DBW2, 100.
65 참조: DBW2, 104-105.

VII. 계시로서의 교회

본회퍼는 당시 계시 해석에서, 존재 문제를 해결하기 위해 『성도의 교제』에서 이미 주장한 교회 개념을 도입한다. 즉, 계시사건은 인간에 의해서가 아니라 하나님의 의해서만 '행위'로 정당화될 수 있는데 인간의 실존과 무관한 교리, 종교적 체험, 제도 안에서의 계시의 존재적 이해는 불가능하다는 것이 본회퍼의 주장이다. 이에 반해 계시는 교회 개념과의 연관 속에서만 사고될 수 있는데, "교회는 공동체 안에서, 공동체를 통해 그리고 공동체를 위해 행해지는 예수 그리스도의 십자가의 죽음과 부활에 관한 현재적 선포에 의해 형성되는 것으로 사고된다."66 즉 그리스도교적 계시는 과거에 일어난 일로 해석되어서는 안 되며, 유일회적으로 일어난 사건이 항상 현재 속에 사는 교회 내 인간을 위한 미래로 규정되어야 한다는 것이 본회퍼의 입장이다. "그리스도교의 계시는 그리스도의 십자가와 부활로 규정되고 실제로 일어난 유일회성 속에서 항상 미래적인 것이므로, 항상 현재에서만 일어나야 한다. 즉 계시는 교회에서 사고되어야 한다는 것이다. 왜냐하면 교회는 현존하는 그리스도이시며, '공동체로 존재하는 그리스도'이시기 때문이다."67 하나님은 당신을 교회 안에서 인격으로 계시하시며, 교회 공동체는 '공동체로 존재하는 그리스도'로서 하나님의 최종적인 계시이며, 그리스도의 재림 때까지 세상의 종말을 위하여 제정되는 것이다.68

본회퍼는 그동안의 계시 이해는 인간의 실존의 개념을 설명해 내

---

66 DBW2, 107.
67 DBW2, 108.
68 참조: DBW2, 108.

지 못하고, 개인주의적으로 이해되었다는 것을 지적한다. 본회퍼는 그의 교회 이해를 통해 이 문제점을 극복한다. 즉, 계시는 인간 개인의 요구에 의해 생성되는 것이 아니라 하나님의 의지에 의한 '행위'이며, 이는 교회 내에서 선포되는 설교, 성례전, 신앙과 사랑에 의해 인간의 실존과 관련되며 공동체적인 형태로 존재한다는 것이다. 본회퍼는 『성도의 교제』에서 교회를 그리스도론적으로, 그리스도 안에서, 그리스도를 통한 집단인격으로 보았듯이, 『행위와 존재』에서도 '계시'를 그리스도론 적으로 즉 그리스도에 의해 기초된 '인격적 공동체'라는 구체적인 존재양식 안에서 이해될 수 있다고 주장하고 있다. 여기에서의 인격적 공동체는 구체적이면서도 가시적인, 설교를 듣고 믿는 그리스도교적 교회다. 이러한 구체성 안에서 계시의 존재는 '공동체로 존재하는 그리스도'로 사고되어야 한다는 것이 본회퍼의 입장이다.[69]

본회퍼가 결국 주장하고 싶은 계시의 존재적 이해는 '교회 내에서의 믿음을 통한 성도들의 교제(sanctorum communio)의 실존'이라고 해석할 수 있다. 본회퍼에 의하면 교회의 구성원이 되어야 이러한 실존을 경험할 수 있는데, 교회의 구성원이 되기 위해서는 인간의 어떤 가능성을 통해서가 아니라, 하나님에 의해 주어진 신앙으로 가능하다.[70] "계시의 존재는 오직 행위적인 신앙 속에서만 존재하며",[71] "오직 신앙 속에서만 계시와 그리스도의 공동체가 실존한다."[72] 본회퍼

---

[69] DBW2, 111-112.

[70] 참조: DBW2, 113, 131: "모든 반성은 파괴적이다. 신앙은 자기 자신이 아니라, 오직 그리스도만을 주목한다. 신앙이 신앙으로 존재하는지는 구성될 수 있는 것도 아니고 신앙될 수 있는 것도 아니다. 오히려 믿고 있는 신앙이 신앙으로 존재한다. 이러한 신앙이 '직접적인 의식' 안에서 실현된다는 사실은 신앙이 자신의 질적이고 실제적인 현실성 안에서 반성적으로 재생산될 수 없다는 사실만큼이나 확실하다"(DBW2, 131).

[71] DBW2, 114.

[72] DBW2, 115.

는 결국 '계시'는 '성도의 교제', '거룩한 공동체', '인격 공동체', '믿음 공동체'인 교회로 존재한다는 주장을 하는 것이다.

VIII. 계시를 통한 죄의 인식

본회퍼는 '아담 안에'와 '그리스도 안에' 있는 인간에 관한 구체적 교리에서 행위와 존재의 문제를 다룬다. 앞에서 '행위로서의 계시'에서도 계시의 주체가 인간이 아니라 하나님에게 있다는 인식과 마찬가지로, 본회퍼는 인간의 실존도 인간 자신에 의해 파악될 수 없다고 말한다. 인간이 인간 존재의 전체성 속에서 죄인이라는 사실은 계시에 대한 신앙만이 이해할 수 있는 인식인데 왜냐하면 오직 하나님의 말씀을 통해서만 인간 존재의 전체성도 진리 안에 세워질 수 있기 때문이다.73

'아담 안에'는 비진리 안에, 즉 자기 자신 안의 의지가 죄 가운데서 구부러진 것(cor curvum in se)을 의미한다. "인간은 하나님뿐만 아니라 사람들과의 교제로부터 자신을 소외시켜, 단지 홀로 ―즉 비진리 안에― 서게 된다. 인간은 홀로 있기 때문에 세상은 바로 인간 자신의 세상이 되고, 이웃은 사물의 세계 속으로 침전되어 버리고 하나님은 종교적 대상이 된다."74 이렇게 홀로 있음의 한계에 부딪친 인간은 자기 자신 안에서 자신을 찾으며(Luther)75 후회하는 자로서 자신의 죄인된 실존을 구원하기를 소망한다. 죄인으로서 그는 자신이 지은 죄

---

73 DBW2, 136.
74 DBW2, 136.
75 참조: DBW2, 138 각주 4: W. A. 2, 690.

들 곁에 서 있다. 왜냐하면 죄인들은 자신의 죄를 양심을 통해 보기 때문이다.76

본회퍼는 여기에서 양심이 죄를 너무 많이 바라보고 생각함으로써 자라고, 점점 더 커지는 역할을 하기 때문에 인간을 '자기 곁에서' 비진리 안에 머물도록 방치한다고 보고 루터의 표현을 빌어 이러한 양심은 악마에 속한다고 말했다.77 그렇다면 본회퍼는 인간이 어떻게 '아담 안에' 있는 상태, 즉 비진리 안에 있으며, 자기 자신이 이러한 홀로 있음에서 벗어나려고 하는 주체라고 이해하고 있는 상태에서 어떻게 벗어날 수 있다고 전개하는가? 그것은 오직 "그리스도가 인간의 홀로 처함을 깨뜨릴 때에만, 인간은 자기 스스로가 진리 속에 세워져 있음을 인식하게 된다."78 "자아가 실제로 끝나가고 자신으로부터 벗어나는 곳에서만, 즉 자아의 파악이 자기 자신 속에서 자기 자신을 찾는 마지막 탐구가 되지 않을 때 비로소 그리스도께서 일하신다."79

그렇다면 언제, 어떠한 방식으로 '아담 안에' 있는 인간의 자아를 깨뜨리는가? 본회퍼에 의하면 이마저 인간의 어떠한 요구를 통해서나 심리학적인 통찰이 불가능하다. "내가 그리스도를 발견하기 위해서 내 자신을 반성하는 한, 그리스도는 그곳에 계시지 않는다."80 살아계신 그리스도가 인간에게 다가오시는 장소에서만 오직 그리스도를 바라보는 가운데 인간의 자기 이해가 가능하며,81 오직 그리스도 안

---

76 참조: DBW2, 138.
77 참조: DBW2, 138, 각주 7: W.A. 40, 511, "Die *duo diaboli*"
78 DBW2, 140.
79 DBW2, 141.
80 DBW2, 141.
81 참조: DBW2, 141-142.

에서만 인간은 자신을 하나님의 피조물로 인식된다.82

본회퍼는 그리스도 안에서 인간이 자신의 현존재를 하나님의 피조물로 인식된다는 것을 설명하기 위해『성도의 교제』에서 진술했던 이중성에 대한 개념을 이용한다. 본회퍼가 말했던 이중성은 인간이 한 개인인 동시에 전체 인류라는 존재론적 인식을 말한다. 이러한 인식은『행위와 존재』에서는 '죄'를 존재자의 존재 양식으로 이해할 수 있는 가능성을 통해 성립된다. 인간은 죄를 스스로의 양심을 통해서가 아니라 하나님의 심판 안에 있는 부여되는 인식이며, 본회퍼는 이런 인식의 토대를 '인간 안에 있는 하나님의 직접적 음성으로서의 양심'이라고 표현한다.83 "죄는 인간의 의지가 자신 안에서 자신 안으로 구부러지는 것이다."84 죄에 대한 인식은 오직 그리스도 안에 있는 하나님의 말씀의 중재를 통해서만 주어진다.85 이러한 본회퍼의 인식은 반성적 의식으로서의 양심이 아니라, 직접적 의식으로서의 양심을 통해 일어난다고 해석할 수 있을 것이다. 본회퍼에 의하면 "죄의 존재는 인격 존재다."86 본회퍼는『성도의 교제』에서 기독교적 인격을 그리스도와 함께 하는 인간의 구조적인 인격 개념을 설명했듯이,『행위와 존재』에서의 '계시'를 존재 개념으로 이해하기 위해 죄의 존재적 인식을 설명하고, 죄를 홀로 있는 인간 스스로가 아니라 예수 그리스도의 죽음을 통한 심판 속에서 '인격적인 죄'를 인식할 수 있다고 본다.

그러나 하나님은 화해자시며 구원자시고 인간은 죄인인 동시에 은혜 받은 자라는 사실을 간과하면서 인격적인 죄인의 상태에만 머무

---

82 참조: DBW2, 149.
83 참조: DBW2, 145.
84 DBW2, 143.
85 참조: DBW2, 143.
86 DBW2, 146.

를 수는 없다.[87] "창조된 존재는 신앙 안에서, 다시 말해 계시에 의해 만나진 존재 속에서 하나님에 의한, 하나님을 위한 현존재로 일컬어진다. 이러한 가장 일반적인 규정은 이미 피조 개념 안에서도 현(現, Da)과 '어떻게'가 분리되지 않고 결합되어 있다는 사실을 지시해 준다."[88] 본회퍼에 의하면 모든 존재 규정들은 그리스도 안에 있는 계시와 결합되어 있으며, 이러한 존재 규정은 오직 죄인 존재나 칭의된 존재의 구체화 안에서만 정당성을 갖는다.[89] 그리스도 안에 있는 존재는 그리스도를 향한 존재이며, 이 존재는 그리스도의 공동체 안에 이미 존재함에 의해서만 가능한 존재다.[90]

본회퍼는 신앙이 어떠한 자신의 만족감에 대해 질문하는 것이 아니라 하나님으로부터 시작되는 직접적인 의식으로의, 하나님의 의식행위인 계시로의 지향성을 의미한다고 설명하고 있다. 신앙이 자신의 만족감이나, 종교성, 경건성으로만 전락해 버린다면 자기반성에 의해 파괴되고 만다고 본회퍼는 말한다. 본회퍼는 이러한 하나님의 의식행위를 지향하는 길은 양심의 기능에 속한다고 보고 있다.

본회퍼는 그리스도 안에 있는 인간의 양심을 두 종류로 나눈다. 첫 번째 양심은 인간이 그리스도를 지향하는 마음을 방해한다. 본회퍼는 이러한 양심은 계속해서 인간의 죄를 지적함으로써 그리스도를 반항하게 만든다고 설명한다. 두 번째 양심은 "그리스도를 향한 '지향성' 안에 포괄된 자기 자신에 대한 반성의 존재이다."[91] 이러한 양심은 인간이 그리스도를 지향하는 마음을 돕는 기능을 함과 동시에 신앙 안

---

87 참조: DBW2, 150.
88 DBW2, 151.
89 참조: DBW2, 152.
90 참조: DBW2, 154.
91 DBW2, 155.

에서 죄를 바라보게 한다. 즉, 이 양심은 자신을 그리스도 안에서 찾으려고 하는 인간에게 자기 자신이 항상 죄 가운데 있음을 발견하도록 돕는다. 본회퍼는 이러한 양심의 기능을 설명하면서 회개에 대한 이해도 제시한다. 루터에 의하면, 회개란 '자기 자신을 붙잡으려는 마지막 몸부림이 아니라, 오히려 용서를 믿는 신앙 안에 존재하는 참회이다. 이에 덧붙여서 본회퍼는 회개가 '자기 상실'이 아니라 오히려 '그리스도 안에서 자기 자신을 찾는 것'이라고 설명하고 있다. 본회퍼는 이러한 죄 가운데 자기 자신을 찾는 것은 육체 안에 있는 인간의 죽음을 통해서 이루어지는데 그리스도가 죽으셨고 그리스도인이 세례 속에서 이러한 죽음을 함께 죽었기 때문에(롬6장), 신앙 안에 죽음이 숨겨져 있으며, 신앙인은 매일매일 이러한 죽음을 죽어야 한다고 강조한다.92

> 신앙인은 오직 신앙 안에서만 죽는다. 신앙인이 자신에게 죽음을 가져다주는 것은 아니다. 신앙인은 오히려 자신이 신앙 안에서 그리스도를 통해 죽음에 선사됨을 보게 된다. […] 그는 신앙하면서 자기 속에서 그리스도가 죽음과 씨름하고 있음을 본다.93

IX. 오늘, 우리에게 『행위와 존재』의 의미: 계시로서의 교회

필자가 이해한 바로는 본회퍼는 『행위와 존재』에서 '계시로서의 교회'를 말했다. 본회퍼가 다루는 '행위'는 '의식행위'로 이해할 수 있

---

92 참조: DBW2, 156.
93 DBW2, 157.

는데 이는 '지향성'을 의미한다. 계시는 하나님의 행위 즉 직접적 의식행위를 통해서 가능한 것이지 인간의 행위, 즉 반성적 의식행위를 통해서 가능한 것이 아니다.

본회퍼는 '계시를 존재로 이해할 수 있는가?'에 대한 질문에 대해서 교리, 심리적 체험, 제도로 이해할 수 있는 가능성들을 제시한다. 그러나 이러한 가능성들은 하나님을 인간의 실존과 만날 수 없는 한계를 지닌다. 본회퍼에게 계시를 존재로 이해한다는 것은 인간이 하나님의 계시를 듣는 중에 인간의 실존을 만나고 발견하며 새로운 실존방식으로 변화됨을 인식하는 것이다. 본회퍼는 계시를 어떠한 존재자가 아니라 실존적 존재로 보았다.

본회퍼는 계시에 관한 의식행위와 존재문제에 대한 담론들을 토대로 계시를 교회 개념에서 해석한다. 그것은 현존재 이해의 장소로서의 교회, 교회 안에 있는 하나님 계시의 존재방식, 교회 안에 있는 인간의 존재 방식, 교회 안에서의 인식 문제였다.

계시는 인간의 반성적 의식이 아니라 하나님의 직접적 의식에 의해 주어지는 믿음을 통해 인격 공동체에 주어진다. 이 인격 공동체는 바로 그리스도를 통해 회복된 하나님과 인간 사이의 공동체적 관계이며, 교회이다. 『행위와 존재』에서 이 교회는 현존재로서의 계시가 이루어지는 곳이며, 인격 공동체는 교회 안에 있는 계시와 인간의 존재방식이며, 계시는 교회 안에서 설교, 성례전, 신앙과 사랑에 의해 인간의 실존과 관련되어 공동체적인 형태로 존재한다.

본회퍼의 양심에 대한 이해는 계시가 어떻게 죄를 인식하게 하는지에 대한 이해를 돕는다. 본회퍼는 그리스도 안에서의 두 가지 양심은 끊임없이 죄를 고발함으로써 그리스도로부터 멀어지게 하는 양심과, 자기 자신에 대한 반성과 동시에 그리스도를 지향하게 하는 양심이었다. 본회퍼의 이러한 양심의 이해는 인간 스스로 계시의 인식이 불가능하며, 대신에 양심의 창조자인 하나님께서 당신의 행위로서의 계시가운데 인간이 그 계시를 지향하게 한다는 것을 의미한다. 이러한 계시의 행위는 옛 자아를 끊임없이 죽게 하는 그리스도와 함께 하는 죽음으로 인간을 초대하고, 그러한 매일의 죽음은 미래의 늘 새로운 존재됨도 약속된다.

신앙 안에서 옛 사람도 끊임없이 죽는다.[94] 하나님의 직접 행위로서의 계시는 인간에게 매일 매일의 예수 그리스도의 십자가의 죽음으로의 지향성을 부여한다. 이러한 예수 그리스도와 함께하는 시련과 죽음을 통해 옛 사람의 존재는 새로운 존재로 새 창조된다. 이러한 인간은 자기 자신을 떠나 하나님의 계시인 예수 그리스도를 늘 지향하며 바라본다.[95]

하나님의 의식행위로서의 계시는 예수 그리스도의 십자가 사건에 동참하게 하는 지향성을 인간에게 선물하신다. 인간의 옛 자아는 이러한 지향됨에만 머무르지 않고 죄를 인식하게 되고, 동시에 하나님의 은혜도 인식하게 된다. 이러한 인간은 매일 매일의 그리스도의 죽음에 동참하게 됨으로써 현재뿐만 아니라 미래에도 죄의 문제가 해결되는 새 자아로서의 현존재가 된다.

본회퍼는 교회를 계시사건이 이루어지는 구체적인 장소로 이해하고 있다. 하나님의 계시는 예수 그리스도를 통해서 이루어지며 교회 공동체 내에서 설교, 성례전, 세례, 신앙, 사랑으로 실존한다.

---

94 참조: DBW2, 156-157.
95 참조: DBW2, 161.

X. 『행위와 존재』와 타자를 위한 교회: 예수 그리스도를 통한 하나님의 계시를 통해 일상 속의 타자를 바라보기

본회퍼의 『행위와 존재』에서의 직접적 의식(actus directus)과 반성적 의식(actus reflexus)에 대한 이해는 그가 『신도의 공동생활』에서 루터를 인용하면서 다룬 낯선 의(fremde Gerechtigkeit), 우리의 밖(extra nos)[96]에서 오는 의 개념에 용해되어 있다.[97]

> 우리의 구원은 '우리 밖에(extra nos)' 놓여 있다. 내가 나의 구원을 발견하는 장소는 나의 삶의 역사가 아니다. 오직 예수 그리스도의 역사 속에서만 나의 구원이 있다. 예수 그리스도 안에서 자신을 발견하는 사람, 즉 그의 성육신과 십자가, 부활 속에서 자신을 발견하는 사람만이 하나님과 함께 있는 것이며 하나님께서 함께하시는 사람이 된다.[98]

본회퍼의 『행위와 존재』에서의 그리스도 안에서의 계시 이해는 『윤리학』에서 기독교윤리학을 정의할 때 인용된다. "기독교윤리의 문제는 그리스도 안에서 일어난 하나님의 계시 현실이 피조물 가운데에서 현실이 되는 것이다."[99] "선에 대한 질문은 예수 그리스도 안에서 계시된 하나님의 현실에 대한 참여의 질문으로 바뀐다."[100] 본회퍼가 말하

---

96 이러한 루터의 칭의론 이해에 관해서는 M. Luther, *Disputation de homine*, 1536(WA 39/ I, 83)을 참조할 것.
97 참조: DBW5, 19, 47.
98 DBW5, 47.
99 DBW6, 34.
100 참조: DBW6, 34-35.

는 '현실'이란 예수 그리스도 안에서의 하나님의 계시 현실을 의미하며 인간이 선해질 수 있는 길은 인간 스스로의 이성, 가치, 경험이 아니라, 이러한 하나님의 계시 현실에 참여할 때만 가능하다.

본회퍼의 계시 이해는 옥중서신에서 더욱 구체적으로 언급된다. 그는 1944년 5월 29일 다음과 같이 베트게에게 편지를 쓴다.

> 하나님을 우리의 불완전한 인식의 응급처치자로 만들어서는 안 된다는 것이 다시 한 번 분명해졌네. [⋯] 인식의 한계가 계속해서 밀려나면, 그것과 더불어 하나님도 부단히 뒤로 밀려나고 따라서 계속 후퇴를 하게 된다네. [⋯] 우리가 인식하고 있는 것 안에서 하나님을 발견해야 하고, 우리가 인식하지 못하는 것에서 찾아서는 안 된다네. 하나님은 해결되지 않은 물음이 아니라 해결된 물음 안에서 우리와 만나시기를 원하신다네. 그것은 신과 과학적 인식 사이의 관계에도 해당되지.[101]

본회퍼는 같은 편지에서 하나님은 응급처치자가 아니며 인간의 가능성의 한계가 아니라 삶의 한가운데에서 인식되어야 한다고 다시 한번 말한다. 본회퍼의 이러한 이해는 기독교만이 인간의 인식 그리고 해결되지 않는 문제들에 대해 해결책을 가지고 있다고 주장하는 것에 대해 비판하기 위한 것이다. 본회퍼는 인간의 인식의 한계에 부딪치는 문제뿐만 아니라, 삶의 한 가운데에서 인식 가능한 문제에 대해서도 종교의 이름이 아니라, 바로 예수 그리스도를 통한 하나님의 계시가운데 이해해야 한다고 말하고 있다. 이러한 본회퍼의 이해는 하나님을 피안의 하나님만을 인식하게 하고 우리의 삶과는 동떨어진 신앙관을 가지게 만든 한국교회의 이면을 뒤돌아보게 한다. 한국교회

---

101 DBW8, 453-456.

의 이신칭의의 지나친 강조는 삶 속에서 예수 그리스도를 통한 하나님의 구체적인 계시 인식을 세상의 가치와 윤리체계로 대체하게 만들었다. 다시 말해서 본회퍼가 비판했던 당시 독일 기독교회의 모습처럼, 한국 개신교회도 삶 한 가운데에서 예수 그리스도 안에서의 하나님의 계시의 인식은 무관심한 채, 오히려 하나님을 부지불식간에 형이상학적 테두리 안에 머무르게 만들어 버렸다. 믿음만의 지나친 강조는 피안의 하나님과의 영적인 교제를 강조하게 했고, 이는 한국 기독교인들에게 본회퍼가 이해하는 하나님의 내재성, 즉 하나님의 예수 그리스도를 통한 차안에서의 그의 구체적인 뜻의 실현에는 지나치게 무관심하게 만들어 버렸다고 여겨진다. 이러한 본회퍼의 이해는 타자에 대한 관심이 소외된 자들에 대한 측은지심에 의한 인간애가 아니라, 예수 그리스도 안에서 계시된 하나님의 사랑의 구체적 현실이라는 신앙고백을 하게 한다. 본회퍼에 의하면, 우리의 일상 속에 하나님은 예수 그리스도를 통해 실존하신다. 본회퍼는 인간의 인식의 한계에서야 응급처치자로 하나님을 등장시키는 틸리히를 비판하면서 하나님은 피안의 하나님을 넘어서서 차안의 하나님으로도 실존하고 계심을 강조한다. 본회퍼의 이러한 이해는 한국교회와 그리스도인들에게 하나님의 계시는 해결되지 않는 문제에 대해 인간의 사변적인 연구를 통해서 가능한 것이 아니라(acrus reflexus!), 오직 예수 그리스도 안에서만 인식 가능하며(actus directus!), 그것은 인간이 대답할 수 없는 인식의 한계의 영역에서 신의 도움을 요청하는 것이 아니라 평범한 일상에서도 하나님은 구체적으로 당신을 계시하시며, 선명하게 하나님의 계시의 인식이 가능하다고 신앙고백 해야 함을 요구한다.

 본회퍼는 '타자를 위한 교회'를 다루고 있는 『저항과 복종』의 편지 187번에서 다음과 같이 말한다:

인간의 형상을 입으신 하나님! 동방 종교에 나타나는 것과 같은 괴상하거나, 혼돈적인 것, 미지의 것에 속하거나 끔찍한 짐승의 형상이 아니다. 그러나 또한 절대자, 형이상학적인 것, 무한한 것 등의 개념들도 아니다. 그러나 그것은 인간 자체(Menschen an sich)의 그리스적 신인형태도 아니며, 오직 타자를 위한 인간(der Mensch für andere)이며, 따라서 십자가에 달려 죽은 자다.102

본회퍼는 『행위와 존재』에서 이성, 경험, 가치체계를 통해서 세상을 바라보는 것이 아니라 철저히 예수 그리스도를 통한 하나님의 계시를 통해 일상의 삶을 바라보는 교회되기를 요청한다. 이러한 『행위와 존재』의 예수 그리스도를 통해 계시된 교회의 바라봄은 '옥중신학'에서 일상에서 형이상학적 초월자가 아니라 바로 나에게 가장 근접해 있는 '타자 바라보기'로 이어지며 본회퍼에게 그것은 타자의 '고난'을 바라보며, 참여하기이다.

그리스도인이 된다는 것은 특정한 방식의 종교인이 되는 것이 아니라 네 […] 그리스도인이 된다는 것은 인간존재가 되는 것이라네. 그리스도는 우리 안에서 특별한 인간 유형(Menschentypus)이 아니라 인간을 창조하시지. 종교적 행위(Akt)가 그리스도인을 만드는 것이 아니라, 세상 속에서 하나님의 고난에 참여하는 것이 그리스도인을 만든다네.103

『행위와 존재』의 예수 그리스도 안에서의 계시로서의 교회 이해

---

102 DBW8, 558-559.
103 DBW8, 535.

는 "타자를 위한 교회" 담론 안에서 십자가에 고난당하시면서 죽으신 예수 그리스도와 함께, 인간의 시각이 아닌(actus reflexus), 바로 예수 그리스도의 시각(actus directus)으로 타자의 고난을 바라봄 그리고 그 고난에 참여하기라는 의미로 발전된다.

제 7 장
교회 이해의 지평의 확장
(1930. 7. 8.-1931. 6.)

I. 유니온 신학교에서의 연구학기

디트리히 본회퍼는 1930년 7월 8일자로 교수자격논문을 합격했다는 증명서를 받는다.[1] 이후 본회퍼는 아돌프 다이스만(Adolf Deiß-mann)의 추천으로[2], 1930년 9월 5일부터 1931년 6월까지 미국 유니온 신학교에서 연구학기를 보낸다. 이 기간에 본회퍼는 라인홀드 니버

---

[1] 참조: DBW10, 184; 교수자격 논문의 최종성적은 "recht gut" 이었다. 본회퍼의 교수자격논문 취득을 위한 시험들 중에는 교리문답실습(Katechese-Prüfungsarbeit)과 설교가 포함되었다. 본회퍼는 1930년 6월 29일 그루네발트 교회의 주일학교 예배 때 행한 교리문답이 시험에 반영되었으며(참조: DBW10, 185.), 1930년 7월 20일에 텔토브(Teltow) 교회의 설교가 시험에 반영되었다(참조: DBW10, 186.). 이외의 시험들에 관해서는 DBW10, 186-187을 참조할 것.

[2] 참조: DBW10, 195. (1930년 9월 3일 다이스만이 유니온 대학교 신학과 학장에게 쓴 편지) 다이스만은 유니온 대학교 신학과 학장에게 본회퍼가 교회들과, 다른 주의 대학들을 방문할 수 있는 기회를 주기를 부탁하기도 했다. 실제로 본회퍼는 미국 연구학기 동안 상황이 별로 좋지 않은 흑인 성도들이 대부분이었던 침례교를 방문하여 주일학교와 여러 동아리의 정식 협력자가 되기도 했다(참조: 베트게,『디트리히 본회퍼』, 258.).

(Reinhold Niebuhr)3 앨버트 프랭클린 피셔(Albert Franklin Fisher),4 에르빈 주츠(Erwin Sutz), 프랑스 출신의 장 라세르(Jean Lassere)를 만났다. 실제로 본회퍼에게 기독교평화주의의 영향을 끼친 사람은 바로 장 라세르였다.5

본회퍼는 피셔의 도움으로 미국에서의 연구학기 동안 유니온 신학교 근처의 할렘에서 대부분의 시간을 보냈다. 그는 연구 일정을 조정하면서까지 흑인들의 생활과 문화의 중심인 할렘가를 탐방했고 흑인 투쟁 기구인 '유색인종발전협회'의 자료와 흑인영가 음반을 수집하고 흑인 문학6에도 심취했다. 본회퍼는 미국에서의 인종문제의 갈등이 종교나 윤리로 극복하려고 하는 시도는 한계에 다다랐고, 강력한 정치적 저항이 시작될 것이라고 예견했다.7 본회퍼는 피셔와 함께 웨스트 138번가 128번지 우중충하고 초라한 아비시니안 침례교회를 찾아가 그 교회 주일학교와 여러 동아리의 정식 협력자로 섬겼다.

본회퍼는 1930년 대강절 기간에 스위스 출신 친구 주츠와 함께 쿠바로 갔다. 그는 하바나 독일인 학교에서 근무하는 마리아 호른과 카타리난 호른 자매의 집을 방문했다. 본회퍼는 12월 21일 그녀들의 수업시간을 빌려 설교(신명기 32: 48-52)8했다. 그는 이 설교의 마지막에서 실직자들, 전 세계에서 비참하게 살아가는 수백만의 어린이들, 중국에서 굶주리는 이들, 인도와 기타의 불행한 나라들에게 억압받는 이들로 인해 성탄절을 마냥 기쁘게 보낼 수 없음을 말했다. 간절히 바

---

3 참조: 베트게, 『디트리히 본회퍼』, 257.
4 참조: 베트게, 『디트리히 본회퍼』, 258.
5 참조: 베트게, 『디트리히 본회퍼』, 263.
6 본회퍼가 참조했던 흑인 문학 목록들은 참조: DBW10, 391-392.
7 참조: 베트게, 『디트리히 본회퍼』, 257.
8 DBW10, 582-587.

랬던 약속의 땅을 눈앞에 둔 채 느보산에서 숨을 거두는 모세를 인용한 본문은9 암울한 시대에 기쁜 소식을 기다리고 있지만 그 이면에 슬픈 현실을 받아들여야 하는 인간의 삶을 설교하기 위함이었다. 1930년 본회퍼의 이러한 영광된 성탄을 기다리는 기쁜 대강절 대신 타자의 고난에 동감하는 대강절은 아카데믹한 학창 시절을 뒤로하고, 타자에 대한 관심이 깊어졌음을 볼 수 있는 대목이다. 본회퍼는 학업이 끝날 무렵 장 라세르와 함께 멕시코 여행을 갔는데 그중, 빅토리아시티의 교사훈련대학에서 평화를 주제를 강의를 했다. 본회퍼의 이러한 모습들은 미국의 연구학기 생활 초기 흑인 문제에 관심을 가지면서 촉발 되었다고 볼 수 있다. 본회퍼의 연구학기 기간은 독일로 귀국 후 1932년 7월부터 한 달여간 베스터 부르크, 체르노호르스케 쿠펠레, 제네바, 글랑에서 열린 에큐메니칼 회의에 참석하는 등 평화 관련 운동에 직접 참여하는 계기가 되었고, 1933년 3월 무렵 유대인 문제에 대한 교회의 과제를 글로 남기면서 교회의 실천적 담론을 발전시켰고, 전능하신 하나님보다는 연약하신 하나님을 사유했던 옥중신학과 '타자를 위한 교회' 개념의 초석이 되었다고 볼 수 있다.

II. 본회퍼의 '전쟁'에 관한 강연과 평화 사상의 형성

본회퍼는 1930년 11월 독일과 전쟁 상대국이었던 미국의 청중들 앞에서 조금은 어리둥절한 감정을 가지고 전쟁(Krieg)을 주제로 강연을 한다. 이 강연은 전쟁에 관한 독일의 메시지와 독일의 기독성에 관한 것이었는데, 본회퍼는 그리스도교적 심정을 가지고 강연을 들어달

---

9 참조: 베트게, 『디트리히 본회퍼』, 259.

라는 부탁의 말로 강연을 시작한다.

본회퍼는 1918년 11월 11일 1차 세계대전의 마지막 날이 고통과 고난의 새로운 시대의 시작이었다고 기억한다.[10] 전쟁 후 독일은 사회적, 경제적 질서가 황폐화되었고, 당시 전 국민이 가난과 배고픈 기억을 상기시키면서 본회퍼 스스로 김나지움 1학년 때부터 배고픔이 무엇인지 배워야 했다. 이러한 기간이 적어도 3-4년 동안 지속되었으며, 배고픔 때문에 많은 아이들이 죽었고, 겨울철에는 감기로 많은 사람들이 죽었으며, 자살률이 극도로 증가했었다고 증언했다. 본회퍼는 이 기간 동안의 여러 나라에서 온 퀘이커 교도들의 희생에 대해 깊은 감사를 전한다. 당시 퀘이커 교도들의 헌신적인 노력은 실제로 수많은 독일의 아이들을 굶주림으로 인한 죽음으로부터 지켜냈다.[11]

본회퍼는 이 강연에서 독일의 정치적인 잘못보다 독일 내의 그리스도인들의 잘못을 언급한다. 왜냐하면, 베르사유조약은 독일을 패전국의 오명을 씌웠지만 독일 입장에서는 전쟁의 책임이 단지 독일에게만 있는가라는 반문이 있을 수 있기 때문이다. 그러나 본회퍼는 전쟁 후 전쟁의 기간과 결과를 진지하게 여기는 독일 그리스도인들이 전쟁 중의 타락한 세계에 관한 하나님의 심판, 특히 독일 민족에 대한 하나님의 심판을 직시하지 못했던 것을 지적한다. 본회퍼에 의하면 전쟁 전에 독일 민족은 하나님으로부터 너무나 멀리 떨어져 있었고 독일 민족 스스로의 힘과, 권력과 올바르게 믿는 것들을 의지했다. 본회퍼는 당시 독일이 강하고 선한 민족이 되고자한 동시에 독일 민족의 열정에 대한 자부심이 있었으며 학문적, 경제적 사회적 진보가 하나님의 나라의 오심과 함께 나아감이라는 생각으로 인해 이 세계 안에서

---

10 참조: DBW10, 646-647.
11 참조: DBW10, 648-649.

행복과 만족을 느꼈고, 심리적인 평안함이 일상을 지배했었다고 분석했다. 그러나 1차 세계대전 후 12년이 지난 당시 독일에는 큰 각성(Ernüchterung)이 있었다고 본회퍼는 소개했다. 당시 독일 민족은 인류의 불가능함과 약함을 보았고, 독일 민족의 꿈에서 깨어나 독일에 관한 하나님의 진노(Zorn Gottes)와 하나님 앞에서의 독일의 죄(Schuld vor Gott)를 깨달았다는 것이다.12 본회퍼는 전쟁 후 고통을 겪었던 독일이 독일 내의 평화와 세계 평화를 위해 일하기 시작했던 기억을 전했다. 그들은 한 민족에게 전쟁이 무엇을 의미하는지 처절하게 깨달았으며 거의 전 세대에 걸쳐 평화에 대한 대화가 언제나 화두가 되었고, 이러한 사회적 배경은 평화운동으로 이어졌으며, 많은 이들을 자연스럽게 평화주의자가 되게 했다고 강연에서 소개했다. 또한 1차 세계대전 후에 독일은 프랑스와 다양한 계층에서 교류가 있었는데, 특히 평화주의적인 프로그램들이 많이 있었으며, 특히 그리스도교적인 활동기구들이 평화를 지향하는 활동들을 했다고 본회퍼는 전했다. 당시 전후 독일 청년운동(Jugendbewegung)은 절대적으로 평화주의적 경향이 짙었으며, 이러한 분위기 가운데 형제로서의 하나님의 자녀라는 종교적인 감정의 인식도 형성되었다. 독일은 전쟁의 쓴 기억들은 잊어버리고 모국을 위한 올바르고 진정한 사랑을 발견했고, 타자를 위한 크고 깊은 사랑을 발전시키기 시작했다. 평화에 대한 전 국민적인 관심은 평화를 독일의 큰 목표로 만들었다. "독일의 평화운동은 대단한 능력이 되었다."13 본회퍼는 그리스도교적 관점에서 평화운동이야말로 당시 독일 교회의 가장 큰 과제(*eine der größten Aufgaben für unsere Kirche*)로 여겼으며, 이 평화운동이 독일을 넘어 전 세계

---

12 참조: DBW10, 650.
13 DBW10, 651.

에 걸쳐 이루어져야 한다고 말했다. 본회퍼는 한 아버지 하나님을 섬기는 그리스도교적 민족끼리, 형제끼리 다시는 전쟁이 일어나서는 안 된다고 말했다. 본회퍼는 어떻게 그의 형제를 미워하며 하나님의 은혜를 기대할 수 있는가라고 말하면서, 이것이 미국 청중들을 향한 자신의 메시지라고 강조한다. 본회퍼는 미국과 독일이 영원한 평화를 위해 함께 일해 나갈 것을 제안하면서 모든 이성보다 높으신 하나님의 평화가 여러분의 심령을 지키고 예수 그리스도를 통해 계속해서 이어지기를 소원한다고 말하며 강연의 마지막을 장식했다.14 본회퍼는 이 강연에서 1928년 바르셀로나에서 어느 정도 민족주의적 사고방식에 사로잡혀 전쟁을 정당화 했던 내용과는 다르게,15 전쟁에 대한 확실한 반대의 의견을 말하고 나아가 교회의 시의 적절한 과제로서 평화 설립을 주장했다.

III. 미국에서의 연구학기 기간의 본회퍼의 교회 이해

본회퍼는 유니온 신학교에서 총 12과목을 들었다. 그는 첫 학기에 리만 교수(Prof. Lyman)의 기독교 종교 철학(종교철학), 라인홀드 니버 교수의 종교와 윤리(종교철학), 베일리(Prof. Baillie), 리만, 판 두젠 교수(Prof. van Dusan)가 공동으로 진행하는 철학신학세미나(조직신학), 코핀 교수(Prof. Coffin)의 실천신학 수업, 플레밍 교수(Prof. Fleming)의 선교학 수업을 들었다. 두 번째 학기는 리만 교수의 동시대 철학자의 종교적 관점(종교철학), 베일리, 리만, 판 두젠 교수의 철

---

14 참조: DBW10, 651-652.
15 Reinhold Mokrosch(Hg.), *Dietrich Bonhoeffers Ethik*, 111.

학신학 세미나(조직신학)와 워드 교수(Prof. Ward)의 사회적 질서의 윤리적 이슈들(기독교윤리), 워드 교수와 니버 교수가 공동으로 진행하는 현대 문학의 윤리적 관점(기독교윤리), 윤리학적 해석들(기독교윤리)이라는 세과목의 기독교 윤리학 수업을 들었으며, 코핀 교수의 실천신학 수업(Parish administration)과 웨버 씨(Mr. Webber)의 교회와 공동체라는 수업을 들었다.16

본회퍼는 1931년 8월 25일 교단 행정처(Kirchenbundesamt)에 10개월여 간의 미국 뉴욕에서의 연구학기 보고서17를 제출했다. 이 보고서에 따르면 뉴욕 신학 대학교의 신학생들은 교리학(Dogmatik)을 충분히 소화하지 않은 채 목사가 되며 일상의 삶을 위한 실용적 실습을 많이 하는 편이라고 기록되어 있다.18 그러나 본회퍼는 뉴욕 신학 대학교의 학생들이 자유주의(Leberalismus)와 서적 숭배(Buchmanismus, Oxford-Perfektionismus) 사이에서 갈팡질팡 하고 있었다고 비판하지만, 이 대학의 신학적 정신인 소위 '윤리적 해석'(ethical interpretation),19 삶의 철학으로서의 실용주의(Pragmatisus)와 도구주의(Instrumentalismus)에서 영향을 받은 것20은 분명해 보인다. 본회퍼는 특히 리만 교수에게서 미국 철학과 신학적 관계에 대해 많은 영향을 받았다고 기술했다. 본회퍼는 리만 교수에게서 특히 윌리엄 제임스(William James), 듀이(Dewey), 페리(Perry), 러셀(Rusell)과 같은 실용주의에 대해 깊이 있게 배웠다.21 본회퍼는 미국 문화의 종교적

---

16 참조: DBW10, 643.
17 참조: DBW10, 262-282.
18 참조: DBW10, 264-265.
19 DBW10, 266.
20 참조: DBW10, 270-271.
21 참조: DBW10, 268.

배경에 대한 토마스 커밍 홀(Thomas Cuming Hall)의 사상을 배웠고, 특히 진리가 초월적 개념에 머무르는 것이 아니라 내재적 개념으로 이해되는 '실용적 진리 개념'(der pragmatische Wahrheitsbegriff)의 영향을 많이 받았다. 본회퍼는 루터 신학에서는 철저히 거부하는 인간으로부터 시작하는 어떠한 작용이 미국 신학에서는 빈번하게 논의되고 영향력을 끼치고 있음을 발견했고 특별히, 제임스의 테제였던 '성장하는 하나님'(growing God) 개념의 미국 전반에 걸쳐 영향을 행사하고 있음을 주목했다. 본회퍼는 듀이를 공부하면서 사회적 윤리(social ethics)에 관한 사상도 배울 수 있었다.[22] 본회퍼는 사회복음의 기도자 라우쉔부쉬(Walter Rauschenbusch)에게서 사회 복음에 관한 내용을 배울 수 있었고,[23] 라인홀드 니버에게서 사회적 문제와 기독교적 문제에 관한 현대 미국의 저서들을 소개받고 함께 연구할 수 있었다.[24]

그러나 본회퍼는 유니온 신학교 연구학기 기간 학업에만 매달리지 않았다. 그는 미국에서의 시간 동안 가장 의미 있었던 시간으로 흑인교회(Negerkirche) 생활을 꼽았다. 뉴욕 할렘가에 있었던 흑인 침례교회에서 그는 6개월 이상 거의 매주 주일학교를 섬겼다. 본회퍼는 워싱턴의 호워드대학뿐만 아니라 뉴욕의 할렘가에서도 청년 흑인 운동이 일어나는 것에 주목했다. 그는 백인 교회의 논문 발표 같은 방식의 설교가 아니라, 흑인 그리스도(Black Christ)의 깊이 파고드는 열정과 상상력 가득한 설교에 매료되었다.[25] 미국에서의 두 번째 학기 시절 본회퍼가 가장 중요한 경험으로 삼은 것은 매주 흑인 동료들의 집

---

22 참조: DBW10, 270.
23 참조: DBW10, 278.
24 참조: DBW10, 279.
25 DBW10, 274-275.

을 방문했던 일이었다. 본회퍼는 그곳에서 선입견 없이 그들의 매우 다루기 힘든 주제들을 함께 나누었다. 본회퍼는 미국 생활 보고서에 "모든 사람은 자유롭고 평등하게 창조되었다"는 미국 헌법의 문구도 적어두었다.26

본회퍼의 흑인 침례교회 체험과 흑인문제에 대한 관심은 유대인 문제와 타자에 대한 관심을 발전시켰다. 그는 10개월간의 미국 생활 동안 1차 세계대전 후의 피폐해진 세계와 차별받는 흑인들이 있는 할 렘가를 친구들과 함께 방문하고, 쿠바, 멕시코 등을 여행하며 타자에 향한 관심과 걱정을 놓지 않았으며, 바르셀로나 시절처럼 더 이상 민족주의적 관점을 지닌 채 전쟁을 옹호하지 않고 진정한 평화 특히 교회의 과제로서의 평화 설립을 꿈꾸었다.

---

26 DBW10, 282.

제 8 장

베를린에서의 강의들
(1932/33년 겨울학기, 1933년 여름학기)

I. 최근 조직신학의 논의와 토론(1932/33년 겨울학기)

본회퍼는 1932/33년 겨울학기에 '최근 조직신학의 논의과 토론'(Besprechung und Diskussion systematische-theologischer Neuerscheinungen)이라는 강의명의 수업을 진행했다.[1] 그는 이 수업에서 칼 하임(Kahl Heim), 폴 슈츠(Paul Schütz), 칼 바르트(Kahl Barth), 프리드리히 고가르텐(Friedrich Gogarten), 힌리히 크리터마이어(Hinrich Knittermeyer), 알프레스 데 크베바인(Alfred de Quervain), 빌헬름

---

[1] 참조: DBW12, 153-178. 본회퍼는 같은 학기 다음과 같은 수업과 비평 및 강연들을 한다: "조직신학 연습: 신학적 심리학", "로베르트 옐케 비평: 이성과 계시", "비망록: 사회복음", "논문: 칼 하임의 믿음과 사상", "강연: 그리스도와 평화", "논문: 교회란 무엇인가?", "논문: 젊은 세대의 지도자개념의 변화", "젊은 세대의 지도자와 개인", "토론집: 다셸에서의 에큐메니칼 회의", "논문: 당신의 나라가 오시옵소서, 이 땅위의 하나님 나라를 위한 공동체의 기도"

슈타펠(Wilhelm Stapel), 에밀 브룬너(Emil Brunnder)의 사상을 다루었다. 필자는 이어지는 단락에서 본회퍼에게 사상적으로 영향을 준 많은 신학자들 중에서 칼 바르트, 라인홀드 제베르크, 리츨에 관해 다루고자 한다. 본회퍼는 바르트에게서 변증법적 신학을, 제베르크로부터는 '사회성', '하나님의 의지', '성령', '정신'(Geist)에 관한 문제를, 리츨에게서는 '하나님 나라 이해'를 영향 받았다. 이 세 신학자의 사상들은 본회퍼의 교회 이해를 위한 퍼즐들에 적지 않은 조각들을 차지한다.

1. 바르트와 본회퍼

본회퍼는 이 수업의 첫 번째 시간에 칼 바르트의 로마서 주석(제2판, 1922년)을 사용했다. 본회퍼는 철저하게 위로부터 아래로의 신학과 아래로부터의 위로의 신학을 구분하는 칼 바르트의 신학방법론을 소개했다.[2] 본회퍼는 1924년 여름학기부터 본회퍼는 박사학위 논문을 위한 공부에 심혈을 기울였는데, 그 해 초겨울 무렵 칼 바르트의 신학을 처음으로 접했다. 당시 본회퍼는 바르트의 『하나님의 말씀과 신학』(Das Wort Gottes und die Theologie, 1924)을 읽고, 어머니와 외삼촌이자 교구 감독이었던 한스 폰 하제에게 이 책을 선물했다.[3] 『하나님의 말씀과 신학』이 탄생하는 배경은 1920년 바르트의 강연 '성서의 문제들, 통찰들 그리고 전망들'이었다. 이 강연에는 본회퍼의 『저항과 복종』의 비종교적 해석에서 서술한 용어들과 유사한 용어들이 많이 등장한다. 분명한 것은 본회퍼가 바르트의 '종교는 인간의 자기 정당화에 불과하다'는 의견을 수용했다는 점이다. 본회퍼는 바르트의 종

---

2 참조: DBW12, 154.
3 참조: 베트게, 디트리히 본회퍼, 148.

교와 믿음의 구별을 인용했다. 그러나 바르트가 계시를 출발점으로 삼은 반면에, 본회퍼는 교회를 출발점으로 삼았다. 이는 바르트의 계시에서 출발하여 교회로 나아감은 구원론의 요소가 부차적인 것이 될 수 있다고 보았기 때문이다. 본회퍼는 바르트와 달리 구원론과 더불어 계시를 사고하려 했다.4

본회퍼는 1925년 문서자료를 통해 바르트의 저작물들, 특히 『시간과 시간 사이에서』라는 신학 잡지를 본격적으로 읽기 시작했다. 이후 본회퍼는 바르트가 1924년 여름학기와 1924/25년 겨울학기에 괴팅겐 대학교에서 교의학을 강의하면서 교의학의 기본 원칙들을 받아적은 당시 수강생들의 노트를 구해서 읽게 된다. 이 노트의 내용들은 1927년에 출판된 바르트의 『그리스도교 교의학』(*Christliche Dogmatik*) 제1권의 서문으로 이어진다. 그 책은 바르트의 『로마서 주석』을 기초로 하여 탄생한 작품이기도 했다.5

본회퍼는 아돌프 폰 하르낙과 칼 바르트가 벌인 1923년 『그리스도교 세계』라는 신학 잡지에서의 격렬한 논쟁에 관심을 가졌다. 당시 바르트는 이렇게 말했다.

> 우리 신학자들은 하나님이 직접 무언가를 말씀하시고 무언가를 행하셨다는 증언, 모든 인간적인 말과 사건의 상관관계 바깥에 있던 새로운 것이 이 관계 속으로 들어와 또 다른 말씀과 사건이 되었다는 증언, '도무지 종잡을 수 없고' 알아들을 수도 없으며 전혀 믿기지 않는 증언, 그저 분노만 불러일으키는 증언을 회의적으로 그러나 분명하게 기억하면서 우리의 신학을 시작할 용기를 내서는 안 되는 것인가?"6

---

4 참조: 베트게, 디트리히 본회퍼, 153-154.
5 참조: 베트게, 디트리히 본회퍼, 149.
6 베트게, 디트리히 본회퍼, 149-150.

자유주의 신학에 대한 회의가 담긴 바르트의 이러한 견해는 본회퍼가 변증법적 신학에 한 걸음 더 다가갈 수 있는 계기가 되었다. 본회퍼는 바르트와 하르낙의 충돌 가운데, 신학은 철학과 인간학에 기대지 않고도 수많은 명제들에 충분히 맞설 수 있음을 깨닫고 신학의 생존권은 오직 신학 자체로부터만 획득할 수 있다고 확신하게 되었다.7

당시 종교 체험을 대수롭지 않게 여긴 바르트의 견해는 본회퍼가 오랫동안 진지하게 여겼던 체험, 체험을 통한 확신마저 인간의 몫이 아니라 하나님 몫임을 깨닫게 했다. 그러나 본회퍼가 바르트 중심으로 형성되는 변증법적 신학을 무비판적으로 수용한 것은 아니다. 그는 바르트처럼 하나님의 장엄이 그 무엇에도 속박 받지 않고 사람이 마음대로 처분할 수 있는 것이 아니라고 강조할 경우, 세상의 구체화와 중요성이 위협을 받아 사라질 것이라고 생각했다. 당시 본회퍼는 막스 슈트라우흐의 『칼 바르트의 신학』(*Die Theologie Kahl Barths*, 1924)의 내용 중에, 이 세상과 새로운 세상의 무한한 질적 차이를 강조하는 '종말론적 이원론'에 대해 "자유롭고 처분 불가능한 하나님의 장엄은 이 세계에서 벗어나야 명료해지는 것인가? 오히려 하나님의 장엄이 이 세계 안으로 들어온 게 아닐까? 하나님의 자유는 인격적인 공동체 안으로 들어와 스스로를 그 공동체와 연결하기 때문이다"라고 적어두었다.8

본회퍼의 바르트에 대한 이러한 비판은 『행위와 존재』에서의 제2장, 계시 해석에서 행위와 존재 문제와 문제 해결로서의 교회에서 계시를 행위 개념으로 해석하는 부분에서 더욱 구체적으로 나타난다. 본회퍼는 계시를 행위 개념으로 해석하기 위해 '계시의 우발성'에 관

---

7 참조: 베트게, 디트리히 본회퍼, 150.
8 참조: 베트게, 디트리히 본회퍼, 151-152.

한 진술을 시작한다. 그는 우선 프란체스코 스톨라주의를 대표했던 둔스 스코투스(Johannes Duns Scotus)와 오캄(Wilhelm von Occam) 의 견해를 인용한다. 그들은 필연적이지 않은, 우연적인(kontingenten), 오직 하나님의 자유로운 의미 안에 기초하고 있는 계시와 창조의 근원에 대해 주장했던 사람들이었다. 본회퍼는 그들은 계시가 우발적이며, 이성 초월을 주장하게 만든다고 이해했다고 진술한다. 즉, 계시 사건은 현실로 받아들여져야 하는 것이며 결코 인간적 실존에 관한 사색에 의해 정립될 수 있는 것이 아니라는 것이다. 이 사건은 하나님의 자유 속에 근거를 두고 있으며 하나님의 자기선사(Sichgeben), 혹은 하나님의 자기거부(Sichversagen)의 형태로 나타난다는 것이다.9

본회퍼는 이어 바르트의 계시에 관한 견해를 소개한다. "하나님과 인간의 관계, 즉 그 안에서 하나님의 계시가 자아, 곧 인간들에게 현실적으로 주어지는 하나님과 인간의 관계는 ― 그 관계의 '불변성'이 지속적일 뿐 아니라 어떠한 순간에도 참으로 진지하게 '처음과 더불어 시작하는'(mit dem Anfang anfangenden) 행위의 불변성 외의 다른 것이 아니라는 점에 있어서 ― 자유롭지만 비정적인 관계가 되어야만 한다. 따라서 이러한 관계는 이미 주어진 것으로, 즉 이미 현존해 있는 것으로 파악되어서는 안 되며, 또한 자연법의 관점이나 수학적인 기능의 관점에서 파악되어서도 안 된다. 오히려 이 관계는 항상 행위적으로, 그렇게 일어나고 있는 '행위'의 '불안정성' 속에서 파악되어야 한다."10 본회퍼는 "하나님은 오직 그 자신에 의해 자유롭게 행해진 행위 속에서만 당신을 계시한다. 하나님의 말씀은 오직 '신앙의 행위' 속에

---

9 참조: DBW2, 76.
10 참조: DBW2, 77. 각주 2): K. Barth, Dogmatik I, 1927, 295.

서만 존재하며, 결코 하나님의 독자적인 처분 속에 존재하면서 그때마다 주어지는 은혜의 사건이라는 '추상화' 속에서는 존재하지 않는다"라고 말한 바르트의 견해를 소개한다.11 그러나 본회퍼는 위의 진술들과, 하나님의 존재는 오직 행위이며 인간 속에서도 행위로서만 존재한다는 바르트의 의견에 동의는 하면서도, '처음과 더불어 시작하는' 행위에 중점을 둔다면 이 행위는 그때마다 자유롭기 때문에 이는 초월적 행위 개념을 역사적으로 사용하려는 의도일 수 있다고 비판한다.12

또한 본회퍼는 "유한은 무한을 수용할 수 없다"(Finitum non est capax infiniti)라는 명제를 바르트가 수정적으로 수용했지만13, 바르트의 계시이해는 계시의 피안에 계신 하나님의 자유, 영원히 '자기 자신 곁에 머물러 계시는' 하나님, 하나님의 독자적 현존에 제한되어있다고 보았다. 본회퍼는 계시에서 중요한 것은 자기 자신으로부터 나오시는 하나님, 선사된 그분의 말씀, 그 안에서 자신을 속박하시는 하나님의 계약 그리고 역사적인 인간에게 자유롭게 자기 자신을 속박시키심 그리고 인간의 처분에 자신을 내어 맡기심 속에서 자신의 참됨을 입증하시는 하나님의 자유라고 규정하면서 하나님은 인간으로부터 인간을 버려두고 자유로우신 분이 아니라 인간을 위하여 자유로우신 분이라고 강조했다.14 이러한 맥락에서 본회퍼는 교수 취임 강연(Antrittsvorlesung)에서 바르트의 견해는 사변적이며 그는 궁극적으로 인간을 실존적 상황이 아니라 어떻게든 절대적인 영역에서 관찰했다고 비판하기도 했다.15

---

11 DBW2, 77, 각주 3), 4).
12 참조: DBW2, 78.
13 DBW2, 78-79, 편집자 해설 7 참조.
14 참조: DBW2, 85.

본회퍼는 바르트를 수용, 비판했던 역할을 그의 계시에 관한 이해를 통해 담당했다. 종교와 믿음을 구별하고 하나님의 자유하심에 대한 변증법적 신학의 입장을 수용하면서도, 하나님의 자유함이 절대타자로 피안에서 머무르는 것이 아니라 오히려 인간을 위해 자유하심, 즉 인간과 더불어 함께하시는 하나님에 대한 계시이해를 전개했다. 이러한 본회퍼의 비판은 본회퍼가 1944년 4월 30일 베트게에게 쓴 편지에서 바르트의 계시이해를 '계시실증주의'(Offenbarunspositivismus)16로 처음 비판했던 것으로 확장된다.

본회퍼는 적어도 자신이 읽고 만났던 바르트에게서, 특히 『하나님의 말씀과 신학』(1924)에서 개진했던 '비종교적 인간' 개념에 대해 더 이상의 발전을 발견할 수 없었던 것 같다. 필자는 본회퍼가 옥중에서 바르트의 계시 이념이 실존적이지 않다는 의미에서 그의 계시 이해를 '계시실증주의'라고 비판했다고 본다. 본회퍼는 그가 신학 개념들 가운데 중요하게 생각했던 '공동체로 존재하는 그리스도', '교회의 현실', '타자를 위한 존재', '그리스도의 현실' 등의 개념들에서도 볼 수 있듯이 계시 또한 인간들을 위해 실존하는 하나님의 자유행위로 이해했던 것이다. 이러한 비판과 더불어 본회퍼는 바르트가 발전시키지 않은 '비종교적 그리스도교'에 대해 다음과 같이 말한다.

바르트는 비종교적인 노동자나 일반인들에게 결정적인 대답을 전혀 주지 못했었다네. 대답되어야 할 물음들은 비종교적인 세계에서 전체로서의 교회, 개체 교회, 설교, 예배의식, 그리스도교적 삶에 관한 것이네. 우리가 종교 없이, 다시 말해서 형이상학, 내면성 등의 시간적

---

15 참조: DBW10, 372.
16 참조: DBW8, 404, 405, 415, 481-483, 651.

으로 제약된 전제들 없이 어떻게 하나님에 관해 말할 수 있겠는가? […] 어떻게 우리는 비종교적으로 — 세상적으로 그리스도인이 될 수 있겠는가? 우리는 어떻게 자신을 종교적 특권자로 이해하지 않고, 오히려 전적으로 세상에 속한 자로서 교회(에클레시아), 즉 부름 받은 자들의 모임이 될 수 있는가? 그렇다면 그리스도는 더는 종교의 대상이 아니라, 뭔가 전혀 다른 것, 즉 진정으로 세상의 주님이 되실 것이네. 그러나 그것은 무엇을 의미하는가? 비종교성에서 제의와 기도는 무엇을 의미하는가? 여기서 신앙의 '비밀훈련(Arkandisziplin)'[17], 말하자면 궁극적인 것과 궁극이전의 것 사이의 구별이 (자네는 그것을 내게서 이미 배웠지) 새로운 의미를 가질 수 있는가?[18]

본회퍼는 비종교적 그리스도인에 대한 구상을 위해 종교적 그리스도인들에 대해 비판한다.

[…] 종교적인 사람들은 인간의 인식이(흔히 사유의 태만으로 인해서) 끝나거나 인간의 능력들이 한계에 부딪히게 될 때 하나님을 말하지. — 그들의 하나님은 언제나 기계장치로서의 신(deus ex machina)으로서, 종교적인 인간들이 해결할 수 없는 문제들을 거짓으로 해결하려 하거나 인간적인 좌절 속에서 의지할 곳을 찾을 때 나타난다네. 말하자면 인간의 한계에서 불려지는 것이지. 따라서 인간이 자신의 힘으로 그 한계를 더욱 확대하고 기계장치로서의 신이 필요 없게

---

17 본회퍼의 '비밀훈련(Arkancisziplin, Arcane Discipline)'에 관한 이해에 관해서는 참조: Andreas Pangritz, Aspekte der *Arkandisziplin* bei Dietrich Bonhoeffer, Theologische Literaturzeitung 119, 1994, 755-768, The Understanding of Mystery in the Theology of Dietrich Bonhoeffer, in: Kirchen Busch Nielsen / Ulrik Nissen / Christiane Tietz, Mysteries in the Theology of Dietrich Bonhoeffer, Vandenhoeck & Ruprecht, 2007, 9-26.

18 참조: DBW8, 404-406:(1944년 4월 30일 본회퍼가 베트게에게 보내는 편지)

될 때까지는 그 신이 불가피하게 존재하게 된다네. 인간의 한계에 대해서 말하는 것은 나에게는 매우 의심스러운 것이 되었다네. 사람들은 오늘날 거의 죽음까지도 두려워하지 않게 되었고, 죄를 거의 인식하지 못하고 있는데 그것들이 어떻게 진정한 한계가 되겠는가? 사람들은 불안 속에서 하나님을 위한 장소를 보존하려 했던 것은 아닌가? ― 나는 한계가 아니라 중심에서, 약점이 아니라 강한 곳에서, 인간의 죽음과 죄책이 아니라 삶과 선 안에서 하나님을 말하고 싶다네. 한계에 처해서는 침묵하고, 해결할 수 없는 것은 미해결로 남겨두는 것이 더 좋다고 생각되네. 부활신앙은 죽음의 문제를 해결하는 것이 아니지. 하나님의 '피안성'이 우리 인식 능력의 피안성은 아니지 않는가! 인식론적 초월은 하나님의 초월과는 아무런 상관도 없지. 하나님은 우리의 삶 한가운데서 피안적이지. 교회는 인간의 능력이 실패한 곳, 한계선상에 있지 않고 마을 한가운데 있지.19

본회퍼는 루터의 낮아짐의 신학(Kondeszendenz-Theologie)을 근거로 바르트를 비판한다. 예수 그리스도의 성육신은, 예수 그리스도의 인간적 이해의 동등함이 실제로 발생했다는 것이다. 이 부분에 관해 찜멀링은 그리스도교 신앙은 일상에서 하나의 추상적인 건축물이 아른거리는 것과 같은 것일 수 없다고 비유를 들어 설명한다. 바르트가 예수 그리스도 안에서의 하나님의 계시를 측량할 수도 이해할 수도 없는 사건으로 이해하고, 성육신 사건으로부터의 관점을 외면했을 때, 본회퍼는 바르트의 신학적인 사상의 위험을 발견했다.20 그럼에도 불

---

19 참조: DBW8, 406-408:(1944년 4월 30일 본회퍼가 베트게에게 보내는 편지)
20 참조: Peter Zimmerling, Dietrich Bonhoeffer – Leben und Werk, in: *Dietrich Bonhoeffer heute*, Die Aktualität seines Lebens und Werkes, Rainer Mayer(Hg.), Brunnen, 1992. 27-28

구하고 본회퍼에게 가장 영향을 주었던 신학자는 칼 바르트였다.21

본회퍼의 이러한 인식은 그가 살았던 시대의 독일 교회가 종교화되어가고 있는 것을 확신했던 것에서 비롯되었다. 그는 『성도의 교제』에서 당시 독일 교회 공동체를 '종교 공동체'라고 비판하였고 교회는 '공동체로 존재하는 그리스도'로 이해하였다. 교회가 나치정권을 위해 신학적으로 뒷받침해 주었던 이론을 그의 위임사상을 통해 비판하였으며, 핑켈발데 신학교의 고작 23명의 신학생들의 교육을 통해 독일 교회가 잃어버린 제자도를 회복하고자 소망하였다. 어쩌면 본회퍼의 삶과 신학전체가 그가 옥중에서 구상한 '비종교적 그리스도인'에 대한 구상에 대해 답변을 미리 예비한 것은 아닐까? 본회퍼 초기 신학이 창조신학에 사로잡힌 흔적이 있고 전쟁에 대한 찬성하는 민족주의적 견해가 있다 손 치더라도 본회퍼가 이미 하나님의 뜻의 현실, 예수 그리스도의 현실 그리고 세상에 대해 끊임없이 관심을 가진 것을 부인할 수 없을 것이다. 이는 '하나님 없이 하나님 앞에 그리고 하나님과 더불어'라는 그의 명제가 의미하는 것일 것이다. 종교적인 하나님 없이 피안에만 머물러 있는 절대타자로서의 하나님이 아니라 우리와 늘

---

21 본회퍼와 바르트의 비교 연구에 관해서는 다음을 참조할 것: Robert F. Koch, The Theological Responses of Karl Barth and Dietrich Bonhoeffer to Church-State Relations in Germany, 1933-1945(Ph.D.Diss), Northwestern University 1988; Martin Rohkrämer, Karl Barth in der Herbstkrise 1938, in: Evangelische Theologie 48(1988) 521-545; John D. Godsey, Barth and Bonhoeffer, in: Christian History 10, No.(1991) 24; Charles R. Marsh Jr., Barth and Bonhoeffer on the Worldliness of Revelation. Paper presented an the Sixth Internationl Bonhoeffer Conference, New York, 1992. Bonhoeffer Archive, Union Theological Seminary, New York; Wolf Krötke, Karl Barths und Dietrich Bonhoeffers Bedeutung für die Theologie in der DDR, in: Kirchliche Zeitgeschichte 7(1994), 279-299; Andreas Pangritz, *Karl Barth in der Theologie Dietrich Bonhoeffers*. Eine notwendige Klarstellung, Berlin 1989. (Dahlemer Heft 9), -, Die Bedeutung Bonhoeffers für den Kampf um Befreiung, in: Jünge Kirche 57(1996), 328-334.

함께하시는 임마누엘 되신 그 하나님 앞에, 하나님과 더불어 나아가 이 땅에서의 이웃들과 하나님 나라라는 공동체를 회복하는 것이 비종교적 그리스도교의 구상에 대한 그림이었을 것이다.

본회퍼는 1931년 7월 10일 본(Bonn)으로 3주간의 여행을 떠났다. 에르빈 주츠의 소개로 본회퍼는 본 대학교에서 바르트를 처음으로 대면하게 된다. 본회퍼는 바르트의 세미나에서 "때때로 하나님에게는 타락한 자들의 악담이 경건한 이들의 할렐루야보다 더 좋게 들린다"라는 루터의 말을 꺼냈고, 바르트는 "이 자리에 누가 그런 말을 가져왔나요?" 하고 물었다고 한다.22 1931년 7월 23일 바르트는 식사 초대를 했다. 이 자리에서 본회퍼는 바르트에게 문서로는 파악하기 어려운 그의 글과 강의보다는 토론 모습에 더 많은 감동을 받았다고 전한다. 이때부터 바르트와 본회퍼는 스스럼없는 사이가 되어 편지 교환을 하게 된다. 본회퍼는 1933년 영국으로 목회를 하러 떠나기 전까지 자주 본으로 가서 바르트를 만났다. 바르트가 『교회교의학』 제1권 서문을 마무리한 직후인 1932년 9월 초, 본회퍼는 스위스 베르클리로 가서 바르트를 만났다. 주츠는 본회퍼에게 에밀 브룬너를 소개하기도 했다. 1932년 겨울 베를린 대학교의 티티우스의 교수직이 공석이 되었을 때, 본회퍼는 자신의 가족관계를 동원해 바르트를 새 교수직으로 세우려 했지만 무산되고 대신에 게오르크 보버민이 새로운 교수로 임용되었다.23

---

22 참조: 베트게, 디트리히 본회퍼, 294.
23 참조: 베트게, 디트리히 본회퍼, 294.

2. 본회퍼와 제베르크

1925년 9월 중순 오전 7시에 본회퍼는 라인홀드 제베르크와 기차역까지 동행하는 중에 그의 박사학위에 대해 의견을 나눈다. 필자가 보기에 『성도의 교제』는 제베르크의 『기독교교리학』(*Christliche Dogmatik*)[24]의 축소판이라고 해도 과언이 아닐 정도로 본회퍼는 제베르크의 영향을 많이 받았다.

본회퍼는 제베르크가 인간과 인간의 정신에 관한 이론에서 사회성의 사상을 처음으로 설명했다고 본다. 사회성은 본회퍼의 『성도의 교제』에서의 핵심 개념으로 그린(Green)은 본회퍼의 신학을 '사회성의 신학'이라고 규정했다. 제베르크는 사회성이 인간의 원초적 본질에 속한다고 보았으며 그는 사회성의 개념을 교의학에 적용하는 선구자 역할을 했다. 그러나 제베르크는 원죄와 교회 개념을 사회성의 관점에서 파악하는데 미흡했으며, 본회퍼는 이를 『성도의 교제』에서 극복했다.[25]

제베르크는 본회퍼의 죄의 이해와 대리 사상에 영향을 끼쳤다. 본회퍼는 죄를 시간과 악한 의지라는 두 요소에서 분석한다. 죄의 시간적 요소란 한번 일어나고 있는 죄의 사건이 여전히 계속해서 일어나고 있다는 관점이다. 이는 죄란 것은 존재한 이래로 계속해서 존재한다는 의미이다. 본회퍼는 이 죄의 시간적 요소의 제거는 시간의 역전(逆戰)을 통해서가 아니라 하나님의 형벌과 선한 의지의 재창조를 통해 일어난다고 말한다. 바로 이 부분에서 제베르크는 예수 그리스도

---

24 Reinhold Seeberg, *Christliche Dogmatik*, Bd.1: Religionsphilosophisch-apologetische und erkenntnistheoretische Grundlage, Bd.2: Die spezielle christliche Dogmatik, Erlangen/ Leipzig 1924.
25 참조: DBW1, 38, 각주 1)

를 통해 인간의 죄의 문제가 해결되고 새롭게 됨, 즉 갱신(Erneuerung)이 보증된다(verbürgt)고 규정한다.26 본회퍼는 죄의 문제의 해결은 모든 시대에 적용되는 방식으로 예수 그리스도 안에서 일어난다고 보는데 그리스도의 대리 행동이 구체적인 시간과 모든 시대를 위함이라는 두 가지 요소를 실제로 통일시킨다고 본다.27 이와 같은 점에서 제베르크 역시 그리스도의 사역과 고난을 "대리하고 있는"(stellvertretend)28이라는 대리의 현존적 표현을 사용하고 있다.

악한 의지는 여전히 십자가에 달렸다가 부활한 그리스도를 인간을 향한 하나님의 사랑의 성육신으로 인식하고, 계약 갱신과 하나님 나라 설립과 공동체를 위한 하나님의 선한 의지와 대립하는 두 번째 요소이다. 『성도의 교제』에서 본회퍼는 대리 사상을 윤리적인 개념으로 전가 시키지 않는다. 윤리적인 인간은 악과 선의 책임을 스스로 짊어지려고 하지만, 대리 사상은 인간의 윤리적 태도를 능가한다고 본회퍼는 설명한다. 예수 그리스도의 대리 행위를 통해 인간의 죄는 벗겨지며, 인간은 이 죄가 벗겨지기를 원할 수 있을 뿐이다. 대리는 하나님의 선물이며, 이를 제공하는 것은 오직 하나님의 사랑에 의해서이다. 대리는 오직 하나님의 은혜로 가능하다.29

본회퍼는 대리를 지고한 윤리적 의무감에서 비롯되는 윤리적 가능성이나 규범이 아니라 오직 교회를 향한 하나님의 사랑의 현실로 이해하고 있으며 예수 그리스도의 대리는 죄의 시간과 악한 의지의 요소를 동시에 극복하게 한다고 대리 개념을 이해한다.30 본회퍼가

---

26 참조: Seeberg, Dogmatik II, 271, 273.
27 참조: DBW1, 98-99.
28 참조: Seeberg, Dogmatik II, 271.
29 참조: DBW1, 99-100.
30 DBW1, 99.

제베르크의 대리 개념을 발전시킨 부분은 바로 이러한 대리가 이루어지는 곳을 교회로 규정하고 있다는 점이다. 이러한 대리의 이해는 본회퍼의 교회의 실재화에 대한 이해의 가장 핵심적인 내용에 속한다.

본회퍼의 그리스도교적 사랑에 대한 이해도 제베르크에게 영향을 받았다. 본회퍼는 그의 교회 이해로부터 사랑의 개념을 발전시키는데, 그는 그리스도에 의해 하나님과 인간이 새로운 공동체를 형성하게 되고, 이 새로운 공동체 형성은 하나님의 사랑의 현실이라고 본다. 본회퍼는 제베르크의 "사랑은 목적을 추구하는 교제"[31]라는 정의를 수용하며 나아가 하나님은 자신의 활동을 그 자신의 목적을 달성하기 위한 수단으로 조직화한다는 제베르크의 견해를 인용하면서 본회퍼 자신은 "하나님의 사랑은 교제를 원한다"[32]라는 하나님의 사랑과 이웃사랑과의 관계, 하나님의 사랑이 어떻게 차안에서 구체화되는지를 신학적으로 규명했다.[33] 이로써 "교회는 인간들과 함께하는 하나님의 새로운 의지"라는 본회퍼의 교회에 대한 정의는 본회퍼가 성령의 활성화를 논의할 때, 성령을 통한 사랑의 현실은 "하나님의 공동체를 위한 헌신임과 동시에 교제를 향한 의지의 사랑"[34]이라는 본회퍼의 사랑의 이해로 발전되었다. 본회퍼의 사랑에 관한 이해는 인간을 향한 하나님의 사랑과, 인간의 이웃사랑을 통합적으로 이해할 수 있는 근거를 마련하며 타자를 위한 사랑이 인간 스스로의 의지가 아니라, 하나님의 사랑의 연장선이라고 오늘, 우리에게 말하고 있다. 하나님의 사랑이 이 땅위에서는 성도 간의 교제, 친교의 의미로 구체화되며 이

---

31 Seeberg, Dogmatik I, 322.
32 DBW1, 112.
33 본회퍼의 이러한 사랑에 관한 이해는 『신도의 공동생활』에서 사랑을 영적 사랑과 심리적 사랑을 구분할 때도 나타난다.(참조: DBW5, 29-31.)
34 DBW1, 113.

것이 제도교회 내에서 뿐만 아니라 타자와의 교제, 이웃사랑의 의미로 이어져야 하며 바로 그러한 사랑이 생성되는 시간과 장소가 교회의 현실이라고 본회퍼는 말하고 있다.

본회퍼가 제베르크에게 영향을 받았다고 볼 수 있는 세 번째 근거는 객관적 정신과 성령을 이해한 부분이다. 본회퍼는 객관적 정신이 사회를 구성하게 한다고 보고, 성령은 교회를 구성하게 한다고 본다. 본회퍼는 교회에서도 객관적 정신이 작용할 수 있다고 보는데 예정되어 있지 않은 많은 사람들에 의해 그들의 활동이 창조적일 수 도 있고 교회를 구성하는 데 방해 활동을 할 수 있다고 본다. 본회퍼는 성령이 객관적 정신을 지배한다고 보고,[35] 교회 내에서 올바른 하나님의 창조행위가 나타나도록 돕는다고 설명한다. 제베르크는 객관적 정신을 설명할 때, "성령의 사회적 운반자"(soziale Träger des heil. Geistes)[36]로서의 역할을 담당한다고 보았다. 본회퍼에 의하면, 그리스도와 성령은 경험적 교회를 세우는 과정에서 객관적이고 정신적인 삶의 역사적 형태를 이용하며[37] 성령이 객관적 정신을 지배하는 구체적인 활동의 형태가 바로 설교와 성례전이다.[38] 이러한 본회퍼의 객관적 정신과 성령의 관계에 대한 이해는 제베르크의 이해를 거의 대부분 수용했다.[39]

---

35 참조: DBW1, 146-147.
36 Seeberg, Dogmatik II, 401.
37 참조: DBW1, 146.
38 참조: DBW1, 146-147.
39 제베르크의 '객관적 정신(objektiver Geist)'에 관한 이해는 참조: Seeberg, Dogmatik I, 84, 88f, 217, 514ff, 551; Seeberg, Dogmatik II, 365ff. 400. 413.

3. 본회퍼와 리츨

만약 교회의 지체들인 우리가 하나님이 그리스도 안에서 교회인 우리를 자신과 화해케 했다는 사실을 믿어야 한다면 단지 하나님의 화해케 하는 사랑만이 아니라 화해되어야 할 인류, 새로운 인류 아담이 화해의 중보자 안에서 탄생했음이 분명하다(A. Ritschl, Rechtfertigung und Versöhnung, I, 621.)[40]

위의 내용은 본회퍼가 『성도의 교제』에서 교회에 관해 정의하고 리츨을 인용한 내용이다. 본회퍼의 교회와 계시이해는 리츨의 종교적인 것을 사색적이며 명상적인 것으로 여기는 경향에 대한 거절에서 영향을 받았다. 리츨의 관심은 그리스도 안에 나타난 하나님의 계시를 역사화하는데 있었다. 본회퍼는 교회란 인간들과 함께하는 하나님의 새로운 뜻이며 하나님의 뜻은 항상 구체적이고 역사적인 인간을 향해 있고, 하나님의 뜻은 역사 속에서 시작된다고 보았다.[41] 리츨은 주관적 신학이 신비주의로 전락하기 쉽다고 생각했기 때문에 주관주의(主觀主義)를 거부했다. 이에 반해 본회퍼는 주관주의뿐만 아니라 그의 스승 제베르크에게서 영향을 받은 주의주의(主意主義)의 그늘에서 쉽게 벗어나지는 못했다. 그러나 본회퍼는 리츨이 주관주의에 대해 우려했던 바를 그의 삶과 신학 속에서 특히,『나를 따르라』에서의 십자가 이해와 소위 옥중신학의 "하나님의 연약함"이라는 주제 가운데 신비로운 하나님이 아니라 역사 속에서 사건으로 계시하시는 구체적인 하나님의 현실로 승화시켰다. 정리하자면, 본회퍼의 주의주의

---

40 DBW1, 89.
41 DBW1, 87-88.

적 경향은 그의 그리스도의 성육신, 십자가, 부활의 이해를 통해 철저히 역사 속에서 구체적인 현실 이해로 발전된다. 즉, 십자가에 담긴 하나님의 의지(뜻)은 예수 그리스도의 순종을 통해 현실이 되고 예수 그리스도의 제자들에게 능동적 선택이 아니라, 수동적, 필연적 순종으로 초대한다. 또한, 하나님의 의지(뜻)는 이 땅에 연약한 분으로 오신 예수 그리스도의 성육신 사건으로 역사 속에서 현실이 되고, 본회퍼는 그의 성육신 이해를 통해 옥중신학에서 하나님을 전능하신 분이 아니라 연약한 분으로 이해하고, 연약함의 현실과 역사가 있는 곳으로 그리스도인의 교회됨을 논하고 있는 것이다.

본회퍼는 리츨과 하나님 나라와 교회에 관한 이해 부분에서 의견을 달리한다. 즉, 리츨(Rechtfertigung und Versöhnung III, 265ff.)은 교회와 하나님 나라를 분리했지만 본회퍼는 하나님 나라와 교회를 분리해서 이해하지 않는다.42 본회퍼의 하나님 나라의 이해에서 특이한 점은, 그가 이미 시작되었지만 아직 완성되지 않은 하나님 나라를 예수 그리스도의 고난의 지평에서 이해했다는 점이다. 필자는 본회퍼가 예수 그리스도의 성육신, 십자가, 부활의 이해가 고난의 자리로 오심, 고난을 짊어지심, 고난을 극복하심으로 이해했다고 분석한다. 즉 예수 그리스도를 통해 하나님 나라는 시작되었으며 그리스도의 제자들

---

42 참조: DBW1, 147-148의 각주 85): "교회가 기도 속에서 하나님 아버지에 대한 신앙을 고백하거나, 혹은 자신을 그리스도로 인해 하나님의 은총을 받은 인간으로 생각하는 한, 그리스도를 믿는 자들은 교회이다. 그리스도를 믿는 자들이 성과 신분, 인종을 차별하지 않고 서로 사랑으로부터 행동하는 한, 그들은 하나님의 나라이다. 그러므로 그들은 인종의 한계선에 이르는 가능한 모든 단계에서 확장되는 가운데서 윤리적 자세와 윤리적 재산들을 생산해낸다."(Ritschl, Rechtfertigung und Versöhnung III, 266.) 이에 반해 본회퍼는 교회와 하나님나라는 분리될 수 없고, 땅위의 하나님의 나라가 곧 교회이며, 교회는 말씀에 순종하는 가운데서 회개하고 서로를 위해 기도하며 사랑하는 자들이라고 본다. DBW1, 198: "[…] 리츨의 [하나님 나라와 교회의] 구분은 바로 여기서 잘못되었다. 하나님의 통치 아래 있다는 것은 하나님과의 교제와 교회의 교제 속에서 살아간다는 것을 의미한다."

은 예수 그리스도의 고난의 자리로 초대하는 참여를 통해 하나님 나라의 사역을 이어나가야 하는 삶의 과제를 부여받았다. 이러한 본회퍼의 이해에 의하면 교회는 제도교회 내에서의 성도들 간의 친교를 넘어, 일상에서의 교회됨이라는 하나님 나라의 형상을 이루기 위해 타인의 고난과 고통의 현장이 어디인지 늘 관심을 가지고 찾아나서야 하며 그러한 예수 그리스도의 고난의 자리로의 초대에 단순한 순종으로 참여해야만 한다.

II. 『창조와 타락』(*Schöpfung und Fall*, 1933년)
: "교회는 창조를 그리스도로부터 바라본다"(DBW3, 22)

1. 『창조와 타락』의 등장 배경

『창조와 타락』은 본회퍼가 1932/33년 겨울학기 베를린 대학에서 사강사로 '창조와 죄: 창세기 1장에서 3장까지의 신학적 해석'이라는 제목으로 행한 강의를, 1933년 후반 카이저(Chr. Kaiser)출판사를 통해 출판된 책이다.[43] 당시 성서 신학자들은 과학적으로 성서를 이해하고 해석하는 것을 시도했었는데, 이는 당시에 객관적으로 학계에 인정받을 수 있는 저작들을 만드는 학문성이 유행했음을 의미한다. 본회퍼가 창세기 '창조와 죄' 강의를 할 당시 성서신학자들과 독일인들은 창세기 1장을 근대인들에게는 부적절한 원시적 이야기에 불과하다고 여겼고, 이는 창세기의 이해와 세계와 인간의 기원에 관련한 하나님에 대한 사고에 있어서 교회 내의 혼란을 초래했다. 이에 반해

---

43 DBW3, 7. (편집자 서문)

본회퍼는 바르트의 『로마서 주석』에서 사용한 성서해석 방법론으로 창세기 1-3장을 해석한다. 그것은 "말씀 안에 있는 하나님의 말씀을 듣고 해석하기 위한 철저한 노력"이긴 했지만 본회퍼는 바르트의 '변증적' 언어를 사용하지 않고, 자신이 제기한 신학적 문제와 성서가 대화하게 함으로써 자신의 신학적, 철학적 훈련에 기초한 자신만의 해석 방법을 발전시켰다. 뤼터(Martin Rüter)는 『창조와 타락』은 본회퍼가 사변적인 신학자에서 설교를 위한 신학자로 전환하게 되는 과정 가운데 있는 저작이라고 평가하며, 『나를 따르라』(1937)에 나타난 복음적 순종이 그 구체적인 예라고 말했다. 『창조와 타락』은 인간정체성과 사회성에 관한 문제를 다루고 있다. 본회퍼는 『성도의 교제』의 '사회성의 신학'을 『창조의 타락』에서 특히, 하나님의 형상을 논의할 때 더욱 구체적으로 다룬다.

본회퍼의 『창조와 타락』은 그의 다른 저작들과 신학 주제들에 비해 심도 있게 다루어지지는 않았다.[44] 그러나 클라스(Gottfried Claß)의 연구[45]로 『창조와 타락』은 본회퍼 신학에서 비로소 주요한 저서로 인식되었다. 클라스는 본회퍼 신학을 죄론(Harmatiologie)의 지평에서 재구성했다. 클라스에 의하면 본회퍼의 죄론은 '민족성의 신

---

[44] 참조: Altenähr, Albert, *Dietrich Bonhoeffer-Lehrer des Gebets*. Grundlagen für eine Theologie des Gebets bei Dietrich Bonhoeffer(Studien zur Theologie des geistlichen Lebens 7), Würzburg 1976. Barth, Karl, *Die Kirchliche Dogmatik(zitiert:KD) III/1*: Die Lehre von der Schöpfung. Das Werk der Schöpfung. Das Geschöpf, Zollikon, Zürich 1948. Burtness, James, Als ob es Gott nicht gäbe. Bonhoeffer, Barth und das lutherishe finitum capax infiniti, in: Chr. Gremmels(Hg.), *Bonhoeffer und Luther*. Zur Sozialgestald des Luthertums in der Moderne(Internationales Bonhoeffer Forum 6), München 1983, 167-183.

[45] Gottfried Claß, *Der verzweifelte Zugriff auf das Leben*. Dietrich Bonhoeffers Sündenver- ständnis in Schöpfung und Fall, Neukirchener Verlag, 1994.

학'(Volkstums-Theologie)을 비판하는 데에서 비롯되었으며, 『창조와 타락』은 당시 교회와 정치에 대한 급진적인 신학적 비판을 간접적으로 담고 있다. '민족성의 신학'이란 독일 개신교의 1920년대에서 30년대에 유행했던 신학으로 민족운동의 정치적 이념을 신학화하고, 이를 통해 국민들에게 신학의 규범적 윤리적 관련성을 마련하고, 민족운동을 긍정하고 뒷받침하여 개신교회를 통해 민족운동을 확장을 도모하는 신학을 의미한다.46 본회퍼는 민족성의 신학이 타락 이후에도 자연적인 삶에 여전히 직접적으로 하나님의 뜻이 개입할 수 있다는 것을 인정하는 것을 비판하고 타락한 세계에서 하나님의 뜻은 더 이상 직접적으로 받아들여질 수 없다는 의문을 제기한다. 이런 의문의 신학적 뒷받침을 위해 본회퍼는 창세기 1장부터 3장을 재해석하게 된다.

하밀톤(Nadine Hamilton)은 그의 박사학위 논문에서47 본회퍼의 신학을 '응답성의 해석학'(Hermeneutik der Responsivität)이라고 규정한다. 성서를 해석하기 위해서는 해석자 스스로 이해의 공간 속으로 들어가야 한다. 하밀톤에 의하면 본회퍼는 성서를 해석의 대상으로만 이해하는 것을 넘어, 특별한 의미에서 성서 스스로 독자의 이해과정을 조정하는 역할을 한다고 이해하고 있다. 하밀톤의 이러한 분석은 본회퍼가 『창조와 타락』에서 다루는 하나님의 말씀들(창세기 1-3장)이 1930년 대 초 독일의 상황 속에서 말씀 스스로 어떻게 말씀하고 계시는지에 대한 이해로 안내한다. 하밀톤은 본회퍼의 해석학이 인간 스스로 자신의 상황 속에서 말씀을 통해 하나님의 뜻을 이해하

---

46 참조: Gottfried Claß, *Der verzweifelte Zugriff auf das Leben*, 4, 각주 11.
47 Nadine Hamilton, *Dietrich Bonhoeffers Hermeneutik der Responsivität:* Ein Kapitel Schriftlehre im Anschuluss an Schöpfung und Fall, Vandenhoeck & Ruprecht, 2016.

려고 하는 시도를 거부하고, 하나님의 말씀, 스스로 하나님 앞에 선 인간에게 실존적 응답을 제시한다는 하나님 말씀의 해석에 대한 새로운 지평을 논한다. 그는 본회퍼의 해석학을 인간학적 해석학, 해석학적 인간학이라고 규정한다. 왜냐하면, 하나님의 말씀의 이해는 하나님 앞에 서 있는 인간의 실존 없이 발생하지 않기 때문이다.

2. 하나님의 새로운 의지로서의 교회: 한 처음(창 1:1-2)

필자가 보기에 본회퍼는 『창조와 타락』에서 그의 삶과 신학의 테제인 '교회'를 논하고 있다. 특히 "교회는 창조를 그리스도로부터 바라본다"[48]라고 말하며, "창조 이야기는 오직 그리스도에게서 시작되어 그리스도를 향해 다가가는 방식으로 읽혀져야만 하며, 만일 그리스도가 온 세계의 처음이고 새것이며 종말이라는 사실을 우리가 안다면, 성서를 그리스도를 향하여 읽을 수 있게 된다"[49]라고 주장한다. 본회퍼는 『성도의 교제』에서 그리스도론적으로 '교회'를 이해하였으며, 『창조와 타락』에서 그리스도론적으로 '창조'를 이해하고 있다.

본회퍼의 박사논문 지도교수인 라인홀드 제베르크는 신학 주제들을 인식론 영역에 맡기지 않고 의지론적 요소들을 강조했다. 즉, 제베르크는 존재(Sein)를 의지(Wille)와 같은 것으로 여기고, 믿음을 원의지에 의해 창조된 의지의 깨달음으로 여겼다.[50] 본회퍼의 『성도의 교제』에서의 "교회란 인간들과 함께하는 하나님의 새로운 뜻"[51]이라는 교회에 관한 정의는 본회퍼가 제베르크의 주의주의(主意主義)의 영향

---

48 DBW3, 22.
49 DBW3, 22.
50 참조: 베트게, 디트리히 본회퍼, 144-145.
51 DBW1, 87.

을 받았다는 관점에서 "교회란 인간들과 함께하는 하나님의 새로운 의지"라고도 이해 할 수 있을 것이다. 즉, '교회는 원역사(창 1-3장) 속에서의 하나님의 원래의지인 창조공동체의 모습을 회복하시려는 하나님의 새로운 의지'라고 본회퍼의 교회 이해를 재해석할 수 있다.

본회퍼의 '창조'와 '그리스도' 사이의 담론에 대해서는 본회퍼의 '한 처음(태초, 창1:1)의 하나님의 창조'이해를 통해 가능하다. 본회퍼에게 '태초'는 시간의 차원에서 정의될 수 있는 개념은 아니다.[52] "태초에 하나님이란 말은, 이 말씀에서 하나님이 멀리서 안식하며 영원히 있는 분이 아니라 창조주로서 여기, 우리를 위해 한가운데 살아계시는 까닭에 참되다. 태초의 본래적인 의미에 대하여 우리는 처음과 나중 사이의 한가운데에서 말씀을 들을 때에만 깨달을 수 있다. 그렇지 않으면 그것은 다만 우리 스스로 생각하는 처음일 뿐 온전한 태초는 아니다. 태초이신 하나님을 아는 것은 여기, 우리가 상실한 처음과 나중의 한가운데서 다만 하나님을 창조주로 아는 것이다."[53] 창조를 그리스도론적으로 이해하는 본회퍼는 '태초'에 관한 이해를 역사의 처음이 아니라, 그리스도를 통한 새로운 창조가 일어나는 곳이 바로 '태초'라고 이해하고 있다.[54]

> 태초에 하나님께서 하늘과 땅을 만드셨다는 것은 창조주께서 자유함으로 피조물을 창조하셨다는 것이다 [⋯] 창조주와 피조물 사이에는 오로지 무(無)만이 놓여 있다. 왜냐하면 자유는 무 안에서, 무로부터 나오는 것이기 때문이다. 그러므로 하나님에게 창조할 수 있고 또는

---

52 DBW3, 31.
53 DBW3, 29.
54 본회퍼의 이러한 이해는 윤리학의 "역사와 선"이라는 제목의 원고에서도 잘 나타나 있다.

해야만 한다는 어떠한 필연성도 불필요한 것이었다. 창조의 근거는 오직 무(無)이다. 창조는 이러한 무로부터 일어났다.[55]

무는 하나님의 자유가 그의 창조에 대해 가지는 관련성을 설명할 수 있는 어떤 것으로 정의할 수 있다. 그런 까닭에 무는 태초의 가능성, 하나님의 근원이 아니다. 그것은 다만 '무'일 뿐이다. 그보다는 그것은 하나님의 행동 속에 나타나는 것이며, 언제나 이미 나타났던 무이기에 더는 일어나지 않는 것으로 이미 부정된 것으로 나타난다.[56]

세계는 무 안에 다시 말하면 한 처음에 세워졌다. 이것은 세계가 전적으로 하나님의 자유 가운데 세워졌다는 말이다. 피조물은 [자유하신] 창조주에게 속한다. 이것은 또 이러한 것을 의미한다. 창조의 하나님 그리고 절대적으로 한 처음인 하나님은 부활의 하나님이시다. 세계는 처음부터 죽은 자들 가운데 일어난 그리스도의 부활의 표지 가운데 세워졌다. 그렇다. 우리가 그리스도의 부활에 관해 알기 때문에 한 처음에 일어난 무로부터 지으신 하나님의 창조를 아는 것이다. 성 수난일의 예수 그리스도의 죽음이 – 그리고 부활주일에 부활하신 주님이 – 곧 무로부터의 창조, 태초의 창조이다.[57]

정리하자면, 본회퍼의 '태초'의 이해는 인간이 규정할 수 있는 시간의 차원이 아니라 하나님 스스로 자유하신 때를 의미하며 '무'는 부정적인 무 즉, '불가능성'을 의미한다. '한 처음의 무로부터의 하나님의 창조'는 하나님께서 정하신 시간(때)에 하나님께서 피조물을 현실로

---

55 DBW3, 31.
56 DBW3, 32.
57 DBW3, 33.

창조하신 것이다. '죽음'이라는 '불가능성'으로부터 '예수 그리스도의 부활'이라는 '현실'은 하나님의 '새로운 한 처음'의 '새로운 창조'이다. 이러한 본회퍼의 '태초'와 '자유', '무'의 이해는 하나님의 시간 즉, 하나님의 '한 처음'에 '교회의 현실'을 가능하게 한다. 결론적으로 하나님은 부활하신 예수 그리스도를 통해서, 또 다른 '태초'에 죄로 인해 하나님과의 관계를 상실한 채 관계회복이 불가능해 보이는 인간의 '무'가운데, 끊임없이 '교회 공동체'라는 새로운 창조를 하시기를 원하신다.

3. 말씀의 그리스도론적 이해: 그 말씀 (창 1:3)

본회퍼는 창조담론 안에서 말씀을 어떻게 이해하고 있는가? 본회퍼는 한 처음의 하나님의 말씀(창 1:3)에 근거하여, 창조주 하나님과 그의 피조물과의 연속성은 오직 '그 말씀'이라고 본다.58 본회퍼는 하나님은 말씀으로 차안과 피안에 존재하신다고 이해한다. "하나님이 철저하게 피안적인 존재이기에 또한 세계 속에 말씀으로서 존재하시고, 그가 말씀 속에서 세계 가운데 계시기에 피안적인 존재이다. 다만 창조의 말씀 속에서만 우리는 창조주를 알 수 있고, 한 가운데 있는 말씀 안에서만 한 처음을 소유한다."59 본회퍼는 하나님께서 그 말씀을 통해서 피조물 가운데 스스로 드러내시고, 피조물 위에 있는 그 말씀을 믿음으로 그를 창조주로 믿는다고 말하면서, 이는 어떤 탁월성(eminentiae), 부정(negationis) 그리고 긍정/인과율(causalitatis)의 방법/길(via)을 통해서 믿는 것은 아니라고 주장한다. 스콜라주의의 신인식의 도상에 마주치는 방법은 세 가지가 있는데, 그것은 긍정의

---

58 DBW3, 38.
59 DBW3, 39.

길(via affirmationis 또는 causalitatis), 부정의 길(via negationis) 그리고 비상한 탁월성의 길(via eminentiae)이다. 즉 스콜라 신학은 하나님이 창조의 원인으로 계신다고 접근하거나, 하나님이 피조물과 동일시됨이 없이 본질상 다르다거나, 그 어떤 결점도 가지지 않으신 분으로 인식하거나, 하나님은 피조물의 완성을 향한 끝임 없는 향상 속에서만 인식된다는 주장을 했다.60 그러나 본회퍼는 이러한 인식들을 거부하고 오직 말씀을 통해서만 하나님을 인식할 수 있다는 바르트의 방법을 따르고 있다.61

본회퍼에 따르면 창조는 인간이 창조주와의 필연적 연관성을 유추해 낼 수 있는 창조주의 '작용'이 아니라 자유와 말씀 속에서 지어진 피조물이다.62 그는 하나님의 말씀은 말하여진 말씀이며, 이는 그 말씀이 어떠한 상징이나 의미나 관념이 아니라, 지명된 사건 자체(die bekannte Sache selbst)를 뜻한다고 주장한다.63 이는 본회퍼가 말씀이 어떤 원인과 결과의 매개가 되는 어떠한 '작용'으로 보는 것을 거부하고 있다는 것을 뜻한다.

첫 번째 말씀의 지명된 사건은 빛이 있으라(창1:3)였다. 본회퍼는 말씀은 존재자를 비존재의 상태로부터 불러내어 존재하게 한다고 로마서 4장 17절을 근거로 해석한다.64 본회퍼에 의하면 빛은 우리에게 '대상'을 있게 하고 '마주 대함'을 가능하게 한다. 최초의 빛은 혼돈을 지배하고 형태를 드러내기 위한 하나님의 창조물이었으며, 빛 가운데

---

60 참조: DBW3, 39, 각주 5)
61 참조: DBW12, 153-158, Karl Barth, *Der Römerbrief*, 2. neubearbeitete Aufl., München 1922.
62 참조: DBW3, 40.
63 참조: DBW3, 39.
64 참조: DBW3, 41.

서 형태는 창조된 다른 것들과 마주 대하여 있는 존재를 인식하기에 자기의 실존을 인식할 수 있으며, 그것을 온전히 창조주께 감사할 수 있다. 이 빛은 창조된 것들과 창조주와 더불어 마주 대하는 존재로서, 빛을 통한 투시와 투명함과 고유한 존재의 안온함을 가능하게 한다.65

4. 선의 그리스도론적 이해: 창조와 보존의 관점에서

그 빛이 하나님 보시기에 좋았다(창 1:4a).

본회퍼는 이 '좋았다'(창 1:4)라는 구절을 하나님의 창조 세계가 그 어떤 경우에도 이 세계가 상상할 수 있는 그 어떤 세계보다 더 좋다는 뜻이 아니라고 해석한다. 오히려 이 세계가 하나님 앞에서 온전히 살고 하나님을 향하여 산다는 것이고 그래서 하나님이 이 세계의 주인이시라는 뜻이며, 악으로부터 구분할 수 없는 좋음(선)이고 하나님의 통치 아래 있는 곳에 존재한다는 것을 의미한다. 이러한 맥락에서 본회퍼는 칸트의 선에 관한 이해를 반박한다. 칸트에 의하면 이 세계에서 무조건적인 선으로 간주될 수 있는 것을 오로지 선의지뿐이라고 주장하지만, 본회퍼는 이는 옳지 않으며 그 자체로 '매우 좋았다'는 하나님의 창조의 상태도 선한 것이라고 1932년 7월 26일에서 행한 '세계연맹의 신학적 기초(Zur theologischen Begründung der Weltbundarbeit)'라는 제목의 강의에서 말했다. 즉, 칸트식으로 이해되는 창조는 그 작품이 좋으며 또 좋아야 한다는 당위와 의지가 선한 것이지만, 본회퍼는 피조된 세계는 하나님이 이 세계의 창조주이시고 주인이시기에 그 자체가 선한 것이라고 보는 것이다.

---

65 참조: DBW3, 41.

그렇다면 본회퍼는 타락한 세계에서의 '하나님의 보시기에 좋음', '선'은 무엇이라고 말하는가? 그는 이 질문에 대하여 '보존된 창조' 개념으로 대답한다. 즉, 타락한 세계는 그 자체로서가 아니라 오직 하나님의 행위, 새 창조를 지향하는 점에서 선하다라는 것이다. 이 세계가 보존되는 것은 오로지 그의 창조주 하나님을 통해서이고, 창조주를 위해서이다.[66]

창조는 비존재로부터 구출된 것을 뜻하고, 보존은 존재를 긍정하는 것이다. 창조는 실제적인 한 처음인데, 그것은 언제나 나의 인식과 보존에 앞서는 처음이다. 창조와 보존은 여기에서 여전히 하나이다. 그것들은 동일한 대상, 즉 하나님의 본래적인 선한 작품에 관련되어 있다. 보존은 언제나 창조에 관련되어 있고 창조는 그 자체일 뿐이다. 그러나 본래적인 창조세계의 보존과 타락한 창조세계의 보존은 다른 것이다.[67]

본회퍼는 창세기의 "주 하나님이 가죽옷을 만들어서 아담과 그의 아내에게 입혀 주셨다"(창 3:21)라는 말씀을 해석하면서 인간의 타락 후에 하나님은 보존자가 되며 피조세계는 타락하였지만 이제 보존되어지는 세계가 된다고 설명한다. 하나님이 옷을 입혀주셨다는 것은 하나님이 인간을 타락한 존재 그 모습 그대로 받아들이셨다는 것을 뜻한다. 하나님은 타락한 인간에게 옷을 입혀 주시고 이것이 인간들의 악행으로 인해 필요한 것임을 그들에게 알려 주셨다. 이렇게 하나님은 타락한 인간의 병적인 욕망을 제어하지만 파기하지 않으며 본

---

66 참조: DBW3, 54-55.
67 DBW3, 44.

회퍼는 바로 이것이 세상에 대해 하나님의 보존하시는 행위라고 설명한다.68

창조는 그리스도 안에서의 하나님의 계시와 구속과 관계없이 작동하는 독자적인 질서 – 국가, 가족, 문화 – 를 위한 기초를 제공하지 않는다. 오히려 질서는 바로 그 계시와 구속의 관점에서 이해되어야 하는데, 이를 위해 본회퍼는 '보존 질서'(*Erhaltungsordnung*)란 개념을 채택한다.69 즉 질서는 창조 안에서 이후로부터 영원까지 구체적으로 주어지는 것이 아니라 구속의 기대 속에 무질서와 혼돈 가운데 곤두박질친 세상을 보존하는 하나님의 도구인 것이다.

본회퍼의 이러한 창조와 보존에 관한 이해는 『윤리학』 중 위임개념에서 적용된다. 본회퍼의 『윤리학』 속 '그리스도, 현실, 선 – 그리스도, 교회, 세상'이라는 제목의 원고에서 "모든 피조물처럼 세상도 그리스도를 통해 창조되었고, 그리스도를 위해 창조되었으며, 오직 그리스도 안에서 존립한다(요 1:10, 골1:16). 그리스도를 배제하고 세상에 관해 말하는 것은 공허한 추상이다. 세상이 알든 모르든 세상은 그리스도와 관계를 맺고 있다."70 라고 말한다. 본회퍼는 세상과 그리스도와의 관계는 세상 안에서 분명한 하나님의 위임, 즉 노동, 혼인, 정부,

---

68 DBW3, 129.
69 참조: DBW3, 129, 각주2): "본회퍼는 1932. 4. 29-30의 에큐메니컬 청소년 중간지도자 컨퍼런스에서 주장했다. GS I, 129. 마찬가지로 그의 1932년 여름학기 세미나, 'Gibt es eine christliche Ethik?' GS V, 292와 1932. 7. 26, 강연 'Zur theologischen Begründung der Weltbundarbeit,' GS I, 149-151. 1933년 이후로, 즉 그가 이 새로운 개념이 위험하게 오용되는 것을 보게 되었을 때, 그는 그것을 더는 사용하지 않았다.(DB 525)"
70 DBW6, 54.

교회를 통해 설립되며 이 네 가지 위임 속에 그리스도를 통한 하나님의 새로운 창조가 이루어진다고 본다. 이것이 『창조와 타락』에서 본회퍼가 말한 원역사의 창조이후의 보존 즉 계속적 창조가 이 땅의 현실에서 어떻게 이루어지는가에 관한 사고의 결과이다. 이로써 본회퍼는 『창조와 타락』에서 원역사의 '창조'(창 1-3장)와 '보존' 모두 그리스도론적으로 이해할 수 있는 근거를 『윤리학』 원고에서 인간의 실존 가운데 그리스도론적 창조와 보존 개념을 구체적으로 이해하려고 시도했다.

선하신 하나님의 창조는 그 자체로 선하며 예수 그리스도 안에서 계시되고 성취된 하나님의 창조의지는 노동, 혼인, 정부(국가), 교회가 이 땅의 현실 속에서 예수 그리스도와 관계 맺을 때 보존되는 선, 새롭게 창조되는 선을 실현할 수 있다.

5. 하루의 창조적 의미

본회퍼는 창조를 창조주의 관점에서 이해하고자 노력한다. 하루(창 1:4b-5)에 관한 이해와 붙박이(창 1:6-10, 14-19)[71], 즉 해, 달, 별의 창조에 관한 이해에서 더욱 분명하게 나타난다.

본회퍼는 하루를 지구가 태양의 주위를 도는 것이나 어둠과 빛의 일정한 바뀜이 아니라 '세계와 우리 실존의 본질을 규정하는 무엇'[72]

---

71 Das Starre, '고정된 것'의 의미를 가지지만 창조이야기에서는 해, 달, 별들을 가리키는 것으로, 그것이 창궁(蒼穹)에 붙어 있다고 생각했던 성서적 우주론에 맞게 강성영은 "붙박이"라고 번역하였다(참조: 디트리히 본회퍼, Schöpfung und Fall, 강성영 옮김, 『창조와 타락』(대한기독교서회, 2010), 68.).

72 DBW3, 45.

으로 이해한다. 그는 하루를 "형체 없는 것이 아침에 형체를 갖게 되는 것, 저녁에 다시 형체를 상실한 것으로 돌아가는 것, 또한 빛의 밝은 대상이 어둠과 하나 되며 사라져 가는 것, 활기찬 소음이 밤의 침묵에 잠기는 것, 빛 속에서의 긴장된 깨어 있음에 잠이 뒤따르는 것, 자연과 역사와 민족들 안에 있는 깨어 있음의 시간들(물리적인 하루를 넘어서서)과 잠이 드는 시간들 ― 이 모든 것들이 하루의 창조 ― 즉 인간이 존재하지 않던 날에 인간의 운명을 포함한 모든 것을 운반한 하루에 대해 성서가 말하는 것이다. 그 모든 리듬, 휴식과 활동을 통일하는 그 리듬은, 주고받는 일을 반복하면서 하나님의 선물과 영접, 휴식과 활동의 피안에 있는 하나님의 자유를 가리킨다"[73]라고 이해한다. "하나님께서 지으신 하루라는 작품은 그 속에 창조가 펼쳐지는 율동들이다."[74]

6. 피조물들의 창조: '마주 대함'을 통한 하나님의 창조 인식

본회퍼는 붙박이, 즉 해, 달, 별의 창조 역시 시간의 분절이나 물리적인 법칙으로 이해하는 것을 경계한다. 이 수(數)는 하나님의 진리 그 자체가 아니다.[75] 본회퍼는 이 붙박이를 24시간, 30일, 천문학적 이해, 즉 법칙과 수를 통한 이해들이 창조주의 위엄을 찬탈했다고 본다. 그러나 본회퍼는 여기에서 이 찬탈된 창조주의 위엄이 무엇인지 명확하게 밝히지 않고 있지만, 오늘날 피조된 세계를 과학적으로 규명하려는 인간의 시도들의 덧없음을 말하고 있다고 재해석할 수 있을 것이다. 그는 창세기 1:4절의 빛과 1:6절의 해, 달, 별의 창조와의 관

---

73 DBW3, 46.
74 DBW3, 46.
75 참조: DBW3, 49.

련성에 관한 궁금증을 빛이 있는 그대로의 해를 만드는 것이지 해가 빛을 있게 하는 것은 아니라는 대답으로 대신한다. 본회퍼는 창세기 1:4절의 빛을 어떠한 발광체로 이해하지 않았다. 그 빛은 어떠한 대상을 인식하는 하나님의 창조물이며 이는 다른 피조물들과의 마주 대함을 통해 자신의 실존을 인식하고, 전적으로 창조주께 감사하게 하는 피조물임을 의미한다.[76]

> 창조의 빛은 하나님 안에서 하나님의 창조로 존속하며, 어떠한 경우도 스스로 수로 간주될 수 없는 것이다.[77]

본회퍼의 이러한 빛에 대한 이해는 인간이 해, 달, 별을 마주 대하게 하고 그 마주 대함을 통해 하나님께로 나아가고 하나님을 끊임없이 창조주라고 고백하는 길로 초대한다. 이 초대는 다른 피조물들(창 1:11-13, 20-25)에게도 유효하다. 본회퍼는 하나님은 그의 피조물들이 그의 작품을 복종하는 자세로 스스로 긍정하며 계속 발전해 가기를 원하시며, 피조물이 살아서 다시 생명을 생산하기를 원하신다고 말하며, 이는 창조주 하나님이 그에게 죽어 있는 상태로 굴종하며 영원히 불변하는 세계의 주가 되기를 원한 것이 아니라, 끊임없이 형성되는 피조세계의 주가 되기를 원하신다고 해석한다.[78]

---

76 참조: DBW3, 41.
77 DBW3, 51.
78 DBW3, 53.

7. 인간: 타자를 위해 자유로운 존재, 타자의 능력

한 처음, 그 말씀, 좋음(선)에 관한 논의, 하루, 붙박이와 다른 피조물들의 창조는, 인간의 창조(창 1:26-27)에 관한 담론으로 이어진다. 본회퍼는 하나님께서 자신의 형상을 인간 안에, 이 땅위에 창조하셨다는 말씀을 인간이 '자유로운 존재'로서 하나님을 닮았다는 것을 뜻한다고 이해한다. 본회퍼는 인간의 자유를 그 자체로(an sich) 자유로울 수 있는 것이 아니라, 즉 계발되어질 수 있는 특질이나 소유 가능한 것이 아니라 하나의 관계, 양자 사이의 관계라고 정의한다. 본회퍼에 의하면, 자유로운 존재는 "타자를 위해 자유로운 존재"[79]를 의미한다. 이러한 본회퍼의 자유 이해는 일반적으로 이해되는 "~으로부터의 자유(Freiheit von)"가 아니라 "~을 위한 자유 (Freiheit für)"이다. 본회퍼는 하나님은 하나님 스스로를 위해 자유하신 것이 아니라 인간을 위해 자유하셨다고 본다. "하나님께서 그리스도 안에서 인간을 위해 자유하신 것과 하나님께서는 당신의 자유를 자신을 위해서 가지지 않기에 자유의 의미는 우리에게 '~을 위해 자유로운 존재'로 파악된다."[80] 자유로우신 하나님은 스스로 그가 지으신 인간 안으로 들어가시고, 그렇게 함으로써 자유를 창조하신다. 이렇게 피조된 자유는 타자를 위한 존재로 자유함이 드러난다.[81] 본회퍼는 이 타자를 위한 자유함은 둘이 더불어 있음(Zweiheit), 타자를 향한 지향성속에서 드러난다고 규정한다. 이러한 자유의 이해는 본회퍼가 존재의 유비(an-

---

79 DBW3, 58.
80 DBW3, 59.
81 참조: DBW3, 59; 본회퍼의 '타자를 위한 존재'에 관한 신학적 이해에 관해서는 참조: Walter Dreß, Religiöses Denken und christliche Verkündigung in der Theologie Dietrich Bonhoeffers, in: Theologia Viatorum XIV/1977-1978, 35-61.

alogia entis)가 아니라, 관계의 유비(analogia relationis)를 주장하는 근거가 된다. "관계의 유비는 하나님이 맺어 주신 관계이며, 오로지 하나님이 맺어 주신 이 관계 속에서 유비가 된다. 피조물들 상호간의 관계는 하나님께서 맺어 주신 관계이다. 왜냐하면 그 관계는 자유함 속에서 성립되고 하나님의 자유로부터 비롯된 것이기 때문이다."[82]

본회퍼는 창 2:18-25을 해석하면서 타자에 관한 논의를 심화시킨다. 본회퍼는 우선 아담, 그리스도, 인간은 홀로된 존재로 규정한다. 그는 아담은 희망 속에서, 그리스도는 신성의 충만함 가운데, 인간은 악과 희망의 상실 속에서 혼자였다고 본다.[83]

본회퍼는 아담과 하와는 둘이지만 하나이며, 이 둘의 하나됨은 그 자체가 하나님이 잠든 아담에게 행하신 그의 행위로써 세웠던 비밀이라고 본다: "이 하나됨은 결코 둘의 혼합이나, 개별적 존재로서 피조된 그들의 피조성이 지양(止揚)되는 것이 아니라 서로 다름의 존재라는 사실에 기초하여, 서로에게 속함이라는 궁극적인 실현의 가능성이다."[84] 본회퍼에 의하면 '사랑' 속에서 서로에게 속함이 가능하다. 사랑 속에서 두 존재가 하나님의 피조물로서 하나가 되며, 자유와 피조성은 사랑 안에서 타인의 창조 속에서 결합된다. 즉, 타자를 사랑하고 또 그로부터 사랑을 받는 것은 단순한 타자로서 또한 내 옆에 서 있어 나를 제한자로서 인식하는 것과 또한 나와 나의 생명으로부터 나온 타자의 기원에 대한지식 때문이다. 나아가 타자는 나에게 하나님이 정해 주신 '한계'이므로 그는 나의 사랑의 대상이지만 침범해서는 안 될 대상이기도 하다.

---

82 DBW3, 59.
83 참조: DBW3, 89.
84 DBW3, 91.

정리하자면, 본회퍼는 아담에게서 여자의 창조, '타자의 창조'를 '한계의 창조'로 보고 있다. 이 한계는 하나님의 사랑이고 은총이다. 본회퍼는 두 인간이 이러한 한계를 함께 짊어지는 공동체에서 교회 공동체의 성격을 규명할 수 있다고 말한다.[85] 타인에 대한 사랑이 파괴된다면 인간은 그의 한계를 혐오하고 타자를 한계 없이 소유하려고만 하여, 한계 없이 타자를 착취의 대상으로만 여길 뿐이다. 타자의 기원은 하나님이지 아담이 아니다. 아담은 새로운 인간, 타자의 창조를 위한 도구로 쓰였을 뿐이다. 바로 이러한 점에서 본회퍼는 인간이 하나님 앞에서 살도록 돕는 타자의 능력(die Kraft des anderen)은 인간에게 절대 타자의 능력(die Kraft des Anderen)이 된다고 규정한다.[86] 우리는 하나님께서 창조하신 한계를 깨달음으로써 우리의 조력자가 되는 타자가 우리로 하여금 하나님 앞에서 살 수 있도록 돕는다. 그리고 그와 더불어 인간이 공동체에서, 오직 하나님 앞에서 살 수 있는 것이다.

하나님의 형상대로 창조된 인간은 하나님과 이웃을 위한 존재, 타자를 위해 자유로운 존재로서 그의 본원적인 '피조성'과 '한계성' 속에서 하나님의 형상을 닮은 인간이 된다. 남편과 아내의 공동체(창 2:18-25)는 하나님을 창조주로 경외하며 찬양하는 사랑의 공동체이기 때문에, 교회의 원초적 형태라고 본회퍼는 말한다. 이러한 사랑이 파괴된 공동체는 자기만 인정하고 타자를 하나님의 피조물로 인정하지 않으며, 타자 속에 있는 자신의 갈비뼈를 내세우며 타자를 자신의 소유라고 주장한다. 이러한 공동체는 창조주를 찬양하지 않으며 부끄러움이라는 타자에 대한 집착적인 욕구를 포기하지 않는다. 그들에게

---

85 DBW3, 92.
86 DBW3, 93.

타자는 단지 나의 욕구의 대상일 뿐이다.87 그러나 인간이 타자를 하나님으로부터 왔고 하나님이 주신 반려자로 영접하는 사랑의 공동체는, 인간이 자신을 타자로부터 나오고 타자를 향한 존재로서 이해하고 그에게 속하는 것이다.88 그곳에서 인간은 부끄러움을 더 이상 느끼지 않고 '서로에게 속함'(Einandergehören)89은 현실이 된다.

8. 경건한 질문속의 원초적인 악(Das Urböse)에 관하여

본회퍼는 창세기 3장 1-3절의 말씀을 해석하면서 이 단락의 제목을 '경건한 물음'이라고 정한다. 이 제목은 역설적인 표현이다. 본회퍼는 선악과를 따먹지 말라는 금지명령, 하와의 창조, 뱀은 통합적으로 이해해야 한다는 독특한 견해를 내어놓는다. 본회퍼는 피조물인 하와와 뱀이 타락한 장면에서, 원수인 마귀 즉 뱀에게서 혹은 선악을 마음대로 행할 수 있는 인간의 자유를 인간이 남용한 데에서 타락의 원인을 찾아서는 안 되며, 이는 성서를 조야하게 만들고 완전히 훼손하는 것이라고 말한다. 본회퍼는 이 장면에서 모호함과 이중성을 제기한다. 모호함은 앞서 설명하였듯이 인간 혹은 뱀에게서 악의 근원을 찾으려고 하는 두 가지 가능성을 의미하고, 이중성은 선악과가 하나님의 은총의 피조물임과 동시에 사탄의 음성이 들리는 장소가 되는 것을 의미한다.90

본회퍼는 이 본문은(창 3:1-3) 악의 기원에 대해 말하려고 하는 것이 아니라 악의 성격이 곧 죄라는 것과 인간에게 영원한 질곡이 된다

---

87 DBW3, 94-95.
88 DBW3, 95.
89 DBW3, 94.
90 참조: DBW3, 97.

는 것을 증거하려 한다고 본다. 즉, 인간이 하나님의 피조물로서 하나님을 말씀을 거스르는 악행을 하였다는 것과 그런 이유로 이것이 죄이며 용서받지 못할 죄가 된다는 것이다. 본회퍼는 인간이 하나님의 피조물로서 하나님의 세계에서 살아야 하지만, 그것을 원치 않는 곳에는 언제나 이 사탄이 지배한다고 본다.[91] 본회퍼는 인간의 자유의지나 사탄의 유혹으로부터 악의 근원을 찾는 것은, 하나님의 창조 속에 인간의 악한 의지가 포함된다고 인정하는 것이 되고, 하나님께서 사탄을 창조하셨다거나 혹은 불완전한 세계를 창조하셨다는 것을 의미하는 것이 되기 때문에 거부하고 있다. 하나님의 온전한 피조세계, 하나님이 보시기에 참 좋았던 창조세계 가운데, 피조물이 피조물로 살기를 원하지 않는 곳에서 악은 생성되고 그것이 곧 죄이다.[92]

본회퍼는 뱀의 "하나님이 정말 너희가 이 동산에 있는 모든 나무의 열매를 따먹지 말라고 하셨느냐?"라는 질문이 인간으로 하여금 하나님의 말씀 뒤로 물러나서, 이제는 자기의 입장과 하나님의 본질에 대한 자신의 이해를 근거로 자기주장을 정당화하려는 경향을 갖게 되었다고 해석한다.[93] 이 질문에서 인간은 하나님의 말씀을 단순하게 듣고 행하는 대신 그 말씀에 대한 심판자가 된다는 우쭐거림에 빠지게 되고 그 결과 인간은 그의 관념과 원리의 토대에서 하나님과 그분의 구체적인 말씀에 대해 그 어떤 지식을 얻고 그것을 판단할 수 있다고 생각한다. 그러나 인간은 어떠한 원리나 하나님 이해를 무기삼아 하나님의 구체적인 말씀을 대적하는 곳에서 스스로를 정당화하고, 하나

---

91 참조: DBW3, 97.
92 참조: DBW3, 140. (편집자 후기): "의지주의자인 제베르크의 제자였던 본회퍼에게 윤리는 '의지'와 결합된 것이었다. 따라서 죄란, 이기적인 성향으로 공동체를 파괴하는 악한 의지로 간주되었다. 명백한 사실은 기독교적 사고에서 선악이란 의지의 성질이다."
93 참조: DBW3, 99.

님의 주인이 된다. 바로 거기서 인간은 복종의 길에서 벗어나고 자기에게 말을 걸어오시는 하나님을 외면하는 것이다. 즉, 이 질문에서 현실성에 반해 가능성이 내세워지고 가능성이 현실성을 뒤엎어버린다. 이렇게 독자적으로 스스로 발견한 하나님을 위한 존재가 되려는 욕구의 가능성은 뱀의 경건한 질문 속에 감추어진 원초적인 악(Das Urböse)이다.[94] 뱀은 언제나 명백한 거짓으로 옳은 것을 시험하려한다. 하와는 계명에 확고히 매여 있었지만 악을 알지 못했고, 인식하지도 못한 이유로 단지 주어진 계명을 되풀이하고 옳게 여기는 것 외에 달리할 수 없었다.

본회퍼는 뱀의 경건한 질문 속에서의 원초적인 악에 대한 담론으로 이 책을 끝맺지 않는다. 그는 "신학적 질문은 악의 기원을 묻는 것이 아니라, 십자가에서 실제적으로 일어난 악의 극복을 향하는 것이다. 신학적 질문은 죄의 용서와 타락한 세상의 화해에 대해 묻는 것이다."[95]라고 말하면서 불순종의 악, 불순종의 죄를 저지른 인간을 향해 그리스도를 통해 화해로 초청하시는 하나님의 은혜를 말하고자 한다.

9. 오늘, 우리에게 『창조와 타락』의 의미

『창조와 타락』은 『성도와 교제』, 『행위와 존재』로 대표되는 본회퍼 초기의 아카데믹한 신학과 비교하여 문체의 변화나 성서 해석에 대한 깊은 관심으로 인해 중기 본회퍼로 나아가기 전에 그의 신학적 전향이나 불연속성의 증거로 삼아서는 안 된다. 오히려 『창조와 타락』은 본회퍼 전체 저작의 핵심 테제인 교회를 창조의 관점에서 저술하는

---

94 참조: DBW3, 100-101.
95 DBW3, 113.

책으로, 초기와 중기 본회퍼 사이의 가교역할을 하는 책으로 이해해야 한다.

『창조와 타락』은 자아를 사고의 중심에 두는 사고 시스템을 설계해 나가려는 당시 철학의 조류로부터 벗어나고 인간의 자기 규정적 한계에 대해 신학적으로 어떻게 재설계해야 하는 가에 대한 분명한 목표를 지니고 있다.96 동시에 『창조와 타락』은 타락 이후의 세계에 하나님의 직접적인 간섭을 허용하는 자연신학적 관점을 비판하면서, 하나님의 내재성과 초월성을 그리스도론적으로 재구성하고자 했던 초기 본회퍼의 사상을 계승하고 있다고 보아야 한다. 나아가 이 책의 '타자를 위한 자유' 개념은 창조신학을 왜곡한 민족운동을 사유화 하고자 했던 당시 독일의 국가교회와 국가사회주의를 비판하기 위한 도구로 보아야 한다. 본회퍼는 아담의 '하나님처럼' 되고자 했던 인간의 자아 중심적 사고가 죄의 결과가 된 것처럼, 당시 독일 역시 인간의 자아 중심적 사고로 인해 원래의 하나님의 형상을 잃어버리고, 하나님의 창조이해가 왜곡된 채 사상화 작업이 진행되는 타락의 길을 걸어가고 있다고 1932/33년 겨울학기 내내 베를린의 한 강의실에서 외쳤던 것이다. 본회퍼는 자연신학적 입장을 비판하고 오직 예수 그리스도를 통해서만 타락한 세계는 재창조 될 수 있으며, 인간의 죄의 인식 역시 인간 스스로가 아니라 예수 그리스도를 통해서만 인식될 수 있다고 주장했다.97 앞서 밝혔듯이 본회퍼는 인간이 타자를 하나님으

---

96 1920년대 독일에서 유행했던 철학적 '한계(Grenze)' 개념에 관한 본회퍼의 입장에 대해서는 참조: DBW10, 357-378(본회퍼의 교수취임강연(1930년 7월 31일)). 특히, 같은 책, 368을 참조할 것.

97 본회퍼는 『성도의 교제』의 제3장(원상태와 공동체의 문제)과 제4장(죄와 파괴된 공동체)에서 창조와 죄의 문제를 다룬다. 본회퍼는 죄의 결과로 사회적 관계가 상실되었다고 본다. 이러한 사회적 관계의 상실은 하나님과 인간 사이뿐만 아니라, 인간들과 인간들 사이의 관계도 포함한다(참조: DBW1, 38, 69). "죄의 세계는 '아담'의 세계요,

로부터 왔고, 하나님이 주신 반려자로 맞이하는 사랑의 공동체에서 비로소 인간이 자신을 타자로부터 발생하고 타자를 향한 존재로서 이해하고, 그에게 속할 수 있다고 주장했다. 예수 그리스도를 통해 인간이 타락의 결과인 부끄러움을 더 이상 느끼지 않고 '서로에게 속함'의 현실이 재창조되며, '타자를 위한 자유'가 예수 그리스도의 현실을 통해 끊임없이 역동적으로 생성되는 그곳이 바로 교회임을 본회퍼는 이 책을 통해 말하고 있다.

10. 『창조와 타락』 속의 '타자를 위한 교회'

『창조와 타락』은 예수 그리스도와 화해된 인간이 '타자를 위한 자유'라는 하나님의 형상을 부여받아, 옥중신학에서 본회퍼가 말한 그리스도의 '타자를 위한 존재'로의 참여로 나아갈 수 있는 전제를 찾을 수 있는 책이다. 예수 그리스도를 통해서 재창조되는 인간 공동체는 타자를 위해 현존할 수 있는 진정한 예수 공동체가 된다.

본회퍼는 『창조와 타락』에서 인간이 하나님 앞에서 살도록 돕는

낡은 인류이다. 그러나 아담의 세계는 그리스도가 화해시킨 세계요, 그리스도가 새로운 인류와 그의 교회로 만든 세계이다. 그러나 이로써 아담이 이제 완전히 극복된 것은 아니다. 오히려 그리스도 - 인류 안에서 아담 - 인류는 여전히 계속 살아 있다(DBW1, 69)." 본회퍼는 그리스도를 통해 화해된 세계 내에서 여전히 죄인의 공동체(peccatorum communio)가 존재하지만 그리스도를 통해 끊임없이 화해가 일어나는 역사적 현실을 아담의 이중성, 집단인격의 개념을 통해 진술한다(참조: DBW1, 69-76, DBW6, 128.). 본회퍼의 이러한 창조 - 죄 - 화해의 도식을 창조가 화해 없이 논의될 수 없고, 화해 없이 창조를 논할 수 없다는 변증법적 방법으로 죄에 관한 담론을 구성하고, 죄론을 '윤리적 집단인격' 개념을 통해 기독교윤리학적 담론의 초석을 다진다. 이러한 본회퍼의 이해는 1930년대 나치의 사상적으로 뒷받침 했던 당시 독일 국가교회의 왜곡된 창조신학을 비판하는 내용을 담은 『창조와 타락』을 거쳐, 『윤리학』원고에서 죄책, 칭의, 갱신의 지평에서 나치사회에서의 불의에 침묵했던 교회의 회개와 공적 책임을 강조했던 기독교 윤리적 담론으로 발전된다.(참조: DBW6, 125-136)

타자의 능력(die Kraft des anderen)은 인간에게 절대타자의 능력(die Kraft des Anderen)이 된다고 규정했다.98 본회퍼는 옥중에서 타자를 위한 "교회는 인간 공동체의 세상적인 과제에 참여해야 하지만, 군림하면서가 아니라 도우면서(helpend) 그리고 봉사하면서(dienend) 참여해야 한다"99라고 말했다. 본회퍼에 의하면, 예수 그리스도를 통해 재창조되어 타자를 위해 교회된 이들의 타자를 돕는 능력은 인간 스스로의 능력이 아니라, 하나님의 능력이 된다.

이러한 점에서 본회퍼가 말했던 '타자를 위한 교회'는 원시 공동체(창 1장-3장)의 회복, 즉 타자를 하나님으로부터 창조되었고 하나님께서 주신 반려자로 영접하는 사랑의 공동체가 회복되는 교회, 인간이 자신을 타자로부터 나오고 타자를 향한 존재로서 이해하고, '서로에게 속함'(Einandergehören)이라는 현실이 역사 속에서 실존하는 교회이다.

III. 그리스도론(Christologie): 그리스도 이해를 통한 교회 이해

1. 『그리스도론』의 등장 배경

그리스도론은 1933년 여름학기에 본회퍼가 베를린 대학에서 강의했던 그리스도론 강의(Christologie-Vorlesung)를 수강했던 학생들의 필기노트를 바탕으로 재 작성된 원고이다.100

---

98 DBW3, 93.
99 DBW8, 560.
100 참조: DBW12, 279, 각주 1.『그리스도론』의 더 많은 편집배경에 관해서는 각주 1의 나머지 내용을 참조할 것.

십자가에 달렸고 부활한 예수는 현재하는 그리스도다. […] 현재하는 역사적 그리스도로서의 그리스도, 그분의 현재는 시간적, 장소적으로 이해되어야 한다. 지금 그리고 여기에서(nunc et hic), 양자는 교회 개념에서 만난다. 그리스도는 그의 인격에서 교회 내에서 현재한다. 인격으로서, 그리스도의 현재는 교회 내에 실존한다. 그리스도는 현재하는 그리스도이다. 따라서 우리는 그리스도에게 물을 수 있다. 교회 안에서는 선포와 성례전이 행해지며, 바로 이러한 이유 때문에 우리는 그리스도에 관해 물을 수 있다.[101]

본회퍼의 그리스도론은 '예수 그리스도의 현재(die Gegenwart Jesu Christi)에 관한' 담론이다. "'현재'한다는 것은 동시적으로 실존하는 것을 뜻하며 같은 장소에 실존하는 것(현존, Anwesenheit)을 의미한다. 부활한 예수도 인간 예수로 현재한다. 그는 인간이기에 우리에게 현재적일 수 있다."[102] 본회퍼의 그리스도론은 그의 박사학위 논문인 『성도의 교제』에서 다루었던 '하나님과 인간(들) 사이의 관계'에서, 그리스도 자신과 인간 사이의 관계로의 담론의 자리를 옮긴다. 신인(神人, 하나님—인간(Gott-Mensch))인 그리스도는 인간과 어떤 관계를 이루고 있는가? 이 질문은 본회퍼의 그리스도론의 출발점이며 그의 교회 이해와 제자도, 기독교 윤리학적 개념들을 낳았던 핵심 질문이기도 하다.

본회퍼는 그리스도의 형상에 관해 초역사적으로 이해하려고 했던 그리스도론을 비판하면서 '새로운 그리스도론'[103]을 전개한다. 즉, 리

---

101 DBW12, 291-292.
102 DBW12, 294.
103 참조: Clifford Green, *Sociality and Church in Bonhoeffer's 1933 Christology*, in Scottisch Journal of Theology 21 (1968), 416-434: 그린은 본회퍼의 '사회성'

츨의 계몽주의와 합리주의의 그리스도 상(像), 빌헬름 헤르만의 예수의 내적 삶에 대한 형상 같은 그리스도론은, 그리스도를 인격의 대상으로 본 것이 아니라 초역사적으로 이상적인 힘(Kraft)으로 보았기 때문에 이러한 그리스도 이해는 결국 '예수 그리스도의 부활'을 통한 그분의 '현재' 이해가 불가능하다고 진술한다. 초역사적인 그리스도의 이해는 그리스도의 지금 그리고 여기에서의 인격적인 실존을 사고할 수 없다.104 이와 같은 그리스도 이해의 시도는 본회퍼 신학의 근본테제이기도 했던, "오늘 우리에게 예수 그리스도는 누구인가?"라는 질문을 낳게 했다. "'누구인지'에 대한 물음은 타자의 타자성(他者性. Andersartigkeit)을 표현하는 물음이다. '누구인지를 묻는 물음'은 동시에 질문하는 사람의 실존에 관한 물음(Existenzfrage)이기도 하다.105 이러한 이해를 바탕으로 '오늘 우리에게 예수 그리스도는 누구인가?'라는 질문은 예수 그리스도와 질문자 사이의 어떤 실존적인 관계가 있는지 알고자하는 의도가 숨어있다고 볼 수 있다. 본회퍼는 그리스도의 현실에 관한 질문을 그리스도의 인격적 존재 구조를 통해 답변을 시도한다. 본회퍼에 의하면, 그리스도론의 대상은 전체적인

의 개념에 대한 연구를 했으며, 미국의 대표적인 본회퍼 연구가로 평가할 수 있다. 그는 위의 논문에서 필립스가 그의 책(John A. Phillips, Christ for us in the Theology of Dietrich Bonhoeffer, Harper & Row, New York, 1967)에서 본회퍼의 그리스도를 어떻게 이해하고 있는지 분석했다. 필립스는 본회퍼의 1933년 그리스도론 강의에서의 그리스도 이해를 '새로운 그리스도론'으로 규정한다. 필립스는 본회퍼의 그리스도론을 '두-그리스도론이론(Two- Christologies thesis)'이라고 규정한다. 즉 필립스는 본회퍼가 그리스도를 크게 '초월적 인격의 그리스도'와 '교회로서의 그리스도'로 이해하고 있다고 주장했다. 그런은 본회퍼의 그리스도론이 그의 삶 속에서 그리스도의 형태(form) 혹은 위치(place)의 강조점에 따라 양분된 것처럼 보이다가, 결국 옥중에서 초기 본회퍼의 그리스도 이해가 다시 통합된 채 발견된다고 주장하는 필립스의 연구를 소개했다.

104 DBW12, 292-293.
105 DBW12, 283.

역사적 그리스도의 인격적 존재구조이다.106 그는 그리스도의 인격 존재를 '나를 위한 구조'라고 규정하고 있다. 그러면서, "'예수 그리스도의 즉자적 존재(An-Sich-Sein)'는 결코 인간의 사고의 대상이 될 수 없으며, 인간에 대한 그리스도의 관계성만을 사고할 수 있을 뿐이다"107라고 말한다. 그에 의하면, "인간은 그리스도를 오직 그와의 실존적인 관계성 속에서만, 동시에 오직 공동체 내에서만 사고할 수 있다."108

『성도의 교제』에서 하나님과 인간(들) 사이의 관계를, '그리스도교적 인격'과 '집합인격'이라는 '인격' 개념을 통해 하나님과 인간(들) 사이의 공동체적 관계를 사유했듯이 본회퍼는 『그리스도론 강의』에서도 예수 그리스도와 인간 사이의 관계를 공동체적, 인격적 관계를 통해 이해하고 있다. 본회퍼는 예수 그리스도는 말씀(Wort),109 성례전(Sakrament),110 그리고 공동체(Gemeinde)로 현존하며, 이 세 가지 형태는 모두 'Pro-me'(나를 위한) 인격적 구조를 이루고 있다고 설명한다.

본회퍼가 이해하는 예수 그리스도와 그리스도인의 관계는 당시 유행했던 인격주의의 나와 너의 관계, 즉 동등한 관계에서의 만남이 아니라 예수 그리스도의 인간을 위한 만남이다. 이러한 만남은 인간

---

106 참조: DBW12, 291.
107 DBW12, 295-296.
108 DBW12, 296.
109 "설교의 말씀은 성육신한 그리스도 자신이다. 성육신한 그리스도는 하나님이다. 따라서 설교는 예수 그리스도 자신이다. 인간으로서 하나님, 말씀으로서 그리스도이다. 그리스도는 말씀으로서 그의 공동체를 통해 일하기 시작하신다."(DBW14, 503.)
110 본회퍼는 성례전을 말씀과 더불어 오늘날의 교회에서 예수 그리스도의 (제자로서) 부르심의 사건으로 이해한다(참조: DBW4, 216.).

을 위해 자유하심으로, 희생하심으로, 낮아지심으로 맺어주시는 예수 그리스도의 은혜의 만남이라고 해석할 수 있다.

본회퍼는 "그리스도가 하나님의 말씀인 한, 그리스도에 관한 교리로서의 그리스도론은 고유한 학문의 영역에 속한다. 그리스도론은 하나님의 말씀에 관한 교리와 이야기 그리고 말이다. 그리스도는 하나님의 로고스다. 따라서 그리스도론은 로고스론이다"111라고 그리스도론을 정의하며 말씀 자체가 그리스도임을 강조한다. 말씀으로서의 그리스도는 인간 로고스, 즉 관념(Idee)와는 구별되는 말을 걺(Anrede)이다. "말을 걺으로서의 말씀은 관념으로서의 말씀에 완전히 대립된다. 관념으로서의 말씀이 본질적으로 자기 자신에게 머무른다면, 말을 걺으로서의 말씀은 오직 두 가지 형태, 즉 말을 걺과 '응답'(Antwort), '책임'(Verantwortung) 사이의 말씀으로서만 가능하다. 이 말씀은 무시간적인 것이 아니라 역사 속에서 일어나는 사건이다. 하나님의 말씀은 보편적이거나 언제 어디서나 접근 가능한 것이 아니며, 타자로부터 말을 걺이 일어나는 곳에서 발생한다. […] 그리스도는 본질적으로 '나를 위한' 하나님의 말을 걺이다."112

성례전 속에 현재하는 그리스도는 "하나님-인간이시며, 높여진 분이다! 실존론적으로 성례전 속에 현재하는 분으로서 예수는 실존한다. 예수의 성례전적 존재는 그의 특별한 의지나 속성이 아니다. 그는 본질적으로 교회 내의 성례전으로서 실존한다. […] 예수의 성례전적 존재는 그의 현재적 낮아짐이다. 이러한 낮아짐은 그의 신적이며 인간적인 실체의 우연적 요소가 아니라 그의 실존 자체가 스스로 낮아진 실존이다."113

---

111 DBW12, 280-281.
112 DBW12, 298-299.

그리스도는 성례전 안에서 우리에게 현재한다. […] 그분은 새로운 피조물이며, 빵과 포도주 안에서 자신 스스로를 낮추신 인간이다. 그분은 빵과 포도주 내에 존재하는 새로운 피조물이기 때문에 빵과 포도주는 새로운 창조다. 빵과 포도주는 본질적으로 실제적으로 신앙 속에서 받아들이는 인간의 새로운 양식이다. 빵과 포도주는 회복된 창조이지만, 그 자체로서가 아니라 인간을 위할 때에만 그렇게 된다. 인간을 위한 존재는 빵과 포도주의 새로운 창조가 된다. 그리스도는 성례전에서 자연의 창조주인 동시에 피조물로서 존재한다. 창조주로서의 그리스도는 이러한 새로운 피조물을 통해서 우리를 새로운 피조물로 만드는 우리의 창조주로서 현재한다.114

Pro-me(나를 위한) 구조라는 인격적 구조를 이루는 말씀과 성례전으로서의 그리스도는 교회 공동체로서 현재한다. "하나님의 말씀이 하나님의 계시인 한, 교회 공동체는 하나님의 말씀이다. […] 성례전은 말씀을 넘어서서 그 자체로서 이미 신체적 형태를 갖는다. 이 말씀을 신체화한 형태가 그리스도의 몸이며, 그 자체로서 동시에 교회 공

---

113 DBW12, 304.
114 DBW12, 305; 참조: 미하엘 벨커, 『성찬식에서 무엇이 일어나는가?』, 임걸 옮김, 한들출판사, 2000, 125-142. : 벨커는 성찬식의 빵과 포도주는 그리스도의 인격 전체와 그리스도 현존 전체를 포함하고 있다고 본다. "우리가 '말씀 속에' 가지고 있던 그것이 이제 감각적으로, 현세적으로, 실제로 생생하게 현존한다."(136) 벨커는 그리스도의 생명이 성찬식 과정과 별도로 빵과 포도주 자체 안에 현존하는 것이 아니라, '이중의 화해 사건'이 일어나는 성찬식의 빵과 포도주 속에 임재한다고 본다. 그가 말하는 '이중의 화해 사건'이란, 성찬식 속에서 완전히 예수 그리스도의 희생을 염두해 두면서 하나님을 찬양하며 공동체로 주고 받으며 먹고 마시면서, 동시에 하나님과의 화해 그리고 사람과 사람 사이의 화해를 축하하는 것이다. 벨커는 바로 그곳에 부활 전을 회상시키는 예수, 십자가에 달리신 분으로 선포된 예수, 부활한 분으로 증언된 예수, 재림할 것으로 기대되는 인자로서 예수, 종합하자면, '전체 그리스도'가 현존 한다고 보았다(142). 이는 '실제적 임재'로 되돌아가는 것이며 명백한 확신 속의 예수 그리스도의 존재와 예수 인격의 충만함을 의미한다(136).

동체의 모습이다."115

그리스도의 위치(Ort)에 대해 묻는 것은 그리스도의 "누구—구조"(Wer—Struktur) 내에서 "어디에—구조(Wo—Sturuktur)를 묻는 것이다."116 본회퍼는 이에 대한 답변으로 "그리스도는 나를 위해 현존하는 중보자"117라고 말한다. 이는 삼중적인 의미를 지니는데 '인간을 위한 현존재', '역사를 위한 현존재' 그리고 '자연을 위한 현존재'이다.118 "그리스도는 인간 실존, 역사와 자연의 중심이다. 그러나 이것은 결코 추상적인 말은 아니며 서로 구분 되는 것도 아니다. 사실상 인간 실존은 동시에 역사와 자연이다. 중심으로서의 그리스도에 관해 말하는 것은 예속하에 있는 창조의 중재자로서의 그리스도가 이러한 율법의 성취, 이러한 예속으로부터의 해방이라고 말하는 것이다. 그리스도만이 이 모든 것이 될 수 있다. 왜냐하면 그는 내 장소에서 나를 위해 하나님 앞에서 나를 위해 존재하는 분이시기 때문이다. 중재자로서의 그리스도는 타락한 옛 세계의 종말과 동시에 하나님의 새 세계의 시작이다."119

2. '타자를 위한 교회'의 담론을 위한 그리스도론적 초석으로서의 '그리스도론 강의'(Christologievorlesung)

본회퍼의 '그리스도론 강의'(1933년 여름학기)는 『성도의 교제』에

---

115 DBW12, 305-306.
116 DBW12, 306. 이 문제와 관련해서는 참조: Matt Jenson, *Real presence: contemporaneity in Bonhoeffer's Christology*, Scottish Journal of Theology 58 (2005), 143 - 160
117 DBW12, 307.
118 DBW12, 307.
119 DBW12, 310-311.

서 다룬 내용에서 큰 차이 없이 강의용으로 재구성 된 것처럼 보일 수 있다. 그러나 파일(Ernst Feil)은 본회퍼의 이 강의를 초기 본회퍼 신학적 작업에 대한 요약적 결론이라고 보았다.120 실제로 본회퍼의 '그리스도론 강의'는 그의 전체 삶과 신학 안에서 어떠한 역할을 담당하고 하고 있으며,121 '그리스도론 강의' 안에서의 그리스도 이해는 1933년 이후에 어떻게 발전되는가?

> 그리스도의 현재는 교회 안에 있다. 오직 그리스도가 현재하는 그리스도이기 때문에 우리는 여전히 그에게 질문할 수 있다.122

본회퍼의 위와 같은 그리스도에 이해에 관한 진술을 수용한다면, 그의 그리스도 이해는 그의 교회 이해와 어떠한 관련성을 갖는가? 본회퍼의 그리스도 이해는 그의 교회 이해와 불가분(不可分)의 관계에 있다. 본회퍼는 『성도의 교제』에서 그리스도를 '공동체로 존재하는 그리스도'라고 규정했다. 그는 1933년 여름학기 그리스도론 강의에서 그리스도가 즉자적 존재(An-sich-Sein)가 아니라 나를 위한 존재(pro-me-Sein)의 구조로, 즉 '나를 위한 관계성 안에서의 존재'로 현재 한다고 규정한다. 그러면서 전통적 루터교의 존재론적인 그리스도론을 벗어나서 사회성의 용어로 자신의 독특한 그리스도론을 정립했다. 이후 본회퍼는 그리스도의 구체적인 현재하심, 실존의 형태가 바

---

120 참조: Feil, Die Theologie Dietrich Bonhoeffers, 171-173.
121 본회퍼의 '그리스도론 강의(1933년 여름학기)'에 대한 신학적 해석은 참조: Wolf Krötke, Der begegnende Gott und der Glaube Zum theologischen Schwerpunkt der Christologievorlesung Dietrich Bonhoeffers, in: *Barmen –Barth –Bonoeffer*, Beiträge zu einer zeitgemäßen christozentrischen Theologie, Luther-Verlang, 2009, 315-355.
122 DBW12, 292.

로 말씀,123 성례전, 공동체라고 설명했다. 본회퍼는 그리스도의 초월성과 내재성을 중심으로 이어져온 이중적 구조 안에서 이해된 그동안의 그리스도론의 담론을 『성도의 교제』부터 주장해온 '그리스도교적 인격'의 개념으로 극복한다. 본회퍼는 하나님의 타자성과 현재성이 우리의 외부로부터(extra nos) 우리를 위해(pro nobis) 현존하는 그리스도를 통해 동시에 이루어진다고 보고 말씀(설교), 성례전, 공동체에서 그 구체적 형태가 가시화 된다고 보았다. '나를 위한 존재'의 그리스도는 타자를 위한 존재의 인격으로 인간(들)에게 형상화 되고 인간(들)은 스스로를 위한 존재가 아니라 타자를 위한 존재가 될 수 있는 예수의 본질을 말씀, 성례전, 공동체를 통해 전달받는다. 본회퍼의 '그리스도론 강의'의 2부 '역사적 예수'는 20세기 초반의 역사적 예수 연구를 계승하는 연구가 아니라 예수의 '인격' 개념을 통해 새롭게 정립되는 그리스도론은 예수의 형상이 끊임없이 지금, 여기에서 역사 속에서 구체적으로 형상화되어야만 한다는 의미에서 당시의 역사적 예수 연구에 대한 비판하는 내용을 담고 있다.

본회퍼의 그리스도 이해는 1933년 이후의 저작들 속에서도 다양한 개념으로 발전된다. 월커(Hamish Walker)는 본회퍼가 그의 삶 동안 그리스도론을 완성하기 위해 노력했었다고 주장했는데, 그 증거로 『나를 따르라』의 그리스도 이해의 결점이 『윤리학』 원고에서 보완되는 것에 주목했다.124 '그리스도론 강의'에서의 본회퍼의 성육신, 십자가, 부활의 이해는 『윤리학』의 '형성으로서의 윤리' 부분에서 기독교

---

123 참조: Jens Zimmermann, Reading the Book of the Church: Bonhoeffer's Christological Hermeneutics, in: Modern Theology 28 (2012), 763-780; DBW14, 502-507.

124 참조: Hamish Walker, The Incarnation and Crucifixion in Bonhoeffer's Cost of Discipleship, in: Scottish Journal of Theology 21(December 1968), 407.

윤리학적 담론으로 발전된다.125

『저항과 복종』에서의 그리스도 이해는 본회퍼가 투옥되기(1945년 4월 5일) 이전의 그리스도 이해의 통합적 결론이라고 볼 수 있다. 본회퍼는 소위 그의 '옥중신학'에서, 그리스도는 세상 속에서 고난 받는 하나님으로 이해되며 그리스도인들은 하나님이 고난 받을 때 하나님과 함께하며 세상적인 삶 속에서 하나님의 고난에 동참하는 것이 결국 그리스도인됨의 조건이라고 말했다.126 본회퍼가 『저항과 복종』에서 논한 '성숙한 세상 속에서 고난 받는 하나님'으로서의 그리스도 이해는 위르겐 몰트만의 하나님 이해에 큰 영향을 끼쳤으며 여성신학, 남미의 해방신학, 아프리카의 흑인신학, 한국의 민중신학에 적지 않은 영향을 끼쳤다.

1933년 3월 히틀러 정권이 들어섰다. 당시 히틀러는 자신을 루터 정신의 계승자라고 계속 주장했었으며, 국가교회의 많은 신학자들과 목사들은 그를 메시야로 만들어 사상적으로 독일 국민들을 현혹하고 있었다. 독재자가 메시야가 되고 있는 역사적 배경 속에서 본회퍼는 그의 '그리스도론 강의'에서 진정한 그리스도의 모습을 다음과 같이 강조했다.

"인간 예수 그리스도를 하나님으로 말하려면 그를 그 어떤 하나님 이념의 대변자로 말해서는 안 된다. 즉 예수를 하나님으로 말할 수 있는 곳은 그의 전지전능이라는 특성에 있는 것이 아니라, 약함과 구유에 있다."127

본회퍼의 1933년 '그리스도론 강의'(Christologievorlesung)는 '타

---

125 참조: R. F. Kohler, *The Christocentrig Ethics of Dietrich Bonhoeffer*, Scottish Journal of Theology 23 (1970), 27-40.
126 참조: DBW8, 535.
127 DBW12, 341.

자를 위한 교회'의 담론을 위한 그리스도론적 초석이 된 강의로 볼 수 있다. 소위 '옥중신학'에서도 본회퍼는 그리스도인됨은 죄인됨, 회개, 성자 등 어떠한 인간 스스로의 방식에 근거해서 만들어낼 수 있는 것이 아니라 인간 안에서의 그리스도의 창조를 통해 이루어진다고 강조했다.128 이러한 이해는 본회퍼의 '비종교적 그리스도' 개념 이해의 핵심이다. 본회퍼는 어떠한 형이상학적 하나님 이해를 그리스도이해에도 적용시키는 것을 거부했으며, 성육신하신 하나님의 궁극적인 목적이 예수 그리스도의 고난의 형상에 있다고 보았다. 그는 그리스도의 고난을 짊어지심의 형상이 그리스도인에게도 각인되어 타인의 고난의 자리에서 그리스도와 함께 고난당하는 그리스도인 됨의 과제를 제시하고 있다.129

본회퍼에게 하나님의 초월성과 하나님의 내재성은 '나를 위한 존재'인 예수 그리스도 안에서 현재한다. 본회퍼의 그리스도 이해는 오늘의 그리스도인들에게 신앙생활이라고 규정되어 있는 종교적 행위들에 대한 반성을 하게한다. 본회퍼는 타인에 고난을 방관한 채 종교적 행위만을 하고 있는 그리스도인들은 종교적 행위자에 불과하며, 기독교를 규범적 종교로 만들어 버린다고 비판했다. 이러한 관점에서 본회퍼는 비종교적 기독교, 비종교적 그리스도인됨을 논했으며 고통 받고 고난 받는 타자의 삶의 자리를 찾아가 그곳에서 함께 고난당하고 계신 그리스도와 더불어 공동체 됨을 통해 '타자를 위한 인간', '타자를 위한 교회'되기를 요구하고 있다.

---

128 참조: DBW8, 535
129 참조: DBW8, 535-538.

제 9 장
교회의 과제로서의 평화 설립
― 본회퍼의 1932-1934년의 활동을 중심으로

I. 본회퍼의 '하나님의 뜻' 이해

본회퍼의 신학과 삶은 하나님의 뜻을 어떻게 분별하며 이 땅위에서 어떻게 하나님의 뜻대로 말하고, 생각하고, 행동하며 살아야 하는지에 대한 담론의 과정이라고 볼 수 있다.[1] 그의 하나님의 뜻에 관한 이해는 그의 교회, 평화, 고난 그리고 선(Gute)의 이해와 관련되어 있다. 본회퍼는 교회란 인간들과 함께하는 하나님의 새로운 뜻[2], 평화는 하나님의 구체적 계명[3], 고난은 하나님의 계명 수행을 위한 그리스도의 제자들의 이 땅위에서의 구체적인 실천적 과제, '선'은 평화의 유사

---

[1] 본회퍼의 '하나님의 뜻 이해'에 관한 조직신학적, 기독교윤리학적 해석에 대해서는 참조: Gunter Prüller-Jagenteufel, *Befreit zur Verantwortung. Sünde und Versöhnung in der Ethik Dietrich Bonhoeffers*, Lit, 2004.

[2] DBW1, 87.

[3] DBW11, 338.

어로 사용되며 본회퍼의 평화 개념을 선의 개념으로 대체할 수 있는[4] 기독교 윤리학적 개념으로 차안에서의 하나님의 뜻의 현실이라고 이해한다. 본회퍼의 하나님의 뜻에 관한이해는 기독론적, 교회론적(1927-1930) 이해에서 출발해 그리스도교 평화주의적(1931-1937) 담론을 거쳐, 기독교 윤리학적(1937-1943) 개념으로 발전된다. 이러한 본회퍼의 하나님의 뜻에 관한 담론의 중심에는 그의 그리스도이해와 교회이해가 포함되어 있다고 볼 수 있다.

II. 그리스도와 교회 이해에서 평화 이해로

본회퍼가 이해한 개인을 위한 하나님의 뜻은, 하나님과 한 인간 사이에 회복된 공동체적 관계, 즉 이 땅에서 타자와의 공동체적 관계, 사회적 교제의 의무였다. 본회퍼는 이러한 이해를 그의 '책임'과 '대리' 개념에서 구체적으로 설명한다. 이러한 한 인간에게 부여되는 사회적 교제의 의무는 본회퍼의 집단인격에서도 나타난다. 즉, 하나님과 인간들(men) 사이에서 회복되는 공동체적 관계는 하나님과 개인들과의 관계에게서와 마찬가지로 인간들(men), 즉 인격 공동체에도 부여되는 책임과 대리라는 형태의 윤리적 의무, 윤리적 과제가 있다고 본회퍼는 설명한다. 이러한 윤리적 과제를 부여받은 공동체를 본회퍼는 '윤리적 집단인격'(*ethische Kollektivperson*)[5]이라고 규정하는데 이 개념은 그의 에큐메니컬 평화운동의 신학적 근거마련을 위한 '하나의 우

---

4 참조: Reinhold Mokrosch(Hg.), *Dietrich Bonhoeffers Ethik*, (Gütersloh 2003), 133.
5 참조: DBW1, 74-76.

리', '하나의 공의회' 개념, 그의 책 『신도의 공동생활』(1939)에서는 '공동의 교회적 책임'6의 개념으로 발전된다.

본회퍼는 교회의 모형을 원 역사(창1-3장)에서 찾는다. 그는 그리스도교적 인격과, 윤리적 집단인격이 서로 융합된 상태가 창조 때 이미 하나님과 인간 사이에 형성되었던 공동체라고 보고 죄로 결과로 인해 깨진 이 공동체적 관계가 예수 그리스도 안에서, 예수 그리스도를 통해 회복된 상태를 '교회의 현실'이라고 본다. "교회는 인간들과 함께 하는 하나님의 새로운 뜻이다. 하나님의 뜻은 항상 구체적이고 역사적인 인간을 향해 있다. 그러므로 하나님의 뜻은 역사 속에서 시작된다. 이처럼 교회는 그리스도 안에서 시작되었을 뿐만 아니라 그 안에서 이미 성취되었다."7 본회퍼는 1932년 그가 발표한 '세계연맹 사업을 위한 새로운 신학적 근거'에서, 예수 그리스도를 통해 보기에 참 좋았던 원시 공동체의 모습을 회복하는 것이 바로 평화라고 규정했다.8

본회퍼는 그리스도교적 인격과 윤리적 집단 인격이 구체적인 장소와 시간, 역사 속에서 어떻게 나타나는가라는 문제에 대해 '대리' 개념으로 설명한다. 대리의 원리의 기초는 그리스도 안에서, 그리스도를 통한 하나님과의 교제이다.9 새로운 인류의 삶의 준칙(*Lebensprinzip*)10은 그리스도와 인간 사이에 결코 성립될 수 없는 '연대성'이 아니라 대리이다.11 본회퍼의 '대리' 개념은 하나님의 뜻에 대한 인간의 능동적인

---

6 DBW5, 14.
7 DBW1, 87-88.
8 참조: DBW11, 338-338.
9 참조: DBW1, 92.
10 DBW1, 92.
11 참조: DBW1, 92.

선택에서 연유한 행동이 아니다. 그가 이해한 '대리'는 하나님의 은혜로 인한 것이며, 그렇기 때문에 대리 사상은 가능하다. 즉, 대리는 오직 그리스도와 그의 교회 안에서만 유효하다. 대리란, 어떠한 윤리적 가능성이나 규범이 아니라 오직 교회를 향한 하나님의 사랑의 현실이다. 이러한 이유로 본회퍼는 대리를 『성도의 교제』에서 윤리적 개념이 아니라 신학적 개념이라고 규정한다. 본회퍼는 그리스도교적 대리 원리를 통해 새로운 인류는 결합되었고 유지되었다고 보고, 하나님과의 교제가 이 땅에서 현실적으로 실존하는 곳에서 인간의 교제도 이루어진다고 보았다.12

본회퍼의 '대리' 개념은 개인이 공동체 내의 타인을 배제하고 전체를 대신할 수 있다는 대표성의 개념으로 이해하기보다는 공동체 내의 한 개인이 전체가 지향해야 하는 선한 의지로서의 하나의 작은 양심이 되어야 하는 의미로 이해되어야만 한다. 즉 공동체가 하나님의 뜻에 합당한 선한 선택을 해내지 못할 경우에 한 개인의 하나님의 뜻에 합당한 선한 선택을 통해 공동체 내의 타자들과 결국 공동체 전체를 선한 선택의 방향으로 다시 안내할 수 있는 그것이 본회퍼의 대리 개념이라고 볼 수 있다. 본회퍼는 이러한 배경에서, 한 개인의 하나님의 뜻에 의한 선한 선택을 '하나의 우리'(*ein* Wir)의 '하나의 선한 양심'13이라고 규정했다. 본회퍼에 의하면, 개인이 자신을 개인과 동시에 세대로서 인식하고 하나님의 요구에 순종하는 장소에서 집단 인격의 심장은 요동치며, 바로 거기에서 인류의 윤리적 통일성은 보장된다. 그는 모든 인간이 아담이 되는 한, 인류는 참으로 하나의 양심을 갖는다고 주장했다.14

---

12 참조: DBW1, 99-100.
13 DBW1, 76.

'하나님의 뜻의 이해'라는 지평하에 형성되는 본회퍼의 교회 이해는 에큐메니칼 평화운동을 위한 신학적 초석으로 사용된다. 본회퍼는 교회를 '인간들과 함께하는 하나님의 새로운 뜻'으로15 정의하고 평화를 '오늘, 여기에서 요구하시는 하나님의 구체적 계명'이라고 규정했다.16 본회퍼에게 하나님의 뜻과, 이 땅에서 하나님의 뜻이 반드시 이루어져야 할 내용을 담고 있는 '하나님의 계명'은 어떤 율법적이거나 원칙적인 것이 아닌 오늘, 여기에서, 그리스도 안에서, 그리스도를 통해, 새로운 계명, 새로운 창조의 형태라는 의미이다.17 본회퍼의 그리스도 이해와 교회 이해가 어떻게 평화 설립을 위한 신학적 기초가 되며, 『나를 따르라』(1937)와 에버하르트 베트게(Eberherd Bethge)에 의해 본회퍼 사후에 편집되어 출판된 『윤리학』(*Ethik*)-원고 안의 어떠한 개념들이 평화지향적 개념들로 담론화되고 발전되는가?

III. 평화: 오늘, 우리에게 주어진 하나님의 구체적 계명

본회퍼는 1930년에서 1931년까지의 유니온 신학교에서 1여년간 수학하면서 존 베일리(John Baillie), 라인홀드 니버, 에르빈 주츠, 쟝 라세르를 만난다. 본회퍼는 주츠와 라세르와의 대화를 통해 예수 그리스도의 산상수훈(마 5-7장)에 대한 새로운 깨달음을 얻었고,18 해

---

14 참조: DBW1, 75-76.
15 DBW1, 87.
16 참조: DBW11, 338.
17 DBW11, 336-340
18 레나테 베트게, 『디트리히 본회퍼, 사진으로 보는 그의 삶』, 정성묵 옮김, (가치창조,

리 워드(Harry F. Ward)의 기독교 윤리학 관련 세미나 수업에서 '구체적 현실 개념'에 대해 관심을 갖게 되었으며, '사회 복음 운동'에 대해서도 알게 되었다. 이 시기의 본회퍼는 '그리스도교 평화주의자'(christlich-pazifistisch)로서의 입장을 취한다.[19]

1. 체르노호르스케 쿠펠레 강연: 세계연합사업을 위한 새로운 신학적 근거

본회퍼는 1932년 7월 26일 체코슬로바키아의 '체르노호르스케 쿠펠레'(Ciernohorske Kupele)에서 개최된 '국제 청년 평화회의'에서 '세계연합사업을 위한 새로운 신학적 근거'(Zur theologischen Begründung der Weltbundarbeit)[20]의 필요성에 대해서 발표하였다. 그는 하나의 교회가 되기 위한 에큐메니칼 운동의 신학적 부재는 당시 독일을 포함한 유럽국가의 청년운동이 의미도 영향력도 없는 운동이 되는 결과를 낳았다고 여겼다.[21] 본회퍼는 에큐메니칼적으로 이해되

2010), 65. 본회퍼는 1934년 4월 28일 주츠에게 보내는 편지에서 산상수훈에 관한 연구를 위해 주츠의 도움을 요청하기도 한다.(참조: DBW4, 7.)

19 본회퍼의 평화 개념을 주제로 다룬 문헌들은 다음을 참조하라: IBF-Band 5 (Frieden - das unumgängliche Wagnis, 1982)의 Eberhard Bethge, *Dietrich Bonhoeffers Weg vom Pazifismus zur Verschwörung*, 118-136; Heinz Eduard Tödt, *Dietrich Bonhoeffers ökumenische Friedensethik*, 85-117; Ernst-Albert Scharffenorth, *Bonhoeffers Pazifismus*, in: Schöpferische Nachfolge, 1978, 368-388; Christian Löhr, *Das Verständnis des Friedens in Dietrich Bonhoeffers Weg vom Pazifismus zum politischen Widerstand*, in: Dietrich Bonhoeffer heute, 1992, 41-57; Reinhold Mokrosch, *Was heißt Frieden stiften?* in: Dietrich Bonhoeffers Ethik, Gütersloh, 2003, 107-181; Martin Heimbucher, Christusfriede-Weltfrieden, Dietrich Bonhoeffers kirchlicher und politischer Kampf gegen den Krieg Hitlers, Gütersloh, 1997.

20 참조: DBW11, 327-344.
21 참조: DBW11, 328-329.

는 교회의 이상에 대해 다음과 같이 말했다. "세상의 주이신 그리스도의 하나의 공동체로서 교회는 세상에 그의 말씀을 선포해야 하는 사명을 수행해야 한다. 하나의 그리스도의 교회의 영역은 전(全)세계이다. 모든 개별 교회는 말씀이 선포되는 장소적 제한이 있지만, 하나의 그리스도의 교회는 한계 설정이 되어있지 않다."[22] 하나의 예수 그리스도의 교회의 과제로서 이해된 세계연합은 "전 세계에 예수 그리스도의 요구가 분명히 전달될 수 있게(vernehmlich) 만들어야 한다."[23] "전 세계에 그리스도의 요구를 선포를 수행하는 것은 현존하는, 살아있는 그리스도를 통한 교회의 책임이다. 교회는 땅위의 그리스도의 현존이며, 교회는 실존하는 그리스도(der Christus praesens)이다."[24] 1927년의 『성도의 교제』 속 '공동체로 존재하는 그리스도', '그리스도의 현존'[25], '윤리적 집단인격'의 이해들은 1932년 체코슬로바키아 쿠펠레에서 '하나의 우리, 하나의 교회되기'라는 개념으로 발전되어 에큐메니칼 평화운동을 위한 교회의 궁극적 과제 설정을 위한 신학적 초석으로 사용되었다.

본회퍼는 교회는 '여기와 지금'이라는 가장 구체적인 방식으로 주어진 시간과 장소에서 하나님의 말씀을 선포해야 한다고 주장한다. "교회는 늘 진리인 것으로서 원칙적인 것을 선포해서는 안 되고, 오늘의 진리인 계명을 선포해야 한다. 왜냐하면 항상 진리인 것은 오늘에는 진리가 아닐 수 있기 때문이다."[26] 인간의 "하나님의 계명에 대한 인식은 하나님의 계시의 행위이다."[27] 본회퍼는, 성서적인 율법도 어

---

22 DBW11, 331.
23 DBW11, 331.
24 DBW11, 331.
25 DBW11, 180.
26 DBW11, 332.

떠한 확정된 것, 창조질서도 오늘, 우리에게 하나님의 계명의 인식의 원천이 될 수 없으며 둘 다 율법적인 것으로 본다. "하나님의 계명은 예수 그리스도로부터 구속되고 성취되는 곳으로부터 이외에 다른 어떤 곳으로부터 유래할 수 없다."[28]

본회퍼의 이러한 율법, 계명에 대한 이해를 인간이 처한 상황 속에서 기록된 말씀에 대한 무조건적인 의심과 부정을 의미하는 것으로 이해해서는 안 된다. 오히려 본회퍼의 하나님의 말씀에 대한 이해는 그리스도인들이 처하게 되는 새로운 상황마다 하나님의 말씀의 본질이 훼손된 채, 하나님의 뜻을 왜곡한 채, 인간적인 이익을 위해 교묘하게 말씀을 해석하거나 변용되는 것의 경고를 전제하고 있다고 볼 수 있다. 본회퍼는 하나님의 말씀을 실존적 사건 역동적 사건으로 이해했으며 바로 이와 같은 의미에서 『나를 따르라』에서 그리스도의 제자는 바리새인들의 계명을 철저히 따르는 삶을 능가하는 더 나은 의의 삶[29]을 살아내야 한다고 강조했다.

2. 파뇌회의의 설교: '하나'의 예수 그리스도 교회를 통한 평화 설립

1934년 8월 28일 오전 파뇌회의에서 본회퍼는 '교회와 민족세계'(시편 85:8)라는 제목으로 설교한다.[30] 이 설교는 "전 세계의, 거룩한 예수 그리스도의 교회의 하나의 큰 에큐메니컬 공의회를 통해서만 받

---

27 DBW11, 335.
28 DBW11, 335. 이러한 이해는 『나를 따르라』에서 더 나은 의(참조: DBW4, 115-121)에 대한 본회퍼의 이해로 소급된다.
29 참조: DBW4, 115-121
30 DBW13, 295-297.

아들일 수 있는 평화"에 관한 것이다.

평화는 그리스도가 세상 속에 존재하기 때문에 설립되어야 합니다. 이는 평화가 하나의 그리스도의 교회가 존재하기 때문에 설립되어야 하는 것을 의미합니다. 이러한 이유로 세상은 여전히 '하나'의 형태로 살아있습니다. 동시에 이 그리스도의 교회도 모든 민족들에, 모든 민족적, 정치적, 인종적 형태의 모든 경계들 너머에도 살아있습니다. 또한 이러한 교회의 형제들은 그들이 듣는 '한 분' 주 그리스도의 계명으로 역사, 혈통, 계층의 모든 연합으로서 분리되지 않은 상태로 하나되어 있으며 그들의 언어도 연합할 수 있습니다.[31]

본회퍼는 전 세계의 지체들이 그리스도와 한 몸이 되는 한, 그리스도를 통한 형제로서 그의 평화의 계명과 평화의 말씀에 순종하게 된다고 선포했다. "그들은 무기를 서로를 향하게 할 수 없을 것입니다. 왜냐하면 그들은 그들의 무기가 그리스도에게 향하고 있다는 것을 깨닫기 때문입니다."

파뇌설교에서 '그리스도의 몸' 개념을 평화의 근거로 삼은 본회퍼는 다음으로 평화를 안보(Sicherung) 개념과 철저하게 구분한다.

안보의 길에는 평화에 이르는 길이 존재하지 않습니다. 평화에 이르려면 위험을 감행해야 하기 때문입니다. 평화는 그 자체로 엄청난 모험이기 때문에 결코 안전할 수 없습니다. 평화는 안보의 반대 개념입니다. 안보를 요구하는 것은 자기 스스로를 지키고 싶어 하기 때문입니다. 평화는 하나님의 계명에 우리를 온전하게 내어드리는 것을 의

---

31 DBW13, 299.

미하고, 인간 스스로를 위한 안보를 바라지 않음과 동시에 믿음과 순종으로 민족의 운명을 전능하신 하나님께 맡기는 것을 의미합니다. 인간의 이기적인 목적을 위해 민족의 운명을 조작하려 해서는 안 됩니다. 무기로는 전쟁에서 승리할 수 없습니다. 하나님이 함께하셔야 승리할 수 있습니다. 길이 십자가로 이어질 때에만 비로소 전쟁에서 승리할 수 있습니다.32

본회퍼는 '안보', 즉 군비축소나 국가 간의 어떠한 협약 등에 의한 평화 설립을 반대하고, 오직 그리스도의 현존을 통해 평화는 가능하다고 설교말씀을 전했다.

본회퍼의 파뇌회의 설교는 쿠펠레에서 주장한 하나의 교회 개념을 그리스도의 몸 개념으로 확장시켰고, 어떠한 인간적인 안보가 하나님의 계명으로서의 평화 개념에는 속할 수 없다고 보고 있다. 본회퍼의 평화 개념은 철저하게 예수 그리스도의 현존이 전제되고, 아래로부터 위로가 아니라 위에서부터 아래로의 방법으로 형성되는 평화 개념이다. 이 평화 설교는 하나님의 말씀을 사건으로 선포하는 설교이기 때문에, 당시 청중들의 반론이 기록되어 있지는 않다. 그러나 1차 세계 대전의 참혹함을 경험하고 당시 독일 사회내에서의 평화지향적인 사회 분위기가 발전되어 평화운동 그 자체가 독일인들의 삶의 과제로 인식하던 시대에 성장한 목사 본회퍼는 평화를 철저하게 위로부터 아래로의 방식으로 이해하고, 그의 교회 이해와 상응하게 그리스도의 몸, 그리스도의 현존이라는 개념으로 그리스도론적으로 이해하고 있다. 오늘날의 세계 평화의 이름으로 안보를 빌미로 긴장관계 속의 이어지는 나라 간의 불협화음은 본회퍼가 이해한 평화가 아니다.

---

32 DBW13, 308-309.

그가 말하는 평화는 하나님에게 속하는 것이고, 그것이 긍정적이든, 부정적이든 세속적인 기준으로 접근 가능한 개념은 아니었다.

IV. 하나님의 뜻: 교회 이해에서 평화 이해로

본회퍼는 쿠펠레의 강연과 파뇌에서의 설교에서 전 세계의 교회가 예수 그리스도 안에서 '하나의' 교회가 되기를 호소했다. 이 강연들에는 소위 본회퍼의 박사학위 논문인 『성도의 교제』와 교수자격논문인 『행위와 존재』에서 사용했던 '공동체로 존재하는 그리스도'33 개념이 용해되어 있다. 세계의 개별 교회들이 하나의 예수 그리스도의 교회, 즉 집단인격을 형성하고 이 하나된 세계교회는 역사에서 하나님의 뜻을 실현해야 하는데 '보존질서'(*Erhaltungsordnung*) 개념을 통해 세계 연합을 통한 평화 설립이 당시 하나님의 계명, 하나님의 새로운 뜻, 하나님의 새로운 창조행위라고 본회퍼는 말했다. "세계 평화의 질서는 오늘날 우리에게 하나님의 계명이다."34 본회퍼는 하나님의 계명의 인식의 문제도 다루었다. 본회퍼는 타락한 세상 위에서 하나님의 뜻을 직접 인식할 수 있는 가능성은 존재하지 않으며, 오직 예수 그리스도를 통해 하나님의 뜻인 하나님의 구체적 계명을 인식할 수 있을 뿐이라고 말했다.35 본회퍼는 예수 그리스도를 통한 하나님의 구체적 계명의 인식을 하나님의 뜻의 현실과 관련지으며 이러한 인식을 통해 주어진 하나님의 구체적 계명은 바로 하나의 우리(ein Wir), 하나의

---

33 DBW1, 76, 87, 126-128, 133-134, 139, 142, 144-145, 159, 180, 198, 258-259, 295, 311-312, 321.
34 DBW11, 338.
35 참조: DBW11, 336.

교회(eine Kirche)가 되어 실현해야할 세계 평화라고 주장하는 것이다. 즉 오늘, 여기에서 하나님의 뜻은 세계의 교회가 하나의 예수 그리스도의 교회가 되어, 역사 속에서 평화를 설립하는 교회로 존재해야 한다는 것을 본회퍼는 말하고 있는 것이다. 그러나 본회퍼의 이러한 주장은 단순히 '교회연합운동'에 있는 것이 아니라, 예수 그리스도의 교회됨에 있다는 것으로 해석해야 한다. 다시 말하면, 교회들의 어떤 연합 단체를 이루는 것이 평화운동의 목적이 있는 것 아니라 본회퍼가 주장하는 평화의 길은 예수 그리스도를 통해 하나의 우리가 되는 것 자체가 '교회'였으며 그 교회됨이 본회퍼가 말하는 평화의 목적이었다. 본회퍼가 그의 초기 저작들에서 말했던 공동체 이해, 집단인격의 개념, '공동체로 존재하는 그리스도' 라는 이론적 담론은 '하나의 교회됨'이라는 평화운동을 위한 실천적 담론으로 발전되었다. 어떠한 안보를 통한 평화 설립이 아니라, 하나님의 뜻에 의해, '하나님과 죄인된 인간 사이에 예수 그리스도를 통해서 새로운 공동체를 이룸' 그 자체가 본회퍼에게는 '평화'였으며, 1차 세계대전이라는 참혹한 전쟁을 경험했던 본회퍼의 시대적 상황 가운데에서 세계평화란 하나님의 구체적인 계명이자 구체적인 뜻이었다고 이해할 수 있다.

V. 『나를 따르라』와 『윤리학』 안에 나타난 '평화' 개념의 실천적 담론

쿠펠레의 강연과 파뇌설교에서 세계연맹의 신학적 근거를 마련했고 이 근거에 의해 예수 그리스도의 교회됨이라는 평화의 구체적인 실천적 담론을 주장했던 본회퍼는 1936년 1월 17일 핑켄발데에서 보낸 편지에 1933년 무렵의 시점을 회상하며 다음과 같이 썼다.

> 그 당시에 나는 굉장히 외로웠으며, 모든 일을 혼자서 감당해야만 했다. [⋯] 나는 처음으로 성서를 신중하게 읽기 시작했다. [⋯] 나는 길들여지지 않은 야생마처럼 내 자신이 나의 주인 노릇을 하고 있었다. [⋯] 나는 외로움 속에서도 나 자신을 매우 즐기고 있었다. 이로부터 나를 자유롭게 한 것은 성서, 특별히 산상수훈이었다. [⋯] 당시 내가 분명히 깨달았던 것은 예수 그리스도를 섬기는 자의 삶은 반드시 교회 안에 있어야 한다는 사실이었다.36

1933년 히틀러의 집권이후 본회퍼의 관심은 교회와 목사직의 개혁에 있었다. 위의 편지 마지막 부분에서 본회퍼는 다음과 같이 고백한다.

> 열렬히 반대했었던 그리스도교 평화주의가 갑자기 내게 분명한 진리로 다가왔다. 나의 확신은 시간이 지날수록 더욱 분명해졌다.37

핑켄발데 신학교 교장이었던 시절의 본회퍼는 그리스도교 평화주의적 입장에 사로잡혀 있었으며, 이를 근거로, 『나를 따르라』에 나타난 제자도에 관한 내용은 평화교육에 목적을 두었다고 볼 수 있다. 모크로쉬(Reinhold Mokrosch)는 본회퍼의 『윤리학』의 평화 개념들에 관련해서, 핑켄발데 신학교가 폐쇄되고 윤리학 원고를 집필할 당시 본회퍼가 '선'(Gute)을 평화 개념을 함축하는 동의어로 사용했다고

---

36 DBW14, 113.
37 DBW14, 113.

주장한다.38 그렇다면 『나를 따르라』와 『윤리학』에서 나타나는 본회퍼의 평화에 대한 구체적 실천적 담론의 내용들은 무엇인가?

1. 『나를 따르라』의 평화: '고난'을 통한 평화 설립

본회퍼는 산상수훈을 사적인 영역뿐만이 아니라 공적인 영역에서 더할 나위 없이 경건한 사람들뿐만 아니라 그렇지 않은 그리스도인들에게도, 양심의 영역을 넘어서서 구체적인 책임적 행동을 이끌어낼 수 있는 성서 본문이라고 해석했다.39 즉, 본회퍼는 그리스도인이라면 산상수훈의 말씀을 말씀 그대로 받아들이는 것에서만 그쳐서는 안 되며 현실에 처한 상황을 고려해서 재해석해야 한다고 주장했다.40

본회퍼는 『윤리학』에서도 산상수훈은 "그리스도의 행동에 관한 신약성서의 말씀"41이라고 규정하면서 산상수훈이 "그리스도교와 세상 사이의 치유할 수 없는 균열에 대한 쓰라린 체념에서 비롯된 것이 아니라 하나님과 세상의 완성된 화해에 대한 기쁨에서부터 출발한 것이고, 예수 그리스도 안에서 완성된 구원활동의 평화에서 나왔다"라고 주장했다. 본회퍼는 "예수 그리스도를 통해서 하나님과 인간이 하나가 되었듯이 예수 그리스도로 말미암아 그리스도교와 세상은 하나가 되며, 이 둘은 영원히 대립하는 두 원리로서 서로 맞서지 않는다. 오히려 그리스도인의 행동은 그리스도 안에서 새롭게 창조된 하나님과 세상의 일치에서 비롯된다. […] 일치는 오직 대리적으로 책임 있

---

38 Reinhold Mokrosch(Hg.), *Dietrich Bonhoeffers Ethik*, Gütersloh 2003, 137.
39 참조: Reinhold Mokrosch(Hg.), *Dietrich Bonhoeffers Ethik*, 125.
40 이러한 본회퍼의 이해는 그의 진리의 이해와도 그 맥락을 같이한다. 참조: DBW16, 619-629(진리를 말하는 것은 무엇을 의미하는가?)
41 DBW6, 237.

게 행동하는, 현실적 인간을 향한 사랑으로 인해 세상의 죄책 안으로 들어와 인간이 되신 하나님 안에서, 곧 예수 그리스도의 인격 안에서만 이루어진다. 하나님과 세상의 완성된 화해에서 비롯된 인간의 행동은 원리적 갈등 때문에 무너지지 않으며, 오직 예수 그리스도 때문에 가능하다"[42]라고 진술한다. 바로 이 부분에서 본회퍼의 평화의 문제가 『성도의 교제』에서 그리스도교적 인격 개념으로부터 출발한다는 직접적인 근거를 찾을 수 있으며, 본회퍼의 교회 이해와 그리스도 이해가 평화 개념으로 발전되는 이론적 담론의 배경뿐만 아니라 본회퍼의 대리와 책임 개념을 통한 평화에 대한 실천적 담론을 위한 구체적 방법까지도 찾을 수 있다고 해석 할 수 있다.

기독교 평화주의 사상에 사로잡혔던 본회퍼는 산상수훈에 관한 수업들을 통해 23명의 신학생들이자 미래의 독일 교회 목사들에게 그리스도의 제자도에 대해 심혈을 기울여 가르쳤으며, 평화가 그리스도인들에게 실제적으로 이 땅에서 어떻게 이해되고 적용되어야 하는지 가르쳤다. 『나를 따르라』와 『신도의 공동생활』은 본회퍼가 파뇌에서 호소했던 평화설교에 담긴 사상을 통해 핑켈발데 신학교에서 행한 '평화교육'이다. 핑켄발데에서의 신학 수업과 기숙사 생활을 통해 본회퍼는 학생들에게 그리스도교 평화 사상을 다양한 담론들을 통해 가르쳤다. 『나를 따르라』에서 본회퍼가 말하고자 하는 평화의 실천적 담론은 "세상이 행복과 평화라고 부르는 것을 포기"[43]하는 것이며 이는 후에 본회퍼의 소위 '고난의 신학'[44]으로 발전된다. 기독교 평화주의

---

42 DBW6, 237.
43 DBW4, 102, 참조: DBW1, 122. "Verzicht auf Glück(행복의 포기)".
44 고난의 신학에 대한 본회퍼의 구상은 『저항과 복종』에서도 나타난다(참조: DBW8, 33-35, 526-538, 571-573). "오직 고난당하는 하나님만이 도울 수 있다."(DBW8, 534.)

자 본회퍼는 '고난'을 이 땅의 평화의 구체적인 형상으로 보는데 그것은 고난 자체로 머무르는 것이 아니라 고난을 함께 지는 제자들의 공동체를 형성하는 것45, 고난을 당한 시간과 장소에서의 교회됨, 이것이 그가 의도하고 있는 고난을 통한 평화 설립이라고 볼 수 있을 것이다.

본회퍼는 『나를 따르라』에서 고난을 통한 평화 설립의 실천적 담론은 첫째, 세상이 행복과 평화라고 부르는 것을 '포기'하면서 고난이 실존하는 자리에서 '고난을 짊어지며'(Leid-Tragen,46 마 5:4)' 둘째, 폭력과 폭동의 포기를 통해 '고난을 수용'(selbst leiden)47하면서 선으로 악을 극복하고(마 5:9),48 셋째, 평화를 새롭게 창조하며, 즉 '고난을 당하는 사랑'(Die leidende Liebe)49을 통해 악을 극복하며(마 5:38-42)50 넷째, 십자가의 고난에 참여함,51 즉 원수 사랑으로, '비범성'(*das Außerordentliche*)52으로 평화를 설립하는 것이었다(마 5:43-48). 이 비범성은 율법을 성취하는 것이고 바리새인보다 더 나은, 본회퍼의 해석으로는 바리새인들을 능가하며 계명을 지키는 것이다.53 본회퍼의 이러한 '고난' 이해에는 제자들과 '함께' 고난당하는 예수 그리스도가 있다.54 그리스도교 평화주의적 사상에 사로잡혀 있던 본회퍼는 산상수훈을 고난의 지평에서 해석함으로써 평화의 대리적 주체로 이 땅에

---

45 DBW4, 103.
46 DBW4, 103, 참조: 102-103.
47 DBW4, 108.
48 참조: DBW4, 107-108.
49 DBW4, 139.
50 DBW4, 139.
51 DBW4, 142.
52 DBW4, 148.
53 참조: DBW4, 149.
54 "그리스도는 - 성서에 의하면 - 모든 인간의 고난을 자신의 몸을 통해 자신의 고난으로 경험했고 - 그 고난을 자유 가운데 스스로 받아들였다."(DBW8, 34.)

서 있는 그리스도의 현실에 참여하고, 그의 제자된 오늘날의 그리스도인들에게 '평화'는 '고난'에 대한 이해의 지평에서 형성되어져야함을 말하고 있다.

2. 『윤리학』의 평화: '선'의 실현을 통한 평화 설립

『윤리학』의 원고가 된 5권의 노트들 중에 첫 번째 노트는 1940년 여름부터 1940년 11월 13일까지 씌어진 '그리스도, 현실, 선 ― 그리스도, 교회, 세상', '형성의 윤리', '유산과 몰락'[55]의 내용이 담긴 노트이다. 본회퍼는 1937년 9월말에 핑켄발데 신학교가 폐쇄 당하는 아픔을 겪었는데[56] 윤리학의 첫 번째 노트를 쓸 당시에 그는 출판과 강연을 금지 당했다. 모크로쉬는 전쟁의 기간 동안 평화라는 단어를 금지하고 있었던 상황 속에서 본회퍼가 '선'(Gute)을 평화의 유사어로 사용하며 이 단락을 집필하였다고 주장한다.[57] 실제로, 본회퍼는 핑켄발데 시절에 사로잡혀 있던 평화 교육을 통한 평화 설립에 대한 열망을 상실하지 않고 그리스도교 평화주의자의 입장을 가진 목사로서, 기독교윤리학적 입장에서 '선' 이란 무엇인가를 질문했다고 이해할 수 있다. 이를 위해서 본회퍼는 그의 삶과 신학의 하나님의 뜻의 이해와, 교회론적, 그리스도론적 전개를 통해 선이란 무엇인가 끊임없이 질문하고 평화윤리를 위한 기독교윤리학적 지평을 마련했다.

본회퍼에게 '선'의 현실은 인간이 선해진다거나 세상의 상황이 인간의 이성, 경험, 가치를 통해 개선되는 것이 아니라 하나님의 현실이

---

55 DBW6, 16.
56 참조: DBW5, 7.
57 Reinhold Mokrosch, *Dietrich Bonhoeffers Ethik*, 133.

예수 그리스도를 통해 어디서나 궁극적 현실로 입증됨으로써 이루어 진다.[58] 이러한 이해는 본회퍼의 기독교 윤리에 대한 정의에서도 나타난다. "그리스도교 윤리는 그리스도 안에서 일어난 하나님 계시의 현실이 피조물 가운데서 실현되는 것이다."[59] 즉, 본회퍼의 '선'에 관한 이해는 하나님의 현실이해와 그 현실에 참여와 관련되어 있다고 볼 수 있는 것이다. "하나님의 현실의 나눌 수 없는 전체에 참여하는 것은 선에 대한 기독교적 질문의 의미이다."[60] 『윤리학』에서 '선'에 관한 담론들이 '평화'의 의미를 내포하고 있다는 주장이 긍정적으로 수용된다면 과연 하나님의 현실은 무엇인가에 대한 질문의 답변이 요구된다. 본회퍼는 하나님의 현실에 참여함으로써 선을 마련할 수 있는 근거는, 바로 예수 그리스도의 현실에 놓여 있으며 "이 현실은 예수 그리스도 안에서 계시된 것으로, 세상의 현실 안에 있는 하나님의 현실이다. 우리는 예수 그리스도에 참여함으로써 하나님의 현실과 동시에 세상의 현실에도 속하게 된다"[61]라고 말한다. 본회퍼는 그리스도 안에서 계시되고 성취된 하나님의 뜻과 의지는 현실 전체를 포함하며 하나님의 뜻과 의지는 존재하는 것 안에서 그리고 존재하는 것에 맞서 '항상', '새롭게' 실현되기를 원하는 현실이라고 주장한다.[62]

예수 그리스도에 '참여'에 관한 본회퍼의 이해는 그의 신학을 엿볼 수 있는 대목이기도 하다. 그리스도인으로서 하나님의 뜻을 어떻게 이 땅위에서 올바르게 이해하고 수행할 수 있는가에 관한 질문은 그리스도의 행동이 과연 하나님으로부터인가, 아니면 인간 스스로부터

---

58 DBW6, 31-32.
59 DBW6, 34.
60 DBW6, 38.
61 DBW6, 43.
62 DBW6, 61.

인가에 관한 질문을 발생시킨다. 필자가 보기에 본회퍼의 신학 언어는 철저히 '수동성'을 지향한다. 즉, 본회퍼는 하나님에 대한 말씀, 하나님의 계시, 십자가를 모두 수동적 인식으로 담론화했고, 『윤리학』에서 인간의 선의 실현 또한 신학적인 언어로 참여라는 신학적 언어를 구사하며 그리스도인의 수동적인 선의 실현을 말한다. 그는 고난의 문제에 대해서 그리스도인의 자세와 책임에 관해서 설명할 때에도 '고난에 참여'라는 용어로 하나님께서 허락하신 고난의 자리에 참여를 논한다. 그리스도인이 스스로의 의지를 통해 고난 속으로 능동적으로 들어가는 것이 아니라 예수 그리스도께서 십자가를 지심에 하나님의 뜻에 철저하게 순종하셨던 것처럼, 고난의 현장의 장소로의 부르심에 대해 그리스도인들은 참여할 수 있는 은혜를 부여받는 것이다. 이러한 본회퍼의 신학의 '수동성'은 『행위와 존재』의 '직접적 의식'(actus directus)과 '반성적 의식'(actus reflexus) 개념에서 그 기원을 찾을 수 있으며, 바르트의 변증법적 신학에서 영향을 받았고, 주어진 상황 속에서의 선택의 순간에 하나님의 뜻에 순응하면서 철저히 살아갔던 그의 책임적 삶에서 절정을 이룬다고 볼 수 있다. 본회퍼는 하나님이 예수 그리스도를 통해 세상과 화해하고, 하나님의 뜻이 그리스도를 통해 성취되는 것이 하나님의 현실이며, 이것이 바로 모든 '선'의 유일한 신학적 근거가 된다고 말한다. 본회퍼는 인간이 '선'을 이룰 수 있는 길, 즉 '평화'를 이룰 수 있는 방법은 그리스도를 통해 계시된 하나님의 현실에 참여하는 것이라고 보았다.

VI. 1927년부터 1937년까지의 본회퍼의 '평화' 이해

본회퍼는 교회 이해와 관련된 하나님의 뜻에 관한 이해(1927-1930년)를 1930년 이후에는 평화의 담론과 관련시키고, 1935년 핑켄발데 시절부터는 이 땅에서 하나님의 뜻의 구체적인 실현과 관련된 제자도에 관해 관심을 둔다. 본회퍼는 핑켄발데 신학교에서 고난의 짊어짐, 고난의 수용, 고난을 당하는 사랑, 십자가의 고난에 참여와 같은 고난의 이해를 그리스도교적 평화주의적 지평에서 전개하며 예수 그리스도의 제자로서 이 땅위에서 평화를 구체적으로 실현하기를 요구함과 동시에 그리스도교적 평화주의에 따른 평화교육을 실행했다. 본회퍼는 1927년부터 1937년 사이에 '하나님의 뜻'에 대한 이해를 연속성상에서 담론화하며 그의 평화 이해, 평화교육에 관한 담론들은 철저히 그의 그리스도이해와 교회 이해와 더불어 전개되며 본회퍼의 평화윤리의 배경이 된다.

VII. 디트리히 본회퍼: 히틀러 암살을 위한 방첩단에 가담한 그리스도교 평화주의자?

기독교 평화주의자적 입장을 가지게 되었다고 고백했던 본회퍼는 아돌프 히틀러의 암살을 위한 방첩단에 가담한다.63 이러한 본회퍼의 결단은 우리를 매우 당혹스럽게 한다. 악은 스스로 소멸할 것이라는 견해를 가졌던 그가 스스로 악이라고 규정했던 히틀러를 암살하기 위

---

63 에릭 메택시스는 그의 책 디트리히 본회퍼의 제23장(고백에서 공모로)에서 본회퍼의 히틀러 암살 모의 가입에 관한 과정을 당시 독일의 시대적 상황과 더불어 상세히 정리한다.(참조: 에릭 메택시스, 『디트리히 본회퍼』, 김순현 옮김, (포이에마 2011), 514-545.)

한 단체에 협력하여 결단하고 행동했던 것은 산상수훈을 본문으로 평화교육을 하고, 『윤리학』에서 예수 그리스도의 현실, '선'의 실현을 통한 평화윤리적 모델을 구상했던 본회퍼의 그리스도교 평화주의적 입장에 균열을 가했다. 본회퍼가 이러한 결정을 하기까지 얼마나 심각한 결단의 과정을 겪었을까라는 감정주의적 의견이나 본회퍼의 생애 전체를 놓고 보았을 때 방첩단에 가입한 시기는 지극히 짧은 기간에 해당되기 때문에 전체 본회퍼를 비평화주의자로 매도하지 말자라는 본회퍼 긍정주의자들의 주장들, 히틀러는 암살을 당하지 않았으며 본회퍼는 사실 총을 들어 쏜 것이 아니다라는 의견들은 모두 디트리히 본회퍼를 기독교 평화주의자들의 목록 속에서 지우고 싶지 않은 열망에서 비롯된 것이라고 여겨진다. 실제로 베트게의 제자였던 슐링엔지펜은 2016년 바젤에서 개최되었던 세계 본회퍼학회에서의 필자와의 인터뷰에서, 본회퍼가 히틀러 체제 전복을 위한 방첩단에 가입한 것은 사실이지만, 본회퍼는 단 한 번도 물리적인 폭력을 사용한 적이 없었으며 당시 히틀러 정권의 실상을 알리고 이에 대한 유럽 교회들의 비판적 입장을 호소했고 히틀러 체제 전복 이후의 외교적 협력을 구했던 활동을 주로 했기 때문에 그가 기독교 평화주의의 입장을 포기했거나 급진적인 저항으로의 전환을 선택했다고 보기에는 힘들다고 말했다. 슐링엔지펜은 본회퍼를 스파이로 묘사하거나 저항의 아이콘으로 만드는 식의 해석은 그의 삶과 신학을 통합적으로 이해할 때 올바른 접근방식은 아니라고 주장했다. 그러나 필자는 슐링엔지펜의 이러한 주장은 본회퍼의 '집단인격' 개념을 통해 비판을 받을 수 있다고 생각한다. 히틀러 체제 전복을 위한 방첩단에 가입한 본회퍼는 히틀러 제거라는 이 그룹의 공동의 목적을 공유하고 지향하였기에 방첩단의 공동책임의 영역에서 자유로울 수 없다.

그렇다면, 히틀러를 제거하는 것이 당시 본회퍼에게 주어진 하나님의 뜻이라고 해석해야 하는가? 그것이 만약 하나님의 뜻이자 의지이고, 하나님의 뜻을 본회퍼가 충실히 수행했다면 본회퍼에게 하나님의 뜻은 폭력의 포기가 아니라 폭력의 수용을 통한 평화 설립으로 변화되었단 말인가? 목사로서 히틀러 체제 전복을 위한 방첩단에 가입한 본회퍼의 행동은 신학적, 기독교윤리학적 범위 내에서 어떻게 해석되어야 하는가?

찜멀링은 이 문제에 관해 본회퍼의 대리와 죄의 짊어짐(Schuldübernahme)의 개념을 통해 이해할 수 있다고 설명한다. 그는 본회퍼의 히틀러 체제 전복을 위한 방첩단에 가담한 사실은 독일을 대신하는 책임을 수용하는 대리행위였으며 이러한 책임적 대리 행위는 죄를 짊어짐, 죄책 수용 없이는 성립할 수 없다는 본회퍼의 개념을 이용하여 설명한다. 그러나 죄책을 짊어지면서 책임적 행위를 하는 사람은 예수 그리스도를 통한 용서의 약속이 수반될 것이라는 찜멀링의 견해[64]가 본회퍼의 생각이었는지 논쟁의 여지가 있다.

이 문제에 대해 1938년 이후에 독일에서는 모든 독일인의 이름으로 자행된 살인적인 유대인 배척주의, 군국주의, 민족주의를 내세우는 정치적 상황이 전개되는 가운데 본회퍼는 더 이상 원칙적 평화주의를 고수할 수 없었으며 상황에 의존하는 '상황적 평화주의'를 택할 수밖에 없었다는 주장도 있다. 이러한 주장은 이 시기에 본회퍼의 평화주의적 준칙이 더 이상 무저항이나 비폭력일 수가 없었으며 하나님의 계명인 평화는 구체적으로 현실에 적합하게 정치적 책임적 모습으로 실현되는 것이라는 견해이다. 또한, 본회퍼의 직접적 책임적 행동은 히틀러 암살계획에 참여하는 것으로 나타났으며, 이 저항은 기독

---

64 참조: Peter Zimmerling, *Dietrich Bonhoeffer -Leben und Werk*, 31.

교인의 신앙의 결단에서 오는 정치적 책임의 행위였으며, 구체적 상황에서 내린 그의 결단은 평화의 실천을 위한 이웃과 오고 있는 다음 세대를 위한 책임적 행위였으며, 본회퍼의 '책임윤리적 관점'에서 히틀러 암살단 가입에 대한 기독교 윤리적 해석이다.65 유석성은 히틀러 암살단에 가입한 본회퍼의 결단과 행위에 대해서는 '저항권'(Widerstandsrecht)의 관점에서 이해하며 본회퍼의 저항과 폭력사용은 처음부터 정상적인 상황에서 행하여진 것이 아니라 마지막으로 비상시에 행하여 졌다는 볼프강 후버의 입장을 수용한다. 이러한 의견의 그룹들은 본회퍼의 저항행위는 처음의 수단(prima ratio)으로 한 것이 아니라 최후의 수단(ultima ratio)으로 한 것이라고 본다.66 그러나 이러한 주장은 본회퍼 스스로가 저항권이라는 개념을 단 한 번도 사용한 적이 없다는 비판과 파뇌회의 기간에 사용한 평화 개념을 그의 전체 삶과 신학에서 제기하고 있는 그리스도론적 이해나 교회론적 이해의 배경 없이 지나친 해석학적 방법으로 본회퍼의 행위를 이해했다는 비판으로부터 자유로울 수 없다.

위와 같은 견해들에 비해 필자는 본회퍼의 히틀러 암살 계획을 위

---

65 참조: 유석성, 『정의와 평화를 위한 기독교의 책임』, in: 기독교사상 574(2006), 89-90.

66 참조: 유석성, '본회퍼의 평화윤리', in:『현대사회의 사회윤리』, (서울신학대학교출판부 1997), 82-87. 유석성은, "저항권은 '민주적 법치국가적 기본질서 또는 기본권 보장의 체계를 위협하거나 침해하는 공권력에 대하여 주권자로서의 국민이 민주적, 법치국가적 기본 질서를 유지회복하고 기본권을 수호하기 위하여 공권력에 저항할 수 있는 비상수단적 권리인 동시에 헌법제도'를 말한다. 중세의 교회에서는 기독교의 자연법에 근거하여 저항권을 받아들였고, 루터도 극단적인 경우 저항 할 것을 언급하고 저항을 위한 신적 계명을 말하였다. 1560년에 작성된 스코틀랜드 신앙고백 14조에도 무죄한 자의 피를 흘리게 하는 폭군이나 폭정, 불의에 대해서는 항거할 의무가 있다고 기록되어 있다"고 소개한다. 그는 사랑 안에서 수행하는 예수 그리스도에 대한 신앙은 우리의 적극적(정치적) 저항을 불가피한 필연적인 것으로 만든다는 칼 바르트의 입장을 소개하면서, 정치적 권력의 오용에 저항하기 위하여 필요한 경우에는 폭력사용은 이웃과 국가를 위한 책임의 틀 속에서 계명이 된다는 위르겐 몰트만의 입장을 수용한다.

한 참여는 '책임적 자유 안에서 행동하는 자'[67]로서의 선택이었다고 해석한다. 본회퍼는 '책임', '자유', '행위'는 '오늘, 우리에게 예수 그리스도는 누구인가?' 라는 그의 신학적 질문의 답변들을 위한 담론들에서 자주 등장하는 개념들이다. 본회퍼는 『윤리학』에서 '책임적 자유 안에서 행동하는 자'에 관한 내용의 윤리적 구상을 한다.

"책임적으로 행동한다는 것은 그리스도 안에서 하나님이 취하신 인간의 현실을 행동의 형성 안으로 끌어들인다는 것을 의미한다."[68] 본회퍼는 그리스도인의 과제는 세상을 온통 파헤쳐서 뒤바꾸는 것이 아니라 주어진 장소에서 현실을 고려하여 실제적으로 긴급하게 필요한 것을 찾는 것이고, 이를 실제로 행하는 것이다. 하지만 주어진 장소에서도 책임적 행동은 언제나 곧바로 궁극적인 것을 행할 수 없다. 오히려 우리는 한 걸음 한 걸음 나아가야 하고 가능한 것을 추구해야 하며, 궁극적 행보와 궁극적 책임을 다른 분의 손에 맡겨야 한다[69]고 말하며, 책임적 행동은 인간에게서 비롯되는 것이 아니며 책임적 행동에 대한 판단과 결과는 모두 하나님의 손에 맡겨야 한다고 주장한다.[70] 바로 이 점에서 본회퍼는 그의 신학 방법론과 대부분의 신학적 입장들이 그렇듯이, 책임적 행동의 정당성을 인간으로부터가 아니라 하나님께로부터 마련한다. "책임적 자유 안에서 행동하는 자는 자신의 행동이 하나님의 섭리 속으로 흘러들어 가고 거기로부터 흘러나온다는 사실을 안다. 역사를 결정하는 자유로운 행동은 자신을 결국 하나님의 행위로 인식하며 가장 순수한 능동성을 수동성으로 인식하게 된다."[71] 본회퍼는 인간 스스로부터 벗어나 하나님 안에서 비로소 자

---

67 DBW6, 225.
68 DBW6, 223.
69 DBW6, 224.
70 참조: DBW6, 225.

유72하며 하나님의 뜻에 의한 책임적 행동을 감행하는 것을 '선'이라고 이해하고 있다. 역사적으로 책임적인 그리스도인은 "선을 행할 수 없는데도 선을 행해야"73 하는데 그것은 선, 곧 "현실 적합한 것, 긴급한 것 그리고 명령된 것을 행하는 모험의 궁극적인 자유 안에서 하나님의 은혜를 구하면서 모든 자기 정당화를 포기한다는 것을 뜻한다."74 "예수 그리스도의 현실에 적합한 행동은 곧 선하며, 그리스도에게 적합한 행동은 현실적합한 행동이다."75 본회퍼는 이러한 책임적 자유 안에서 행동하는 것이 예수 그리스도를 대신하는 대리적 행위라고 규정하면서 그 책임의 내용은 사랑이고, 형태는 바로 자유라고 설명한다.76 모크로쉬는 본회퍼의 행동을 현실적합적, 상황적합적, 사태적 합적, 그리스도 적합적이라고 『윤리학』의 내용을 근거로 평가하며 그 근거가 도덕적 원칙이 아니라 하나님의 사랑에서 비롯된다고 분석한다. 그는 본회퍼의 행동이 대리적인 죄의 짊어짐 안에서의 책임이고, 어떠한 원칙을 지향하는 양심으로부터가 아니라 자유 안에서의 평화적 책임으로부터 비롯된다고 본다.77 모크로쉬의 입장과 유사하게, 슬렌츠카(Notger Slenczka)는 히틀러 암살을 위한 방첩단에 가입한

---

71 DBW6, 225.

72 본회퍼는 『창조와 타락』에서 자유의 개념을 다음과 같이 설명한다: 하나님은 자신을 위해 자유하신 것이 아니라, 인간을 위해 자유하시다는 사실이다. 하나님이 그리스도 안에서 인간을 위해 자유하신 것과 하나님께서 그의 자유를 자신을 위해서 가지지 않기에, 자유의 뜻은 우리에게 다만 '…을 위해 자유로운 존재'로 파악되는 것이다. 그리스도를 통해 한가운데 존재하며, 그리스도의 부활 가운데 우리의 인간됨을 아는 우리에게, 하나님께서 자유하다는 것은 우리가 하나님을 위해 자유하다는 것 이외에 다른 의미가 아니다.(DBW3, 59.)

73 DBW6, 227.

74 DBW6, 227.

75 DBW6, 228.

76 DBW6, 231.

77 참조: Mokrosch, *Dietrich Bonhoeffers Ethik*, 162-173.

본회퍼의 행위는 '피할 수 없는 죄'(*Die unvermeidlche Schuld*)라고 규정하면서, '현실적합성'과 '책임윤리' 의 관점에서 본회퍼의 행위를 분석하고 있다.78

본회퍼의 히틀러 암살 모의 가담에 대한 또 다른 기독교윤리학적 근거는 『윤리학』의 '책임적 자유 안에서 행동하는 자' 개념 이외에도 '10년 후'라는 제목의 소고79에서도 찾아 볼 수 있다. 본회퍼는 1942년 성탄절에 베트게, 오스터, 도나니 즉 히틀러 암살을 위한 공모자들을 위해 저술한 이 소고에서 어떻게 책임적 인간이 될 수 있는지 다음과 같이 기록한다. "확고하게 설 자, 그는 누구인가? 이성과 원리, 양심과 자유, 덕행을 궁극의 척도로 삼는 자가 아니라 하나님에 대한 믿음과 오직 그 믿음에 속박됨으로써 순종하며 책임을 지는 행위로 부르심을 받아 이 모든 것을 희생시킬 각오가 되어 있는 자만이 책임적 인간이 될 수 있다."80

핑켄발데 신학교 시절(1935-1939년)까지만 해도 스스로 기독교 평화주의자의 입장을 취하고 있다고 말했던 본회퍼는, 3여 년 후 성탄절에 히틀러 암살 공모자들에게 "악에 대해서는 저항할 수도 있고 폭로할 수도 있으며 때로는 힘으로 막을 수도 있다"81라고 말했다. 하지만 필자는 전혀 본회퍼답지 않은 이 진술이야 말로 가장 본회퍼다운 진술이라고 해석되어야 한다고 생각한다. 왜냐하면, 필자는 본회퍼의 이 진술이 본회퍼가 스스로 기독교 평화주의자에서 폭력이 허용되는

---

78 Notger, Slenczka, *Die unvermeidlche Schuld*. Der Normenkonflikt in der christlichen Ethik. Deutung einer Passage aus Bonhoeffers Ethik-Fragmenten, in: Berliner Theologische Zeitschrift 16 (1999), 97-119.
79 참조: 'Nach zehn Jahren(10년 후).' in DBW8, 19-39.
80 DBW8, 23.
81 DBW8, 26.

저항가로서의 전환을 선언하는 의미하는 것으로 해석되어서는 안 된다고 보기 때문이다. 당시 본회퍼는 원수를 사랑하라는 예수의 말씀에 문자적으로 순종하는 것보다 그 스스로 형제라고 불렀던 유대인을 위해, 그 스스로 악이라고 규정한 히틀러의 제거가 더 하나님의 뜻에 근거한 '상황적합적'이고 '시대적합적'인 선택으로 여겼던 것이다. 본회퍼의 삶과 신학 전체에서 조명해 볼 때, 본회퍼를 '기독교 평화주의자' 혹은 '저항의 아이콘' 이라고 단적으로 규정하는 것은 부적합하고 성급한 판단이다.

본회퍼는 그리스도인의 책임적 행동의 근거를 다름 아닌 고통당하는 사람들에게 다가가셨던 예수 그리스도의 사랑에서 마련한다.

> 우리가 그리스도인이 되려면 책임적 행동을 통해서 그리스도의 마음의 넓이에 참여해야 한다.[…] 이러한 책임적 행동은 자유 가운데 시간을 포착하고 위험에 맞서도록 만든다. 이러한 책임적 행동은 불안 때문이 아니라, 해방하시며 구원하시는 그리스도의 사랑을 갖고 고통당하는 사람들에게 다가서도록 만든다. 행동하지 않고 기다리는 것과 둔감하게 침묵하며 방관하고 있는 것은 그리스도교적인 자세가 아니다. 자신의 몸이 아니라 그리스도가 고난당하신 목적이라 할 수 있는 형제들의 몸을 통한 경험들이 그리스도인으로 하여금 행동하고 고난을 나누도록 부름받게 한다.[82]

본회퍼의 히틀러 암살을 위한 방첩단 참여는 인간 본회퍼 자신의 목적달성을 위한 수단이나 인간 본회퍼 자신의 이성적인, 규범적인, 가치론적인 판단에 따른 행동이 아니라 본회퍼에게 구체적으로 주어

---

82 DBW8, 34.

진 하나님의 뜻에 의한, 하나님 안에서의 '책임적인 자유로운 행동'이었다. 본회퍼의 행동은 '미친 운전사'였던 히틀러를 끌어내림으로써, 당시 고통당하고 있던 수많은 유대인들과 타인의 고통 속으로 들어가면서 고통당하는 인간들에게 직접 다가가셨던 예수 그리스도의 사랑의 현실에 동참하는 책임적인 그리스도인으로서의 행동이었다고 해석되어야 한다.

VIII. 결론: 평화를 설립하는 교회
― '타자를 위한 교회' 구체적 모델?

순간의 쾌락이 아니라 정의를 행하고 모험하며 / 가능성에서 동요하지 말고, 현실적인 것을 용감하게 붙잡아라. / 사상의 세계로 도피하는 곳에서가 아니라, / 오직 행위 속에서만 자유가 존재한다. / 불안 가운데 주저하지 말고 사건의 폭풍우 속으로 나아가라. / 하나님의 계명과 그대의 신앙이 그대를 뒷받침해 주며, / 자유가 그대의 혼을 환호하며 감싸 안아 주리라.[83]

본회퍼는 현 한국교회에 '하나님의 뜻'에 대한 무분별한 남용에 대해 경고하고 있다. 세월호 사태 이후의 한국 사회의 분열의 모습들에 대해서 한반도와 동아시아 국가들의 비평화적 모습을 향해서 한 개인이나 단체, 국가들의 자기목적을 위한 주장만을 내세우지 말고 예수 그리스도의 교회됨, 책임윤리, 공동체의 윤리, 제자됨의 회복을 통해

---

83 DBW8, 571. '자유를 향한 도상의 정거장들'이라는 제목의 시(DBW8, 570-572)에서 '행위'(Tat)라는 부제의 두 번째 부분이다.

진정한 '하나의 우리(ein Wir)'를 이루어 나가라고 주문한다. 본회퍼는 어떠한 원칙이 '하나님의 현실'을 방해한다고 판단했으며 오늘의 여기 현실과 시대에 적합한, 예수 그리스도 안에서 계시된 하나님의 뜻의 분별을 통한 평화지향적 교회를 소망한다. 본회퍼가 제시하는 이 땅위에서의 교회의 평화 설립을 위한 실천적 과제들은 고난을 당하는 사랑과, 선의 현실에 참여를 통한 교회됨이며 사회의 부조리와 부정의에 대한 예수 그리스도의 십자가의 현실로 부르심에 대한 수동적 참여를 통한 저항일 것이다.

본회퍼는 21세기, 이 땅위의 교회에, 교회의 과제로서 평화 설립을 호소하고 있다. 그것은 교회가 오늘, 우리에게, 지금, 여기에서 당면한 경제적, 정치적, 사회적 문제에 관한 하나님의 뜻을 분별하며 적극적인 대안마련과 행동을 해야 하는 것이다. 본회퍼의 평화 이해와 평화운동에서의 형성된 개념들은 20세기 후반에 에큐메니칼 운동의 인종차별, 전쟁, 사회적 착취에 관한 입장을 논할 때 많은 영향을 끼쳤다고 볼 수 있다.[84]

평화는 한 순간에 실현할 수 없다. 평화란 예수 그리스도의 형상에 참여하며 하나님의 뜻을 이 땅위에서 이루어 나가는 과정이다. 개인과 집단으로서의 교회의 영역을 나누고 그리스도인 개인의 윤리와 교회로서의 사회윤리를 나누며 이분화된 교회의 모습은 본회퍼의 용어를 빌어 설명하자면 그리스도의 인격과 집단인격의 융합된 이해인 공동체로 존재하는 그리스도, 인격 공동체인 교회 공동체를 끊임없이 분열시키는 결과를 낳을 것이다. 교회의 사회의 문제에 대한 무관심은 비현실적 인간이 되는 것이며 이는 산상수훈을 시대적합성, 현실

---

[84] 참조: Stephen Brown, Bonhoeffer's Continuing Challenge to the Ecumenical Movement, in: *Ecumenical Review* 67 (2015), 308-309.

적합성을 배제한 채 하나님의 뜻을 피안에 가두며 자기목적에 맞는 새로운 율법으로 변용하는 것이나 다름없다.

"진정한 평화는 하나님 안에 있으며, 하나님으로부터 시작된다. 이러한 평화는 그리스도와 더불어 우리에게 주어졌고, 이는 평화는 복음과 분리되지 않은 채 결합되어 있다는 것을 의미한다."[85] 본회퍼의 '평화'는 예수 그리스도 안에서 하나의 우리, 하나의 교회, 하나의 현실을 이뤄나가는 끊임없는 과정이다. 본회퍼는 그리스도교적 인격 개념으로부터 집단인격 개념을 통해 교회의 현실을 논했다. 이 교회 개념은 본회퍼의 평화윤리를 위한 초석이 되었고 '고난의 짊어짐', '고난의 수용', '고난을 당하는 사랑'의 실현과 '형성의 윤리'를 통해 그리스도의 성육신과 십자가 부활을 통한 하나님의 현실, 즉 선의 현실을 통한 평화윤리의 초석과 동시에 기독교윤리학적 평화 개념 설립의 근거를 마련했다고 볼 수 있다.

본회퍼의 히틀러 암살을 위한 방첩단에 가담한 것은, '폭력을 통한 저항'이기에 '비평화적'이다라는 윤리적 정죄를 가하기보다는 다음 세대를 위한[86] 자유로운 책임, 책임적 자유 안에서의 행동으로 이해되어야 한다. 이 땅의 평화를 위한 하나님의 뜻의 분별은, 우리 시대에 처한 미친 운전사가 누구인지 분별할 수 있는 능력에 있다. 그 분별은 본회퍼의 평화 이해에 근거하면 언제나 인간의 자기목적이 아니라 하나님으로부터 주어지며 예수 그리스도 안에서 하나님과 공동체, 즉 '교회'를 이루고 있을 때 가능하고, 그 행동은 '책임적 자유 안에서의 행동'이라고 해석할 수 있다.

---

85 DBW12, 235.
86 "젊은 세대는 그들이 원리로부터 행동할 것인지, 아니면 살아 있는 책임성으로부터 행동할 것인지를 가장 확실하게 결정하게 될 것이다. 왜냐하면 바로 이 문제에 그들 자신의 미래가 달려 있기 때문이다. (DBW8, 25-26.)

본회퍼의 평화 이해는 보편적인 개념으로 문자화, 규범화, 원칙화 할 수는 없다. 본회퍼의 삶과 신학 특히 평화 개념을 해석하는 이들은 자기목적을 숨긴 채, 본회퍼의 입장들을 성급하게 일반화하려는 의도가 있지 않은지 늘 주의해야 한다. 본회퍼의 평화 개념은 오늘날 시대적 사유체계가운데 자기목적을 감춘 채 모방하는 것을 요구하는 것이 아니라 하나님의 뜻에 따른 현실 적합한 전환과 교회론과 그리스도론에 근거한 끊임없는 반성적 성찰과 사유를 요구한다.

　1932년에서 1934년 사이의 본회퍼에게 평화의 설립은 가장 시급한 교회의 과제였다. 본회퍼는 1944년 8월 3일 베트게에게 보내는 편지에서 '연구를 위한 기획'이라는 원고를 작성했다. 이 원고에서 본회퍼는 그 유명한 '타자를 위한 교회'에 관한 내용을 기술했다. 이 내용 중에 본회퍼는 다음과 같이 말했다:

　교회는 모든 직업에 종사하는 사람들에게 그리스도와 더불어 사는 삶이 어떤 것이며, 또 '타자를 위해 존재하는 것'이 무엇을 의미하는지를 말해주어야 한다. 특히 우리의 교회는 모든 악의 근원인 교만, 권력과 오만 그리고 환상주의라는 악덕들과 싸워야 한다.[87]

　이보다 앞선 1944년 7월 16일 베트게에게 보내는 편지에서는 다음과 같이 말했다:

　하나님은 자신을 세상에서 십자가로 추방하지. 하나님은 세상에서 무력하고 약하며, 오직 그렇기 때문에 그는 우리와 함께 계시고 우리를 돕는다네.[88]

---

87 DBW8, 560.

필자는 이 두 편지의 위의 내용을 근거로 당시 옥중에서의 본회퍼는 그가 1939년 미국으로부터 돌아와 고수했던 히틀러 정부에 대한 적극적 저항에 관한 입장을, 1934년 스스로를 기독교 평화주의자라고 주장했던 시절로 옮겨가고 있었다고 본다. 본회퍼는 타자를 위해 존재하는 교회는 모든 악의 근원들과 맞서 싸워야만(entgegentreten) 한다고 주장했다. 그러나 그 방법은 무력하고 연약한 하나님의 현실인 예수 그리스도의 수난과 고난에 참여함이었다.

타자를 위한 교회는 동시대의 비평화를 조장하는 요소들의 제거를 위해 연약한 예수 그리스도와 함께하며 선한 힘들에 둘러싸여 비폭력 저항을 통한 평화를 설립해야 한다. 본회퍼는 1945년 새해를 맞아 '선한 힘들'(von guten Mächten)이라는 제목으로 평화를 노래하는 시를 옥중에서 썼다:

선한 힘들에 관하여:

1. 선한 힘들에 신실하고 조용히 둘러싸여/ 놀랍게 보호받고 위로받으며/ 나는 이날을 그대들과 더불어 살기를 원하고/ 그대들과 더불어 새로운 해를 향해 나아가기를 원한다
2. 지나간 해는 아직도 우리의 마음을 괴롭히고/ 악한 날은 여전히 우리를 짓누른다/ 아, 주님, 우리의 놀란 영혼에/ 당신께서 우리를 위해 창조하신 구원을 주소서
3. 당신께서 우리에게 넘치도록 가득찬/ 쓰디쓴 고난의 무거운 잔을 주신다면 / 당신의 선하고 사랑스런 손으로부터/ 그것을 두려움 없이 감사히 받겠나이다

---

88 DBW8, 534.

4. 당신께서 우리에게 다시 한번 세상의 대한 기쁨과/ 그 태양의 찬란한 빛을 허락하신다면/ 우리는 과거의 것을 기념하고자 하며/ 그때 우리의 삶은 온전히 당신의 것입니다

5. 당신께서 우리의 어둠 속으로 가져다준 양초들이/ 오늘 따뜻하고 밝게 타도록 하소서/ 가능하면 우리를 다시 하나로 만드소서/ 당신의 빛이 밤에 빛을 발하는 것을 우리는 압니다

6. 적막이 우리를 깊이 둘러쌀 때/ 저 세상을 가득 채운 소리를 듣자/ 보이지 않게 우리 주위로 퍼져나가는 당신의 모든 자녀들의 찬미 소리를

7. 선한 세력들에 의해서 신실하고 조용히 감싸인 채/ 우리는 위로 속에서 우리에게 다가올 것을 기다린다/ 하나님은 저녁과 아침 그리고 새 날에도 분명히 우리 곁에 계신다[89]

본회퍼의 윤리는 '교회론적 평화윤리'[90]라고 정의할 수 있다. 본회퍼의 '하나님의 뜻 이해'는 본회퍼 신학의 연속성을 규정할 수 있는 지평이다. 교회의 이해로부터 출발한 본회퍼의 신학은 에큐메니칼 교회 연합을 위한 신학적 정의에서 교회의 평화적 과제를 논의하며, 『나를 따르라』와 『윤리학』에서는 각각 '평화교육'과 '평화윤리' 사상으로 발전된다. 이와 같은 의미에서 본회퍼의 평화 개념은 정당전쟁론이나

---

89 DBW8, 607-608. (번역은 참조: 디트리히 본회퍼, 『저항과 복종』, 손규태·정지련 옮김, 대한기독교서회, 2010, 773-776.) 이 시는 독일 개신교 찬송가(Evanglisches Gesangbuch) 65장에 실려 있다.

90 Kim, Sung Ho, *Frieden stiften als Aufgabe der Kirche* - Dietrich Bonhoeffers Ekklesiologie und Friedensethik und ihre Wirkungsgeschichte in Südkorea, Lit 2012, 149. 본회퍼 윤리에 관한 다른 정의들은: '뒤따름의 윤리'(Nachfolgeethik), 참조: Reiner Mayer, *Die Bedeutung von Bonhoeffers Mandatenlehre*, 1992, 58; '저항의 윤리'(Widerstandsethik), 참조: Hand-Richard Reuter, *Vom christlichen Pazifismus zum aktiven Widerstand*, 2008, 28, 31.

평화주의라는 교회사의 평화에 대한 두 거대담론 가운데 어느 한 쪽에도 속할 수 없다. 또한 그의 평화 개념은 어떠한 '안보'나 '원칙'에 근거한 평화윤리적 담론에 속할 수도 없다. 본회퍼의 평화에 대한 모순적 입장들은 오늘의 현실가운데 인간들의 자기목적을 가린 채 수용되어서는 안 된다. 필자가 보기에, '하나님의 뜻 이해'라는 삶과 신학의 정선율 아래, 예수 그리스도의 현실과 시대적합성을 고려한 평화지향적 선택들이 개인 혹은 단체, 국가의 자기목적을 위한 것이 되어서는 안 된다고 본회퍼는 주장하고 있다.

제 10 장
『나를 따르라』(*Nachfolge*)
: 교회의 실천적 담론

I. 『나를 따르라』의 등장 배경

본회퍼는 1930년대 중반 무렵 나치정권의 하수인으로 전락한 독일의 국가교회의 행태가 독일 그리스도인들의 예수 그리스도의 진정한 제자됨의 부재에서 비롯된다고 인식하고, 고백교회가 세운 '핑켄발데(Finkenwalde) 신학교'의 교장으로서 부임하여 독일 교회의 미래를 위해 필요한 것이 다름 아닌 산상수훈(마태복음 5-7장)의 내용을 중심으로 제자도를 교육하는 것이라고 여겼다. 이 장의 내용은 바로 본회퍼의 핑켄발데 시절에 수업의 강의록들이 편집되어 출판된, 『나를 따르라』(*Nachfolge*)[1]의 내용 가운데 '제자직'에 관한 내용을 토대로 예수 생애 당시 그의 부르심과 제자들의 순종 그리고 오늘날의 현실

---

1 DBW4: *Nachfolge* (1937), hg. von Martin Kuske und Ilse Tödt, München 1989. 본서에서는 DBW4, 제3판(3. Auflage Gütersloh 2002.)을 인용함.

가운데 제자직의 현실에 관한 담론들이다.

1934년 초 독일의 고백교회 지도자들은 신학원 설립을 추진했다. 왜냐하면, 제국교회가 모든 대학교 신학생들에게 아리안 인종의 순수성을 입증해 보이라고 요구했기 때문이었다. 본회퍼는 1934년 6월 야코비와 힐데브란트로부터 고백교회의 신학원 운영을 제안 받았다. 그로부터 한 달 후에 니묄러는 본회퍼를 이듬해 1월부터 베를린-브란덴부르크 지역 신학원을 맡게 했고, 고백총회 의장인 코흐는 본회퍼가 런던에서 계속 목회하기를 바랐다. 본회퍼는 심사숙고 끝에 신설 고백교회 신학원의 원장직을 수락하고 1935년 봄 즈음에 자신의 임무를 시작할 수 있다고 고백교회 측에 말했다. 당시 본회퍼는 1934년 남은 몇 달은 영국을 돌아다니며 여러 기독교 공동체에 관해 연구하고 인도에 가서 간디를 만날 계획을 가지고 있었다.[2]

본회퍼는 간디가 산상수훈의 가르침대로 살려고 애쓰는 공동체에서 생활하고 있다고 전해 듣고 비그리스도인들이 실제로 예수님의 말씀을 수행하며 살아가는 모습을 보고 싶어 했다. 본회퍼는 당시 국가교회뿐만 아니라 고백교회도 포함한 대다수의 교회들과 독일에 있는 당시 '기독성'이 무엇인가 크게 잘못되었다고 생각했다. 그는 고백교회 내에서도 이미 너무나 많은 타협을 지켜 본 상태였다. 본회퍼는 당시 기독교의 모습으로는 히틀러를 물리칠 수 없다고 생각했다. 그가 원했던 진정한 교회의 모습은 무슨 일이 발생해도 교회는 그리스도와 깊은 관계를 유지하고, 하나님의 목소리를 열심히 귀 기울여 듣고, 하나님의 명령에 복종하고, 나아가 피까지 흘리는 모습을 보는 것이었

---

2 참조: 에릭 매택시스, 『디트리히 본회퍼』, 김순현 옮김, 포이에마 2011, 356-357; 참조: DBW13, 213-214: 간디는 1934년 11월 1일 편지에서 본회퍼를 인도의 북서쪽에 위치한 한 아시람(Ashram)[힌두교도들이 수행하며 거주하는 곳(필자주)]으로 초대했었다. 그러나 둘의 만남은 성사되지 못했다.

다. 그는 독일의 여러 신학원에서 기도와 성경 묵상, 예배와 찬송 부르기를 가르치지 않는다면 어찌 하나님의 음성을 귀여겨들을 것이며, 어찌 하나님께 복종할 수 있겠는가라고 반문했다.3 본회퍼는 1935년 봄이 오면 자신이 맡아 운영하는 신학원에서 그 모든 것을 가르칠 생각이었다.

여기에서 주목해야 할 부분은 본회퍼가 나치정권에 대해 '저항'을 위한 신학적 근거를 마련하거나 신학교육을 한 것이 아니었다는 점이다. 본회퍼는 당시 산상수훈의 내용을 당시 제자들의 특수한 시대적 상황에서 이해할 수 있다는 제한적 해석에 대해 반기를 들고 암울한 시대의 교회와 그리스도인들의 실마리를 기도, 성서 그리고 깊이 있는 영성생활에서 출발하고 철저히 예수 그리스도의 산상수훈의 말씀을 따르고 이 땅에서 실현하는 것을 추구했다.

본회퍼는 1935년 1월 중순 그의 맏형에게 보내는 편지에서 불법 신학교를 맡기로 했다고 전했다.4

아마도 나는 형님이 보기에 여러 가지 일에 미친 듯이 달려드는 사람처럼 보일지도 모르겠습니다. 나도 이따금 그 점이 두렵긴 합니다. 하지만 솔직히 말씀드려서 나는 내가 더 합리적인 사람이 되는 날 나의 신학 전체를 포기하지 않으면 안 될 거라는 걸 알고 있습니다. 신학에 첫발을 들여놓던 때에는 생각이 전혀 달랐습니다. 하지만 나는 내가 난생 처음 바른 길에 서 있다고 생각합니다. […] 나는 내가 산상수훈을 진지하게 다룰 때 비로소 나의 내면이 깨끗해지고 반듯해진다는 걸 잘 알고 있습니다. 나는 산상수훈을 진지하게 대하면서 힘을 얻어

---

3 참조: 에릭 매택시스, 360.
4 에릭 매택시스, 374.

온갖 마법과 유령(나치제국)을 허공으로 흩어버릴 겁니다. 불꽃으로 살아서 재만 남을 때까지 말입니다. 교회 회복은 실제로 새로운(!) 수도 생활을 통해 이루어질 겁니다. 새로운 수도 생활과 옛 수도 생활의 유일한 공통점은 그리스도를 본받으면서 무엇과도 타협하지 않고 산상수훈을 따라 살아가는 것입니다. 지금이야말로 그 일을 위해 사람들을 모을 때라고 생각합니다. […] 타협 없이 옹호해야 할 것이 있습니다. 내가 보기에 그것은 평화와 사회적 정의, 혹은 그리스도(Christus)인 것 같습니다.[5]

1935년 4월 말, 본회퍼와 23명의 목사 후보생들은 신흥 고백교회 신학원을 개설하겠다는 계획을 가지고 발트해에 있는 신생반도인 칭스트(Zingst)로 향했다.[6] 에릭 메택시스는 본회퍼가 구상한 신학교를 "수도 공동체"를 염두에 두었다고 본다.[7] "그 공동체는 예수께서 산상수훈에서 제자들에게 살라고 명하신 대로 살아가는 공동체, 신학생으로서만이 아니라 그리스도의 제자로서 살아가는 공동체였다. 본회퍼가 제시한 그리스도인의 단체 생활, 즉 공동생활은 이례적인 실험이었다. 루터교 전통에 속한 사람 중에서 누구도 그런 공동생활을 시도한 적이 없었다."[8] 하지만 본회퍼의 신학교는 수도원적 생활 그 자체에 목적이 있었던 것은 아니다. 위에서 제시한 대로 본회퍼의 이 시절의 구상은 옛 수도생활이 아니라 새로운 수도생활이었다. 그의 새로운 수도생활이란, 결국 '밖을 향한 섬김'(*Dienst nach außen*)을 위해 가장 영적으로 집중하며 제자도를 가르치는 생활이었으며, '밖을 향한 섬

---

[5] 에릭 매택시스, 374-375(독일어 원문 참조: DBW13, 272-273).
[6] 참조: 에릭 메택시스, 377-378.
[7] 참조: 에릭 메택시스, 378.
[8] 참조: 에릭 메택시스, 378.

김'이란 모든 새로운 위기 상황에서 즉시 말씀 선포로 섬길 준비를 하는 것을 의미했다.9 이후 두 달 정도 핑켄발데에서 새로운 삶의 자리를 준비한 신학교는 1935년 6월 26일 본회퍼의 첫 강의로 그 새로운 문을 열었다.

"본회퍼는 1934년 4월 28일 런던에서 '나치 정권은 독일에서 교회의 종말을 가져왔다'라고 썼다. 그 당시에 그곳의 독일인 교회의 목사였던 그는 스위스의 친구 에르빈 주츠(Erwin Sutz)에게 이렇게 썼다."10

나는 전력을 다하며 교회의 저항운동에 동참하였다네. 그러나 나에게 분명해진 것은 이러한 저항 운동이 전혀 다른 저항운동으로 나아가는 하나의 과도적인 단계라는 사실이며 […] 아마도 나중에 일어날 본격적인 투쟁은 신앙을 건 고난의 투쟁이 될 것이네. […] 자네는 놀랄지 모르겠지만 나는 이 모든 문제가 산상설교에서 결판이 난다고 믿고 있네. […] 그렇지만 자네가 산상설교에 관해 어떻게 설교하는지를 다시 알려 주길 바라네. 나는 지금 산상수훈을 매우 단순하고 간단하게 설교하려고 시도하고 있네. 그러나 언제나 중요한 것은 계명을 지키는 것이지, 계명을 회피하는 것이 아닐 것이네. 그리스도를 따른다는 것, 이것이 무엇을 뜻하는지 나는 알고 싶네. 이것은 우리의 신앙개념에서 아직 완전히 파악되지 못하고 있네. 나는 습작이라고 부르고 싶은 연구에 - 단지 전단계로서 - 착수했네. 이 일에 자네의 도움이 필요하네.11

일제 퇴트는 편집자 서문에서 본회퍼의 이 편지가 『나를 따르라』

---

9 DBW5, 134-135. (편집자 후기)
10 DBW4, 7. (편집자 서문)
11 DBW4, 7. (편집자 서문)

를 쓰려던 동기의 최초의 흔적이라고 밝히고 있다.12

『나를 따르라』는 1935년 6월 핑켄발데(Finkenwalde)에서 시작된 "그리스도의 제자직"이라는 주제의 강의, 1935/36년 겨울학기에 '보이는 교회', 1936년 여름학기의 '바울이 가르치는 구체적인 윤리' 그리고 1937년 봄과 여름에 개설되었던 '신약성서에 나타난 교회의 건덕과 치리'라는 주제의 강의들의 초고가 모여 탄생되었다.13 이 원고들은 1937년 9월경에 본회퍼가 원고의 대부분을 고백교회의 회원이었던 페르게스(Maria Verges)와 틸케(Ida Thielke)의 집에 보관했었지만 분실되었다. 그 가운데 신약성서강의를 위해 연구했던 부분의 내용과 『나를 따르라』의 자필원고 그리고 1937년에 타자로 찍은 저술들이 남아 있고, 인쇄본의 한 페이지는 따로 보관되었다. 그것은 1937년의 베트게판에 실려 있으며,14 독일어로된 『나를 따르라』(*Nachfolge*)는 Dietrich Bonhoeffer, Nachfolge, Chr. Kaiser Verlag München 1937, 220S 1판이 기초가 되어 엮어졌다.15 이후, 본회퍼 연구가들에 의해 여러 차례 수정을 거친 후에 1961년 7판 이후의 인쇄본이 디트리히 본회퍼 전집의 제4권으로 출판되었고, 한국에서는 1965년 9월 허혁에 의해 『나를 따르라』라는 제목으로 처음 번역되었고, 이신건에 의해 2010년 대한기독교서회 출판본으로 출판되었다. 그렇다면 본회퍼는 이 수업들을 통해 당시 독일 그리스도인들이 어떤 그리스도인들이 되길 바랐으며, 독일 교회가 어떤 교회가 되길 희망했는가?

---

12 DBW4, 7. (편집자 서문)
13 참조: DBW4, 10. (편집자 서문)
14 참조: DBW4, 14. (편집자 서문)
15 참조: DBW4, 14. (편집자 서문)

II.『나를 따르라』에 관한 연구들

드람(Sabine Dramm)은『나를 따르라』를『신도의 공동생활』과 더불어 "믿음에서 출발해서, 믿음을 가지고, 믿음을 위하여 씌어진, 원래의 말뜻 그대로 믿음의 책들"16이며, "신약성서의 재발견과 그리스도인의 삶에 대한 신학적 확인과 성찰에 관한 것이며 믿음을 얻고 믿음을 돈독히 하는 것에 관한 책"17으로 보았다. 찜멀링(Peter Zimmerling)은『나를 따르라』는 본회퍼가 고대 그리스도교의 신앙과 연결하여 스스로의 믿음의 구체성에 대한 부족을 극복하기 위한 내용이 담겨있다고 보았으며 이 책을 개신교회의 산상수훈의 이해를 다시 논의하는데 큰 결정을 했다고 보았다.18 필자는『나를 따르라』에서 그리스도의 제자직 안에서 평화에 관한 구체적 형상화를 논의하고 있다고 보았다.19 실제로 핑켄발데 신학교는 수도 공동체20가 아니라 평화 교육의 장이었다. 겔라흐는『나를 따르라』의 배경이 되었던, 1935년에서 36년 사이 본회퍼의 교회 이해를 "책임의 교회 이론"(Kirchentheorie der Verantwortung)이라는 지평에서 분석한 후 이를 '교회지도학'(kirchlicher Kybernetik)21에 적용하기 위한 연구를 시도했다. 가장 최근

---

16 참조: 자비네 드람,『본회퍼를 만나다』, 김홍진 옮김, 대한기독교서회, 2013, 147.
17 참조: 자비네 드람,『본회퍼를 만나다』, 147.
18 참조: Peter Zimmerling, *Bonhoeffer als Praktischer Theologe*, Vandenhoeck & Ruprecht, 2006, 43-45.
19 참조: Sung Ho Kim, Frieden stiften als Aufgabe der Kirche, Dietrich Bonhoeffers Ekklesiologie und Friedensethik und ihre Wirkungsgeschichte in Süd-korea, Lit 2012, 133-135.
20 메텍시스의 핑켄발데 신학교가 수도 공동체만을 염두해 두었다는 의견(참조: 에릭 메텍시스,『디트리히 본회퍼』, 김순현 옮김, 포이에마, 2011, 378.)은『신도의 공동생활』의 '밖을 향한 섬김'의 개념이나『나를 따르라』를 본회퍼의 전체 삶과 신학 속에서 읽지 못한 결과라고 볼 수 있다.

의 본회퍼에 『나를 따르라』에 관한 연구는 플로리안 슈미츠(Florian Schmitz)의 박사학위 논문이다.22 그는 본회퍼가 겪은 역사적 상황이 그의 신학을 구체적으로 만들어가는 계기였음을 규명하고, '제자도'라는 관점의 바늘로 본회퍼의 삶과 신학을 꿰매었다. 특히 그는 칭의(Rechtfertigung)와 성화(Heiligung)의 관점에서 『나를 따르라』를 재구성하고 본회퍼에게 '제자도'(Nachfolge)라는 용어와 의미가 그의 전기적 삶을 통해 어떻게 형성, 발전되었는지에 대해서 연구했다.

III. 본회퍼의 『나를 따르라』 안에서의 제자도

1. 예수 그리스도의 제자직으로의 부르심

본회퍼는 『나를 따르라』에서 당시 교회 공동체의 모습을 잃어가고 있던 독일 국가교회를 비판하기 위해 칭의론(Rechtfertigungslehre)을 재정립하고자 했다.23 이를 위해 본회퍼는 당시 독일 교회의 은혜의 이해에 대한 오용을 바라봄에서 그 포문을 연다. 즉, 참된 예수 그리스도의 제자가 되기 위해서는 은혜의 올바른 이해가 필요하다는 것이다. 본회퍼가 『나를 따르라』에서 제자직에 앞서 은혜에 관해 우선적으로 다루는 것은 마틴 루터로 돌아가고자 하는 에움길(Umwegs)24

---

21 참조: Gernot Gerlach, *"Bekenntnis und Bekennen der Kirche" bei Dietrich Bonhoeffer* – Entscheidungen für sein Leitbild von Kirche in der Jahren 1935-1936, Lit, 2003.

22 Florian Schmitz, *Nachfolge* zur Theologie Dietrich Bonhoeffers, Vandenhoeck & Reprecht, 2013.

23 참조: Peter Zimmerling, *Dietrich Bonhoeffer* – Leben und Werk, 28.

24 참조: Christian Gremmels(Hg.), Rechtfertigung und Nachfolge, in: *Theologie*

을 마련하고자 하는 것이다.25

본회퍼는 값싼 은혜란 "교리, 원리, 체계로 이해되는 은혜요, 보편적인 진리로 이해되는 사죄요, 그리스도교적인 하나님의 이념으로 이해되는 하나님의 사랑이다. 이를 인정한 자는 자신의 죄가 이미 용서되었다는 것이다. 은혜를 이렇게 가르치는 교회는 이를 통해 은혜를 이미 소유했다는 것이다", "값싼 은혜란 죄인을 의롭다고 인정하는 것이 아니라 죄를 의롭다고 인정하는 것이다."26 본회퍼에 따르면 이러한 이해에서는 우리의 삶이 은혜로 인해 제한된다. 즉, 이런 값싼 은혜의 이해는 은혜를 통해 어떤 마음의 평안함, 심적인 위로를 받는 것으로 충분하고 그리스도의 제자로서 이 땅에서 그리스도를 따르는 삶을 살아가는 것의 불필요성을 야기한다는 것이다.27 "값싼 은혜란 회개 없는 사죄요, 교회의 치리가 없는 세례요, 죄를 고백함이 없는 성만찬이요, 개인적인 참회가 없는 사죄다. 값싼 은혜란 그리스도를 뒤따름이 없는 은혜요, 십자가가 부재한 은혜이며, 성육신하시고 현존하시는 예수 그리스도가 없는 은혜다."28

그러나 본회퍼는 값비싼 은혜는 "예수 그리스도의 부르심"29이며, 그분을 뒤따르는 것이라고 말한다.30 즉, 은혜란 예수 그리스도의 부르심으로 시작되어 그분을 뒤따름까지 이어져야 한다는 것이다. 본회

---

und Lebenswelt. Beiträge zur Theologie der Gegenwart, Gütersloh, 2012, 42.
25 디트리히 본회퍼의 신학 속에서 발견되는 마틴 루터의 신학 개념들에 관해서는 참조: Wolf Krötke, *Barmen –Barth –Bonoeffer*, Beiträge zu einer zeitgemäßen christozentrischen Theologie, Luther-Verlang, 2009, 453-495.
26 DBW4, 29.
27 참조: DBW4, 30.
28 DBW4, 30.
29 DBW4, 31.
30 참조: DBW4, 31.

퍼는 은혜에 대한 값싼 이해 때문에 그리스도의 제자직을 잃어버렸고, 그리스도의 제자직의 상실은 값비싼 은혜에 대한 이해마저 다시 잃어버렸다고 고백하는 사람들을 위해서라도 우리는 더 이상 그리스도의 제자직을 올바르게 실천하지 못하고 있다 공포해야 한다고 말한다.31 이후 본회퍼는 "오늘 우리는 그리스도인으로서 어떻게 살아가야 하는가?"32라는 문제제기를 한다.

본회퍼의 『나를 따르라』에서의 '예수 그리스도를 뒤따름으로의 부르심'은 한스 폰 도나니를 포함한 히틀러 정부의 체제 전복을 위한 방첩단원 앞에서 행한 1942년 성탄절 설교에서는 '하나님에 대한 믿음과 오직 그 믿음에 속박됨으로써 순종하며 책임을 지는 행위로의 부르심'으로 구체화 된다. 예수 그리스도의 이러한 부르심은 자신의 이성과 원리, 양심과 자유, 덕행의 척도를 모두 포기하고 희생하는 자가 되라는 부르심, 본회퍼의 표현으로는 '책임적 인간'이 되라는 부르심이다.33 이러한 의미에서 본회퍼에게 1942년 성탄절 설교는, 본회퍼 자신의 신학적 사색과 결단이 담긴 '책임적 인간으로의 부르심'을 선포하는 설교였다.

필자는 젠슨의 슬레인의 책의 서평34에서 소개한 본회퍼의 부르심에 대한 해석을 긍정적으로 수용한다. 즉 슬레인은, 본회퍼의 『나를 따르라』에서 '제자도'를 논할 때의 '부르심'에 대한 이해가 히틀러 체제의 전복을 위한 방첩단에 가입하는 과정에서 그 스스로 '희

---

31 참조: DBW4, 42.
32 DBW4, 42.
33 참조: DBW8, 23.
34 참조: Matt Jenson, Bookreview in: Scottish Journal of Theology 61 (2008), 113-115. 젠슨(Jenson)이 서평한 책은, Craig J. Slane, *Bonhoeffer as Martyr*: Social Responsibility and Modern Christian Commitment, Grand Rapids, MI: Brazos Press, 2004.

생으로의 부르심'으로, 예수 그리스도의 십자가상에서의 죽음의 길을 따른다는 의미에서 '죽음의 훈련'(Practice of death)이라는 계속되는 제자도를 이어나간다는 견해를 내놓았다. 이러한 슬레인의 해석은 예수 그리스도의 '부르심'에 관한 다양한 지평으로 우리를 안내한다.

2. 단순한 순종

다음으로 본회퍼는 제자직으로의 그리스도의 부름과 그에 대한 순종에 관해 말한다.[35] 그는 이 부름을 "은혜임과 동시에 계명"[36]이라고 규정한다. 본회퍼는 제자직의 내용이 "나를 따르라, 내 뒤를 따라오라!"가 전부임에 주목한다. 제자직은 의미심장한 것을 실현해 줄 인생의 어떤 프로그램이 아니며 인간이 추구해야 하는 어떠한 목표와 이상도 아니며 보상으로 주어지는 물건도 아니다. 예수 그리스도의 부름이 은혜임과 동시에 계명이므로, 그의 부름을 받은 자는 자신이 가진 모든 것을 버려야만 한다. 본회퍼에 의하면, 예수의 부름은 인간의 '탈존하기'(existieren)를 요구한다.[37] 이는 부르심 이전의 삶으로부터 뛰쳐나와 이전의 삶으로부터 자유롭게 되어 부름 받은 자가 예수를 전적으로 신뢰하고 따라나서는 것, 예수와의 인격으로 결속되는 것을[38] 의미한다. 이러한 의미에서 예수 그리스도의 제자로서의 부르심은 "실존의 새로운 창조됨"[39]이다.

---

35 '순종과 행위(Gehorsam und Tun)'에 관한 본회퍼의 테제는 DBW12, 191-193을 참조할 것.
36 DBW4, 47.
37 DBW4, 46.
38 DBW4, 47.

본회퍼는 오직 예수 그리스도의 말씀에 대해 구체적으로 순종함으로써만 인간은 자유롭게 믿을 수 있다고 말한다.40 본회퍼는 믿음과 행위를 분리하지 않았다. "믿는 자만이 순종하고, 순종하는 자만이 믿는다."41 티츠는 『나를 따르라』의 믿음과 순종에 관한 논의를 '실존적 순환'(existentiellen Zirkel)의 지평에서 관찰했다. 티츠는 본회퍼가 상호무게가 균등하게 발생하는 믿음과 순종을 서로의 실존의 조건으로 보았다고 설명했다. 그녀는 믿음과 순종은 본회퍼의 '제자도'에서 실존적 순환을 이루는데, 이 순환은 예수 그리스도의 부름에 응답하여 '올라서는 위치'(Einstiegsstelle)로서의 실존적 진일보(existentiellen Schritt)를 이룬다고 분석했다.42

본회퍼는 1932년 12월 "그리스도와 평화"라는 제목의 강연43에서 이미 "그리스도를 뒤따름은 온전히 단순한 믿음에서 비롯되고 역으로 믿음 역시 그리스도를 순종하며 뒤따를 때 진실한 믿음이 된다"44라고 말했다. 본회퍼에게 믿음이란 믿는 행위를 의미하며, 이는 그리스도의 말씀에 대한 전적인 순종하는 행위를 의미한다. "우리는 좋은 나무가 좋은 열매를 맺듯이, 순종은 믿음에서 나온다고 여긴다. 믿음이 먼저 오고 순종은 그 다음이라는 것이다. 만약 이로써 순종의 행위가 아니라 오직 믿음만이 의롭게 한다는 사실만을 말하려고 했다면, 이는 다른 모든 주장을 위한 필연적이고 불가피한 전제라고 할 수 있다.

---

39 DBW4, 50.
40 참조: DBW4, 73.
41 DBW4, 52, 59.
42 참조: Christiane Tietz, *"Nur der Glaubende ist gehorsam, und nur der Gehorsame glaubt."* Beobachtungen zu einem existentiellen Zirkel in Dietrich Bonhoeffers Nachfolge, in: Ditrich Bonhoeffer Jahrbuch 2, 170-181.
43 DBW12, 232-234.
44 참조: DBW12, 233.

[…] 믿음은 오직 순종 속에서만 존재한다. 믿음은 결코 순종 없이 존재하지 않는다. 믿음은 오직 순종의 행위 속에서만 믿음이다."45 이 경우 중요한 것은 부름의 주체가 바로 예수 그리스도라는 점이다. 그는 선생이나 모범으로서가 아니라 하나님의 아들, 그리스도로서 제자직을 요구하였다.46 본회퍼는 그리스도의 존재가 제자의 존재를 전제한다고 규정한다. "하나님의 아들은 인간이 되셨다. 그는 중보자이시다. 오직 그렇기 때문에 제자직은 그와의 올바른 관계다. 제자직은 중보자와 결부되어 있다. 그리고 제자직이 올바로 언급되는 곳에서는 중보자 예수 그리스도, 곧 하나님의 아들도 언급된다. 오직 중보자 곧 신인간만이 제자직을 요구할 수 있다."47

제자직이란 그리스도에게 매이는 것(Bindung an Christus), 특히 그의 인격과의 굳건한 결속이다.48 제자직으로의 부름은 내용적으로는 예수 그리스도와의 결속, 그와의 교제이다. 그러나 예수를 따른다는 것은 한 선한 스승에 대한 열광적인 숭배가 아니라 하나님의 독생자에 대한 순종이다.49 이러한 이해는 핑켄발데 신학교 학생들의 기숙사 생활을 다룬 『신도의 공동생활』50에도 이어진다. 이러한 본회퍼의 순종 및 그리스도교적 영적 생활에 관한 이해는 세상과 무관한 그리스도인으로 차안과는 무관한 종교생활로의 회귀를 의미하는 것으로 이해되어서는 안 된다. 이는 『성도의 교제』부터 그가 설

---

45 DBW4, 52;
46 DBW4, 45.
47 DBW4, 47-48.
48 참조: DBW4, 47.
49 DBW4, 65.
50 DBW5(*Gemeinsames Leben* (1938). Das Gebetbuch der Bibel (1940)), hg. von Gerhard Ludwig Müller und Albrecht Schönherr, München 1987, 2. Auflage Gütersloh 2002.

계해 온 교회론적 담론의 연속이며, 교회 이해의 실천적 담론을 '교회됨'이라는 지평에서 전개하고 발전시키기 위함이다.

본회퍼에 의하면, 순종이 무엇인지는 질문을 통해서가 아니라 오직 순종하는 중에 배우며 오직 순종함으로써만 진리를 인식하며 양심과 죄의 '갈등'에 있는 인간을 예수는 '단순한 순종'으로 부른다.51 그는 부자청년 이야기(눅 10: 25-29)의 해석을 통해 말씀에 대한 '윤리적 갈등'이 단순한 순종, 자유로운 순종을 방해하고 있다고 본다.

여기에서 본회퍼가 말하는 '윤리적 갈등'이란 무엇을 의미하는가? 그는 타락한 인간에게서 '윤리적 갈등'의 기원을 찾고, 이는 하나님에게 대항하는 인간의 반항이라고 본다. 즉, 타락한 인간은 스스로 선과 악을 규정하려는 죄의 결과를 가지고 있었다는 것이다. 부자 청년의 영생을 얻는 방법의 질문에 대한 예수 그리스도 대답의 의도는, 하나님의 계명을 잘 지켰던 것처럼 그의 소유를 다 팔라는 당신의 말씀에도 순종하라는 것이었다. 그러나 하나님의 계명을 잘 지켰던 부자청년은 하나님의 아들 예수 그리스도의 말씀을 지키지 않았다. 본회퍼는 오히려 부자청년의 근심(마 19:16-22)을 말씀에 대한 단순한 순종 대신에, 그 행위 자체의 수행 여부를 선과 악의 문제로 스스로 옮겼으며 말씀에 대한 불순종이라는 결과를 낳은 '윤리적 갈등'이라고 보고 있다.52

본회퍼는 부자청년 이야기를 통해 예수 그리스도의 부르심과 다양한 말씀들에 대해서 취해야 할 그리스도인의 자세는, 결국 불순종이라는 결과를 낳는 '윤리적 갈등'을 유발하는 질문들의 제기가 아니라고 말하고 있다. 그는, 만약 예수 그리스도의 진정한 제자로서 살아

---

51 참조: DBW4, 67.
52 참조: DBW4, 60-65.

가고자 하는 그리스도인이라면 그의 부르심과 말씀들을 결정된 하나님의 계시 사건으로 받아들이고 단순하게 순종하라고 끊임없이 강조하고 있다.

3. 필연적인 고난으로서의 십자가

본회퍼는 제자직을 "예수 그리스도의 인격과 결속됨으로서 그를 뒤따르는 자를 그리스도의 율법 아래, 십자가 아래에 세운다"[53]라고 말하고, '나를 따르라'라는 예수의 부름을 그의 고난 선포와 연결시킨다. 즉, 본회퍼에 따르면 제자로서의 고난을 필연적인 것으로 보고 있다.[54] 그리고 이 제자직의 필연적 고난을 십자가의 고난과 연결시켜 설명하고 있다.

> 십자가는 불행한 운명과 가혹한 숙명이 아니라, 오직 예수 그리스도와의 결속됨 때문에 일어나는 고난이다. 십자가는 우연적인 고난이 아니라, 필연적인 고난이다. 십자가는 일상의 자연스러운 생활로 인해 겪는 고난이 아니라, 그리스도인에게 반드시 다가오게 되는 고난이다. 십자가의 본질은 오직 고난만이 아니다. 십자가는 고난과 버림받음을 의미한다. […] 십자가는 그 어떤 다른 행동이나 신조 때문이 아니라 예수 그리스도 때문에 버림을 받는 것이다.[55]

---

53 참조: DBW4, 78.
54 참조: DBW4, 79.
55 참조: DBW4, 79-80; 월커(Hamish Walker)는 본회퍼의 신학은 늘 그리스도의 시각을 지향하고 있으며, 이를 통해 형성된 그리스도론의 결과라고 규정한다. 그는 『나를 따르라』에서의 그리스도의 성육신과 십자가이해를 주목하고 제자도에 관해 논한다. 참조: Hamish Walker, The Incarnation and Crucixion in Bonhoeffer's Cost of Discipleship, in: *Scottish Journal of Theology* 21 (1968), 407-415.

본회퍼는 사람마다 분량은 다르지만 십자가는 그리스도를 따르는 자들에게 고난으로 다가 오는 것은 동일하다고 말한다.56 그리고 이 고난은 행복한 생활의 끔찍한 최후에 나타나는 것이 아니라, 예수 그리스도와 사귐을 갖기 시작할 때부터 실존한다.57 바로 이러한 의미에서 본회퍼는 "그리스도를 따르는 것은 수동적 고난(passio passiva), 곧 필연적 고난(Leidenmüssen)이다"58라고 말한다. 갓시는 이러한 본회퍼의 십자가 이해를 다음과 같이 재해석한다. "십자가를 견디어 내는 것은 우연히 겪는 비극이 아니라 필요한 고통으로 예수 그리스도께만 전적으로 드리는 충성의 열매인 것이다. 그것은 그리스도 그분만을 위한 고통이요 거부이며 어떤 그리스도인도 십자가를 찾아 나설 필요도 고통 그 자체를 잡으려 좇을 필요도 없다."59

이후 본회퍼는 "그리스도와 결속"60을 그리스도를 따르는 것, 즉 제자직과 연관시켜 다시 한번 강조한다. 이어 그는 십자가의 고난은 제자들에게는 "순수한 은혜와 기쁨61"이라고 말하고, 이어 고난은 "하나님의 멀어짐(Gottesferne)"62이라고 규정한다. 이 하나님의 멀어짐은 하나님과 가까움을 전제한다. 이것을 본회퍼는 "하나님과 사귐을 나누는 자는 고난을 당하지 않을 수 없다"63고 말한다. 예수 그리스

---

56 참조: DBW4, 80.

57 참조: DBW4, 81.

58 DBW4, 82.

59 참조: 존, D. 갓시, 유석성 옮김, 『디트리히 본회퍼의 신학』(대한기독교서회, 2006), 179-180.

60 DBW4, 82.

61 본회퍼의 '기쁨(chara)' 개념의 이해에 대해서는 DBW9, 410-430을 참조할 것. 본회퍼에 의하면 바울은 '선교활동을 할 때 하나님께서 주셨던 마음'을 카라(chara, 기쁨)라고 표현하고, 기록했다.

62 DBW4, 83.

63 DBW4, 83.

도께서 십자가를 지시고 우리의 모든 죄를 지셨으며 자신의 고난을 통해 화해를 이루셨다. "그리스도가 짐을 지심으로써 하나님과 교제하셨듯이, 그를 따르는 자들도 짐을 짐으로써 그리스도와 교제하게 된다."[64]

본회퍼에 의하면 십자가와 제자직은 불가분의 관계에 있다. 본회퍼는 예수 스스로 "온갖 고통과 짐을 지고 있는 모든 사람을 불러서, 그들로 하여금 자신들의 멍에를 벗고 가벼운 그의 멍에와 지기 쉬운 그의 짐을 지도록 하였다"[65]라고 강조하면서, 그의 멍에와 짐은 다름 아니라 '십자가'라고 설명한다. 그리고 '십자가를 짐'은 "영혼을 불행과 좌절에 빠뜨려 버리는 것이 아니라 영혼을 다시 살리고 쉬게 하는 것이요, 최고의 기쁨"[66]이라고 말한다. 그 십자가를 짐으로써, 그분의 '가까움'과 '사귐'을 깨닫게 된다는 것이 본회퍼의 설명이다. 본회퍼가 인식한 십자가를 짊어지는 제자가 발견하는 것은 바로 "예수 그리스도 자신"[67]이다.

4. 단독자(Der Enzelne)되기

무릇 내게 오는 자가 자기 부모와 처자와 형제와 자매와 더욱이 자기 목숨까지 미워하지 아니하면 능히 내 제자가 되지 못하고(눅 14: 26)

---

64 DBW4, 84.
65 DBW4, 84.
66 DBW4, 84.
67 DBW4, 84.『나를 따르라』가 핑켄발데 신학교의 설교학 및 기타수업 때 이루어진 수업들의 강의록들이 모여져 편집된 책이라면,『신도의 공동생활』은 핑켄발덴 신학교 학생들이 모인 기숙사 '형제의 집'에서 생활들이 재구성된 책이라고 할 수 있다. 이 책에서 본회퍼는 그리스도와 고난에 대해서, "그리스도는 우리와 함께 고난당하시며 기도하시고 도움을 주시는 유일하신 분이시다."(디트리히 본회퍼, 정지련·손규태 옮김,『신도의 공동생활』, 대한기독교서회 2010, 154)라고 설명한다.

지금까지 본회퍼는 제자도에 관한 담론으로 '하나님의 선물과 계명으로서의 은혜에 관한 이해', '그리스도의 부르심', '단순한 순종', '필연적인 고난의 십자가'를 논했다. 이어 본회퍼는 '단독자'(der Einzelne)되기에 대해서 논한다.

본회퍼에 의하면 '나를 따르라'는 예수의 부름은 제자를 단독자로 만든다.68 이는 세상과의 직접적인 관계의 단절을 의미한다.69 이제 그 관계의 중심에 예수 그리스도가 계신다. 본회퍼는 예수 그리스도께서 하나님과 다른 인간, 인간과 인간, 인간과 현실 사이에서의 중보자(der Mittler)70이심을 설명한다. 예수의 제자들은 오직 예수를 통해서만 다른 피조물들과 관계를 맺을 수 있다. 부름을 받은 자는 중보자 앞에서 단독자가 되어야 한다. 단독자가 된다는 것은, 예수의 부르심이 그동안의 제자들이 맺은 모든 직접적인 관계들과의 단절, 즉 거짓된 삶(Täuschung)71을 의미하는 직접성(Unmittelbarkeit)72과의 이별을 고하게 되는 것을 의미한다.

본회퍼는 예수가 하나님과 우리 사이의 중보자가 된 목적이 우리로 하여금 다시금 선한 양심을 갖고서 이 세상, 곧 그리스도를 십자가에 매달았던 세상과 직접적인 관계를 맺게 하기 위함이라는 주장을 우려 섞인 목소리로 비판한다.73 이는 값싼 은혜, 즉 죄인을 의롭게 하는 복음이 또다시 죄를 의롭게 하는 복음으로 변질되고 마는 것이다.74 이 세상에서 또다시 인간이 새로운 주체가 되는 집적성은 기만

---

68 참조: DBW4, 87.
69 참조: DBW4, 89.
70 DBW4, 88.
71 DBW4, 89.
72 DBW4, 90.
73 참조: DBW4, 90

이고 거짓된 삶이며, 진실을 은폐 한다75고 본회퍼는 보고 있다.

인간을 단독자로 만드는 바로 그 중보자 예수 그리스도는 완전히 새로운 사귐의 근거가 되신다.76 그분이 타자와 나의 한복판에 계시면서 단절도 하시고 거절도 하신다. 그분을 통해 타자에 이르는 새롭고 유일한 길이 열린다.77 본회퍼는 막 10장 28-31절에서 예수를 위해 단독자가 된 사람들에게 하신 말씀을 제시한다. 모든 것을 버리고 주를 따랐던 그들에게 예수께서는 새로운 사귐을 약속78하셨다. 본회퍼는 이 약속은 예수를 위해 집적적인 관계를 버린 자들에게 주어지는 예수와 함께하는 공동체의 사귐이라고 보았다. 그러나 이 사귐은 '박해 아래' 주어진다. 이는 십자가를 지고 주님을 따르는 공동체의 은혜를 의미한다고 본회퍼는 해석한다.

5. 결론

프리데리케 바르트(Friederike Barth)의 연구79는 본회퍼의 『나를 따르라』가 후기 키에르케고르(Kierkegaards)의 일기의 글들 중에서 발췌하여 선집으로 엮은 『단독자와 교회』(Der Einzelne und die Kirche)80

---

74 참조: DBW4, 91.
75 DBW4, 90.
76 참조: DBW4, 94.
77 참조: DBW4, 94.
78 참조: DBW4, 95.
79 참조: Friederike Barth, Dietrich Bonhoeffers *Nachfolge* in der Nachfolge Kierkegaards, in: Torsten Meireis (Hg.), Lebendige Ethik. Beiträge aus dem Institut für Ethik und angrenzende Sozialwissenschaften. Hans-Richard Reuter zum 60. Geburtstag, Lit 2007, 7-37.
80 Wilhelm Kütemeyer(hsrg.), Der Einzelne und die Kirche, Über Luther und den Protestantismus, Kurt Wolff, 1934.

에서 많은 영향을 받았음을 보여준다. 본회퍼는 키에르케고르의 덴마크내의 루터교 비판을 통해 칭의(Rechtfertigung)와 성화(Heiligung) 사이의 모순과 기독교인의 실존에 있어서 제자도와 성화의 의미 등의 영감을 받았다. 특히, 『나를 따르라』의 '비범성'(Das Außerordentliche), '단독자(der Einzelne)되기'는 키에르케고르의 사상에서 절대적으로 영향을 받은 개념들이다.[81]

본회퍼에 의하면, 예수 그리스도의 부름은 제자들에게 세상과의 직접적인 관계, 진실 되지 못하고 기만적인 관계를 청산하고 단독자가 되게 한다. 오직 중보자 되신 예수 그리스도를 통해 하나님과의 관계 그리고 다른 피조물들과의 새로운 관계가 창조된다. 이러한 새로운 관계는 예수 그리스도 안에서의 공동체의 사귐이며, 십자가의 고난을 예비하는 은혜로운 관계이다. 나를 따르라! 라는 예수 그리스도는 부름은 그분의 진정한 제자가 되려고 하는 자들이 단독자가 되게 하는 선포이다. 키에르케고르의 단독자는 미학적, 윤리적 실존이 아닌, 종교적 실존으로서 객관성과 보편성을 지양하고, 주관성과 단독성을 지니고 신 앞에서의 실존하는 자이다. 그러나 필자가 보기에 키에르케고르의 종교적 실존은 신 앞의 단독자라는 개념을 낳았지만, 동시에 주관성과 단독성을 지나치게 강조한 나머지, 객관성과 보편성의 결여는 타자와의 관계성의 상실을 유발하여, 신앙을 개인화할 수 있는 위험요소가 적지 않다. 이에 반해 본회퍼의 단독자는 키에르케고르에게서처럼 단독자로서의 고독한 상태로만 머물러 있는 것이 아니라 예수 그리스도와 함께 새로운 공동체를 이루며, 그분을 통한 타자들과의 새로운 관계 속에서 십자가의 고난이 있지만 진정한 기쁨이

---

81 참조: Friederike Barth, Dietrich Bonhoeffers *Nachfolge* in der Nachfolge Kierkegaards, 11-13.

있는 공동체의 사귐의 약속을 경험하며 예수 그리스도를 따르는 진정한 제자가 된다.

IV. 산상수훈: 포기와 가난을 통한 하나님 나라의 실현

1. 그리스도인의 비범성에 관하여(마태복음 5장)

라틴어 donum은 원래 선물(Geschenk, Gabe)이라는 뜻이다.[82] '성령의 선물'(donum Sancti Spiritus, 행 2:38), '하나님의 선물'(donum Dei, 행 8:20), '하나님의 은사'(donum ex Deo, 고전 7:7)등에서 볼 수 있는 바와 같이 불가타 신약성서에서 donum은 '위로부터 아래로의 선물', '하나님께서 그의 백성에게 부여하는 재능, 은사'라는 의미로 사용된다. 바울서신은 donum을 '은혜'의 의미로 사용하기도 한다. 로마서 5장 15절에서 donum은 '한 사람 예수 그리스도의 은혜의 선물'(donum in gratiam unius hominis Iesu Christi)이라는 구절에서 볼 수 있듯이 '예수 그리스도의 은혜'를 가리키는 의미로 사용된다. 즉, donum은 하나님께서 예수 그리스도를 통해 죄인된 인간들을 의롭게 하는 선물이며, 칭의의 은혜를 의미한다(롬5:15-17). 에베소서 3장 7절에서는 donum(선물)을 '하나님의 은혜'(Gratiae Dei)를 가리키는 단어로도 사용하고 있다.

그러나 이러한 은혜에 관한 이해가 죄인을 의롭게 하는 것이 아니라 죄만 의롭게 하는 것으로 인식된다면, 즉 은혜가 관념적으로, 심리

---

82 참조: J.M.Stowasser(Hg), *STOWASSER*, Lateinisch - deutsches Schulwörterbuch, Wien, 2004, 167.

학적으로 혹은 종교적 감정으로만 이해된다면 본회퍼가 말했던 값싼 은혜로서의 은혜의 이해에만 머무르게 된다.83 예수 그리스도를 통해, 죄인이었던 인간이 의롭게 되는 하나님의 은혜는 값없이 주어지는 귀한 선물(Geschenk, Gabe)임과 동시에 죄인이었던 옛사람의 의인으로서의 새사람으로의 온전한 변화가 요구된다. 즉, 값비싼 은혜를 선물로 부여받은 자들은 예수 그리스도의 부름으로 시작되는 제자로서의 삶의 과제(Aufgabe)를 수행해야 한다. 이러한 의미에서 하나님의 은혜(Gratiae Dei)는 선물(Gabe)임과 동시에 과제(Aufgabe)라고 해석할 수 있다.84 그 과제는 본회퍼의 신학에서는 이 땅에서의 하나님의 뜻이 현실이 되게 하는 그리스도인의 삶의 과제이며, 『성도의 교제』에서는 하나님의 말씀에 삶으로 응답하는(antworten) 책임(Verantwortung)을 의미했다. 본회퍼는 열악한 환경의 핑켄발데 신학교에서 23명의 신학생들과 그리스도의 제자도에 관해 논하기 전에, 바로 이러한 의미가 담긴 '은혜'에 관한 이해를 강조했다. 본회퍼는 이제 은혜를 선물로 부여받은 자들의 이 땅위에서의 삶의 과제는 무엇인가에 대한 담론을 마태복음 5장의 해석을 통해 시작했다.

본회퍼는 '그리스도인의 삶의 비범성에 관하여'(Vom Außerordentlichen des christlichen Lebens)라는 소제목으로 산상수훈(마 5-7장)의 해석85을 시작한다. 앞선 '평화에 관한 담론'에서 필자는 이 부분에 대해서 본회퍼의 산상수훈 해석은 '포기'(Verzicht)라는 지평에서 이루

---

83 참조: DBW4, 29, 35.
84 본회퍼는 "그리스도는 부르시고, 제자는 따른다. 이 부름은 은혜임과 동시에 계명이다 (DBW4, 47)"라고 말했다.
85 독일에서의 산상수훈 연구사에 관해서는 참조: Peter Stuhlmacher, *Jesu vollkommenes Gesetz der Freiheit*. Zum Verständnis der Bergpredigt, Zeitschrift für Theologie und Kirche 79(1982), 283-322.

어지고 있으며, 이는 결국 평화를 지향한다고 해석했다.

예수 그리스도의 제자에게는 끊임없이 무엇인가를 포기하는 삶의 과제가 요구된다. "예수의 부름에 따라 제자들은 모든 것을 포기하였다. 이제 그들은 가난과 궁핍 가운데에서 살아간다. 이제 제자는 가장 가난한 자들이고 가장 시련을 겪는 자들이며 가장 배고픈 자들이다. 그들은 오직 예수만을 소유할 뿐이다. […] 그러나 그들은 하나님 안에서 모든 것을 가지고 있다."[86]

본회퍼는 마태복음 5장 2절을 해석하면서 고대 교회의 주석에서 존중되었던 "아노이겐 토 스토마"(anoigen to stoma)에 주목한다. 본회퍼는 "입을 열어 가르쳐 이르시되"라고 번역되는 이 구절은 이전에 침묵의 순간이 있었다는 의미를 포함한다는 것을 발견한다. 이와 같은 의미에서 루터는 그리고(Und)를 첨가하며, "그리고 그는 입을 열었다"라고 번역했다.[87] 본회퍼도 바로 이런 점에서 예수께서 산상 수훈의 말씀을 본격적으로 가르치시기 전에 제자들과 무리를 바라보시면서 침묵의 순간이 있었다는 것을 강조한다. 본회퍼는 바로 그 침묵의 순간에 예수께서 그의 공동체가 감당할 고난의 역사를 알고 계셨다는 것을 진술한다.[88]

---

[86] DBW4, 100; "그 누구도 하나님이 돈과 재물로 나를 축복하셨다고 말하면서, 이 세상에 자신과 선하신 하나님만 존재하는 듯한 자세로 살아서는 안 됩니다. 만약 그렇게 산다면, 그가 행복이라는 우상과 자신의 이기심을 경배하며 살았음을 뼈저리게 후회할 날일 올 것입니다. 우리의 소유는 축복이나 하나님의 인자하심이 아니라, 책임입니다"(디트리히 본회퍼, 『교회가 세상에 소망을 말할 수 있을까?』, 정현숙 옮김, 좋은씨앗, 2015, 22.(본회퍼가 1931년 10월 4일 베를린에서 추수감사예배때 전한 설교 중에서))

[87] 참조: DBW4, 100, 각주 5.

[88] DBW4, 100.

예수의 산상 수훈의 첫 번째 말씀은 마카리오이(makarioi)이다. 루터는 이 구절을 "Sei glücklich"라고 번역하며, 이는 "복이 있으라!"라는 복 선언이다. 이 복은 구약의 아쉐르(ascher)에 해당하는데 "하나님께서 그들의 백성들과 함께 계시다"라는 뜻이다[89](마 1장23절, 28장 20절 참조).

본회퍼는 이 복 선언이 예수께서 침묵 후에 하신 첫 번째 말씀이라는 점에 주목한다. 예수 앞의 제자들과 백성들은 나라를 잃었다. 무엇을 먹어야할지, 마셔야할지, 입어야 할지 하루하루를 걱정해야 하는 사람들이었다. 아무런 희망도 없는 그들에게 메시야의 등장은 그 자체로 희망이었다. 예수께서는 침묵하시면서 잠시 동안 그들을 바라보았을 것이다. 모든 것을 포기하고 자신을 따른 제자들, 메시야로 믿고 이곳까지 함께한 무리들에게 선언하신다. 마카리오이! 하나님이 너희들과 함께 있을 것이다. 그 약속을 임마누엘 되신 예수 그리스도 자신이 하고 있다. 그들의 선조들이 하나님께서 늘 함께하시는 하나님의 백성이었던 것처럼, 제자들과 무리들은 예수님의 복 선언을 통해 하나님과 함께하시는 백성으로서의 감격을 다시 확인하고 있다.

그리고 예수께서는 말씀하신다. 심령이 가난한 자에게, 하나님의 나라가 있을 것이다(마 5: 3). 8복(마 5: 3-10)을 통해 예수님의 복 선언 즉, "함께 있음"[90]에 대한 약속에 대해 본회퍼는 구체적인 실천사항들을 "~의 포기"라는 제자들의 삶의 응답을 요구하고 있다고 분석한다. 그것은 오직 십자가 때문에 소유한 모든 것의 포기, 세상이 행복과 평화라고 부르는 것의 포기, 예수 그리스도로 인하여 권리의 포기, 자

---

89 이러한 백성은 복(아쉐르)이 있나니 여호와를 자기 하나님으로 삼는 백성은 복(아쉐르)이 있도다(시 144:15).

90 예수 그리스도는 스스로 함께 있음의 증거(임마누엘, 마1:23)되셨고, 당신을 따르는 자들과 세상 끝날 까지 함께 있을 것을 약속하셨다(마 28:20).

신들의 의의 포기, 자신들의 존엄성의 포기, 자신의 선과 악, 자신의 마음의 포기, 폭력과 폭동의 포기, 재산, 행복, 권리, 정의, 명예와 폭력의 포기이다.91

제자들은 실제로 가난했다(눅 6:20). 본회퍼는 마태복음 5장 3절을 해석하면서, 예수는 자신 때문에 모든 것을 포기하고 가난하게 사는 자들에게 하나님 나라가 돌입하며, 그들은 가난 가운데서 하늘나라를 유업으로 받는다고 설명한다. 본회퍼에게 가난은 특별한 의미를 지닌다. 그의 가족과 그는 실제로 가난하지는 않았다. 그는 당시 부르주아 계급이었으며, '가난'에 대한 사유를 할 필요가 전혀 없을 것 같은 배경을 가지고 태어났다. 그러나 그는 가난한 삶을 살았다. 하나님의 뜻을 늘 갈구하면서 심령이 가난한 삶을 살았다.

본회퍼는 소위 8복에 나타난 하나님의 말씀에 이어 마 5:13-16을 해석하면서 가시적인 교회됨(die sichtbare Gemeinde)에 관해 논한다. 그는 그리스도의 제자는 빛과 소금됨의 선택적 결단을 스스로 할 수 없다고 강조하고 제자들 자체가 빛이고 소금 자체라고 해석하면서, 예수에게 매인 자들로서 세상의 빛과 소금으로 나아간다고 설명

---

91 참조: DBW4, 101-109; 이 포기의 문제는 본회퍼의 1944년 7월 21일 옥중편지에서 '차안성(Diesseitigkeit)'의 이해에서 재논의 된다: "나는 거룩한 삶 같은 것을 살아가려고 노력할 때 믿는 것을 배울 수 있다고 생각했지. 이러한 길의 끝에서 나는 『나를 따르라』(Nachfolge)라는 책을 썼지. […] 우리가 성자든 회개한 죄인이든, 또는 교인(소위 사제적 형상을 가진자!) 혹은 의로운 자든 불의한 자든, 병든 자든, 건강한 자든, 자기 자신으로부터 무엇을 만들어 내는 것을 완전히 포기하는 것(völlig darauf verzichtet hat), 이것이 내가 차안성이라고 명명하는 것인데, 즉 산적한 과제들, 문제들, 성공들과 실패들, 경험들과 무력함들 속에서 사는 것이라 할 수 있지. 그러면 그 사람은 자신을 온전히 하나님의 품속으로 던지고, 더 이상 자기 자신의 고난이 아니라 하나님의 세계 내의 고난을 진지하게 생각하고, 또한 겟세마네의 그리스도와 함께 깨어 있지. 그것이 신앙이고, 메타노이아(회개, 참회)라고 생각해. 그리고 이렇게 그는 인간이 되고 그리스도인이 되지"(참조: DBW8, 542: 본회퍼가 1944년 7월 21일 베트게에게 쓴 편지 중에서).

한다. 빛과 소금이라는 가시적인 존재가 된 제자들은 "선한 행실"[92]이라는 보이는 교회됨을 수행한다. 이러한 일련의 보이는 교회됨의 사건을 본회퍼는 예수 그리스도의 십자가를 지는 것이며 이로서 복 선언을 받은 자들의 결핍과 포기는 가시적이 될 수밖에 없다고 설명한다.[93]

이 가시적인 교회됨은 더 나은 의에 관한 해석(마 5:17-20)으로 이어진다. 본회퍼는 예수가 자신의 약속과 온전한 교제를 선물로 받은 자들에게 율법을 가르치는 모습에 주목한다. 본회퍼는 마르시온의 마태복음 5장 17절의 말씀을 소개한다. "내가 율법이나 선지자를 완성하려고 왔다고 생각하는가? 나는 그것을 폐하러 왔지, 완성하러 오지 않았다." 마르시온 이래 많은 사람들이 이와 같이 해석 했던 것에 비해 본회퍼는 예수께서 "내가 율법이나 선지자를 폐하러 온 줄 생각하지 말라"라고 말했고, 그분은 옛 계약의 율법을 인정한다고 본다.[94] 본회퍼는 이 본문에서 예수께서 의도하신 것은, 율법은 유효하지만 더 나은 의가 중요한 메시지라고 설명한다.[95] 본회퍼는 율법을 하나님으로 만들었던 것이 이스라엘의 죄악이었다고 말한다. 그 결과 하나님이 율법 안에 갇히게 되는 현상이 일어났으며, 율법의 주체가 더 이상 하나님이 아니게 되었던 당시 유대인들과 같은 잘못을 범하려고 하는 그의 제자들에게, 예수께서 스스로 죄인이 되어 십자가에 달리심으로 율법을 성취하심으로[96] 다시 하나님이 율법의 수여자와 율법의 주인이시라는 것을 말씀하고 계신다고 본회퍼는 설명한다.[97] 본회퍼는 제

---

92 DBW4, 114.
93 참조: DBW4, 114.
94 참조: DBW4, 116.
95 참조: DBW4, 117.
96 참조: DBW4, 118.

자들과 유대인들을 구분하는 것이 율법이 아니라 바로 더 나은 의이 며 이를 다시 번역하면, "능가하는" 의라고 설명한다. 바리새인들이 성서와 모순되는 잘못을 범한 것은 아니었다. 그들은 율법을 실천하 려고 노력했다. 제자들도 마찬가지로 오직 율법을 행함으로써 의로울 수 있었다. 제자들이 바리새인보다 더 나은 의, 능가하는 의는 율법의 행위의 주체가 바리새인처럼 인간에게 있는 것이 아니라 바로 예수가 율법의 주인이라는 의미이다. 본회퍼가 이해한 "더 나은 의"는, 예수 가 율법을 완전히 성취하셨고 제자들은 예수와 더불어 공동체, 사귐 을 나누는 것으로 바리새인을 "능가하는" 것이다. "제자들의 의가 더 나은 까닭은 오직 그들의 의가 홀로 율법을 성취하는 분과의 사귐으 로 부름을 받았기 때문이다."[98] 제자들의 율법은 성취되지 않은 율법 이 아니라 이미 성취된 율법이며 율법에 순종하기 전에 이미 율법은 성취되었다. 그 의는 "성취되어야 하는 선만이 아니라 하나님과의 완 전하고 참되고 인격적인 사귐"[99] 자체다.

2. 결론

본회퍼는 '더 나은 의'란 예수 그리스도께서 율법을 친히 완성하셨 기 때문에, 제자들에게 그분의 부르심을 통한 율법의 완성에 참여할 수 있는 자신의 의의 나눔이고 그것은 구체적으로는 하나님과의 완 전하고 참된 인격적인 사귐이라고 설명한다. 바로 이 부분에서 본회퍼 의 『성도의 교제』의 교회 이해는 『나를 따르라』에 용해되어 있다고

---

97 참조: DBW4, 118-119.
98 DBW4, 121.
99 DBW4, 120.

볼 수 있다. 즉, 『성도의 교제』의 '예수 그리스도를 통한 교회의 실재화'는 『나를 따르라』의 마태복음 5장의 비범성 해석에서 예수의 율법의 성취로 초대된 제자들이 예수의 사역에 참여함으로써, 그분의 의를 제자들이 소유한다는 의미로 변용되었다. 이 후 그 의는 『성도의 교제』의 '성령을 통한 본질적 교회의 활성화'의 내용인 '인격공동체, 사랑의 공동체'의 현실을 이루는 것이었는데, 『나를 따르라』에서는 예수의 부르심에 의한 제자의 수동적 참여는 믿음을 통해, 믿음 안에서, 진실하게 순수하게 실천함으로써 '더 나은 의'가 제자들의 능동적 행위로 이 땅에서 보이며, 이는 오늘날 제자로 부르시는 예수 그리스도의 부르심을 통해 시작되는 그리스도의 제자들의 수동적 참여, 즉 순종과 이어서 그 순종의 결과로 보이는 행위를 통해 예수 그리스도를 통한 하나님과의 끊임없는 교제, 사랑의 공동체의 현실을 이루어야 한다는 개념으로 성령의 사역에 대한 이해로 발전되었다. 그러나 믿음을 통한 제자들의 삶에서 수행되는 그들의 행위는 예수 그리스도의 부르심에 순종하는 수동적 참여를 전제한다는 부분은 본회퍼의 신학을 '수동성'(passivität)이라는 관점에서 조명할 수 있는 근거 중에 하나가 된다.[100] 본회퍼는 인간의 능동적인 결단으로 고난 속으로 '다

---

[100] 본회퍼가 그의 삶과 신학을 전개하면서 하나님의 주체성과 인간의 수동성을 강조하는 신학적 언어 선택을 하는 데 필자가 연구한 바로는 '참여(Teilnahme)'라는 단어이다. 필자는 본회퍼의 신학적 사고는 '수동성의 신학'을 전개하고 있다고 본다. 위에서 언급한 '참여'라는 본회퍼의 단어 선택은 그의 신학을 차안(此岸) 즉 이 세상 속에서의 하나님의 주체성을 강조하는 '수동성의 신학'이라고 규정할 수 있는 근거로 삼을 수 있다. 본회퍼는 『윤리학』의 "역사와 선"에 해당하는 원고에서 '책임의 자유 안에서 행동하는 자'는 자신의 행동이 하나님의 섭리 속으로 흘러들어 가고 흘러나온다는 사실을 알며, 역사를 결정하는 자유로운 행위는 자신을 결국 하나님의 행위로 인식하며, 가장 순수한 능동성을 수동성으로 인식한다고 기록했다 (참조: DBW6, 225); 본회퍼의 '자유(Freiheit)'와 '책임(Verantwortung)' 개념에 관해서는 특히, DBW3(창조와 타락)에서 다루는 '자유' 개념과, DBW1(성도의 교제)의 '책임' 개념, DBW6(윤리학), 218-299의 '자유', '책임' 개념을 참조할 것. 특히, 본회퍼의 '평화'

가섬'이 아니라 예수 그리스도의 고난 속으로의 초대에 응한다는 의미에서 '참여'라는 단어를 사용했다.101

본회퍼에게 '더 나은 의'는 바리새인들의 의를 능가하는 그리스도인다움을 의미하며, 이는 그리스도 없이는 불가능하며, 그리스도 안에서, 그리스도와 함께 공동체를 이루는 자만이 성취할 수 있다. 본회퍼는 이러한 이해를 '비범성'이라는 개념으로 마태복음 5장을 요약한다. 그가 말하는 비범성의 본질은 복 선언을 받은 자들, 예수를 따르는 제자들의 생활이다.

"그리스도인다운 것은 특별한 것(perisson), 비상한 것, 비범한 것,

개념과 관련한 '자유'와 '책임'이해는 참조: Reinhold Mokrosch(Hg), *Dietrich Bonhoeffers Ethik* (Gütersloh, 2003), 107-181.

101 본회퍼는 참여(Teilnahme, Teilhabe)라는 표현을 다음과 같이 사용했다: 그리스도에 대한 참여(DBW4, 121, 300f; DBW14, 465), 예수의 힘에 참여(DBW 4, 199), 예수의 이름에 참여(DBW4, 221), 예수의 타자를 위한 존재에의 참여(DBW8, 558, 654), 그리스도의 죽음에 참여(DBW4, 224f, 271), 기도를 통한 참여(DBW4, 162), 하나님의 고난에 참여(DBW8, 537), 세상속의 하나님의 연약하심에 참여(DBW8, 537), 그리스도의 몸에 참여(DBW4, 230, 254; DBW14, 823, 846); 참조: Wolf Krötke, Barmen – Barth – Bonoeffer, Beiträge zu einer zeitgemäßen christozentrischen Theologie, Luther-Verlang, 2009, 365- 368: 본회퍼의 '하나님의 고난에 참여(DBW8, 537)'에 관해서 크뢰트케(Krötke)는 포이어바흐(Ludwig Feuerbach)의 '하나님의 고난에 참여'에 관한 담론과 비교를 시도한다. 크뢰트케에 의하면, 포이어바흐의 『기독교의 본질』(*Das Wesen des Christentums*, Gesammelte Werke 5, hg. von Werner Schu- ffenhayer, 2. Auflage Berlin 1984.)은 본회퍼가 옥중에서 읽은 도서 목록에 포함되어 있지 않지만, 파일의 의견을 인용하면서 본회퍼가 포이어바흐에 대해 집중적으로 연구했음을 간과해서는 안 된다고 주장한다(366). "포이어바흐에 의하면 인간의 고난에 하나님의 참여는 하나님의 성육신에 관한 설명의 발전을 위한 초석이다. 하나님의 성육신에서 하나님은 다른 인간들과 함께하는 인간(Mensch mit dem Menschen)일 뿐만 아니라, 그 스스로만을 위해서가 아니라, 타자를 위해(!)(*für andere!*), 인간을 위해 […] 고난당하신다.", "타자를 위한 고난은 신적인 것이다. 타자를 위해 고난당하는 자는 […] 하나님의 인간들[성육신하신 하나님을 의미한다: 필자주]에 속한다."(367) 포이어바흐의 이러한 하나님 이해와 하나님의 고난에 참여에 대한 이해는 본회퍼의 하나님의 고난의 참여와 타자를 위한 교회, 옥중신학에서의 성육신 이해에 영향을 주었음이 분명해 보인다.

당연하지 않은 것이다. 그것은 '더 나은 의' 이해를 넘어서 바리새인들의 의를 '능가하는' 것, 그들의 삶을 뛰어넘는 것이다. 자연스러운 것은 이방인과 그리스도인에게 동일한 것(to auto)이다. 그리스도인다운 것은 비범성에서 출발하고, 바로 이로부터 자연스러운 일상은 정당한 가치를 얻는다. 특수하지 않은 것, 즉 비범하지 않은 것이 실존하지 않는 곳에서는 그리스도인다운 것도 실존하지 않는다. 그리스도인다운 것은 자연스러운 상황 안에서만 일어나지 않고, 바로 이를 넘어선다. 비범성은 동일한 것과 결코 같을 수 없다."102

본회퍼는 그리스도의 사랑을 조국 사랑, 친구 사랑, 직업 사랑과 동일시하고 더 나은 의를 '시민적 의'(iustitia civilis)와 동일시했던 에밀 브룬너의 견해를 거부했다. 복 선언을 들은 그리스도의 제자들은 일상에서 비범한 사람이 되어야만 하는 율법의 새로운 과제를 부여받으며, 그 근원과 시작은 바로 예수 그리스도의 십자가이다. 즉, 십자가 사건에서 성취된 종교적·정치적·개인적 원수에 대한 사랑이다. 빛을 비추는 등불로, 산 위에 있는 마을로서 살아가야 하며, 자기 부정과 더불어 완전한 사랑, 완전한 순결, 완전한 진실, 완전한 비폭력의 길이다. 그리스도인의 제자는 행동이 윤리적으로 엄격한 것이 아니라 예수의 부르심에 뒤따르는 순종을 통해 그분과 공동체를 이루며 그분 안에서, 그분과 함께 살아가는 것이다. 본회퍼는 이러한 제자의 삶의 비범성은 그리스도의 고난으로 이끌리며, 십자가의 고난에 참여하는 것이 본회퍼가 말하는 예수를 따르는 자들의 비범성이다. 예수 그리스도는 십자가를 지심으로 율법을 성취했고 계명을 지키셨다. 이 사건이 비범성이 되었고, 예수 그리스도의 제자는 스스로의 노력으로 비범성에 참여할 수 없고 오직 그분의 부르심에 대한 순종을 통해서

---

102 DBW4, 147.

비범성을 소유할 수 있는 은혜가 주어진다. 그 비범성의 구체적인 형상은 고난을 짊어지는 것이다.

본회퍼는 '비범성'의 주체가 예수 그리스도라고 말하고 있다. 초기 본회퍼의 교회 이해는 핑켄발데 신학교에서 예수 그리스도의 비범성의 현실, 예수 그리스도의 비범성에 참여라는 교회의 실천적 담론으로 이어지고 있다.103

3. 그리스도인의 삶의 은밀성에 관하여: 보이지 않는 교회

본회퍼는 마태복음 6장을 해석하면서, 마태복음 5장을 해석했던 비범성이라는 지평을 이어나간다. 그러나 바리새인들처럼 비범성이 비범성을 위한 비범성이 되어서는 안 된다고 말한다.104 본회퍼는 사람들에게 보이기 위한 제자의 비범성을 지양하고, 보이지 않는 은밀성을 지향해야 한다고 말하고 있다. 그는 비범성이 제자직의 비범성이 아니라 제자 자신의 인간적인 의지와 욕망으로 희석된 비범성이 될 수 있음을 항상 주의해야 한다고 경고한다.

> 만약 제자가 비범성을 비범성으로 중요하다고 여긴다면, 이는 자신의 힘과 자신의 몸으로 열광적으로 행동한 것이다. 그러나 예수의 제자는 주님을 단순하게 섬기면서 행동하기 때문에 비범성을 오직 당연한 순종의 행위로 간주한다. [⋯] 그리스도인이 된다는 것은 필연적으

---

103 파이퍼(Hans Pfeifer)는 발터 벤야민과 디트리히 본회퍼의 비범성에 관해 비교, 연구했다. 참조: Hans Pfeifer, Das Außerordentliche in der Geschichte bei Walter Benjamin und Dietrich Bonhoeffer, in: Christiane Tietz(Hg.), *Dietrich Bonhoeffers Christemtum*, Gütersloh, 2011, 226-250.
104 참조: DBW4, 153.

로, 즉 실존론적으로 비범한 일이다. 그러므로 그것은 동시에 일상적인 것이요, 숨겨진 것이기도 하다.105

본회퍼는 비범성의 가시성과 불가시성을 논의하면서, 제자의 비범성은 자기 자신의 의지와 욕망을 위해서 드러나는 것이 아니라 예수의 말씀에 대한 순종 안에 숨겨져 있어야 하며 보이는 것과 숨겨진 것은 십자가에서 통일성이 성립된다고 설명한다. "십자가는 필연적인 것이고 숨겨진 것인 동시에 보이는 것이기도 하다."106 본회퍼는 예수를 뒤따르는 자는 단순한 순종을 통해 주님의 비범한 뜻을 실행하며, 모든 일에서 절대적으로 당연한 일을 수행하는 것밖에 알지 못한다고 말하면서 그리스도의 선, 그분을 따르는 가운데 행하는 선은 인간의 부지불식간에 일어난다고 설명을 덧붙인다. 본회퍼는 예수 그리스도를 따르는 제자는 인간 스스로의 의지와 사고에 의한 '반성적 행위'로 순종하고 따르고 사랑해서는 안 된다고 주장한다. 이러한 본회퍼의 주장은 그의 교수자격 논문인 『행위와 존재』의 반성적 행위(actus reflexus)와 직접적 행위(actus directus)와의 구분을 상기시킨다. 본회퍼는 이미 그의 교수 자격 논문에서 하나님의 계시를 논하면서, 계시는 그 자체의 사건이고 우연적인 것이고 예수 그리스도 안에서의 하나님의 드러냄이지, 인간의 어떠한 반성적 행위로 구별할 수 있는 것이 아니라고 말했다. 본회퍼는 제자들에게 비범성을 강조하면서도 비범성 자체의 새로운 의미부여가 아니라 예수를 따르는 행위, 예수와 함께 공동체를 이루면서 발생하는 보이는 행위의 원천을 자기 자신에게서가 아니라, 예수를 따르면서 발생하는 가능성을 기대하며 제자의

---

105 참조: DBW4, 154-155.
106 DBW4, 155.

길을 가야한다고 설명하고 있는 것이다. 본회퍼는 이러한 이해를 사랑의 개념과 연결시키고 있는데 예수 그리스도를 따르는 제자의 사랑이 인간의 사랑, 즉 인간이 가능한 덕성으로서의, 인간의 자질로서 가능한 사랑의 한계를 넘어 예수 그리스도의 사랑으로 변환된다고 설명한다. 오직 그리스도에게만 매어있는 제자들의 사랑 안에서 옛 아담은 죽는다.107 본회퍼에 의하면, 이 사랑은 옛 사람을 죽음에 내어 주신 그리스도의 사랑이며, 그 근원은 십자가 사건이다. 예수 그리스도를 따르면서 그와 하나 된 제자는, 이 땅의 사랑의 통로로 쓰임 받을 뿐이며, 사랑의 행위의 주체가 예수와 분리된 인간으로 소급되지 않아야 한다. 예수를 따르면서 구체적인 사랑의 내용을 미리 인식할 수 있는 것이 아니라 그분과 함께 있으면서, 그분의 말씀에 순종하면서 사랑의 다양한 모습을 사건으로 계시하실 때, 제자들은 그분의 십자가 사랑의 은밀한 의를 일상에서 체험할 수 있을 것이다.

1) 기도의 은밀성

본회퍼는 기도는 철저히 은밀한 것이며, 기도란 세상에 영향을 끼치는 것이 아니라 오직 하나님만을 바라보기 때문에 과시와는 전혀 무관한 행동이라고 규정한다. 기도를 과시 행위로 왜곡할 가능성은 단지 수다로 변질되는 공개적인 기도를 통해서 뿐만이 아니라, 자기 자신을 기도의 관찰자로 만드는 경우인데, 본회퍼는 심지어 기도자가 자신의 골방 안에서도 보란 듯이 과시함으로서 길거리에서의 공개기도보다 더 오히려 과시하는 기도가 될 수 있다고 말한다. 본회퍼는 예수의 골방에서의 기도가 완전한 은폐를 의미하는 것이 아니라 예수와

---

107 참조: DBW4, 157.

의 사귐 속에서 예수를 따르는 가운데 기도자의 의지가 아니라 예수의 의지가 기도자의 의지를 지배할 때, 기도자가 필요한 것이 무엇인지 미리 아시는 분의 뜻이 이루어지기를 기도하는 것이라고 설명한다.[108]

2) 경건의 은밀성

본회퍼는 의와 기도의 은밀성에 이어 마태복음 6장 16절에서 18절의 말씀으로 경건의 은밀성에 관해 말한다. 본회퍼는 금욕은 스스로 선택한 고난이며, 능동적 고난(passio active)이지, 수동적 고난(passio passiva)이 아니라고 말한다. 본회퍼에 의하면, 금욕이 능동적인 선택이기 때문에 위험하다.[109] 예수 그리스도의 십자가 앞에서 인간의 능동성은 소멸된다. 본회퍼는 이미 그리스도를 따르는 것을 수동적 고난(passio passiva)이자 필연적 고난(Leidenmüssen)이라고 규정했다.[110] 인간의 선택이 아니라, 예수 그리스도의 부르심이 제자됨의 실존을 창조하고, 예수 그리스도와 함께하는 제자이기 때문에 비범할 수 있고, 은밀할 수밖에 없기 때문에 수동적일 수밖에 없다. 그리고 제자의 삶은 예수 공동체를 이루는 순간 반드시 그렇게 살아내야 하는 필연인데, 본회퍼에게 그 제자의 삶의 과제는 예수 그리스도의 고난에 동참하는 것이다.

---

108 참조: DBW4, 158-160.
109 참조: DBW4, 165-166.
110 DBW4, 82.

V. 그리스도인의 단순함에 관하여

본회퍼는 제자됨의 삶의 과제로 비범성, 은밀성에 이어 근심 없는 삶의 '단순함'(Einfalt)을 말한다. 본회퍼가 말하는 단순함은 오직 예수 그리스도를 바라봄을 의미한다. 반면에 단순하지 못하는 것은 예수 그리스도 이외의 것을 바라봄을 의미하는데 본회퍼는 '재물을 바라봄'으로 구체화한다. 재물은 인간의 마음에 안전과 평안을 줄 것처럼 보이지만 실제로 재물은 바로 염려의 원인이 된다.[111] 눈과 마음의 단순함은 하나님의 말씀과 그리스도의 부름밖에는 전혀 알지 못하는 그리스도와 온전한 사귐을 나누는 경건의 은밀함과 서로 짝을 이룬다.[112]

본회퍼가 말하는 제자로서의 비범성, 은밀성, 단순함은 예수 그리스도가 제자들에게 함께한다는 선물로 주어졌다는 것을 전제한다. 그러나 그 함께함의 선물은 제자로서의 실존의 안주를 넘어 일상에서의 제자됨의 순종을 요구한다.

나라를 잃고 가난하고 비참한 무리들은 메시아 예수를 구원의 대상, 그동안 고대했던 희망을 현실로 부여하는 자로 기대했다. 하지만 제자는 율법을 철저하게 지켰던 바리새인들을 능가하는 더 나은 의를 가져야 하며, 자신의 의지와 드러냄은 숨겨야 하고 기도마저 자기 욕심을 배제한 채 해야 하고 세상의 현실에 대한 시선에서 오직 하나님의 말씀과 순종함에 시선을 돌려야 한다고 예수께서 말씀하셨다고 본회퍼는 해석한다. 사실 이 강의의 주된 청중은 핑켄발데 신학교의 23명의 신학생들이었다. 국가사회주의가 집권을 한지 1여 년이 지난 시점에 저항의 목소리로 현실적인 신학적 대안을 기대했던 신학생들은

---

111 참조: DBW4, 171.
112 참조: DBW4, 167-168.

우선은 산상수훈의 말씀을 통해 진정한 예수 그리스도의 제자 되기를 요구받고 있다.

VI. 타락한 인간의 선의 악함

본회퍼는 산상수훈의 세 번째 장인 마태복음 7장이 5장의 비범성과 6장의 은밀성과 단순한 의의 결론으로 본다. 본회퍼는 7장을 해석하면서 예수 그리스도의 제자가 수행해야 하는 실천적 담론을 심화시킨다.

우선 제자는 타자를 비판해서는 안 된다. 예수가 없는 자는 자신의 선과 악의 잣대로 비판하게 된다. 예수의 제자에게 타자는 사랑의 대상이며 관찰의 대상이 아니다. 본회퍼는 타자를 비판하는 자 '스스로의 선의 악함'(die Bosheit seines Guten)[113]에 대해서 언급한다. "그리스도의 사랑 안에서 제자는 온갖 종류의 허물과 죄를 알게 된다. 왜냐하면 제자는 예수 그리스도의 고난을 알고 있기 때문이며 이와 동시에 사랑은 다른 사람을 십자가 아래서 용서를 받은 자로 인식하기 때문이다. 사랑은 타자를 십자가 아래서 바라보며, 바로 그렇기 때문에 사랑은 타자를 진정으로 볼 수 있게 된다."[114] 본회퍼는 예수 그리스도의 제자는 타자와 관계를 맺을 때, 자신의 권리와 스스로의 능력을 전혀 갖고 있지 않다고 설명한다. 본회퍼에 의하면, 타자를 비판하면서 자기정당성을 주장하는 것[115]은 본인의 악이 처벌받지 않기를 바라기 때문이다. 이미 십자가 아래에서 용서를 받은 자에게 비판을

---

113 DBW4, 178.
114 DBW4, 179.
115 DBW4, 179.

하는 것은 나는 용서를 받아야 하지만 타자는 비판을 받아야 한다고 말함으로써 하나의 특권을 내세우는 것이다. 본회퍼가 말하는 "비판하는 자 스스로의 선의 악함"은 바로 이와 같은 것을 의미한다. 본회퍼의 이러한 주장은 산상수훈의 내용이 비현실적일 수밖에 없다는 비판을 면할 수 없다. 눈앞에 벌어지고 있는 부정의와 비진리의 현실을 향해 비판의 목소리를 내지 않는 암묵적 동의가 하나님의 뜻의 행함이고 진정한 제자됨인가 하는 반문에 여전히 십자가의 사랑과 비판하는 순간 자신의 선의 악함이 등장하기 때문에 엄연한 악의 현실을 방관하며 비판하기를 그쳐야 한다는 말인가? 본회퍼는 적어도 핑켄발데 신학교 시절에 이러한 문제에 답하고 있지 않다. 그는 가룟 유다를 제외한 예수 그리스도의 제자들의 저항하지 않고 실제로 순교했던 삶을 나치하의 미래의 목사들에게 요구하고 있는 것인가? 비범성과 은밀성 그리고 좁은 길을 실제로 걸어가며 오직 예수님만을 바라보며 단순한 순종의 삶을 추구하는 제자의 삶이란 본회퍼 신학이 줄곧 주장하는 예수 그리스도를 통한 차안에서의 하나님의 현실을 떠나, 오히려 세상의 현실과 무관하고 개인적이고 초월적인 영성만을 추구하는 피안적 신앙으로의 회귀가 아닌가?

VII. 보이지 않는 교회로서의 제자도

본회퍼의 산상수훈의 해석은 비현실적이라는 비판을 면할 수 없다. 산상수훈을 현실 속에서 지킬 수 없기 때문이 아니라, 현실 속에서 산상수훈을 충실히 지켜내는 동안 벌어지는 악의 현실하에서 고통 받는 이들에 대한 방관은 본회퍼가 말하는 비범함과 은밀함 속으로 타인의 현실적 고통을 숨겨버리는 것이 될 수 있기 때문이다. 악은 스스로 소멸할 것이라는 원수 사랑에 대한 본회퍼의 해석은116, 악이 스스로 소멸할 때까지 걸리는 시간의 미정과 그 사이에 고통에서 신음하고 있는 타자의 고난의 문제에 대해서 적어도 『나를 따르라』에서는 대안을 내어놓지 못하고 있다. 그러나 예수 그리스도의 제자는 이 세상에서 인간의 이성의 산물들, 경험, 가치를 끊임없이 포기하며 예수 공동체를 이루며 그분의 가치대로 살아내야만 하는 과제를 포기해서는 안 된다. 본회퍼는 히틀러 정권하에서 교회의 몰락을 지켜봤고, 교회와 정치의 결탁을 경험했다. 믿었던 고백교회마저 유대인 문제에 관해 제목소리를 내지 못했을 때, 실망감을 품은 채 런던에서 목회생활에 집중했다. 그러나 그에게 중요한 삶과 신학의 테제는 언제나 예수 그리스도의 현실, 교회의 현실이었다. 국가사회주의에 대한 그의 저항은 예수 그리스도의 부르심에서 시작되는 제자도, 그와 함께 공동체를 이루는 제자들과 무리들이 율법을 철저히 수행하는 바리새인들보다 더 나은 의, 그들을 능가하는 삶을 살아가는 비범성을 지니는 자가 되면서도 끊임없이 자신들이 아니라 철저히 예수 그리스도에 의해 하나님의 뜻이 그들에게 전달되어 포기와 가난, 용서라는 하나님 나라의 가치들이 실현되는 것이었다. 본회퍼는 핑켄발데 신학교에서 산상수훈의 말씀을 통한 교회의 현실의 실천적 담론을 마련하고자 했다. 본회퍼는 고난의 현실 가운데에서 고난의 즉각적인 제거 마련을 위한 인간의 지혜에 의한 대책 마련 대신에 예수와 함께하는 예수 공동체, 예수 그리스도의 교회의 현실 그리고 그분이 철저히 그 공동체의 주인이 되는 제자들의 삶을 통해 하나님의 말씀을 성취해 나가는 것이 값비싼 은혜의 실현이고 동시에 그의 부르심에 대한 뒤따름과

---

116 참조: DBW4, 135-136.

산상수훈의 말씀에 순종하는 것이 보이지 않는 교회로서의 제자도라고 오늘, 우리에게도 말하고 있다.

VIII. 말씀, 성례전, 세례: 제자직의 현실

본회퍼는 제자직에 관한 내용이 오늘, 우리에게 어떤 현실로 다가오는지 질문한다. 그는 "나를 따르라"라는 직접적인 예수의 부름을 더 이상 들을 수 없는 현실 가운데, "예수 그리스도의 부름은 교회 안에서 그분의 말씀과 성례전을 통해 전달되며, 교회의 설교와 성만찬은 예수 그리스도가 현존하는 곳이라고 설명한다.[117] 본회퍼는 예수 그리스도의 부름에서 중요한 것은 '부르시는 분'이라고 강조하면서, 그분은 '숨어 계셔서 우리를 부르시는 예수 그리스도'라고 설명한다.[118]

예수의 지상 생애 중에 주어진 말씀이든 지금 주어지는 말씀이든, 제자에게 주어진 말씀이든 중풍병자에게 주어진 말씀이든, 그분의 말씀은 하나의 동일한 말씀이다. 그때나 지금이나 그분의 말씀은 그분의 나라와 그분의 통치를 향한 그분의 자비로운 말씀이다.[119]

본회퍼는 "나를 따르라!"는 예수의 부름을 들을 수 있는 곳은 "설교를 듣고, 그의 성찬을 받고, 이를 통해 예수의 말씀을 듣는 곳"[120]에서 이루어진다고 설명한다.[121]

---

117 참조: DBW4, 215.
118 참조: DBW4, 216.
119 DBW4, 217.
120 DBW4, 218.

본회퍼는 바울의 '세례' 개념이 "나를 따르라!"는 예수의 부름과 이 부름에 대한 응답과 일치한다고 보고 있다. 세례의 제공자가 부름의 제공자와 마찬가지로 예수 그리스도 자신이며 세례는 부름에 순종하는 것처럼 세례를 받는다. 부름과 순종에서 일어났던 예수 그리스도와의 인격적 결합의 형태가, 세례를 통해서는 세례를 받는 자가 그리스도의 소유가 되며 '예수 그리스도와 합하여'(eis [독, hinein in (안으로)] 롬 6:3, 갈 3:27, 마 28:19) 세례를 받는 것'(in Jesum Christum hineingetauft)이다.122 본회퍼에 의하면 부름에 대한 순종을 통한 예수의 제자들에게 일어났던 세상과의 직접적인 단절은123 세례에서도 일어난다.124 "세례를 받은 자는 더 이상 세상에 속해 있지 않다. 그는 더 이상 세상을 섬기지 않으며, 더 이상 세상에 굴복하지도 않는다. 그는 오직 그리스도에게만 속해 있으며, 오직 그리스도를 통해서만 세상과 관계 맺는다."125 본회퍼에 따르면, 이러한 세례를 통한 세상과의 완전한 단절은 인간의 죽음을 요구하고 야기한다. 세례를 받는 자는 세례로 인해 인간 자신의 옛 세상과 함께 죽는다. 본회퍼는 이 죽음을 '고난의 사건'의 연장이라고 이해한다. 세례를 받는 자는 "세례의 은혜 안에서 그리스도와 사귐을 나눔으로써 인간은 자신의 죽음을 받아들인다. 이러한 죽음은 인간 스스로는 절대로 만들 수 없는 은혜

---

121 본회퍼는 베를린에서 1933년 여름학기때 행한 그리스도론 강의(Christologie-Vorlesung)에서 "예수 그리스도는 그의 Pro-me (나를 위한) 구조 때문에 그의 인격 안에서 교회에 말씀(Wort)과 성례전(Sakrament) 그리고 공동체(Gemeinde)로서 현존한다"고 설명한다. Pro-me 구조에 대해서는 디트리히 본회퍼, 유석성 옮김, 『그리스도론』, 대한기독교서회 2010, 33-34을 참조할 것.
122 DBW4, 221, 231.
123 이 개념은 본회퍼에게 그리스도를 중보자로, 하나님의 아들로 인식하는 것이다. '중보자(Mittler)' 개념으로 나타나는데, 이에 대해서는 참조: DBW4, 88-92.
124 DBW4, 221.
125 DBW4, 221.

다. 이러한 죽음 안에서 옛 인간과 그의 죄는 심판을 받는다. 그러나 이러한 심판으로부터 세상과 죄에 대해 죽은 새로운 인간이 태어난다"(롬 5-6장).126 그리스도의 십자가의 고난에 동참을 통해 이루어지는 제자됨은, 바울에게서는 세례를 통한 예수 그리스도의 사귐과 은혜로운 죽음을 맞이한다고 본회퍼는 설명한다. 정리하자면, 세례에서 일어나는 죽음은 "죄로부터 벗어나 의롭게 하는 사건"(Rechtfertigung von der Sünde)127이다. "죄인의 죽음이 저주가 아니고 의로움을 가져오는 유일한 이유는 이러한 죽음이 그리스도의 죽음의 교제 안에서 일어나기 때문이다. 예수 그리스도의 죽음 속으로 들어가는 세례는 죄를 용서하게 하고, 의로움을 가져오며, 죄로부터 완전히 단절하게 한다. 예수가 제자들에게 초대한 십자가의 교제는 그들을 의롭게 하는 선물로서 죄의 사망이요, 죄의 용서다. 바울의 가르침에 의하면, 십자가의 교제에서 예수를 따르는 제자들이 받게 되는 선물은 바로 세례를 받아들인 성도들이다."128

그리스도께서 제자들을 부르시고 거기에 대한 즉각적인 순종, '단순한 순종129', '단독자됨130'을 통한 그리스도와의 인격적 결합이 바

---

126 DBW4, 222.
127 DBW4, 223.
128 DBW4, 223.
129 본회퍼에 의하면 이 '단순한 순종'은 '믿음 안에서의 순종'을 의미한다. 예수 그리스도의 말씀을 의지하는 것이다. 믿음 없이 율법적인 순종을 하지 말라는 것이다. 순종이 "인간의 이런저런 행위에 달려 있는 것이 아니라. 하나님의 아들과 중보자인 예수에 대한 믿음에 달려 있다."(참조: DBW4, 72.)라는 의미이다.
130 참조:『나를 따르라』, DBW4, 87-95: '단독자됨'에 대해서 본회퍼는 누가복음 14장 26절의 말씀을 인용 한다: "무릇 내게 오는 자가 자기 부모와 처자와 형제와 자매와 더욱이 자기 목숨까지 미워하지 아니하면 능히 내 제자가 되지 못하고." 예수는 제자됨을 요구하실 때, 단독자됨을 요구하신다. "그리스도는 인간을 세상적인 인연과 끊으셨고, 자기 자신과 묶으셨다."(DBW4, 87.) 이러한 세상과의 직접적인 관계의 단절은 그리스도를 중보자로, 하나님의 아들로 인식하는 것 외에 다른 것이 아니다.

울에게서는 세례의 의미가 예수의 제자됨의 인식적 틀, 즉 예수가 부재한 가운데에서의 제자직의 현실을 제공한다고 본회퍼는 주장한다. 세례를 통한 세상과의 단절로 옛 자아, 옛 사람의 죽음이 일어나고 그 가운데 예수 그리스도와의 사귐은 성령을 통한 실제적으로 하나님의 현실이 일어나는 가시적 교회의 틀을 마련한다.131

본회퍼가 바울 시대의 제자직의 현실을 세례 개념을 통해 재정립한 것은 제자직의 개념이 성급하게 실천이라는 개념으로 옮겨가는 것에 대한 경계의 의미로 볼 수 있을 것이다. 즉, 제자됨의 출발과 완성 모두 예수 그리스도 자신이며, 우리의 제자됨의 행위가 제자됨의 주체인 예수 그리스도를 외면하거나 그의 십자가, 고난의 의미를 소멸시켜서는 안 된다는 것을 예수 이후 바울시대에 세례 개념에서 재해석함으로써, 선물과 계명으로서의 제자직에 관한 이해, 즉 선물(Gabe)과 과제(Aufgabe)로서의 제자직의 진정한 이해를 오늘, 우리에게도 제시하고 있다.

　그분은 하나님과 인간 사이에, 인간과 인간 사이에 인간과 현실 사이에 중보자이시다(참조: DBW4, 88.). 이것은 예수의 부름이 하나의 이상이 아니라 중보자의 말씀으로 이해되는 한, 이 부름은 인간을 세상과 떼어놓는다(참조: DBW4, 89.). 단독자 됨은 세상과의 직접적인 관계가 단절된 상태이다. 그것은 중보자 예수를 통한 "완전한 새로운 사귐의 근거"(DBW4, 94)이다. 중보자 예수가 인간의 관계맺음의 대상에서 단절도 하시고 거절도 하시기 때문이다. 오직 예수를 따르는 자에게 "새롭고, 유일하게 참된 길이 열리게 된다."(DBW4, 94.)

131 디트리히 본회퍼는 이러한 신학적 전개의 틀을 이미 그의 박사학위 논문『성도의 교제』에서 사용하였다. 즉, 하나님의 현실(Gotteswirklihkeit), 교회의 현실(Wirklichkeit der Kirche) 그리고 성령의 현실(Wirklichkeit des Heiligen Geistes)을『성도의 교제』가운데 '교회'이해를 위한 순차적인 구성으로 사용한다. 특히 교회의 현실 개념을 설명한 이후에는 성령의 '활성화' 개념을 통해 보이는 교회의 모습을 구체화 시킨다(참조: DBW1, 100-101.).

IX. 그리스도의 몸에 관하여

본회퍼는 예수의 제자들이 예수의 육체적 현존과 사귐 안에서 살았다는 것을 근거로, 오늘날 그리스도인들의 이러한 사귐의 실재 여부와 성서적, 신학적인 근거에 대한 질문을 제시하고 그 대답으로 세례 사건을 논한다(고전 1:12). 본회퍼에 의하면, 세례를 받은 자들은 예수의 죽음과 부활 후에도 예수의 육체적 현존과 사귐 안에서 살아갈 수 있으며, 또한 그와 함께 살아가야 한다.132 그러나 오늘, 여기에서 그리스도인들이 예수 그리스도의 육체적 현존과 사귐 안에서 살아가는 것은 또한 무엇을 의미하는가? 본회퍼는 이에 대한 대답을 위해 예수 그리스도의 성육신, 십자가, 부활의 이해를 통해 전개한다.

"예수의 지상적인 몸은 십자가에 달렸고, 죽었다. 예수의 죽음 안에서 새로운 인류가 함께 십자가에 달렸고, 그와 더불어 죽었다. 그리스도가 취하신 것은 한 인간이 아니라 인간의 '형상'이요, 범죄한 육체요, 인간의 '본성'이다. 그러므로 그리스도가 감당하신 모든 것이 그분과 더불어 고난을 당하고, 죽는다. 그분이 십자가에서 감당하신 것은 우리 모두의 질병과 우리 모두의 죄다. 우리는 그분과 함께 십자가에 달리며, 그분과 함께 죽는다. 물론 죽는 것은 그리스도의 지상적인 몸이다. 그러나 그리스도는 썩지 않는, 영광스럽게 변화된 몸으로 죽음에서 일어나셨다. 그것은 동일한 몸이다. 무덤은 실로 비어 있었다! (눅 24:12, 요 20:2-8) 그렇지만 그것은 새로운 몸이다. 이와 같이 예수 그리스도는 자신과 더불어 죽은 인류를 부활로 인도하신다. 이처럼 그리스도는 영광스럽게 변모된 자신의 몸에서도 자신이 지상에서 취하셨던 인류를 감당하신다."133

---

132 DBW4, 227.

본회퍼는 그리스도와의 사귐의 시작이 그리스도의 '몸'과의 사귐임을 분명히 한다. 성육신하시고, 십자가에 달려 돌아가시고, 부활하신 그리스도의 몸과의 사귐은 성례전, 즉 세례와 성만찬을 통해 이루어진다. "세례는 예수 그리스도의 몸과 하나가 되게 하며, 성만찬은 그의 몸과의 교제(Koinonia)를 유지한다(고전 10:16f). 세례는 우리를 그리스도의 몸에 참여시킨다. 우리는 '그리스도 안으로(eis) 세례를 받았고'(갈 3:27, 롬 6:3), '세례를 받아 한 몸이 되었다'(고전 12:18)." 그리스도의 제자들과 그를 따르는 자들처럼 모든 그리스도인들은 예수의 몸의 사귐을 받는다. "이 사실은 우리가 이제 '그리스도와 함께' 있고 '그리스도 안에' 있다는 것을 뜻하며, '그리스도가 우리 안에' 계신다는 것을 뜻한다."[134] 본회퍼는 세례를 통해 그리스도인들은 그리스도와 함께 죽었고(롬 6:8, 골 2:20), '함께 십자가에 달렸고'(롬 6:6), '함께 무덤에 묻혔고'(롬 6:4, 골 2:22), '함께 동일한 죽음으로 옮겨졌다'(롬 6:5)는 사실이 그와 함께 살게 될 것이라고(롬6:8, 엡2:5, 골 2:12, 딤후 2:11, 고후 7:3) '그리스도인은 그리스도와 함께 있다'는 진술에 대한 성서적 근거를 제시한다.[135]

본회퍼는 그리스도와 그리스도인의 몸의 사귐의 현실이 '세례를 통해 그리스도와 함께 있다'는 이해를 마련하고, 그리스도인과 함께 있는 그리스도의 현존은 그리스도인을 '위해' 존재하시는 분이라는 몸의 사귐에 대한 이해의 폭을 확장시킨다. 그렇다면 그리스도가 그리스도인을 위해 무엇을 하신다는 것인가? 본회퍼에 의하면 그리스도는 우리를 위해 고난을 받으시고 죽으신다. 왜냐하면, 예수 그리스도

---

133 참조: DBW4, 229-230.
134 DBW4, 230.
135 참조: DBW4, 231.

가 우리의 육체를 감당하시기 때문이다(고후 5:21, 갈 3:13, 1:4, 딛 2:14, 살전 5:10 등).[136]

본회퍼는 세례를 받은 자들은 '그리스도 안에서 하나의 존재'(갈 3:28, 롬 12:5, 고전 10:17)[137]이며 세례를 받는다는 것은 교회의 지체, 예수의 몸의 지체가 된다는 것을 의미한다(갈 3:28, 롬 12:5, 고전 12:13)[138]고 강조한다. 예수의 승천 이후 세상에 있는 예수 그리스도의 공간은 그분의 몸, 그분과의 사귐, 곧 교회에 의해 수용된다.[139] "그리스도는 자신의 교회, 자신의 몸과 하나이시다"[140], "교회는 하나이다. 교회는 그리스도의 몸이다. 그러나 그와 동시에 교회는 많은 지체들과의 교제이기도 하다(롬 12:5, 고전 12:12ff)."[141]

본회퍼의 그리스도의 '몸' 이해는 세례와 성만찬을 통한 예수 그리스도와의 몸과의 교제에 대한 인식에만 제한시키지 않는다. 십자가에서 죽으시고 변모하신 예수 그리스도의 몸의 교제 안에서 그리스도인들에게 그리스도의 고난과 영광에 참여해야 하는 사명을 부여한다.[142] 본회퍼에 따르면 예수 그리스도는 화해를 위한 대리적 고난을 모두 완성하셨지만, 이 땅에서의 그리스도의 고난은 아직 끝나지 않았으며 자신의 은혜에서 마지막 때를 위해 자신이 재림하실 때까지 여전히 채워지지 않은 '고난의 여분'(휘스테레마타, 골 1:24)을 그리스도의 몸과 하나 되어 있는 그리스도인이 담당해야 할 '대리적인 고난'

---

136 DBW4, 231.
137 DBW4, 232
138 참조: DBW4, 232.
139 DBW4, 232.
140 DBW4, 234.
141 DBW4, 234.
142 참조: DBW4, 235.

이 있다고 말한다. 본회퍼의 십자가의 이해가 그랬듯이, 그리스도와 한 몸이 된 그리스도인의 고난은 짊어져야만 하는 필수적인 삶의 과제이며 하나님으로부터 그리스도의 몸을 위해 고난을 받을 수 있는 자격을 받은 자는 복되며 이러한 고난은 기쁨이다(골 1:24, 빌 2:17).

세례를 통해 그리스도와 한 몸이 된 그리스도인은 예수님의 제자들처럼 예수 그리스도 안에서, 그와 함께 교제할 수 있으며 그리스도의 성육신, 십자가, 부활의 경험을 모든 그리스도인들은 담당해야 한다. 본회퍼는 이러한 몸의 경험은 개인 그리스도인에게 단독으로 주어지지 않으며, 그리스도가 성육신을 통해 인간을 '위해' 고난의 짊어짐은, 이 땅의 남겨진 고난(골 1:24)을 예수를 대신하여 짊어져야만 하는 그리스도인의 제자됨의 과제라고 강조하고 있다. 이러한 그리스도의 '몸' 이해를 통해 본회퍼는 교회를 하나의 제도로 생각하는 데 익숙한 당시 독일 세대들을 향해, 망각된 교회론을 되찾기를 소망하고 있는 것이다.

X. 보이는 교회로서의 제자도

본회퍼는 미국에서 죄인식에 관한 루터의 말을 인용했을 때 동료들이 태연하게 비웃는 경험을 많이 했다.[143] 본회퍼는 1930년부터 1931년까지의 지낸 뉴욕 유니온 신학교에서의 생활을 베를린의 교회 협의회에 제출한 보고서에서도 이와 비슷한 경험에 대해 적었다. 그는 이 보고서에서 루터의 죄와 용서에 관해 강연을 할 때 다수의 학생들이 크게 비웃었다고 기록했으며, 과연 기독교 신학이 그들에게 어

---

143 참조: DBW10, 216f. 221.

떠한 본질적인 의미가 있는지에 대해 의구심을 품었었다고 부가적으로 기록했다.144 그는 미국에서 경험했던 기독교의 역사적 심각성에 대해 1932년 종교개혁일에 베를린의 삼위일체교회에서 드렸던 미국인들을 위한 예배의 설교에서 언급한다.

> 우리의 개신교회의 삶의 시간은 그대로 마감될지 아니면 새로운 날을 맞이할 지에 대한 기로에 서있는 상태에서 12시를 맞이하고 있습니다. […] 종교 개혁을 일으킨 교회는 옛 루터를 기억의 저편으로 보내지 말아야 합니다. 오늘날 교회의 모습들이 나쁘게 변질되어 버린 모든 곳으로 루터를 보내야 합니다. 우리는 죽어가는 우리의 교회에 루터의 손을 뻗게 해야 하고, 자기보호의 열정을 가지고 여기에 내가 서 있고, 나는 다른 것은 할 수 없다고 다시금 말해야 합니다. 사람들은 더 이상 우리의 교회가 더 이상 루터의 교회가 아니라는 것을 깨닫지 못합니다. […] 우리가 이러한 말들 뒤에 숨어서 우리가 다른 것을 할 수 있다고 말한다면 그것은 올바르지 못한 일이며, 또한 용서할 수 없는 경솔함과 교만입니다.145

그렘멜스는 이 설교 중의 "오늘날 교회의 모습들이 나쁘게 변질되어 버린 모든 곳으로 루터를 보내야 합니다"라고 말한 본회퍼의 의도를 1932년 6월 6일 베를린에서 독일 그리스도인들(Deutsche Christen)에서 공포한 방침을 향한 비판으로 본다. 이 방침은 국가사회주의의 당 프로그램 제24조에서 가져온 것이다: "우리는 긍정적인 기독교의 위에 서 있다. 우리는 독일의 루터정신(Luthergeist)과 영웅적인 경건

---

144 참조: DBW10, 268.
145 DBW12, 424f.

성에 상응하는 것과 같은, 긍정적이고 특유의 기독교 신앙을 고백한다."146 무엇보다도 이 독일의 루터정신은147 루터로부터 비스마르크를 넘어 히틀러까지 이어갈 수 있는 결정된 길을 이어갈 수 있었던 독일 역사의 구조를 이어나가야만 했다. "루터는 히틀러가 기대어 설 수 있는 어깨를 지닌 독일의 위대한 인물이었던 것이다."148 본회퍼는 국가사회주의의 히틀러를 위한 이러한 사상화와, 루터의 정신은 1933년에 독일혁명에서 완성되었다고 선전하는 국가사회주의의 주장을 비판했다. 이로부터 5개월 후에 당시 베를린-브란덴부르크주의 주지사였던 빌헬름 쿠베는 독일 그리스도인들의 첫 제국회의에서, 이러한 일련의 일들은 루터에 의해 종교개혁 때 행해졌던 열정들이 20세기에도 실현된 것이라고 국가사회주의 당원들의 주장을 옹호하는 연설을

---

146 Gremmels, Rechtfertigung und Nachfolge, 39, 각주 4에서 재인용: Die Christliche Welt 46 (1932), Sp. 807; HdV.

147 Gremmels, Rechtfertigung und Nachfolge, 39, 각주 5에서 재인용: 참조: Die Wirkung des Luthergeistes, in: M. Maurenbrecher, Der Heiland der Deutschen. Der Weg der Volkstum schaffenden Kirche, Göttingen 1930, 198-200.

148 Gremmels, Rechtfertigung und Nachfolge, 39, 각주 6에서 재인용: A. Ehringhaus, Luther und Hitler, in: Amtliches Mitteilungsblatt des NSDAP Kassel, Folge 17 vom 1.12.1933, 4: "Und noch in anderer Beziehung ist Luther der Riese, auf dessen Schultern Hitler steht. Luther hat den Grund gelegt zur Einigung der Stände, zur Vernichtung des Klassendünkels und zur Volksgemeinschaft." 이와 유사한 관점으로는 다음을 참조할 것: G.-A. Schulze, "Der unsterbliche Luther", in: *Evangelium im Dritten Reich*. Kirchenzeitung für Christentum und Nationalsozialismus 3 (1934), 78-79: "Wenn Adolf Hitler alle Pakte und Kompromisse ausschlug und unbeirrbar durch das Gebell von rechts und links seinen Weg ging, so stand er auf dem Wormser Urerlebnis Martin Luthers." Er besteht darin, "daß diesmal nicht Rom, sondern Juda die internatioinalen Geschäfte führte" (Schulze, Der unsterbliche Luther, 79.) 루터와 히틀러를 다른 관점에서 다룬 논문은 다음을 참조할 것: P. Clarkson Matheson, Luther and Hitler: A Controversy Reviewed, in: Journal of Ecumenical Studies 17 (1980), 445-453.

했다.149 이러한 배경하에서 제국교회 비숍은 1934년부터 전통적 루터장미 문양에 나치를 상징하는 하켄크로이츠(Hakenkreuz, 갈고리 십자가)를 새겨 넣은 직인을 사용하기 시작했다.

루터는 "사랑이 없는 믿음은 충분치 않다. 그렇다, 그것은 실제로 전혀 믿음이 아니며, 믿음의 가상(假像)이다"150라고 말했다. 그렘멜스에 의하면, 칭의(Rechtfertigung)는 제자직(Nachfolge)과 용어상으로는 구별되지만, 다루는 것은 같은 개념에 속한다.151 "칭의의 항목은 주인, 영주, 주권자, 지도자, 교육의 모든 방식들에 관한 판사들이다. […] 이 항목들 없이는 세상은 점점 더 죽음과 암흑으로 가득 차게 될 것이다."152 칭의는 전제가 필요 없다는 루터의 인식은 그의 사상의 절정을 이루는 것으로 삶을 변화시키는 경험으로서 간주하고, 신학적으로는 칭의 그 자체에 다른 의미나 개념을 더하여 정의하는 것을 포기했다. 칭의된 믿음이 결과를 가진다는 사상은 루터에게는 이 결과에 대한 윤리적인 요구가 필수적인 것으로 나타나지 않는다. 선한 행위가 믿음의 결과이어야만 하는가? 아니다. 루터는 "[믿음의 결과가 선한행위로] 이어져야만 하는 것이(sollen) 아니라, [칭의] 그 자체로부터(von selber) 이어져야 한다. 이는 마치 좋은 나무가 좋은 열

---

149 참조: Gremmels, Rechtfertigung und Nachfolge, 40.
150 Gremmels, Rechtfertigung und Nachfolge, 43, 각주 13에서 재인용: WA 10,3; 4, 10-12.
151 참조: Gremmels, Rechtfertigung und Nachfolge, 43.
152 Gremmels, Rechtfertigung und Nachfolge, 43, 각주 14에서 재인용: WA 39,1; 205, 1-2.5; 1537년 슈마칼덴 신조도 참조할 것: "그리고 교황, 사탄, 세상과 반대하여 우리가 가르치고 살아가는 모든 것은 이 항목[칭의]위에 서 있다. 그러므로 우리는 칭의를 확실히 가르치고 살아가야 하고 의심해서는 안 된다. 그렇지 않으면 모든 것을 잃어버릴 것이고, 교황, 사탄 그리고 모든 것들이 다시 우리의 승리와 권리를 소유하게 될 것이다."(Die Bekenntnisschriften der evangelisch-lutherischen Kirche, Göttingen 51963, 416).

매를 맺어야만(soll) 하는 것이 아니라, 좋은 나무 자체로부터(von selber) 좋은 열매가 맺어지는 것과 같다"153라고 말했다. 도덕적 호소도, 양심에 의한 목소리도, 윤리적인 명령도 아니라, 단순하게 그 자체(von selber)에 의해서이다. '그 자체로부터'는 루터의 개념규정을 위해 사용했던 중요한 형식인데, 예를 들어 그가 '오직 믿음으로'라는 종교개혁 때 외쳤던 말은, 믿음 이외의 부가적으로 첨가되는 다른 의미를 제외하고 믿음 그 자체로부터라는 의미로 쓰였던 것이다.154 사랑의 행위나 제자직이 칭의된 믿음의 결과라고 이해하고 있는 곳에서 루터는 다음과 같이 말한다: "Non iusta faciendo iustus fit, sed factus iustus facit iusta"155 의역하자면, "의로운 행위를 통해서 의롭게 되는 것이 아니라, 의롭게 되었기 때문에 의로운 것을 행할 수 있다"156이다.

우리는 본회퍼의 『나를 따르라』를 그의 『성도의 교제』나 『행위와 존재』 같은 초기 저작들에 비해 단순히 핑켄발데 신학교의 설교학 수업의 요약집 정도로 평가절하해서는 안 된다. 본회퍼의 『나를 따르라』는 루터의 정신을 왜곡하고 오용했던 국가사회주의를 향한 비판을 담고 있으며, 루터의 칭의 이해를 바탕으로 제자직을 칭의 사건과 분리되어 칭의 이후의 행위를 강조하는 어떠한 결과물이 아니라, 오직 칭의 그 자체로부터의 당연히 발생하는 사건이라는 루터의 칭의에 관한 핵심적인 이해를 담고 있다.

---

153 Gremmels, Rechtfertigung und Nachfolge, 43, 각주 15에서 재인용: WA 39,1; 46, 28-30; HdV.

154 참조: Gremmels, Rechtfertigung und Nachfolge, 43.

155 WA 2, 492,21; vgl. auch: "Non efficimur iusti iusta operando, sed iusti facti operamur iusta" (WA 1; 226,8).

156 참조: Gremmels, Rechtfertigung und Nachfolge, 44.

이러한 이해를 배경으로 필자는 본회퍼의 『나를 따르라』는 그리스도의 제자도를 세상이 그리스도인들에게 요구하는 혹은 그리스도인들 스스로 자신들에게 요구하는 도덕적 호소, 양심의 소리, 윤리적 명령이라는 지평에서의 이해로부터 벗어나 '칭의, 그 자체로부터(Rechtfertigung, von der selbst) 새롭게 창조된 실존적 현실'이라는 제자직에 대한 새로운 이해의 지평을 마련해 주는 책이라고 본다. 제자직은 예수 그리스도의 성육신, 십자가, 부활 사건을 통해 죄인이었던 인간이 의롭게 됨과 더불어 인간에게 주어진 하나님의 귀한 선물이다. 『성도의 교제』가 사회성의 관점에서 쓰인 교회의 현실에 관한 이론적 담론이라면, 『나를 따르라』는 칭의의 관점에서 쓰인 교회의 현실에 관한 실천적 담론이다. 본회퍼는 『성도의 교제』, 『나를 따르라』 두 책에서 공통적으로 '죄'에 관한 문제를 다루면서 각각 인간을 향한 하나님의 새로운 뜻과, 하나님의 인간을 향한 새로운 실존의 창조라는 교회와 교회됨의 이해를 마련한다. 그 중심에는 본회퍼의 예수 그리스도의 이해가 있으며, 이는 본회퍼의 그리스도 이해가 교회 이해라는 이론적 담론에서 제자직의 이해라는 실천적 담론으로 발전시키고 있는 근거로 삼을 수 있다.

본회퍼 삶과 신학의 테제는 언제나 '교회'였으며 진정한 '제자됨'은 진정한 '교회됨'이며, '진정한 교회'는 '타자를 위한 교회됨'이다. 본회퍼는 이러한 일련의 과정의 주체는 언제나 하나님이시다라고 말하면서, 이를 그리스도론적으로 이해하고자 했다. 세례를 받는 오늘날 그리스도인들은 예수 그리스도의 부름을 다시 체험하게 되고 제자로서의 삶은 세상과의 단절을 통해 시작된다. 본회퍼에 의하면, 예수 그리스도는 제자됨의 시작이고, 완성이다. 예수 그리스도가 부르시고, 죽으시고, 부활하시고, 여전히 교회됨을 통해 현존하시기 때문이다.[157]

본회퍼의 제자직은 예수 그리스도와의 인격적 관계를 이루며 이 땅위의 교회에서 말씀의 설교, 세례, 성만찬을 통해 이 인격적 관계, 즉 하나님과의 공동체적 구조가 현존하며 그리스도인들의 제자로서의 구체적인 삶을 통해 하나님의 뜻이 이루어지는 과정이라고 규정할 수 있다. 본회퍼는 『나를 따르라』에서 '보이지 않는 교회로서의 제자도'와 '보이는 교회로서의 제자도'158를 논했다. 그리스도인은 "가난하고, 괴롭고, 굶주리고, 목마르고, 온유하고, 자리롭고, 평화롭다. 그는 세상으로부터 박해와 수모를 당한다. 그렇지만 세상이 보존되는 것은 오직 그리스도인이 이렇게 살아가기 때문이다. 그리스도인은 세상을 하나님의 진노로부터 보호한다. 그리스도인이 고난을 당하는 것은 세상이 하나님의 인내 아래서 계속 살아갈 수 있기 위함이다."159

그리스도의 제자는 이 땅위의 손님과 나그네다(히 11:13, 13:14, 벧전 1:1). 그는 이 땅위에 있는 것을 바라보지 않고, 저 위에 있는 것을 바라본다(골 3:2). 왜냐하면 그의 진정한 생명은 아직 드러나지 않았으며, 그리스도와 더불어 하나님 안에 숨겨져 있기 때문이다(골 3:1). 예수 그리스도의 제자로서의 삶은 이 땅에서 보이는 교회로 살아가야 하지만, 늘 잊지 말아야 하는 것은 오직 주님만을 바라보아야만 하는 것이다.

주님은 하늘에 계신다. 그리스도인의 생명은 자신이 기다리는 그분에게 있다. 그러나 그의 생명이신 예수 그리스도가 드러나실 때, 그리스도인도 영광 가운데 그분과 함께 드러나게 될 것이다(골 3:4).160

---

157 참조: DBW4, 227-230
158 참조: DBW4, 241-268. (Die sichtbare Gemeinde)
159 DBW4, 267.
160 DBW4, 267.

예수 그리스도는 오늘 우리의 삶의 자리에서 우리를 제자로 부르신다. 우리에게 그리스도의 부르심의 은혜는 값비싼 것인가 싸구려인가? 우리는 예수 그리스도의 제자들처럼 부르심에 즉각 순종을 하는가? 예수 그리스도의 명령에 부자청년(마 19:16-22)처럼 갈등만 하며, 늘 근심하며 그분을 등지며 돌아서진 않는가? 우리의 제자됨에 십자가의 고난은 있는가? 오늘날 우리 교회의 말씀과, 성례전, 세례가운데 세상과의 단절을 의미하는 진정한 죽음이 있는가? 그리스도를 따르면서, 진정한 순수한 은혜와 기쁨이 있는가? 본회퍼의 제자직은 이 모든 질문에 대한 신학적 숙고를 통해 '순종하는 믿음'을 소유하고 오늘, 여기 우리에게 주어진 현실 가운데, 그리스도와 함께 십자가의 고난을 짊어짐에 있다고 답하고 있다. 그럴 때 우리는 예수 그리스도 안에서 진정한 '자유'와 '기쁨'을 누릴 수 있을 것이다.

XI. 『나를 따르라』 안에 나타난 제자직 이해: 본회퍼의 교회 이해의 연속성인가?

본회퍼의『나를 따르라』안에 나타난 제자직 이해는 그의 교회 이해에서 출발한다. 본회퍼의 삶과 신학의 주요테제는 '교회'였는데,『성도의 교제』에서 교회를 사회학, 사회철학적으로 이해하기를 시도한다. 그는 아담을 타락한 옛 인류로 이해하면서 예수 안에서, 예수를 통해 하나님과 인격적인 관계를 이루는 새로운 인류의 공동체를 교회로 이해하였다. 그는 교회 이해를 그리스도론적으로 이해하였다. 그는 우선, 아담을 한 인간과 전체 인류를 의미한다는 것을 전제한 후, 하나님과 한 인간, 하나님과 전체 인류와의 관계성 속에서 교회 이해를 시도함으로써, 하나님과 한 인간, 하나님과 전체 인류의 관계의 깨짐이 '죄'의 상태라 규정하고 그리스도를 '통해'(durch Christus) 그리고 그리스도 '안'(in Christus)에서 이 균열된 관계성의 회복이 된 현실을 '교회'라고 규정하였다.161 이런 의미에서 본회퍼는 교회를 '인류와 함께하는 하나님의 새로운 뜻(의지)'라고 규정했다.162 최초의 인간, 최초의 인류 아담으로 인해 깨어진 '관계', '공동체', '교회'는 하나님의 예수 그리스도를 통한 새로운 공동체적 관계의 창조 의지로 인해 거룩한 공동체, '교회'가 형성된다. 제자직으로서 요구되는 것은 바로 예수 그리스도를 통한 새로운 교회됨에 참여에 있다. 이와 같은 의미에서 본회퍼는 예수의 말씀은 처음부터 교리가 아니라 "실존의 새로운 창조"163라고 말한다. 본회퍼에 따르면, 이러한 참여는 순종하는 자만이 할 수 있으며 "오직 순종으로 인해 새롭게 창조된 이러한 존재만이 믿을 수 있다."164라고 믿음의 지평을 순종과 관련하여 이해함으로 그 인식의 틀을 넓힌다.

『성도의 교제』에서의 교회 이해는 『나를 따르라』에서 '제자직으로의 부름' 내용에 교회론적, 그리스도론적 개념들이 용해되어 있다. 『성도의 교제』의 '그리스도교적 인격'165, '집합인격'166, '공동체로 존

---

161 "우리는 예수 그리스도를 통해서, 예수 그리스도 안에서만 서로 결합되어 있다. 이 말은 어떤 의미인가? 첫째, 그리스도인은 예수 그리스도 때문에 다른 사람을 필요로 한다. 둘째, 그리스도인은 오직 예수 그리스도를 통해서만 다른 사람에게 나아갈 수 있다. 셋째, 우리는 예수 그리스로 안에서 영원으로부터 택함을 받았고, 시간 안에서 받아들여졌으며, 영원히 하나가 되었다."(참조: DBW5, 18.)
162 DBW1, 87.
163 DBW4, 50.
164 DBW4, 53.
165 참조: DBW1, 19-35.
166 특히 '윤리적 집단 인격' 개념에 대해서는, 참조: DBW1, 74-76. 교회의 영의 일치, 즉 성령의 역할에 관한 이해와 집단인격의 관련성에 관해서는 DBW1, 128-140.

재하는 그리스도'167, '교회의 현실'168 개념은 『나를 따르라』에서 순종하는 믿음을 통한 '예수 그리스도와의 결속'169이라는 제자됨의 근본 개념에 고스란히 수용된다. 즉, 『성도의 교제』에서의 본회퍼에게 예수 그리스도 안에서, 예수 그리스도를 통한 하나님과 인간 사이의 공동체를 이룸 즉 '교회됨'은 『나를 따르라』에서, 하나님으로부터 주어진 선물이라는 의미에서 의롭게 됨, 그러나 동시에 그 은혜의 진정한 의미에서의 '값비싼 은혜' 개념으로 재인식되었고, 이제 '예수 그리스도의 인격과의 결속'170을 통한 진정한 '제자됨'을 통해 이 땅에서의 제자에게 부여된 책임적 과제의 지평의 틀을 순종하는 믿음, 믿음의 순종이라는 개념을 마련한다.

본회퍼의 초기(1927-1930) 교회 이해는 『나를 따르라』와 『신도의 공동생활』로 대표되는 본회퍼의 중기(1935-1938)의 '제자도', '십자가', '가난', '그리스도의 형제애' 이해에 녹아 들어가 있고, 이는 본회퍼의 후기(1939-1945), 즉, 『윤리학』(*Ethik*-Fragement)의 '책임'(Verantwortung), '대리'(Stellvertretung), '선'(Gute) 등의 개념들과 소위 『저항과 복종』의 테겔신학(Tegel-Theologie), 그중에서도, '타자를 위한 교회' 개념171과 '고난'(Leiden)172이해 가운데에서 그의 초기 교회 개념들

---

167 참조: DBW1, 127-128.
168 참조: DBW1, 87-90.
169 참조: DBW4, 77-84.
170 DBW4, 78, 82.
171 본회퍼는 1944년 8월 3일 '연구를 위한 기획(DBW8, 556-561)'이라는 원고를 작성하는데, 기획만 한 채 구체적인 신학적 진술들을 첨부하여 완성하지 못했다. 그럼에도 불구하고, 이 원고 중에서 결론에 해당하는 부분은 본회퍼의 삶과 신학의 결정체로서 그의 교회에 대한 이해들이 융합되어 있는 부분이라고 간주할 수 있다.
172 본회퍼는 고난에 대하여 라는 그의 글에서 "자유를 향한 도상의 정거장들"이라는 시 중에서 3연에 해당하는 '고난' 부분에서 다음과 같이 표현 한다: "놀라운 변화. 강하게 행동하는 손들이 그대를 붙잡고 있다/ 무력하고 고독하게 그대는 그대 행위의

의 틀이 다시 발견된다. 특히, 『저항과 복종』에서 본회퍼는 고난에 관하여 다음과 같이 말한다:

> 우리가 그리스도인이 되기를 바란다면 책임적 행동을 통해서 그리스도의 심장의 넓이에 참여해야 한다. […] 이러한 책임적 행위는 불안한 것이 아니라, 해방하시며 구원하시는 그리스도의 사랑을 갖고 고통당하는 사람들에게 다가서도록 만든다. 행동하지 않고 기다리는 것과 둔감하게 방관하는 것은 그리스도교적인 자세가 아니다 자신의 몸이 아니라 — 그리스도가 고난 당하신 목적이라 할 수 있는 — 형제들의 몸을 통한 경험들이 그리스도인으로 하여금 행동하고 고난을 분배하도록 부른다.173

본회퍼는 고난에 대하여 "그리스도는 자유와 고독 속에서 그리고 홀로 떨어져 있는 수치 속에서 신체와 영혼의 고난을 당했으며 그 이후로 많은 그리스도인이 그와 더불어 고난을 당했다."174라고 기술하고 있으며 행복보다는 고난이 세계를 실제로 해명할 수 있는 원리와 열쇠175로 보았다. 이와 같이 살펴볼 때, 본회퍼의 '제자직 이해'는 그의 삶과 신학의 테제인 '교회 이해'의 연속성(Kontinuität)가운데 이해되어져야 하며, 이는 본회퍼 신학을 이해하기 위한 중요한 관점들 중에 하나이다.

결말을 본다/ 그러나 안심하고 조용히 그리고 위안 가운데 정의를 강한 손에 맡기면 만족하게 되리라/ 오직 순간에 그대가 자유를 맛보는 축복을 받아, 그것을 하나님께 맡기면, 하나님께서 자유를 찬란하게 성취하시리라(DBW8, 571.).

173 DBW8, 34.
174 DBW8, 35.
175 참조: DBW4, 38.

XII. 『나를 따르라』와 '타자를 위한 교회'

본회퍼는 옥중에서 타자를 위한 교회 개념에 대해 서술할 때에 『나를 따르라』에서 전개했던 제자직의 요건들을 서술했다:

> 교회는 타자를 위해 존재할 때만 진정한 교회이다. […] 교회는 모든 직업에 종사하는 사람들에게 그리스도와 더불어 사는 삶이 어떤 것이며, 또 '타자를 위한 존재'가 무엇을 의미하는지를 말해야 한다. […] 교회는 절제(Maß), 순수함(Echtheit), 신뢰(Vertrauen), 성실(Treue), 불변성(Stetigkeit), 인내(Geduld), 훈련(Zucht), 겸손(Demut), 겸양(Bescheidenheit), 자족함(Genügsamkeit)에 대해 말해야 한다.[176]

본회퍼에게 타자를 위한 교회됨은 그리스도의 진정한 제자됨을 전제로 하며, 이는 값비싼 은혜에 대한 인식, 그리스도의 부르심, 단순한 순종, 단독자됨, 십자가를 짊어짐이라는 제자도의 과정을 통해 타자를 위한 존재가 되는 것을 의미한다. 본회퍼에게 예수 그리스도의 진정한 제자는 세상 속에서 산상수훈의 말씀을 토대로 해석하고 적용하는 것에 그치는 것이 아니라, 실제로 그 말씀대로 행동하며 순종하는 비범성과 은밀성을 소유하는 제자로서 이 땅에서의 삶을 살아가는 것을 의미한다. 본회퍼는 부자 청년에 관한 이야기(마 19:16-22)와 마태복음 5장 3절을 해석하면서 절제를, '단순한 순종'에서 순수함을, '단독자' 됨에서 신뢰를, 산상수훈에 근거한 비범한 삶과 은밀성을 지닌 삶을 성실함, 불변성을 이미 구상했을 것이다. 자기를 부인하고 십

---

176 DBW8, 560.

자가를 지는 제자의 삶은 인내가 필요한 훈련(Zucht)이고, 겸손과 겸양, 자족함을 지녀야 한다. 그러한 제자들의 모임이 있는 곳이 이 땅 위에서 예수 그리스도의 교회가 되고, 그러한 교회는 자신의 교회됨을 타자에게 선포하고 삶을 통해 가시적 교회가 되어야만 하는 과제를 지닌다.

제 11 장
『신도의 공동생활』(Gemeinsames Leben)
: 밖을 향한 섬김의 교회

I. 신도의 공동생활의 등장 배경과 비밀훈련 (Arkandisziplin)

『신도의 공동생활』은 본회퍼가 1938년 9월과 10월 괴팅엔(Gö-tingen)의 헤르츠베르크 란트가(街)에 있는 그의 쌍둥이 누이 자비네 라이프홀츠(Sabine Leibholz)의 집에 머물렀던 4주간의 휴가동안에[1], 핑켄발데 신학교의 기숙사였던 '형제의 집'에서 실제로 생활했던 영성훈련의 내용들을 엮은 책이다.[2]

본회퍼는 핑켄발데 신학교 시절에, 초대교회의 비밀훈련(Arkandisziplin)[3]을 여러 번 다루었다. 그는 1936년 2월 5일 교리교육 수업

---

1 DBW5, 8. (편집자 서문)
2 DBW5, 133. (편집자 후기)
3 DBW14, 526, 549-551, 553, 724, 990, 1022, 1027f.

시간에 비밀훈련에 관해 설명했다:

> 예루살렘의 키릴(Cyrill von Jerusalem) [28 Katechesen]. 첫 번째 단계: 일반적인 준비, 회개, 죄, 세계 구원(Heil)과 10개의 교리들. 두 번째 단계: 믿음에 관한 수업, 상징에 관한 설명 세 번째 단계: 성찬을 받아들이고 있는 자들에 곤한 신비함에 관한 수업 (세례 후에). 3-7세기: 세 번째 단계 = 비밀 훈련(dicsiplina arcani). 오리게네스 이후 예배는 이방인들에게도 공개되었지만, 성찬식은 그들에게 허용되지 않았다. 지배 국가의 추적에 대한 압박으로 인해 비공개(Geheimhaltung)가 필수 불가결했다: 주기도문, 상징, 성찬식. 이는 완전히 비밀스러운 공간에서 이루어졌으며, 침묵은 의무였다(Schweigepflicht). 왜냐하면, 이곳에서 그리스도인들에게 여러 종류의 범죄 사실이 되풀이되어 말하게 되어있었기 때문이었다. 진주들은 돼지 앞에 내던져지지 말아야 한다(참조: 마 7:6).4

본회퍼는 1937년 여름학기 설교학 수업 때도 비밀훈련(Arkandisziplin)을 다루었다: "오리게네스 시절부터 비밀훈련은 생성되었다. 성찬식, 신앙고백, 주기도문은 폐쇄된 모임에서 진행되었다. 세상의 조롱 때문에(wegen des Spottes der Welt) 비밀훈련은 거행되었다. [그러나 이후] 그로부터 설교는 분리되었고, 이방인들에게도 공개되었고 교리교육이 시행되었다. 신약성서[고린도전서 14:23-25]에 근거해서도 이방인들이 설교를 듣는 것은 허용되었다."5

위와 같은 기록으로 살펴볼 때, 본회퍼는 초대교회의 비밀훈련을 수용, 발전시켰다고 볼 수 있다. 본회퍼는 갖가지 죄고백이 이루어지

---

4 DBW14, 549-550.
5 DBW14, 526.

는 성찬식에 이방인들이 참여할 수 없는 배경 속에서 비밀의식이 진행되었음을 언급하면서, 적어도 하나님의 말씀을 나누는 설교만큼은 이방인에게 공개되기 시작했던 역사를 핑켄발데 신학교에서 가르쳤다. 핑켄발데 신학교는 고백교회의 신학교이며 불법 신학교였다. 게슈타포에 의해 폐쇄조치 당하기 전까지 핑켄발데 신학교는 비밀스러운 공간이기도 했다. 본회퍼는 국가 교회와 구별된 공간의 진정한 교회를 핑켄발데에서 꿈꾸고 있었다. 초대 교회의 성찬식의 비공개와 이 시간 동안 침묵의 시간들은 공개적인 기독교 의식을 통한 이방인들이나 타종교인들과의 분쟁을 최소화하기 위한 방법이었다고 볼 수 있다. 초대 교회 교인들은 진정한 하나님의 공동체, 세상과 구별된 공동체가 필요했을 것이다. 그러나 우리가 주목해야 할 부분은 설교와 교리교육의 허용이었다. 고전도 전서 14장 23절-25절은 다음과 같이 전한다.

> [23]그러므로 온 교회가 함께 모여 다 방언으로 말하면 알지 못하는 자들이나 믿지 아니하는 자들이 들어와서 너희를 미쳤다 하지 아니하겠느냐 [24]그러나 다 예언을 하면 믿지 아니하는 자들이나 알지 못하는 자들이 들어와서 모든 사람에게 책망을 들으며 모든 사람에게 판단을 받고 [25]그 마음의 숨은 일들이 드러나게 되므로 엎드리어 하나님께 경배하며 하나님이 참으로 너희 가운데 계신다 전파하리라(고전 14: 23-25)

본회퍼는 핑켄발데 신학교에서 국가교회와 구별된 장소에서의 교회를 꿈꾸었으며, 그럼에도 불구하고 이방인들을 향해 하나님의 말씀을 선포해야 하는 사명을 준수했던 초대교회 정신을 이어받아 암울한 시대에 구별된 장소에서 있긴 하지만 결국에는 세상을 향해 하나님의 말씀을 선포해야 하는 목사후보생들에게 설교학 수업에 매진했다. 왜 냐하면 조롱의 공간이었던 초대교회의 비밀훈련이 결국 설교와 교리 교육을 통해 조롱했던 자들을 하나님께 나아오게 했던 역사를 본회퍼는 알고 있었기 때문이다. 본회퍼에게 초대교회의 비밀훈련(Arkandisziplin)의 수용은 국가교회나 히틀러 정부를 무력시위로 공격하는 교회가 아니라 방어하는 교회, 연약함 속에서도 본질을 잃지 않는 교회로 세워나가기 위함이었다. 본회퍼는 초대교회의 비밀훈련이 성찬식의 의식 속에서 하나님의 비밀을 유지하고, 설교와 교리교육을 통해서는 이방인에게까지 하나님의 비밀이 선포되는 교회였던 것처럼, 침묵하기 때문에 연약해 보이지만 그곳에 예수 그리스도가 함께하는 교회이기 때문에 세상을 향해 하나님의 뜻을 선포하는 사명을 감당해야만 하는 교회, 그런 예수님의 진정한 제자, 그런 공동체를 설계했던 것이다. 종합적으로 핑켄발데의 비밀훈련은 '밖을 향한 섬김'을 위한 준비였다.

II. 형제의 집: 밖을 향한 섬김

'형제의 집'의 설립목적은 "수도원적 은둔이 아니라 밖을 향한 섬김(*Dienst nach außen*)을 위해 가장 내적으로 집중하는 데 있다."6 '밖을 향한 섬김'이란 "[…] 현재와 장차 있을 교회 투쟁에서 결단을 촉구하고 영들을 분리하기 위해서 하나님의 말씀을 선포하고 […] 새롭게 등장하는 모든 위기 상황에서 즉시 말씀 선포를 위해 봉사할 준비를

---

6 DBW5, 134. (편집자 후기), 참조: DBW14, 75-80: "Nicht klösterliche Abgeschiedenheit, sondern innerste Konzentration für den Dienste nach außen ist das Ziel.(77)"

하는 것을 의미한다."[7]

신학적 인식과 성서적 지식, 개인적인 삶에 공허한 상태의 신학생들을 경험한 본회퍼는 아침과 저녁의 말씀 모임과 굳건한 기도시간을 통해 규정된 삶 속에서의 신학 연구, 목회 공동체 설립을 교회의 과제로 여기고 이를 토대로 미래 독일교회의 목사들을 양육하기 위해 실천에 옮겼다.[8] 그러나 그들 중에는 감옥 생활과 추방을 경험하였다는 이유로 그리스도론적-종말론적 신학의 틀을 벗어나고자 하는 이들도 있었다. 아마도 그들에게는 좀 더 현실적인 정치신학적인 신학접근이 필요했을 것이다. 이러한 신학생들의 상황을 잘 알고 있었던 본회퍼는 이 책에서 영적(pneumatischen)관계와 정신적/심리적(seelischen/psychischen) 관계를 날카롭게 대립시키고 있다.[9] 본회퍼는 『신도의 공동생활』에서 성서의 형상들과 자극들, 경건사적 특성들과 사회심리학적 인식들을 거대한 구성력을 통해 전체로 형성해가면서 낭만적인 열광주의와 철저하게 거리를 둠으로써 모든 생동적인 공동체 정신을 규정하는 신앙의 헌신성과 형제에 대한 섬김의 의지를 받아들을 수 있었다.[10]

---

7 DBW5, 134. (편집자 후기)
8 참조: DBW5, 135. (편집자 후기)
9 참조: DBW5, 137. (편집자 후기)
10 참조: DBW5, 9. (편집자 서문)

III. 예수 그리스도 때문에, 예수 그리스도를 통해서, 예수 그리스도 안에서의 친교

본회퍼의 삶과 신학을 '교회론적 윤리'라는 틀에서 조명할 때, 『신도의 공동생활』은 어떤 의미를 지니고 있는가? 디트리히 본회퍼는 『성도의 교제』에서 교회 개념을 '관계' 개념을 통해 이해하고 있다. 즉 예수 그리스도를 통한 하나님과 인간 사이의 '관계' 회복은 본회퍼가 교회를 이해하기 위한 출발점이었다. 이 관계 개념은 『성도의 교제』에서는 '하나님과 인간 사이의 관계'를, 『그리스도론』 강의와 『나를 따르라』에서는 '예수 그리스도와 인간의 관계'를 다루고 있는데, 『신도의 공동생활』에서는 그리스도인들 사이의 관계에 대해서 집중해서 다루고 있다고 볼 수 있다.

본회퍼에 의하면 그리스도인들 사이의 관계도 하나님과 인간 사이의 관계나, 예수 그리스도와 인간들 사이의 관계 개념과 마찬가지로 예수 안에서, 예수 그리스도를 통해서 가능하다. "그리스도인 사이의 친교는 예수 그리스도를 통해 친교하는 것이요, 예수 그리스도 안에서 친교하는 것이다."[11] 본회퍼가 말하는 '예수 그리스도 때문에', '예수 그리스도를 통해서'와 '예수 그리스도 안에서'는 무엇을 의미하는가?

첫째, 본회퍼는 예수 그리스도 안에서의 친교가 예수 그리스도 때문에, 예수로 인해 다른 사람을 필요로 하는 것을 의미한다고 설명한다. "그리스도인은 예수 그리스도 때문에 다른 사람을 필요로 한다."[12] 이는, 그리스도인이 회의와 절망에 빠졌을 때, 하나님의 말씀을 들려

---

11 DBW5, 18.
12 DBW5, 18.

주는 다른 그리스도인들을 필요로 한다는 의미이다. 회의와 절망에 빠진 그리스도인은, 오직 예수 그리스도 안에 있는 하나님의 말씀의 진리로 살아가야 하기 때문이다.13 이 개념은 본회퍼의 『성도의 교제』 의 '그리스도교적 인격'과 '공동체로 존재하는 그리스도' 개념이 융해된 개념으로 볼 수 있다.14

둘째, 본회퍼는 그리스도인은 오직 예수 그리스도를 통해서만 다른 사람에게 나아갈 수 있다고 설명한다.15 그리스도 없이는 하나님과 사람, 사람과 사람 사이에 불화만 있을 뿐이다. 그는 우리의 평화(엡 2:14)이다.16 본회퍼는 『성도의 교제』에서 "개인과 타자는 서로 분리되어 있음에도 혹은 그렇기 때문에 개인은 절대적으로, 본질적으로 어떤 방식으로든 타자와 결합되어 있다."17라고 말했는데, 이 결합은 오직 그리스도를 통해 가능하다. 이러한 인격적 구조 개념은 본회퍼의 교회 이해의 초석이었으며, 『신도의 공동생활』에서는 '그리스도교적 인격 개념'을 통해 '그리스도인들 사이의 관계' 개념을 구체적으로 설명하고 있다.

셋째, 본회퍼는 우리는 예수 그리스도 안(in Jesus Christus)에서 영원으로부터 택함을 받았고, 시간 안에서 받아들여졌으며, 영원히 하나가 되었다고 설명한다.18 이 말은 하나님의 아들이 육을 받아들이셨을 때 그는 은혜로 인해 진실로 그리고 신체적으로 우리의 존재와 본질, 아니 우리 자신을 받아들이셨으며 이로 인해 우리는 이제 그

---

13 DBW5, 19.
14 "사회적 기본 범주는 나와 너의 관계이다. 타자의 너는 하나님의 너다. […] 개인은 타자를 통해 '순간'속에서 항상 다시 인격이 된다."(DBW1, 33-34.)
15 참조: DBW5, 20.
16 참조: DBW5, 19-20.
17 DBW1, 34.
18 참조: DBW5, 18.

분 안에 있게 되었다는 의미이다.19 우리는 그리스도의 몸으로서 그가 계시는 곳, 예수 그리스도의 성육신, 십자가, 부활이 있는 곳에 우리도 있다. 본회퍼는 성육신 사건을 인간이 예수 그리스도 안에(in) 있을 수 있는 신학적 근거로 제시하면서, "그리스도인 공동체는 예수 그리스도를 통한 공동체요, 예수 그리스도 안에 있는 공동체다."20라고 강조한다. 그리스도 안에 있는 그리스도인들은 '그리스도의 몸'이 되며 그리스도 안에서 그리스도의 몸 된 우리는, 그리스도가 우리에게 그러하셨던 것처럼 형제를 사랑하고, 용서하는 사귐이 있어야 한다. 이러한 의미에서 그리스도인 형제의 사귐은 이상이 아니라 하나님의 현실이며, 심리적 현실이 아니라 영적 현실이다.21

예수 그리스도 안에서의 그리스도인의 행위는 어떠한 단절되어 있거나 정지된 시점에서의 발생이 아니라, 성령을 통하여 여전히 일하시는 하나님의 온전한 연속성이다.22 본회퍼는『신도의 공동생활』에서 그리스도인들 간의 관계, 그리스도인들 간의 사귐에 대해 이야기하고 있다. 그것은 사람과 사람 사이의 형성되는 심리적 인간관계가 아니라 그리스도 안에서, 그리스도를 통한 그리스도인들 간의 사귐이며 하나님의 현실, 영적 공동체, 성도의 교제, 그리스도의 몸, 그리스도인들 간의 사랑과 용서가 실제로 이루어지고 있는 '교회'를 의미한다.

---

19 참조: DBW5, 20.
20 DBW5, 21.
21 DBW5, 22.
22 참조: DBW14, 726.

IV. 밖을 향한 섬김의 교회의 조건들: 감사, 형제애, 영적사랑, 기도, 홀로 있음

본회퍼는 이상이 아닌 하나님의 현실, 심리적 현실이 아니라 영적 현실이 현존하는 그리스도인 형제의 친교는 영적 사랑이 실존하는 교회 공동체를 구성하여, 이러한 공동체는 '밖을 향한 섬김의 교회'로 이 땅위에 실존한다고 설명한다.

1. 감사

본회퍼는 그리스도인의 삶과 공동체 생활에서 가장 중요한 것은 감사(Danken)라고 말한다. 가장 작은 것에 감사할 수 있는 자만이 큰 것도 받을 수 있으며, 하나님께서 주시는 매일의 선물들에 감사하지 않는 것은 하나님께서 그리스도인들을 위해 예비하신 큰 영적 선물을 거부하는 것이다.[23] 감사는 인간을 부요케 하며 능력을 더하는데, 왜냐하면 감사는 무엇인가를 기꺼이 받아들이게 만들기 때문이다. 감사가 넘치는 사람은 우리의 심장 안에 하나님께서 거주하실 공간을 만들어 그분이 늘 가까이 임재하게 만든다. 이러한 감사는 결코 패배하지 않는 능력을 창조하게 된다.[24]

본회퍼는 교만은 영적 선물을 방해하지만[25], 감사는 자신의 과거와 올바른 관계를 형성한다고 말한다. 감사 안에서 과거의 것은 현재에 결실을 맺는다.[26] 반면에, 감사하지 못함은 망각에서 시작된다. 망

---

23 참조: DBW5, 25.
24 참조: DBW10, 573-575 (1930년 7월 20일 2차 졸업 시험: 데살로니가전서 5장 17-19절을 본문으로 하는 설교)
25 DBW16, 491.

각은 무관심을 낳고, 무관심은 불만족을 낳고, 불만족은 의심을 낳고, 의심은 저주를 낳는다고 본회퍼는 설명했다.27 감사는 인간의 마음 스스로의 가능성에서가 아니라 하나님의 말씀에서 발생한다. 그러므로 감사는 배워야만 하고 훈련되어져야만 한다.28 하나님이 하나님으로 인식되는 곳에서 그는 가장 먼저 그의 피조물의 감사를 원하신다.29 감사는 삶을 풍요롭게 만든다.30 본회퍼는 요구하는 자로서가 아니라 감사하고 받아들이는 자로서 공동체 안으로 들어가야 한다고 말한다.31 본회퍼는 『성도의 교제』에서 교회에서 예배로의 모이게 하는 결합의 동기를 마치 생명을 주는 어머니에 대한 감사32라고 표현하기도 했다.

2. 형제애

그리스도인의 형제애(Christliche Bruderschaft)는 우리가 실현해야 할 이상이 아니라, 하나님이 그리스도 안에서 이룩하신 — 그래서 우리가 참여할 수 있게 된 — 현실이다. 그러므로 예수 그리스도 안에서 모든 공동체의 근거와 힘과 약속을 분명하게 인식하는 법을 배우면 배울수록 우리는 그만큼 더 고요하게 우리의 공동체를 생각하고 그 공동체를 위해 기도하며 소망할 수 있게 될 것이다.33

---

26 DBW16, 492.
27 DBW16, 493.
28 DBW16, 490.
29 DBW16, 493.
30 DBW8, 158.
31 DBW5, 24.
32 DBW1, 157.
33 DBW5, 26.

본회퍼가 말하는 형제애란 심리적 현실이 아니라 영적인 현실을 의미한다. 본회퍼는 성서에서는 영적이라는 의미를 인간의 마음에 예수 그리스도를 선사해 주시는 성령께서 이룩하신 것을 의미한다고 말한다. 그는 영적 공동체의 대조적인 개념으로 심리적 공동체를 등장시킨다.34 본회퍼가 말하는 심리적 공동체란 자연적 충동과 힘, 인간 정신의 토대로부터 이루어진 공동체인데 영적 공동체가 그리스도에 의해 부름 받은 이들의 공동체인 반면에 심리적 공동체는 경건한 영혼들의 공동체이다. 그는 심지어 이 심리적 공동체를 불경건한 충동, 즉 에로스의 어두운 사랑이 있고 무질서한 욕구만이 존재한다고 말한다.35

3. 영적 사랑

영적 사랑(geistliche Liebe)은 오직 예수 그리스도의 말씀에만 매어 있다. […] 영적 사랑은 형제나 원수가 아니라 그리스도와 그분의 말씀에서 솟아나온다. 정신적 사랑은 영적 사랑을 결코 이해할 수 없다. 영적 사랑은 위로부터 오기 때문이다. 영적 사랑은 지상의 모든 사랑과는 전적으로 다른 새로운 것, 낯선 것, 파악 불가능한 것이다.36

본회퍼는 위에서 말한 심리적이라는 용어와 정신적이라는 용어를 같은 의미로 사용한다. 본회퍼는 영적 사랑과 정신적 사랑을 구분하는데, 정신적 사랑은 자신을 위해서 타자를 사랑하지만 영적 사랑은

---

34 본회퍼는 『성도의 교제』에서 교회 공동체를 설명하기 위해, 퇴니스(Tönnies)의 공동사회와 이익사회의 구분을 인용한 바 있다. 퇴니스의 경우 유기적이고 실제적인 공동사회(Gemeinschaft)의 형성과 이상적이고 기계적인 이익사회(Gesellschaft)의 형성을 구분한다.(참조: DBW1, 57, 각주 22).).
35 참조: DBW5, 27.
36 DBW5, 30.

그리스도로 인해 타자를 사랑한다고 말한다. 본회퍼는 정신적 사랑의 한계에 대해서 언급하는데 정신적 사랑은 원수를, 즉 집요하게 반대의 의견을 가진 자들을 사랑할 수 없으며 어떠한 정신적 공동체에 대한 갈망 때문에 모인 이러한 공동체는 서로간의 갈망이 채워지지 않을 경우 심각한 벼랑 끝에, 즉 원수들 곁에 서게 된다고 말한다. 미움과 멸시 그리고 비난이 난무한 곳에서 예수 그리스도에 의한 영적 사랑이 시작된다고 본회퍼는 말한다. 영적 사랑은 정신적 사랑처럼 무엇을 갈망하는 것이 아니라 '섬기는 것'이며 인간 스스로 규정하고 지배하며 강요할 수 있는 모든 시도를 깨끗이 포기하는 데에서 비롯된다고 말한다.37 "영적 사랑은 타자의 참된 형상을 예수 그리스도로부터 보려한다. 이 형상은 예수 그리스도가 각인해 주셨고 또한 각인해 주실 형상이다."38

4. 기도: 예수 그리스도를 통한 타자를 위한 기도

기도는(im Gebet) 마음에 가득 찬 괴로움이나 즐거움을 털어놓고 마는 것이 아니라 예수 그리스도 안에서 중단됨 없이 꾸준히 하나님의 뜻을 배우고, 자기 것으로 만들며, 자신의 기억에 하나님의 뜻을 각인시키는 것이다.39

본회퍼는 인간 스스로 기도할 수 있는 능력이 있다는 생각이 기독교 안에 널리 알려져 있지만 이는 매우 위험한 것이며 인간 스스로의

---

37 참조: DBW5, 30-31.
38 DBW5, 31.
39 DBW5, 42.

소원과 소망, 탄식과 고발, 환호를 기도와 혼동할 수 있다고 말한다. 본회퍼는 기도란 단지 하나님께 마음을 털어놓는 것이 아니라 충만하거나 빈 마음 상태로 하나님께 나아가는 길을 발견하고 그분과 대화를 나누는 것이라고 규정한다. 그러나 인간은 스스로 기도할 수 없으며 성서의 모든 기도가 그러했듯이 오직 예수 그리스도 안에서, 그를 통해서만 기도할 수 있다고 설명한다.[40]

본회퍼는 『나를 따르라』에서 '기도의 은밀성'에 대해서 다루면서도 "오직 예수 그리스도를 통해서만 우리는 기도로 아버지를 만날 수 있다. 기도의 전제는 믿음이요, 그리스도와의 결속이다. 그리스도는 우리의 기도의 유일한 중보자이시다"[41]라고 말했다.

우리는 그리스도를 통해 믿는 하나님께 기도한다. 그러므로 우리의 기도는 어떠한 경우에도 하나님의 현현을 바라는 주술적 기도가 될 수 없으며, 우리는 하나님 앞에서 더 이상 설명할 필요도 없다. 우리는 우리가 기도하기 전에 하나님이 우리에게 무엇이 필요한지를 이미 알고 계시다는 사실을 알아야 한다. 그렇기 때문에 우리는 가장 깊은 신뢰와 즐거운 확신 안에서 기도할 수 있게 된다. 오래 전부터 우리를 알고 계시는 하나님 아버지의 마음에 사로잡히는 것은 기도의 형식이나 말의 수가 아니라 믿음이다.[42]

성서의 모든 기도는 우리가 예수 그리스도와 더불어 드리는 기도가

---

[40] 참조: DBW5, 107; 예수는 십자가 밑에 있었던 그의 적들과 신자들, 의심했던 자들과 겁쟁이들, 조롱했던 자들과 실패한 자들 이들 모두를 위해, 그들의 죄를 위해 기도하고 있었다(참조: DBW4, 24.).
[41] DBW4, 157.
[42] DBW4, 158.

된다. 그리스도는 우리를 성서의 기도 안으로 받아들이고, 그 기도를 통해 우리를 하나님 앞에 세운다. 그렇지 않다면 기도는 바른 기도가 될 수 없을 것이다. 왜냐하면 오직 예수 그리스도 안에서만, 오직 예수 그리스도와 함께할 때에만 바르게 기도할 수 있기 때문이다.[43]

본회퍼에 의하면 바른 기도는 인간 자신의 마음에 맞서면서 기도하는 것이며, 기도자의 소원이 아니라 하나님이 기도자로부터 받으시기를 원하는 기도라고 설명한다. 기도를 규정하는 것은 인간의 마음의 빈곤이 아니라 하나님의 말씀의 부요함이다.[44]

알테내어(Albert Altenähr)는 본회퍼를 기도의 선생(Lehrer des Gebets)이라고 규정했다.[45] 그는 본회퍼의 삶 동안 기도의 장면들 속에서 성서, 찬양, 중보기도를 중점으로 기도했음을 발견했다. 그는 본회퍼 주요 저작들의 신학사상을 본회퍼의 기도의 이해의 지평에서 재구성했다. 이미 『성도의 교제』에서 본회퍼는 '성령과 예수 그리스도의 교회' 부분을 다룰 때 타자를 위한 기도, 중보기도(Fürbittegebet)를 중요한 테마로 다루었다.

"성도의 교제 안에서 서로를 위해 활동할 수 있는 크고 적극적인 세 가지 가능성은 이웃을 위해 헌신적이며 자신을 포기하는 활동, 타자를 위한 중보기도(Fürbittegebet) 그리고 하나님의 이름으로 서로 죄를 용서해 주는 것이다"[46]이다.

---

43 DBW5, 108.
44 참조: DBW5, 109.
45 Albert Altenähr, *Dietrich Bonhoeffer – Lehrer des Gebets*. Grundlagen für eine Theologie des Gebets bei Dietrich Bonhoeffer, Echter Verlag Würzburg, 1976.
46 DBW1, 121.

옥중에서 본회퍼는 스스로 중보기도를 부탁도 하고[47] 가족이나 지인들을 위해, 타자를 위한 중보기도를 했다. 특히, 다른 수감자들을 위한 중보기도를 하면서 실제로 '옥에 갇힌 자들을 위한 기도'[48]라는 제목의 기도문을 썼다. 그는 기도를 그리스도인 됨의 필수 조건으로 간주했다. "우리의 그리스도인 됨은 오늘날 오직 두 가지 것, 즉 기도하고 인간들 사이에서 정의를 행하는 것에 의해서만 이루어 질 수 있다."[49] 본회퍼에게 기도는 예수 그리스도와 함께 타자를 위해 기도하는 것이다. 그러나 그는 기도함에만 머무르지 않고 이 땅위에서 정의를 행함으로 기도의 완성과 그리스도인 됨의 의미를 말했다.

5. 홀로 있음 (Alleinsein)

그리스도인은 세 가지 목적 때문에 홀로 있을 시간이 필요하다. 성서 묵상과 기도[50] 그리고 중보기도가 바로 이러한 것들이다. 매일의 '명상 시간'에 이 세 가지는 반드시 있어야 한다.[51]

본회퍼는 명상을 하나님께 드려야 할 마땅한 섬김의 행위로 이해한다. 명상의 시간은 비교적 짧은 성구에 마음을 집중시키는 것과 성

---

47 참조: DBW8, 187(1943년 11월 18일 본회퍼께 베트게에게 보낸편지).
48 참조: DBW8, 204-208: 수인들을 위한 기도들: 아침기도(편지 76), 저녁기도(편지 77), 특별한 곤경에서의 기도(편지 78).
49 DBW8, 435(1944년 5월 디트리히 빌헬름 뤼디거 베트게의 세례식에 대한 단상).
50 본회퍼는 『나를 따르라』에서 예수 그리스도는 인간을 우선, 고독하게, 홀로 있기를 원하시는데, 고독하고 홀로 있으면서 자신을 부르신 분만 바라보기를 원하시기 때문이라고 설명한다. 이 시간 동안 부르심을 받은 자는 세상과의 관계를 끊고 예수 그리스도와 연결된다(Bindung an Christus). (참조: DBW4, 87)
51 DBW5, 69.

령을 통해 말씀을 깨닫게 해달라는 기도가 필요하다. 그리고 그 말씀은 명상 중에 그리스도인 속으로 들어와 그와 함께 머물고, 그를 움직이며, 그 안에서 일하고 활동하기를 원하신다.52

V. 교회의 섬김: 경청의 섬김, 돕는 섬김, 짐을 짊어지는 섬김

너희 중에는 그렇지 않을지니 너희 중에 누구든지 크고자 하는 자는 너희를 섬기는 자가 되고(막 10:43).

본회퍼는 섬김(Dienst)이 은총에 의한 칭의와, 이 칭의로부터 나오는 섬김이며 이 섬김이 교회를 지배해야 한다고 말한다. 본회퍼는 섬김은 자신을 낮게 평가하는 법이 전제되어야 한다고 말하며 토마스 아 켐피스를 인용한다. "자기 자신을 바르게 알고 자신을 낮게 생각하는 법을 배우는 것이야말로 우리가 배워야 할 가장 고상하고 유익한 교훈이다. 스스로는 아무것도 하려하지 말고 언제나 다른 사람으로부터 좋은 생각을 얻는 것이 위대한 지혜요, 완전함이다(Thomas a Kempis, Imitatio Christi I, 2, 16f.)."53 본회퍼는 그리스도인 공동체에서 행해져야 할 세 가지 섬김에 대해서 말한다. 그것은 경청의 섬김, 돕는 섬김, 짐을 짊어지는 섬김이다.

첫째, 경청의 섬김은 타자의 말을 귀 기울여 듣는 것이다(anhört). 본회퍼는 하나님의 사랑은 당신의 말씀만 주시는 것이 아니라 당신의

---

52 참조: DBW5, 69-71.
53 DBW5, 80.

들으심도 빌려주신다는 사실을 의미한다고 보면서, 타인에 대한 사랑은 타인의 말을 들어주는 것에서부터 시작된다고 말하며 타인의 고해에 대해 하나님의 귀로 듣는 것이 그리스도인 공동체에서 필요한 경청의 섬김이라고 정의한다.[54]

둘째, 돕는 섬김에 대해 본회퍼는 수도원에서는 수도사가 수도원장에게 복종의 서약을 하면서 시간의 포기를 선언하지만, 그리스도인들은 일상에서 타자를 돕는 것이 수도원의 서약을 대신한다고 비유적으로 설명한다. 그리스도인이나 신학자들이 자신들의 일만을 중요하고 절박한 것으로 여겨, 그 이외에 방해가 되는 것은 그 어떠한 것도 수용하지 않음에 대한 현상을 지적하고, 그리스도인 공동체에서는 사소하게 여기는 일에서 겸손하게 서로 도와야 함을 강조한다.[55]

셋째, 본회퍼는 타자의 짐을 짊어지는 섬김에 대해서 말하는데 이는 타자의 피조적 현실을 용인하는 것이며 그것을 긍정하고, 그것을 수용하는 중에 그것에 대해 기쁨을 느낄 때까지 돌파해 나가는 것을 의미한다.[56] 본회퍼는 짐을 짊어지는 섬김에 대해 말하면서 자유의 개념을 도입한다. 즉, 타자의 짐을 짊어진다는 의미는 타자의 자유 다시 말해서 타자의 본질, 특성, 소질 같은 단어로 이해하는 모든 것을 수용하고 긍정하고 나아가 나의 기쁨으로 삼아야 한다는 것이다. 본회퍼는 이러한 섬김이 현실에서 타자의 자유가 죄 속에서 악용될 수도 있다는 사실을 간과하지 않고 있다. 본회퍼는 타자의 자유를 짊어지는 섬김에서 나아가 타자의 죄를 짊어지는 섬김에 대해 말한다. "그리스도가 죄인인 우리를 받아들여 우리의 짐을 짊어지신 것처럼, 우

---

54 참조: DBW5, 82-84.
55 참조: DBW5, 84.
56 DBW5, 86.

리도 공동체 안에서 죄인들을 짊어지고, 죄의 용서를 통해 예수 그리스도의 공동체로 받아들여야 한다."57 본회퍼에 의하면, 타자의 짐을 짊어지는 섬김은 타자의 자유뿐만 아니라 타자의 죄까지도 짊어지는 섬김이여, 타자의 죄를 짊어지는 섬김은 매일 이루어져야 하는 용서의 섬김으로서 말없이 서로를 위해 중보기도를 통해서 가능하다.58

본회퍼는 이러한 섬김들은 인간의 사랑이 아니라 하나님의 사랑에서 비롯되며,59 예수 그리스도의 공동체 내에서의 권위에서 구체적인 형상을 찾을 수 있다고 설명한다. 즉, 예수는 그의 권위를 형제를 섬기는 일과 연관시키셨으며 진정한 영적 권위는 듣는 섬김, 돕는 섬김, 타자의 짐을 짊어지는 섬김 그리고 이러한 섬김들의 정점에 죄 가운데에 있는 타자에 대해서, 하나님의 심판과 사랑의 내용을 포함하는 복음의 메시지를 '선포하는 섬김'을 강조한다.60

VI. 『신도의 공동생활』: '밖을 향한 섬김의 교회'로서의 타자를 위한 교회 되기 위한 영성 훈련

본회퍼는 오늘 우리에게 '형제의 집'의 영성생활의 장면을 담은 『신도의 공동생활』이라는 목회 서신서를 남겼다. '핑켄발데 신학교'나 '형제의 집'은 1933년 3월 히틀러 정권이 들어서서 유대인 문제를 비롯한 수많은 불의가 자행되고 있던 시기에 레지스탕스와 같은 무력시위를 준비했던 저항 단체가 아니었다. 그렇다고 이곳에 수도원적 은둔

---

57 DBW5, 86-87.
58 참조: DBW5, 87.
59 참조: DBW5, 90.
60 참조: DBW5, 91.

을 통한 세상과의 철저한 분리를 위한 시도가 있지도 않았다. 당시 본회퍼는 초대교회의 비밀훈련(Arkandisziplin)에 영향을 받아 '밖을 향한 섬김'(Dienst nach außen)이라는 모토 아래 진정한 영적 공동체에 관한 담론을 통해, 교회가 교회 스스로의 본질을 놓치지 않으면서도 사람이 사람을 사람으로 대하는 진정한 사회 건설을 위해, 타자를 위한 하나님의 말씀 선포의 과제를 고민했다.

히틀러와 국가사회주의라는 거대악이 독일과 유럽사회를 뒤덮고 있었을 때, 본회퍼는 유일한 선인 예수 그리스도와 연합하는 길만이 하나님이 창조하시고 참 보기 좋았던 공동체를 회복하는 길이라고 믿었다. 본회퍼는 예수 그리스도 안에서의 교회들의 연합을 통한 하나님의 현실이 실존하는 영적 공동체를 희망했다. 예수 그리스도 안에서, 예수 그리스도를 통해서, 예수 그리스도가 실존하는 교회 공동체를 선물 받은 그리스도인은 이 땅위에서의 진정한 평화, 형제자매가 어울려서 함께 생활하는 아름답고 즐거운(시 133:1) 공동체 됨과 영적 사랑의 능력이 그의 삶에 각인된다.

> 정신적 사랑은 자신을 위해 타자를 사랑하지만, 영적 사랑은 그리스도 때문에 타자를 사랑한다.61

본회퍼가 자신의 제자들과 기숙사 생활의 영성 훈련을 생생하게 기록한 『신도의 공동생활』은 '밖을 향한 섬김의 교회의 조건들'이었으며 그 내용은 감사, 형제애, 영적사랑, 타자를 위한 기도, 홀로 있음, 경청의 섬김, 돕는 섬김, 짐을 짊어지는 섬김이었다. 본회퍼는 분명 나치 시대의 암울했던 시대상황 속에서 밖을 향해 섬기는(Dienst nach

---

61 DBW5, 29.

außen) 교회가 되도록 핑켄발데(Finkenwalde)라는 분리된 공간에서 제자들을 훈련했다.

본회퍼는 옥중에서 타자를 위한 교회를 구상하면서 다음과 같이 말했다:

> 교회는 타자를 위해 존재할 때만 진정한 교회이다. […] 교회는 인간의 공동체적 삶의 세상적 과제에 참여해야 하지만 지배하면서가 아니라 도우면서, 섬기면서(dienen) 참여해야 한다. […] 교회는 인간적인 모범을 과소평가해서는 안 된다. […] 교회의 말씀은 개념이 아니라 모범을 통해서 그 무게와 힘을 얻는다.[…] 나는 이렇게 함으로써 교회의 미래를 위해 섬길 수 있게(Dienst tun) 되기를 바란다네.62

『신도의 공동생활』은 '밖을 향한 섬김의 교회'로서의 '타자를 위한 교회'되기 위한 기독교적 영성 훈련의 과정을 담은 책이다. 옥중에서 본회퍼가 말했던 타자를 위한다는 의미는, 타자를 지배하면서가 아니라 타자를 돕고 섬기는 방식의 삶을 살아야 한다는 것을 의미하며 이런 '밖'을, 즉 세상을 섬기는 교회를 꿈꾸며 23명의 신학생들과 본회퍼는 동고동락했다.

21세기 한국교회는 교회 밖을 향해 서 있는 것이 아니라, 여전히 기관 교회 안(內)만을 섬기는 교회에 머물고 있지 않은가? 한국교회의 디아코니와 선교는 섬김과 선교의 장소에서 예수의 자리를 대신해 군림하고 있는가 아니면 예수의 자리를 대신에 타자를 철저히 돕고, 섬기는 방식으로 이루어지고 있는가?

---

62 DBW8, 560-561.

제 1 2 장
『윤리학』(*Ethik*)
: 교회론적 윤리, 교회론적 평화윤리

『윤리학』은 본회퍼가 신학 공부를 시작한 1923년 여름학기 튀빙엔 대학 생활부터 1945년 4월 5일까지의 삶과 신학의 총합이라고 볼 수 있다. 필자는 본회퍼의 윤리를 '교회론적 윤리'[1], '교회론적 평화윤리'(*Ekklesiologische Friedensethik*)[2]라고 규정했다. 왜냐하면, 본회퍼의 윤리 사상은 그의 교회 이해로부터 형성, 발전되기 때문이다. 본회퍼의 교회 이해는 이론적 담론에만 머무르지 않았다. 20세기 초 히틀러 정부를 위한 독일 교회의 사상적 뒷받침은 히틀러 정부를 반대했던 고백교회를 탄생시켰다. 고백교회 소속 목사들은 독일 교회의 진정한 교회됨의 회복을 위한 실천적 담론을 형성, 발전시켰다. 이러한 과정 중에 본회퍼는 고백교회가 설립했던 핑켄발데 신학교의 교장으로 재

---

1 김성호, "디트리히 본회퍼의 교회론적 윤리", in: 신학과 선교 43(2013), 332.
2 Sung Ho Kim, *Frieden stiften als Aufgabe der Kirche*, Dietrich Bonhoeffers Ekklesiologie und Friedensethik und ihre Wirkungsgeschichte in Süd-Korea, Lit 2012, 149.

직하면서, 그의 삶과 신학의 테제였던 '교회' 이해를 이론적 담론에서 실천적 담론으로 확장시켰다고 볼 수 있다. 본회퍼의 교회 이해의 실천적 담론은 『나를 따르라』에서는 '제자도'로, 『신도의 공동생활』에서는 '기독교적 공동체의 실제'로, 『윤리학』에서는 '선', '형성의 윤리', '위임', '자유', '책임' 개념 등의 개념을 다루면서 나타났다. 이는 초기 본회퍼가 다뤘던 '공동체로 존재하는 그리스도'라고 규정했던 교회의 실재적 삶의 과제와 관계되는 내용이다. 본회퍼는 『윤리학』에서 그리스도와 한 몸을 이루고 있는 개인과 공동체로서의 교회의 하나님의 뜻의 실현을 시의적절한 방법으로 기술하고 있다.

본회퍼의 윤리 사상은 그의 사후 다양한 윤리 개념들에 수용, 발전되었다. 본회퍼는 20세기 중반 냉전시대에 평화윤리와 정치윤리를 다룰 때 주로 인용되었다.[3] 그중에서도 하이델베르크 대학교의 조직신학 교수였던 하인츠 퇴트(H.E.Tödt)는 그의 부인 일제 퇴트(Ilse Tödt)와 함께 평생 본회퍼 연구와 평화윤리 연구에 매진했다.[4] 책임윤리적 관점에서 주요 연구서는 후버(Wolgan Huber)와 그렘멜스(Christian Gremmels)의 저서를 주목해야 한다.[5] 후버는 본회퍼의 관점에서의

---

[3] Wolfgang Huber (Hg.), Friedensethik, 김윤옥 · 손규태 옮김, 대한기독교서회, 1997, 186-193; Sung Ho Kim, *Frieden stiften als Aufgabe der Kirche*, Dietrich Bonhoeffers Ekklesiologie und Friedensethik und ihre Wirkungsgeschichte in Süd-Korea, Lit 2012, 135-162; Martin Heimbucher, *Christus Friede Welt Frieden*, Dietrich Bonhoeffers kirchlicher und politischer Kampf gegen den Krieg Hitlers und seine theologische Begründung, Gütersloh 1997; Reinhold Mokrosch(Hg.), *Dietrich Bonhoeffers Ethik*, Gütersloh, 2003, 107-181.

[4] Heinz Eduard Tödt, *Theologische Perspektiven nach Dietrich Bonhoeffer*, Gütersloh 1993.(Englisch translation: H.E. Tödt, *Authentic Faith*, Bonhoeffer's Theological Ethics in Context, translated by David Stassen and Ilse Tödt, Wm.B. Eerdmans Publisching Co 2007, 112-141.

[5] Wolfgang Huber, *Sozialethik als Verantwortungsethik*, in: Ethos des Alltags. Festgabe für Stephan H. Phürtner zum 60. Geb., hg.v.A.Bondolfi / W. Heierle

책임윤리는 사회윤리와 동의어로 이해되어야 한다고 주장했다.6 게렌스(Gerrens)는 안락사 문제를 본회퍼의 책임윤리적 관점에서 다뤘다.7 본회퍼의 윤리는 심지어 경제윤리,8 직업윤리9에서도 다뤄졌으며 오늘날에는 특히 공적윤리(Öffentliche Theologie)10의 담론의 장에서 가장 빈번하게 거론되고 있다.

/ D. Mieth, Zürich / Einsiedeln / Köln 1983, 55-76; Christian Gremmels, Was heißt Verantwortung übernehmen?, in. Reinhold Mokrosch(Hg.), Dietrich Bonhoeffers Ethik, 19-60.

6 참조: Wolfgang Huber, Konflikt und Konsens, Studien zur Verantwortungsethik, München 1990, 143.

7 Uwe Gerrens, *Medizinisches Ethos und theologische Ethik.* Karl und DIetrich Bonhoeffer in der Auseinandersetzung um Zwangssterilisation und „Euthanasie" im Nationalsozialismus (Schriftenreihe der Vierteljahresschrift für Zeitgeschichte, Bd. 76), München: R. Oldenbourg Verlag 1996.

8 Heino Falke, Welche Ansätze für eine Wirtschaftsethik finden wir bei Dietrich Bonhoeffer? in: *Evangelische Theologie* 71 (2011), 376-395.

9 Walton Padelford, *Dietrich Bonhoeffer and Business Ethics,* BorderStone Press 2011.

10 Heinrich Bedford-Strohm, *Dietrich Bonhoeffer als öffentlicher Theologe,* in: Evangelische Theologie 69 (2009), 329-341; 스트롬 교수는 본회퍼를 공공성의 신학자로 간주하고, 주로 이러한 지평에서 본회퍼의 윤리를 연구했다. H. Bedford-Strohm, Öffentliche Theologie in der Zivilgesellschaft, in: I.Gabriel (Hg.), *Politik und Theologie in Europa.* Perspektiven ökumenischer Sozialethik, Mainz 2008, 340-366; Nur wer für die Juden schreit, darf auch gregorianisch singen - Dietrich Bonhoeffer und die Juden, in: M. Baumann/T.Becker/R. Woebs (Hg.), *Musik und Kultur im jüdischen Leben der Gegenwart,* Berlin 2006, 89-106; 손규태는 본회퍼의 '타자를 위한 교회' 개념의 영향으로 교회와 공공성이라는 제목으로 교수자격 논문을 쓴 볼프강 후버의 공공성의 신학에 대해 연구했다.(참조: 손규태, 『하나님 나라와 공공성 - 그리스도교 사회윤리 개론』, 대한기독교서회, 2010, 193. 185-204.) 즉 "교회는 하나의 자기 목적적인 자기 만족적 단체, 즉 자기완결적(自己完結的) 존재가 아니라 타자를 위한 존재라는 데서 그것이 갖는 공적 성격, 즉 공공성을 확보한다.(193)"는 본회퍼의 '타자를 위한 교회 개념'을 공공성의 신학의 근거로 본 후버의 견해를 소개했다.

I. 『윤리학』의 등장 배경

『윤리학』은 본회퍼가 1940년 여름부터 1943년 4월 5일 게슈타포에 의해 체포되는 당일까지 총 여섯 기간 동안에 작성했던 노트들을 베트게가 안전한 곳에 숨겨 두었다가 1949년에 출판했던 책이다.11 이 책은 1980년에 원고 배열에 관한 문제가 제기되면서 새로운 국면을 맞이하게 되었다. 이 과정에서 그린(Clifford Green)과 일제 퇴트(Ilse Toedt)는 당시 본회퍼가 작성했던 문서들의 용지 종류에 대한 정확한 분석을 하였다. 본회퍼 연구가들은 이와 같은 분석을 토대로 그동안에 출판되었던 『윤리학』과는 다른 연대기적 배열 순서로 1996년 12월 10일 디트리히 본회퍼 전집 6권(DBW6)의 형태로 『윤리학』을 재출판하기로 결정했다. 재 출판된 『윤리학』의 첫 장의 제목은 '그리스도, 현실, 선 — 그리스도, 교회, 세상'이다.

II. '하나의 현실'이 이루어지는 장소로서의 교회

본회퍼는 총 6기간의 윤리학 원고들(*Ethik*-Fragmente) 중에서12, 1940년 여름부터 1940년 11월 13일까지 쓴 원고에서 기독교윤리의

---

11 참조: DBW6, 16-17(편집자 서문): 여섯 기간은, 기간 I(1940년 여름부터 1940년 11월 13일까지), 기간 II(1940년 11월17일부터 1941년 2월 22일까지), 중간기(1941년 4월부터 연말까지), 기간 III(1942년 초부터 여름까지), 기간 IV(1942년 말까지), 기간 V(1943년 초부터 1943년 4월 5일까지)까지 이다.
12 본회퍼의 『윤리학』(*Ethik*)은 본회퍼가 의도한 단행본이 아니었다. 총 6기간의 윤리학 원고가 베트게에 의해 잘 보관되었다가 1949년 카이저 출판사(Chr. Kaiser)에서 단행본으로 처음 출판되었다. 이런 뜻에서 독일의 일부 본회퍼 전문가들은 『윤리학』을 윤리학 원고들(*Ethik*-Fragmente)라고 많이 표기한다. 이에 관한 더 상세한 내용은 『윤리학』의 편집자 서문(DBW6, 7-28)을 참고할 것.

문제를 언급했다.13 본회퍼는 인간이 선해진다거나 세상의 상황이 인간을 통해 개선되는 것이 아니라, 하나님의 현실이 어디에서나 궁극적 현실로 입증된다는 사실이 윤리의 문제라고 설명한다.14 이와 같은 의미로 본회퍼는 기독교 윤리의 문제는 그리스도 안에서 일어난 하나님 계시의 현실이 피조물에서 실현되는 것15이라고 규정한다. 이러한 본회퍼의 이해는 그의 교회 이해가 하나님과 인간, 인간과 인간 사이의 관계 개념을 넘어 인간과 다른 피조물들 간의 관계개념으로 확장되는 것을 의미한다.16 또한, 하나님의 통치 영역과 세상의 통치 영역을 철저히 구분했던 히틀러 치하의 제국교회를 비판하기 위한 의도이기도 했다. 본회퍼는 하나님의 현실이 예수 그리스도를 통해서 이 세상의 현실로 들어왔으며17, "예수 그리스도 안에 있는 하나님의 현실과 세상의 현실에 오늘날 참여하는 것"18이 그리스도인의 의무라고 주장하면서, 하나님의 통치하심이 이 땅에서도 실제로 이루어져야 한다는 근거를 그리스도론적으로 마련했다. 이를 통해 본회퍼는 하나님의 현실과 세상의 현실을 구분하여 이해해온 당시 서구 교회의 이분화 된 영역의 이해를 올바르게 수정하고, 하나님으로부터 부여된 이 땅위에서의 교회의 과제와 임무와 본질을 인식시키기 위함이었다. 이러한 맥락에서 본회퍼의 윤리는 '교회론적 윤리'라고 규정할 수 있다.

---

13 참조: DBW6, 31-61.
14 참조: DBW6, 32.
15 참조: DBW6, 34.
16 DBW6, 38: "인간은 인격과 행위의 개체로서만이 아니라 인간과 피조물의 공동체의 일원으로서도 나눌 수 없는 전체다."
17 참조: DBW6, 39, 43.
18 DBW6, 40.

두 개의 영역이 따로 존재하는 것이 아니라, 오직 하나님의 현실과 세상의 현실이 서로 하나가 되어 있는 그리스도의 현실의 한 영역만이 존재한다. 따라서 교회사를 늘 지배해 왔던 두 영역이라는 주제는 신약성서에서는 낯선 것이 되어 버렸다. 신약성서의 유일한 관심사는 그리스도의 현실에 의해 이미 포위되고 붙잡히고 장악된 현재의 세상에서 그리스도의 현실이 현실화 되는 것이다.[19]

본회퍼에게 그리스도를 통한 하나의 현실이 이루어지는 장소가 바로 교회이다. 그러나 이 교회가 장소로서 하나의 영역을 지닌다면, 즉 교회의 영역에 대한 사유는 또다시 교회가 세상의 영역과 구별되는 장소라는 개념을 낳게 되어, 하나의 현실이라는 개념은 자기분리라는 모순에 빠지게 된다. 본회퍼는 교회를 성전, 건축물, 집, 몸 등 하나님의 보이는 공동체로 규정할 때 영역적 사고를 피할 수 없다고 말한다.[20] 그러나 그가 말하는 교회의 영역은 자신의 영역의 일부를 차지하기 위해 세상과 부딪히며 존재하지 않는다. "교회는 하나님께서 그리스도 안에서 세상을 자신과 화해시켰고 하나님이 세상을 너무나 사랑하셔서 자신의 아들을 주셨다는 사실이 증언되고 진지하게 받아들여지는 장소이다."[21] 교회의 영역이 존재하는 목적은 "세상이, 하나님의 사랑을 받고 하나님에 의해 화해된 세상이라는 사실을 세상에게 증거하기 위해서이다. 따라서 교회는 세상의 영역 위에 자신의 영역을 확장하기를 원하거나, 그렇게 해야 하는 것도 아니다."[22] 본회퍼는 교회가 세상에서 예수 그리스도의 증인이 되어야 할 과제를 수행

---

19 DBW6, 43-44.
20 참조: DBW6, 48.
21 DBW6, 49.
22 DBW6, 49.

하지 못하고, 자기 목적의 문제를 위해 투쟁할 때 '종교집단'으로 전락할 수 있다고 경고한다.23 본회퍼는 신약성서의 '그리스도의 몸' 개념을 교회에 올바르게 적용해볼 때에도, 그리스도의 몸은 교회와 세상의 분리를 의미하는 것이 아니라고 설명한다. "그리스도 안에서 하나님의 성육신에 관한 신약성서 진술의 전체 흐름 속에서 증언되고 있는 것은 바로 그리스도의 몸 안에서 모든 인간이 용납되고 포용되고 감당되었다는 것이며, 믿는 자들의 공동체는 바로 이 사실을 말과 삶을 통해 세상에게 알려 주어야 한다는 사실이다. 이것이 의미하는 것은 세상과의 분리가 아니라, 세상을 향해 이미 자신이 속해 있는 그리스도의 몸의 사귐 안으로 들어오라고 초대하는 것이다."24 이것이 본회퍼의 '교회의 영역', '하나님의 영역'과 '세상의 영역'을 예수 그리스도를 통한 '하나의 영역', 즉 '하나의 현실'(eine Wirklichkeit) 개념의 핵심이다. 하나의 현실 개념은 교회의 영역을 개념을 분명하게 하고, 교회 공동체 내에 믿는 자들의 세상을 향해 예수 그리스도를 증거하는 제자의 역할을 감당하고, 그리스도의 몸의 사귐 안으로 인도해야 하는 교회의 책임적 과제도 부여한다. 이것이 본회퍼의 윤리 개념을 '교회의 윤리', 초기 저작들로부터 통전적으로 본다면, '교회론적 윤리'라고 정의할 수 있는 근거이다.

---

23 참조: DBW6, 49.
24 참조: DBW6, 53-54.

III. 위임(Mandat): '하나의 현실'(Eine Wirklichkeit) 개념의 구체적 담론?

본회퍼는 앞장에서 설명한 현실 개념을 '위임'(Mandat) 개념으로 더욱 구체적으로 설명한다.

모든 피조물과 마찬가지로 세상도 그리스도를 통해서 창조되었고, 그리스도를 위해서 창조되었으며, 오직 그리스도 안에서 존재한다(요 1:10, 골 1:16). 그리스도를 배제하고 세상에 관해 말하는 것은 공허한 추상적 진술이다. 세상이 인식하든 인식하지 못하든, 세상은 그리스도와 관계를 맺고 있다. 세상이 그리스도와 맺는 이러한 관계는 세상에 있는 분명한 하나님의 위임을 통해 구체화된다. 성서는 네 가지 위임을 말하고 있다. 그것은 노동(Die Arbeit), 혼인(die Ehe), 정부(die Obrigkeit), 교회(die Kirche)이다. 우리가 하나님의 질서에 대해 말하지 않고 하나님의 위임에 대해 말하는 까닭은 이로써 그 어떤 존재 규정(Seinsbestimmung)과는 다르게 하나님의 위임적 성격이 분명히 드러나기 때문이다. 하나님은 세상에서 노동, 혼인, 정부, 교회를 원하신다.[25]

본회퍼는 전통적인 신분론(Städelehre)은 정적이고 비역동적일 뿐만 아니라 인간과 그의 현실의 통일성을 위태롭게 만든다고 간주했다.[26] 본회퍼의 위임론은 루터의 신분론에 근거를 두고 있다. 루터는 1539년 5월 9일에 '세 가지 신분에 관하여'(WA 39 II, 39-91)를 세상에 내놓았다.

---

25 DBW6, 54-55.
26 참조: DBW6, 60, 각주 86.

성서는 하나님의 사역(Werke)을 말하고 가르친다. 여기에는 의심의 여지가 없다. 하나님의 사역은 세 가지 신분(drei Städe) 속으로 분배된다. 그것은 가정 속으로(in die Ökonomie), 정치 속으로(die Politie) 그리고 교회 속으로(die Kirche)이다(WATR 5, 5533).[27]

본회퍼는 그의 위임론에서 루터의 세 신분론 중의 '가정'이라는 신분을 노동과 혼인으로 구분하는데 이는 산업사회에서 가정(Hausstand)의 의미가 주거와 일터로 구분됨에서 그 이유를 찾을 수 있다. 본회퍼는 루터의 세 신분론이 시간이 흐르면서 질서(Ordnung), 신분(Stand) 등 용어의 훼손을 막고 낭만적 보수주의(romantischen Konservatismus)의 영향에 의한 세 신분론의 오용을 막기 위해 위임론을 말했다.[28] 본회퍼는 하나님께서 노동, 혼인, 정부, 교회에 위임했다는 것을 그리스도론적 이해로 환원시킨다.[29] 그는 인간에게 주어진 이 하나님의 위임에 인간은 진정으로 복종하고, 하나님의 위임에 대한 진정한 책임을 회복시키는 것이 중요하다고 말한다. "진정한 책임의 본질은 하나님의 위임의 구체적인 형태를 예수 그리스도 안에 있는 그 근원과 토대와 목표를 향해 설정하는 일에 있다."[30]

본회퍼의 위임사상에 대한 이해로 그의 '하나의 현실'(*eine* Wirk-

---

27 WATR: D. Martin Luthers Werke. Kritische Gesamtausgabe (Weimarer Ausgabe) Tischreden, Weimar 1912-1921; 참조: WA 39 I 47, 37: "Wir brauchen 'certa mandata propter vagos spiritus'"(Rainer Mayer, Die Bedeutung von Bonhoeffers Mandatenlehre für eine moderne politische Ethik, in: Mayer / Zimmerling (Herausgeber), Dietrich Bonhoeffer heute, 63 에서 재인용.)
28 참조: Rainer Mayer, Die Bedeutung von Bonhoeffers Mandatenlehre für eine moderne politische Ethik, 63-64.
29 본회퍼의 위임론의 더욱 구체적인 담론은 참조: DBW6, 392-412.
30 DBW6, 56-57.

lichkeit) 개념을 더욱 구체적으로 설명할 수 있다. 본회퍼의 위임사상은 인간이 이 땅을 살아갈 때 하나님의 피조물로서 노동자, 배우자, 국민인 동시에 그리스도인으로 살아가는 것을 전제하고 있다. 그는 노동, 결혼, 정부에 부여된 하나님의 위임은 그리스도를 통해 교회에 부여된 위임과 분리되고 분열되지 않는다고 본다. "창조주, 화해자, 구속자이신 하나님 앞에 서 있는 인간은 전체적 인간이다. 따라서 현실은 다양성에도 불구하고 인간이 되신 하나님, 곧 예수 그리스도 안에서 궁극적으로 '하나의 현실'이다."[31] 본회퍼는 교회가 이러한 이해를 세상에 증언해야 한다고 강조한다. 그는 노동과 결혼, 정부 이 세 위임은, '선포', '교회의 질서', '그리스도인의 삶 속에서 예수 그리스도의 현실'을 의미하는 '교회의 위임'을 통해 그 가치가 재창조되어야 한다고 설명한다. 이러한 이해는 하나님의 현실과 세상의 현실이 예수 그리스도를 통해 하나의 현실이 된다고 한다는 전제를 변증하기 위한 것이다. 즉, 인간이 그리스도의 십자가와 부활 사건을 통해 새 인간으로 재창조되듯이 인간에게 부여된 노동, 결혼, 정부에게 부여된 하나님의 위임은, 그 위임의 가치가 예수 그리스도를 통해 원역사(창 1-3장)의 하나님의 원래 의지대로 재창조되어야 한다는 것이다.

본회퍼는 노동, 혼인, 정부에게 부여된 하나님의 위임이 인간의 타락 이후에 이 세상에서 함께 퇴색되었다는 점을 강조하는데 네 번째 위임, 즉 교회에 주어진 하나님의 위임이 이 나머지 세 위임들에 대한 책임적 과제를 부여받았다고 말한다. "교회의 위임은 선포와 교회의 질서와 그리스도인의 삶 속에서 예수 그리스도의 현실을 실현한다. 여기서 중요한 것은 온 세상의 영원한 구원이다."[32] 그러면서 본회퍼

---

31 DBW6, 60-61.
32 DBW6, 59.

는 이 세상의 하나님의 뜻의 현실에 대해, "존재하는 것에 맞서 항상 새롭게 실현되기를 원하는 현실"33이라고 규정한다. 본회퍼의 위임 사상의 신학적 근거는 화해론, 즉 하나님이 "그리스도 안에서 세상을 자신과 화해"시켰다는 사실이다.34 딩어는 볼프(Ernst Wolf)가 이해한 본회퍼의 위임론을 소개한다. 볼프는 본회퍼의 위임론은 어떠한 질서나 규정 스스로 순종을 요구하는 형태가 아니라, 위임자들이 있는 장소에서 하나님의 말씀에 대한 순종이 새롭게 창조되는 것이라고 이해했다.35 본회퍼는 이러한 위임사상을 그리스도인이 교회의 위임에 참여할 수 있다는 기독교윤리학적 근거로 발전시킨다. 본회퍼는 그리스도인이 예수 그리스도를 통해 이 세상 속에서 하나님의 성취된 뜻의 현실에 참여하는 과정을 기독교 윤리학적 개념으로 정립하는데, 이 개념이 바로 본회퍼의 '형성의 윤리'(*Ethik der Gestaltung*)36이다.

---

33 DBW6, 61.

34 DBW6, 61: "예수 그리스도 안에는 '하나님의 신성의 충만함이 몸을 이루어 머물러 있다.'(골 2:9, 1:19), 땅에 있는 것이나 하늘에 있는 것이나 모두 예수 그리스도를 통해 화해되었다.(골 1:20) 그리고 예수 그리스도의 몸, 곧 교회는 만물 안에서 만물을 충만하게 하시는 분의 충만이다"(엡 1:23).

35 참조: Dinger, Jörg, *Auslegung, Aktualisierung und Vereinnahmung*. Das Spektrum der deutschsprachigen Bonhoeffer-Interpretation in den 50er Jahren, Neukirchener Verlag 1998, 247.

36 홀름(Christopher Holm)은 본회퍼의 '형성(Form)'의 개념은 그의 위임사상에서 구체적으로 발견된다고 주장한다. 즉, 이 땅위에서의 네 가지 위임(Mandat) 노동, 혼인, 정부, 결혼의 위임 안에서 그리스도의 형상(Form)이 발견되는데, 이는 예수 그리스도가 사회적이고 역사적인 형태를 띠는 구체적인 증거라는 것이다. (참조: Christopher Holms, 'The Indivisible Whole of God's Reality: On the Agency of Jesus in Bonhoeffer's *Ethics*, in: International Journal of Systematic Theology 12 (2010), 286-287.)

IV. 형성의 윤리: 예수 그리스도 안에서 하나님의 현실에 참여의 과정

본회퍼는 형성(Gestaltung)이란 말이 교리적 그리스도교에 반대한 실천적 그리스도교의 피상적 구호에 머물러 왔음을 지적한다. 본회퍼는 유물론과 전체주의[37] 사상으로 인해 '기계적 인간'이라는 그릇된 인간 형성 과정을 비판하고 잃어버린 '본래적 형성'에 관한 논의, 즉 예수 그리스도에 의한 인간의 참된 삶의 형성됨에 관한 성서적, 기독교윤리학적인 이해를 시도했다. 본회퍼는 『나를 따르라』의 '그리스도의 상'(Das Bild Christi)[38]이라는 제목의 단락에서 예수 그리스도의 상(Bild)에 대해 논할 때도 인간이 그리스도의 형상과 동일하게 되는 과정을 다루었다. 『나를 따르라』에서의 본회퍼의 설명에 따르면, 예수 그리스도의 형상과 동일하게 되는 것은 우리에게 이상적으로 주어지는 현실, 어떠한 그리스도와의 유사성의 현실을 의미하는 것이 아니다. 또한 예수 그리스도의 형상은 인간 스스로 그리스도와 동일한 형상을 만들어 낼 수 있는 것이 아니라, 예수 그리스도의 형상 자체인 하나님의 형상 그 자체가 인간에게 각인되어 인간이 획득하게 되는 형상을 의미한다.[39] 본회퍼는 『나를 따르라』, 『윤리학』 원고 모두에서 이 형상은 바로 예수 그리스도의 성육신, 십자가, 부활이라고 구체

---

[37] "[전체주의적 과정]이란, 인간이 필요없는 유토피아를 건설하겠다는 목표 아래 궁극적으로는 인간을 쓸모없게 만드는 모던적 태도를 의미한다. 급속한 인구팽창, 지속적인 과학과 기술의 발전 그리고 이에 따른 고향 사실의 증대로 특징지어지는 시대에 대중들은 실제로 공리주의적 범주의 의미에서 보면 '남아돌아 쓸모없게 된다. 한나 아렌트에 의하면 근본악은 이와 같이 인간을 쓸모 없게 만들고자 하는 전체주의적 체계 속에서 탄생하였다는 것이다.": 참조: 한나 아렌트, 『인간의 조건』, 이진우·태정호 옮김, 한길사, 2015, 31. (역자 서문)

[38] 참조: DBW4, 297-304.

[39] 참조: DBW4, 300-301.

적으로 밝히고 있다. 하지만, 본회퍼는 『나를 따르라』에서는 제자도와 관련하여 십자가의 고난을 통한 그리스도인의 삶의 형성 과정을 유독 강조했지만 『윤리학』 원고에서는 본회퍼 자신이 처한 시대에서 요구되는 예수 그리스도의 성육신, 십자가, 부활을 통한 그리스도인의 형성 과정에 관한 담론을 균형 있게 다루었으며, 당시 독일 사회에서 요구되는 구체적인 기독교윤리학적 과제까지도 제시했다. 이러한 의미에서 콜러(R.F. Kohler)는 본회퍼의 '형성의 윤리'를 '그리스도 중심적 윤리'(*Christocentrig Ethics*)[40]라고 규정했다. 콜러는 본회퍼의 인격 개념은 그의 성육신 이해에서 비롯된 것이며 윤리적, 사회적 개념이 반영된 것이라고 올바르게 분석했다. 그는 본회퍼의 성육신 이해는 본회퍼가 위로부터의 아래로의 신학을 자신의 신학의 근거로 삼았다는 증거라고 밝혔다. 즉, 하나님의 성육신은 예수 그리스도를 통해 하나님과 인간 사이의 관계 회복이고, 이 관계는 아래로부터 위로, 인간이 하나님과의 관계를 주도적으로 설정할 수 있는 것이 아니라 위로부터 아래로, 즉 하나님이 인간과의 관계를 형성하는 시작이고 나아가 이러한 성육신적 관계를 회복한 자는 타자를 책임적 관계로 마주 대하며 이 땅위에서 예수의 삶의 대리적 삶에 참여할 수 있다는 것이다.[41]

본회퍼는 『윤리학』 원고에서 성서가 제시하는 진정한 형성은 예수 그리스도의 모습을 통해서만 가능하다고 주장했다. 그는 "오직 예수 그리스도의 모습 안으로 이끌려 들어가게 됨으로써, 오직 인간이 되시고 십자가에서 달리시고 부활하신 분의 유일한 모습과 같은 모습

---

[40] 참조: R.F. Kohler, *The Christocentrig Ethics of Dietrich Bonhoeffer*, in: Scottish Journal of Theology 23 (1970), 27-40.

[41] R.F. Kohler, *The Christocentrig Ethics of Dietrich Bonhoefferr*, 28-31.

이 됨으로써 형성은 가능"하다고 말하고, "그것은 우리가 흔히 말하듯이 '예수를 닮으려고' 노력함으로써 가능해시는 것이 아니며 예수 그리스도의 모습이 스스로 우리에게 작용함으로써, 그것이 예수 그리스도 자신의 모습에 따라서 우리 자신의 모습을 각인함으로써(갈 4:19) 가능해진다"[42]라고 설명했다. 이어서 본회퍼는 "현실적 인간은 그리스도의 모습을 받아들인다"[43]라고 말하면서, 형성을 기독교 윤리적으로 설명하기 시작한다. 본회퍼가 말하는 형성의 의미는 "우리가 말할 수 있고 말해야 할 것은 항상 선한 것이 무엇인지가 아니라 그리스도가 '오늘' 그리고 '여기서' '우리 가운데서' 어떻게 형상을 취하는가이다."[44] 오늘 그리고 여기서, 우리 가운데서 이 모습이 취하는 형태에 관한 모든 발언은, [모든 인간을 대표하는] 예수 그리스도의 모습에 집중되어야 한다는 사실에서 보편성과 더불어, 하나님의 뜻에 동참하는 기독교적 윤리의 구체성이 확립된다.[45]

V. 형성의 윤리: 예수되기?

본회퍼는 예수 그리스도의 현실에 참여하는 윤리를 '형성의 윤

---

[42] DBW6, 81.

[43] DBW6, 86.

[44] DBW6, 87.

[45] DBW6, 85, 325: "오직 선과 악에 대한 자신의 모든 지식을 버리고, 그래서 자신의 힘으로 하나님의 뜻을 아는 것을 전적으로 포기하는 자만이 하나님의 뜻을 분별할 수 있다. 하나님의 뜻과의 일치 가운데서 살아가는 자만이 하나님의 뜻을 분별할 수 있다. 하나님의 뜻이 무엇인지를 분별하는 것은 오직 예수 그리스도 안에서 드러난 하나님의 뜻을 앎으로써만 가능하다. 오직 예수 그리스도를 통해서만, 오직 예수 그리스도에 의해 규정된 공간 안에서만, 오직 예수 '안에서만' 하나님의 뜻이 무엇인지를 분별할 수 있다."

리'(*Ethik der Gestaltung*)46라고 규정한다. 그는 예수 그리스도에게서 '형성의 윤리'의 근거를 찾는다. 이는 전통적 그리스도론에서 담론화하는 역사적 예수와 케리그마적 그리스도의 구분이 아니라 예수 그리스도의 성육신, 십자가, 부활에 관한 기독교윤리학적 이해이다. 즉, '형성의 윤리'는 그리스도인으로서 기독교 윤리적 삶을 추구할 때 예수 그리스도의 성육신, 십자가, 부활이 과연 이 땅위의 그리스도인들에게 주어진 삶의 영역에서 어떠한 윤리적 의미로 나타나는 가에 관한 담론이다. 본회퍼는 형성이란, "그리스도의 가르침이나 이른바 그리스도교적 원리가 세상에 직접적으로 적용되는 방식으로 그리고 세상이 그런 것에 따라 형성되는 방식으로 형성이 가능해지는 것은 아니다. 오직 예수 그리스도의 모습 안으로 이끌려 들어감으로써, 오직 인간이 되시고 십자가에서 달리시고 부활하신 분의 유일한 모습과 같은 모습이 됨으로써 형성은 가능하다"47라고 설명한다. 그러나 여기에서 오해되지 말아야 될 부분은 인간 스스로 주체적으로 그리스도의 형상을 지닐 수 있는 것은 아니라는 점이다. 즉 본회퍼의 '형성의 윤리'의 주체는 언제나 예수 그리스도이다. 다시 말해서, 그리스도인이 자신의 이성, 가치, 경험을 통해 예수 그리스도의 형상을 규정할 수 있는 것이 아니라 예수 그리스도가 인간을 '예수 그리스도 자신과 같은 모습으로' 형성하시는 유일한 주체라고 본회퍼는 강조해서 말하고 있다.48

---

46 DBW6, 18, 89-90.

47 DBW6, 80-81.

48 참조: DBW6, 81. '형성의 윤리'의 이러한 '예수되기' 개념은 『나를 따르라』에서도 이미 언급되었다. 본회퍼는 마태복음 5:13-16절의 말씀을 해석할 때도 제자들이 제멋대로 소금이 되거나 빛이 될 수 있는 선택을 할 수 없으며, "너희는 소금이다", "너희는 빛이다"라는 예수의 말씀을 제자들이 빛과 소금을 소유의 대상이 아니라 제자들 자체가 바로 빛과 소금의 존재로서 실존해야 한다고 설명하고 있다(참조: DBW4, 110-

예수가 자신의 모습을 형성하는 은혜를 인간에게 부여하며, 예수의 형상이 각인된 인간은 그리스도의 삶을 대리하는 역할을 이 땅위에서 수행한다. 정리하자면, 인간이 예수의 형상을 대신하는 것이 아니라, 예수께서 인간의 삶 속에서 자신의 형상을 형성하여 그리스도인이 되게 하고, 그들의 삶을 통해 예수 자신의 형상을 다양한 모습으로 드러내신다.

1. 성육신 - 현실적 인간 되기

본회퍼는 형성으로서의 윤리의 첫 번째 담론인 성육신[49]에 대해서 무엇을 말하고 있는가? 그는 '현실적 인간되기'라는 예수 그리스도의 각인됨을 말한다. "현실적 인간은 자유 안에서 자신을 창조하신 분의 피조물이 될 수 있다. 인간이 되셨던 분과 같은 모습이 된다는 것은 현실 안에 존재하는 인간이 될 수 있다는 것을 의미한다. 인간이 아닌 다른 존재, 인간보다 더 선한 존재, 인간보다 더 이상적인 존재가 되려는 허세, 위선, 발작, 강요는 여기서 배제되었다. 하나님은 현실적 인간이 되셨다."[50]

예수 그리스도의 성육신 사건의 형성이 현실적 인간되기라는 의미는 예수 그리스도께서 피안(彼岸), 즉 저 세상에 머무르지 않으시고 차안(此岸), 즉 이 세상 속으로 들어오신 분이라는 의미이다. 우리는

---

112). 예수의 제자는 이 땅에서 빛과 소금 같은 가시적 존재로 실존해야 하며(참조: DBW4, 112-113), 이는 그들의 "선한행실"(DBW4, 114)이 보인다는 뜻이며, 이를 통해 하나님을 찬양한다는 뜻이다.(참조: DBW4, 115)

49 본회퍼의 그리스도의 탄생의 의미로서의 성육신에 관한 이해는 참조: DBW15, 537-540(1939년 겨울, 성탄절에 관한 신학적 편지).

50 DBW6, 82.

신학자와 신앙인의 이름으로 너무나 형이상학적이고 비현실적인 고백과 행동들을 하는 경우를 많이 경험한다. 그러나 본회퍼의 성육신 이해를 통한 그리스도인의 형성됨은 타자들의 현실적인 문제들에 관해 끊임없는 관심을 갖게 하고 공감하게 만든다. 특히 적지 않은 시간 동안 철저히 '우리 교회' 중심적 틀에 갇혀 있는 한국교회에, 값싼 은혜나 영광의 신학의 영역에 속하는 관념적이고 사변적인 성육신 이해가 아니라, 타자의 소외되어 있고 고난 받는 현실 속으로 들어가 동감하고 연대하면서 하나님의 뜻을 구하는 의미의 성육신의 이해를 통한 '현실적 인간되기'가 끊임없이 요구된다.

2. 십자가 - 끊임없이 은혜를 추구하는 죄인 되기

본회퍼의 형성으로서의 윤리의 두 번째는 십자가[51]에 달리셨던 분과 같은 모습이 되는 것이다. 십자가에 달리신 예수 그리스도와 같은 모습이 된다는 것은 "하나님의 심판을 받은 인간이 된다는 것을 의미한다. 그는 죄로 인해 하나님의 사형선고를 받고 살아가며, 하나님 앞에서 매일 죽어야 하는 운명을 지고 살아간다."[52] 그는 진정한 예수 그리스도의 제자였던 바울처럼(고전 15:31) 매일 죄인의 죽음을 죽는다. 즉, 본회퍼의 십자가의 형성의 의미는 '죄인'인 그리스도인이 이 땅을 살아가면서 끊임없이 은혜를 추구하는 자가 되어야 함을 의미하는 것이다.

---

51 본회퍼의 십자가에 관한 이해는 참조: DBW1, 94f, 106, 108, 127, 144, 261, 264; DBW2, 106-108; DBW4, 229-232, 278-281; DBW6, 118-121, 270-273; DBW10, 319-322; ; DBW11, 207-209, 406-408; DBW12, 82-84, 383-386; DBW14, 325-332, 343-346, 432-434, 635-637, 986-988; DBW15, 465-469, 471-476.

52 DBW6, 82.

그렇다면 끊임없이 은혜를 추구하는 자가 되어야 한다는 것은 어떤 의미인가? 일상에서 은혜를 추구하는 자가 되어야 한다는 것은 본회퍼가 『나를 따르라』에서 이해한 그리스도의 제자가 되는 은혜를 선물이자 계명이라고 이해했던 것을 상기시킨다.

> 제자직으로의 부름은 오직 예수 그리스도의 인격에 매이는 것이며, 부르시는 분의 은혜를 통해 모든 율법을 무너뜨리는 것이다. 이 부름은 은혜로운 부름이요, 은혜로운 계명이다. […] 그리스도는 부르시고, 제자는 따른다. 이 부름은 은혜임과 동시에 계명이다.[53]

본회퍼가 이해한 은혜는 하나님으로부터 받기만 하는 선물에 불과한 의미는 아니다. 그에게 은혜는 계명이기도 하다. 즉 은혜란 하나님께서 값없이 주신 귀한 선물이며, 동시에 이 땅에서 하나님의 뜻대로 살아야만 하는 삶의 과제인 것이다. 매일 죽는다는 십자가의 형상은, 죄만 의롭게 되는 값싼 은혜가 아니라 죄인이 의롭게 되어 일상에서 매일 하나님의 뜻대로 살아야만 하는 값비싼 은혜로서의 삶의 과제를 요구한다.

본회퍼는 십자가에 달린 자의 모습으로 형성된다는 것은 성공을 지향하는 모든 사고를 무력하게 만든다고 설명한다. 그렇다고 본회퍼가 예수의 십자가에서, 실패자에 의한 성공한 자의 전복을 의도하지도 않는다. 본회퍼는 예수의 관심은 성공이나 실패가 아니라 하나님과의 화해가 가능하고, 인간과의 화해도 가능하게 하는 하나님의 심판에 있었다고 설명한다. 본회퍼에 의하면, 하나님은 심판을 통해 예수 그리스도 안에서 인간에게 수행하시며 고통, 비참, 실패, 가난, 고

---

[53] DBW4, 47.

독, 절망의 거룩한 능력을 그 심판 속에서 드러내신다. 예수 그리스도의 십자가의 형상은 우리에게 이러한 거룩한 능력이 심겨지는 것이고 하나님의 심판은 세상 속에서 완전한 실패처럼 보이지만 역사적 승리로 인도하는 비밀이 숨겨져 있다.[54]

3. 부활 - '새로운 인간' 되기

본회퍼에게 예수 그리스도의 부활은 다양한 의미로 경험되고 인식되었다. 그는 1924년 로마여행 당시 고난주간과 부활절을 체험했으며, 당시 그의 일기는 부활주일에 대한 감동과 독일에서는 인식하지 못했던 '교회의 보편성'에 대해 기록하고 있다.

본회퍼는 『성도의 교제(1927년)』에서 '부활'을 교회론적으로 이해했다.

> 예수의 부활로 인해 그의 죽음은 죽음의 죽음으로 계시되었으며, 그럼으로써 죽음으로 인해 설정된 역사의 한계선도 무너졌다. 인간의 몸은 부활의 몸이 되었으며, 아담의 인류는 예수 그리스도의 교회가 되었다. 오직 변증법적인 역사를 통과하는 한, 교회는 부활 속에서 창조였다. [⋯] 부활 속에서 하나님의 마음은 죄와 죽음을 돌파하였고, 참으로 그의 새로운 인류를 얻었으며, 그를 자신의 통치권 아래 두었다.[55]

나아가 본회퍼는 부활을 본질적 교회의 활성화의 계기가 되는 사

---

54 DBW6, 77-78.
55 DBW1, 96.

건으로 이해하기도 하였으며,56 루터의 표현을 빌려와 부활을 교회가 그리스도 안에서 새로운 피조물(nova creatura)이 되는 사건으로 이해했다.57

본회퍼는 1927년 교회론적으로 이해한 부활의 개념을 1928년 바르셀로나에서의 부활절 설교58에서는 신정론적인 언어로 옮긴다. 즉, 본회퍼는 이 설교에서 부활을 하나님의 사랑, 종말에 대한 서곡, 하나님의 영광과 권능의 계시, 하나님의 사망으로 생명으로 이끄심으로 본다.

본회퍼는 바르셀로나에서 부활절을, 어두움이란 아무것도 아니며 죽음 역시 생명의 한 과정일 뿐이므로 결국에는 빛이 승리할 수밖에 없다든지, 빛과 어두움의 맞선 싸움에 관한 이야기이거나, 겨울과 봄의 싸움 혹은 얼음과 태양의 싸움에 대한 이야기가 아니라고 이해한다. 그는 부활절은 하나님의 숭고한 사랑에 대항해서 싸우는 죄인들, 죄 가운데 있는 인류를 향한 하나님의 숭고한 사랑의 싸움이라고 고백한다. 성금요일에 그 싸움은 하나님이 패자가 된 것처럼 보이지만 하나님은 패자가 되심으로, 스스로 패자가 되는 길을 선택하심으로 부활절에 승리하셨다고 선포한다. 본회퍼는 부활절은 불멸하는 영혼에 대해서 말하고 있는 것이 아니라 부활에 관해, 즉 인류를 공포와 두려움에 떨게 하는 육체와 영혼을 포함한 완전한 사망으로부터 하나님이 권능의 역사로 다시 살리신 부활에 관해 말하고 있으며 이것이 부활절 메시지라고 설명한다.59

---

56 '성령과 예수 그리스도의 교회 – 본질적 교회의 활성화(活性化)'에 관해서는 DBW1, 100-140를 참조할 것.
57 DBW1, 127, 각주 65) 참조. 루터의 nova creatura에 대해서는 WA VI, 130.을 참조할 것.
58 DBW10, 461-466(1928년 4월 8일 설교 (고전 15:17))

부활절은 끔찍한 십자가 사건에도 불구하고 하나님의 사랑은 영원히 살아 있다는 증거이며 인간이 더 이상 죄 속에 거하지 않는다는 것을 의미한다. 하나님이 인간의 죄를 용서해 주셨기 때문이다. 부활절은 하나님이 영원으로부터 역사하신 사건이며, 모든 마지막 날에서야 일어날 일, 말로는 결코 표현할 수 없는 영광스러운 그날에 대한 서곡이다. 부활절은 우리에게 하나님의 완전한 영광과 권능을 계시해 주며 하나님의 거룩한 백성을 사망에서 생명으로 인도하실 것이다.[60]

초기 본회퍼는 부활을 다소 영광의 신학적 관점에서 이해했다. 그러나 후기 본회퍼는 부활을 십자가와 불가분의 관계 속에서 이해한다. 본회퍼는 형성의 윤리를 논하면서, 부활[61]하신 분과 같은 형성을 이룬다는 것은 하나님 앞에서 새로운 인간이 되는 것이라고 말한다.[62] 본회퍼는 '새로운 인간되기'라는 이 땅위에서의 그리스도인의 과제를 제시하며, 이러한 그리스도인은 세상 속에서 비그리스도인들과 외관상으로는 구분되지 않지만 자신의 형제를 위해 오직 그리스도만을 드러내기를 원하는 사람이라고 설명한다. 부활의 형성에 의한 "인간의 새로운 모습이란 예수 그리스도의 모습을 모방하거나 반복한 것이 아니다. 그것은 인간 안에서 모습을 취하시는 예수 그리스도 자신의 모습이다. 다시금 인간은 자신에게 낯선 모습, 곧 하나님의 모습으로 변

---

59 『성도의 교제』에서도 본회퍼는 부활에 대해 이와 비슷한 논조를 보인바 있다. "예수의 부활을 통해 그의 죽음은 죽음의 죽음으로 계시되었으며, 이로서 죽음으로 인해 설정된 역사의 한계선도 무너졌다. 인간의 몸은 부활의 몸이 되었으며, 아담의 인류는 그리스도의 교회가 되었다."(DBW1, 96)
60 참조: DBW10, 466.
61 본회퍼의 부활에 관한 이해는 참조: DBW1, 96f, 106; DBW2, 107f, 110; DBW3, 33f, 53, 59, 66, 148; DBW4, 115, 209, 219f, 227, 230f, 243, 273, 300; DBW5, 17, 20, 31, 35, 46f, 111, 131, 169f; DBW6, 60; DBW12, 270-276; DBW15, 358-360, 555-559; DBW16, 471-474.
62 참조: DBW6, 82-83.

화되는 것이 아니라 자기 자신의 모습으로, 곧 자신에게 속한 그리고 본질적으로 변형된 모습으로 변한다."63 본회퍼는 새로운 인간이 될 수 있는 근거를 인간 스스로에게서 찾지 않는다. 그는 끊임없이 이 형성의 주체를 하나님 그리고 예수 그리스도에게서 찾는다. 하나님이 자신의 모습을 성육신, 인간의 모습으로 변형하신다. 이는 인간이 하나님이 되는 것이 아니라 인간이 하나님 앞에서의 인간이 되는 것을 의미한다.64

그러나 예수 그리스도처럼 부활을 체험하지 않은 그리스도인들이 부활의 사람이라는 측면에서 논의가 가능하다는 것인가? 본회퍼는 예수 그리스도의 부활의 형성이 각인된 하나님 앞에서의 새로운 인간은 '십자가와 심판의 표징'65을 가지고 있다고 말한다. 그렇다면 본회퍼는 어떤 십자가와 심판의 표징을 말하고 있는가? 그것은 예수 그리스도의 상하고, 찔리신 육체의 흔적인가? 예수 그리스도의 십자가 위에서의 고통인가? 십자가상에서의 심판받은 자로서의 죽음인가? 오늘날 그리스도인들에게는 예수 그리스도처럼 가시적인 십자가와 심판의 표징은 나타나지 않는다. 본회퍼는 이 부활가운데 예수 그리스도가 오늘날 그리스도인들에게 각인시키는 십자가와 심판의 형성의 표징은 '교회'라고 설명한다.

> 그리스도에게 일어났던 것이 인류에게도 일어났다. 단지 인류의 일부만이 자신의 구원자의 모습을 인식한다는 사실은 설명할 수 없는 하나의 신비로움이다. 인간이 되신 분이 모든 인간들 안에서 그분의 형

---

63 DBW6, 83.
64 참조: DBW6, 83.
65 참조: DBW6, 83.

상을 취하기를 원하시는 열망은 지금까지도 아직 소멸되지 않았다. 인간 자체의 모습을 취하셨던 분은 단지 작은 집단에서만 모습을 취할 수 있다. 곧 그것은 그분의 교회이다. 따라서 형성이란 일차적으로 예수 그리스도가 그분의 교회 안에서 모습을 취하시는 것이다.[66]

예수의 부활사건을 통해 형성된 것은 본회퍼에 따르면 교회, 공동체, 즉 성도의 교제인 것이다. 정리하자면, '형성으로서의 윤리'를 논함에 있어 부활을 통한 십자가와 심판의 표징은 부활 공동체로, 교회로 각인된다. '예수 다시 사셨네'라는 부활절 찬양은 본회퍼의 신학에서는 '교회가 다시 설립되었다!'라는 의미로 이해할 수 있을 것이다.

4. 교회의 형성

본회퍼의 '형성의 윤리'는 궁극적으로 교회의 형성을 지향하고 있다고 볼 수 있다. 본회퍼의 형성으로서의 윤리는 예수 그리스도의 '모습'이 되는 것이었다. "오직 예수 그리스도의 모습으로부터 출발해서 그 모습에 이르는 형성만이 존재한다. 그리스도교 윤리의 출발점은 예수 그리스도의 몸, 교회의 모습 안에 있는 그리스도의 모습, 그 그리스도의 모습에 따른 '교회의 형성'이다. 형성의 개념이 간접적으로도 모든 인간을 위해서도 의미를 획득하는 이유는 오직 교회에게 일어나는 것이 참으로 인류 전체에게도 일어나기 때문이다."[67]

본회퍼는 그리스도인들에게 예수님 '처럼'이 아니라 '예수되기'라는 형성을 요구하듯이, 교회를 향해서도 '예수되기'라는 형성을 요구

---

66 DBW6, 84.
67 DBW6, 85.

하고 있다. 본회퍼의 형성의 윤리는 그리스도인 개인의 형성에서 교회의 형성이라는 새로운 담론으로 그 논의가 전향된다. "그리스도의 모습은 언제 어디서나 하나의 동일한 모습이다. 그리스도의 교회 역시 모든 인종을 초월하여 하나다. 그런데도 그리스도는 모든 세상을 형성하는 하나의 원리가 아니다. 그리스도는 오늘날 여기서, 어느 시대에나 좋은 하나의 체계를 선포하시는 분이 아니다. 그는 어떠한 대가를 치르더라도 관철되어야 할 하나의 추상적 윤리를 가르치신 선생이 아니다. 그리스도는 본질적으로 선생과 입법자가 아니라 인간, 즉 우리와 같은 현실적 인간이셨다."68 바로 그렇기 때문에 본회퍼는 그리스도가 우리에게 원하시는 것 역시, 선에 관한 이론이나 보편타당한 것에 관심을 보이는 것이 아니라고 주장한다. 본회퍼는 일반윤리에서 주장하는 바대로 인간의 이성이나 정신에서 인간됨을 찾는 것이 아닌 철저히 성육신, 십자가, 부활이라는 예수 그리스도의 3대 주요 사건을 통한 진정한 인간됨을 말하고 있다. 이러한 맥락에서 본회퍼는 이러한 그리스도의 형성의 윤리를 오늘, 여기에서, 우리 가운데서 어떻게 책임과 대리적 과제의 형태로 부여할 수 있는지에 대해 자문한다. 본회퍼에 의하면, '형성의 윤리'는 오직 교회 안에 현존하는 예수 그리스도의 모습의 토대 위에서만 가능하다. 교회는 예수 그리스도의 모습이 이루어진다는 사실을 선포하는 장소요, 그 모습이 이루어지는 장소이다.69 초기 본회퍼의 교회 이해를 상기한다면, 그리스도의 형성은 그리스도교적 인격과, 집단 인격의 총합의 현실이며 형성의 윤리는 이 두 인격이 공동체로 실존하는 현실 속에서 보이는 교회로 실재할 것이다.

---

68 DBW6, 85-86.
69 참조: DBW6, 90.

5. 교회됨의 윤리로서의 형성의 윤리

교회는 무엇보다 그리스도의 그 자체 모습이며(엡 4:24, 골 3:10) 교회를 통해 모든 지체들도 그리스도 그분의 모습을 지니게 된다. 그리스도의 몸 안에서 우리는 그리스도처럼 되었다.[70]

'형성의 윤리'의 의미는, 인간이 세상을 위한 선한 본보기로 세워질 수 있다는 뜻이 아니라 "자신에게 속한, 자신이 이미 받은, 자신이 이해하지 못하고 수용하지 못하는 진정한 모습, 곧 자신에게 속한 예수 그리스도의 모습을 취할 것이고, ― 분명히 선취(先取)의 형태로 ― 교회 안으로 인도된다는 의미"[71]이다.

예수 그리스도가 우리에게 원하는 것은 "특정한 훈련병, 대변자, 옹호자가 되는 것이 아니라 인간이 되는 것이다."[72] 본회퍼에 의하면, 예수 그리스도는 선에 관한 이론을 사랑한 것도 아니며 보편타당한 것, 행위의 준칙이 보편적 입법 원리 같은 어떠한 원칙에 관심을 기울이셨던 것이 아니었다. 예수 그리스도는 구체적이고 현실적 인간에게 실질적으로 도움이 되는 것에 관심을 기울이셨다.[73] "그리스도의 모습은 언제나 하나의 동일한 모습이지만, 그것은 현실적 인간 안에서 실제 모습을 취하기를 원한다. 다시 말하면, 그것은 완전히 상이한 방식으로 모습을 취하기를 원한다."[74] 구체적인 기독교 윤리는, 형식주의와 결의론처럼 선과 현실의 싸움으로부터 시작되는 것이 아니라 인

---

70 DBW4, 303.
71 DBW6, 85.
72 DBW6, 86.
73 참조: DBW6, 86.
74 DBW6, 86.

간 예수 그리스도 안에서 일어난 세상과 하나님의 화해로부터, 곧 하나님이 현실적 인간을 취하신 사실로부터 출발한다.[75]

본회퍼의 '형성의 윤리'는 그리스도인 됨의 의미가 그리스도 '처럼' 되는 것이라고 해서 어느 정도는 그리스도의 모습 그대로 될 수 없다는 인간의 윤리적 한계를 남겨두는 것이 아니라, 예수 그리스도 그 모습 그대로 그리스도인에게 각인되는 것을 의미한다고 이해되어야 한다.

본회퍼는 '형성의 윤리'는 오직 교회 안에 현존하는 예수 그리스도의 모습의 토대 위에서만 가능하다고 말하면서, 교회의 과제를 제시한다. 즉 교회는 예수 그리스도의 모습이 이루어진다는 사실을 선포하며 그 모습이 이루어지는 장소가 되어야 한다는 것이다.[76] 이러한 관점에서 '형성의 윤리'는 본회퍼 전체 신학 안에서는 '교회됨의 윤리'로 재해석 수 있다. '형성의 윤리'는 초기 본회퍼의 윤리적 집단인격 개념의 연장선에 있다. 다만, 윤리적 집단인격 개념은 기독교적 인격 개념과 구분되어 후에 공동체로 존재하는 그리스도 개념으로 통합되면서 개별인간의 윤리성의 강조가 약화되고 있지만, '형성의 윤리'는 집단인격의 윤리성뿐만 아니라 기독교적 인격의 윤리성의 강조점이 균형 있게 강조된다. 즉, 본회퍼의 형성의 윤리에 관한 담론은 예수 그리스도의 성육신, 십자가, 부활의 형상이 교회 공동체뿐만 아니라 개별인격, 개인 그리스도인에게도 각인되어 '나'의 교회됨이 약화되지 않은 채로 '우리의 교회됨'을 요구하고 있다. 나아가 본회퍼의 '형성의 윤리'에 관한 담론은 그의 '책임' 이해로 발전된다. 본회퍼에 의하면 그리스도 안에서 하나님이 취하신 인간의 현실을 행동의 형성, 교회의 형성 안으로 끌어들인다는 것은 '책임적으로 행동한다는 것'을 의

---

75 참조: DBW6, 86-87.
76 DBW6, 90.

미한다.77

VI. 책임적으로 행동한다는 것의 의미

하나님은 인간이 되셨다. 그렇기 때문에 우리는 인간적 영역 안에서 책임적 행동을 고민하고, 판단하며, 평가해야 한다. 그렇기 때문에 우리는 행동의 결과도 신중하게 생각해야 하며, 가까운 미래를 용감히 바라보아야 한다. 우리는 맹목적으로 책임적 행동을 하려고 해서는 안 된다. 하지만 하나님은 인간이 되셨다. 그렇기 때문에 우리는 결단의 인간의 본성을 의식하는 가운데서 우리의 책임적 행동에 대한 판단과 함께 그 결과도 하나님의 손에 전적으로 맡겨야 한다.78

본회퍼는 책임적으로 행동한다는 것의 주체는 인간이 아니라 하나님임을 강조한다. "이념적으로 행동하는 자는 이념 속에서 자신을 정당화하지만, 책임적으로 행동하는 자는 하나님의 은혜로부터 산다. 그는 자신의 행동을 하나님의 손에 맡긴다."79 '오늘', '여기에서', '우리 가운데'에서 하나님의 뜻이 무엇인가 대한 분별의 기준은 인간 자체로부터는 절대로 마련될 수 없다. 책임적으로 행동하는 자는 "자신의 책임의 자유 안에서 행동하는 자로서 자신의 행동이 하나님의 섭리 속으로 흘러들어 가고 거기서 흘러나온다는 사실을 안다. 역사를

---

77 참조: DBW6, 224; 본회퍼의 『윤리학』 원고에서의 '책임' 개념에 관한 근본적인 해석은 참조: Christian Gremmels, "Was heißt Verantwortung übernehmen?", in: Reinhold Mokrosch (Herausgeber), *Dietrich Bonhoeffers Ethik*. Ein Arbeitsbuch für Schule, Gemeinde und Studium, Gütersloh 2003, 19-60.
78 DBW6, 224.
79 DBW6, 225.

결정하는 자유로운 행위는 자신을 결국 하나님의 행위로 인식하며 가장 순수한 능동성을 수동성으로 인식한다."80

책임의 다의성은 현상의 다양성에서 비롯된다. 회페(Otfried Höffe)는 책임을 역할이나 직무, 직위에 대한 책임(Zuständigkeit), 명예나 도덕적 결백함의 변호를 위한 해명할 책임(Rechenschaftsverantwortung), 과오나 태만에 대한 귀속책임(Haftung)으로 나눈다.81 회페에 의하면, 개념논리적으로 역할이나 직무에 대한 책임은 1)누구에게 2)무엇에 대해 3)누구 앞에서/누구에 대하여 4)판단기준의 척도에 따라 좌우되고, 해명할 책임과 귀속책임은 1)누가 2)무엇 때문에 3) 누구에 대해/누구 앞에서 4)어떤 기준에 따라 책임을 지는가에 대한 사중의 긴장관계에 의해 결정된다.82

회페의 책임에 관한 구분의 도움으로, 본회퍼의 책임에 관한 논의는 1)그리스도인이 2)삶의 준칙 때문에 3) 하나님 앞에서 4) 하나님의 뜻에 따라 책임을 지는 것으로 규정할 수 있다. '삶의 준칙(Lebensprinzip)'은 본회퍼의 『성도의 교제』에서 예수 그리스도 안에서 교회된 그리스도인의 하나님의 뜻에 따른 응답으로서의 삶의 과제,83 대

---

80 DBW6, 225.
81 참고, 오트프리트 회페, 『학문윤리학』, 김시형 옮김, 시와 진실, 2013, 27-29.
82 참고, 오트프리트 회페, 『학문윤리학』, 김시형 옮김, 31.
83 리차드 니버 역시 책임을 응답(response)과 반응, 사회 안의 상호작용이라는 지평에서 이해한다. (참조: 리차드 H. 니버, 『책임적 자아』, 정진홍 옮김, 한국장로교출판사, 2001, 63-91): "책임이라고 하는 이념이나 양태는 행위자 자신의 행위가 지니고 있는 이념이나 양태라고 요약하여 정의할 수 있다. 즉, 자기에게 과해지는 행위에 대한 해석에 따라 반응하고, 자기가 응답한 것에 대한 반응이 어떠할 것인가를 예상하면서 반응하는 그러한 응답 행위가 지니고 있는 이념이라고 정의할 수 있는 것이다. 그런데 이러한 행동은 모두 그 행동을 하는 행위자들이 속해 있는 연속성을 지닌 공동체 속에 있는 현상이다."(같은 책, 88) 이 외의 '책임(Verantwortung)' 개념의 연구에 관한 독일 자료 목록들은 참조: Klaus Schwarzwäller, Literatur zum Thema Verantwortung, in: Theologische Rundschau 57 (1992), 141-179.

리적 삶, 책임을 의미했다. 필자가 볼 때 본회퍼는 자기 자신 속으로 굽어든 양심이나, 정언명법과 같은 고정된 규범에 의해서가 아니라 행동을 하는 중에 하나님의 뜻을 발견해 나가며 하나님 앞에서 삶의 준칙을 현실적합하게 수행하는 '과정으로서의 책임'을 말하고 있다.

"이념적으로 행동하는 자에게는 행위와 이념의 일치가 선과 악에 대한 분명한 척도를 주지만, 자신의 행동을 하나님에게 맡기고 책임적으로 '현실에 적합하게' 행동하는 자는 용서하고 치유하는 하나님의 은혜에 대한 신앙으로 만족해야 한다. 인간은 자신의 정당성을 증명할 수 없다."[84] 이와 같은 인식으로부터 본회퍼는 선의 본질에 대해 말한다. 즉, 하나님만이 역사 속에서 선을 성취하시며 인간은 선을 행할 수 없음에도 불구하고 선을 행해야 하는 과제를 가지고 있는데, "이것은 선, 곧 현실에 적합한 것, 필요한 것 그리고 명령된 것을 행하는 모험의 궁극적 자유 안에서 하나님의 은혜를 바라보면서 모든 자기 정당화를 포기한다는 것을 의미한다."[85]

본회퍼에 의하면, "모든 인간의 책임의 근원은 인간을 위한 예수 그리스도의 진정한 대리하심에 있다. 책임적 행동은 대리적 행동이다."[86] 그러나 대리적 행동이 인간이 행동의 주체가 되어버리는 오만과 침해로부터 벗어나기 위해서는 오직 하나님의 성육신 안에서 창조된, 인간을 위한 예수 그리스도의 진정한 대리행위에 근거를 두어야 한다. 오직 그리스도의 진정한 대리 행위로부터 진정한 대리적 행위

---

84 DBW6, 226.
85 DBW6, 227, 참조: DBW4, 105: "예수의 제자들은 자신들의 권리를 포기할 뿐만 아니라 자신들의 의(義)마저 포기하면서 살아간다." 본회퍼는『나를 따르라』에서 산상수훈(마5-7장)의 소위 8복에 해당하는 부분(5장1-10절) 해석하면서, '포기(Verzicht)'의 지평에서 해석한다.
86 DBW6, 231.

가 존재하며, 그래서 진정한 책임적 행동도 존재한다.[87]

『성도의 교제』에서 새로운 인류 즉 그리스도 안에서, 그리스도를 통해 하나님과의 공동체를 이룬 인류의 삶의 준칙으로 이해되었던 본회퍼의 대리 이해[88]는 『윤리학』에서는 책임 개념과 더불어 기독교윤리학적 개념으로 지평이 확대된다. 즉, 본회퍼의 『성도의 교제』에서는 그리스도와 인간 사이의 공동체의 현실로서의 대리를 교회론적으로 이해했다면, 『윤리학』에서는 대리적 인간으로서의 삶의 현실을 책임적인 삶으로 발전시켜 구체적인 대리(Stellvertretung)의 현실이 기독교윤리학적 담론으로 발전된다고 볼 수 있다.

"인간을 위한 그리스도의 책임의 내용은 사랑이며, 그 형태는 자유이다. 여기에서의 사랑은 인간을 향한 하나님의 실현된 사랑과 하나님을 향한 인간의 사랑이다."[89] 본회퍼는 일반윤리와 기독교윤리의 접근 방식을 철저하게 구분한다. 즉, 본회퍼는 인간은 윤리적 이념을 실현하도록 부름을 받은 것이 아니라 하나님의 사랑 안에서, 현실 안에서 살아가도록 부름을 받았고 이 땅에서의 그리스도인으로서의 삶의 주체가 인간 자신이 아니라 사랑의 하나님 그분이라고 강조하면서 인간의 주체됨을 경계하고 있다. 본회퍼의 하나님의 사랑 이해는 그리스도인의 사랑의 실천이 자칫 하나님 스스로는 배제된 채, 이념에 구속될 여지는 없는지 늘 유의해야 함을 말하고 있다. 이 하나님의 사랑은 성육신 사건을 통해서 이루어진다. 예수 그리스도는 성육신 사건을 통해 인간의 역사적 존재에서 책임적으로 행동하시는 분으로, 본회퍼에게 이 책임은 예수께서 현실 속으로 들어가시는 분으로서 죄

---

87 참조: DBW6, 231.
88 참조: DBW1, 92.
89 DBW6, 231.

인이 되시는 것에서 기원을 두고 있다. 그는 인간의 대리적으로 책임 지는 모든 행동의 근원을 죄 없이 죄인이 되신 예수 그리스도 안에서 찾는다. 본회퍼는 바로 이와 같은 면에서 예수 그리스도를 "책임적 행위의 본질"90이라고 규정한다. 그리고 인간이 예수 그리스도의 이 책임적 행위를 선택해서 대리자가 되는 것이 아니라, 본회퍼에 의하면 인간이 책임적 행위의 본질 되신 예수 그리스도를 대신하는 대리적 삶은 인간이 되신, 성육신하신 예수 그리스도의 요구이다.91 "예수 그리스도 안에서 하나님과 인간이 하나가 되셨듯이, 예수 그리스도로 말미암아 그리스도교와 세상은 그리스도의 행동 안에서 하나가 된다."92 본회퍼는 이러한 행동이 그리스도 안에서 창조되어진 하나님과 세상의 일치라고 보고, 이 일치는 오직 대리적으로 책임 있게 행동하는 현실적 인간을 위한 사랑 때문에 세상의 죄책 안으로 들어오신, 인간이 되신 하나님 안에서만, 예수 그리스도의 인격 안에서만 이루어진다고 강조한다.93

모든 철학이 말하는 사랑과는 달리 복음이 말하는 사랑은 인간들과 교류하는 하나의 방법이 아니라 하나의 사건 속으로, 다시 말하면, 예수 그리스도 안에서 완성된 하나님과 세상의 사귐 속으로 이끌려 들어가는 것이고 그 속으로 들어가는 것이다. 사랑은 하나님의 추상적 속성으로서 존재하는 것이 아니라, 하나님의 사랑을 받은 인간과 세상의 현실로서 존재한다. 또한 사랑은 인간의 속성으로서 존재하는 것이 아니라, 나와 인간과 세상을 향한 하나님의 사랑에 근거한 인간과 인간의 그리고

---

90 DBW6, 234.
91 참조: DBW6, 234.
92 DBW6, 237.
93 참조: DBW6, 237.

인간과 세상의 현실적 일치성과 연대성으로 존재한다.94

본회퍼는 이러한 역사 속에서 책임적인 행동을 해야 할 필연성을 산상수훈(마5-7장) 해석을 통해 강조한다. 그는 산상수훈은 개인에게 주어진 것이지만 그것은 개인이 독립적 존재가 되는 것이 아니라, 하나님으로부터 존재하는 존재가 되어 역사적 책임 가운데 서 있는 자로 만든다고 주장했다.95

본회퍼는 산상수훈은 인간을 개별인간의 윤리적 정립을 위한 가르침이 아니라, "타인을 위해 책임지는 인간으로 만든다"96라고 강조한다. 산상수훈은 개인을 사랑으로 부르고 사랑은 이웃에 대한 책임적 행동에서 입증되며 그 사랑의 근원, 사랑의 주체는 하나님이다.97

VII. 역사적 행동 속의 선에 대한 질문("역사와 선" 제1판을 중심으로)

1. 타자를 위한 성육신(Inkarnation für andere)?

본회퍼는 예수의 윤리를 역사에 적용하는 것이 아니라 성육신하신 예수 그리스도를 역사의 궁극적 현실로 보았다. 그는 산상수훈의 말씀을 인간 앞에 성취할 수 없는 이념 제시가 아니라, 실제로 예수가 인간의 장소에 들어오시고 행동하심으로써 인간을 위한 구체적 책임

---

94 DBW6, 240.
95 DBW6, 241-242.
96 DBW6, 242.
97 참조: DBW6, 242.

속에서 살아가셨던 분의 말씀으로 이해한다. 본회퍼가 말하는 책임의 본질은 현실적 인간을 향한 자유로운 사랑에 있으며 그분의 사랑은 인간의 죄책과 분리됨이 아니라 인간의 죄책 안으로 들어감으로써 입증된다고 설명한다.98 본회퍼는 열광주의와 세속주의로 대립되는 해석들을 모두 부정한다. 그는 산상수훈은 그리스도교와 세상 사이의 치유할 수 없는 균열에 대한 쓰라린 체념에서 비롯된 것이 아니라 하나님과 세상의 완성된 화해에 대한 기쁨에서 나왔고, 예수 그리스도 안에서 완성된 구원활동의 평화에서 나왔다고 말한다. 본회퍼는 예수 그리스도 안에서 하나님과 인간이 하나가 되셨듯이, 예수 그리스도로 말미암아 그리스도교와 세상은 그리스도인의 행동 안에서 하나가 된다고 보고 이 둘은 대립하는 두 원리로서 서로 투쟁하지 않는다고 말한다.99 본회퍼의 이러한 이해는 그리스도교적인 것과 세상적인 것의 이분법적인 관점들을 무너뜨린다. 본회퍼는 세상적인 것으로 대변되는 자기주장, 폭력, 반역, 투쟁, 범죄행위와 그리스도교적인 것으로 대변되는 자기포기, 양보, 고난, 원수사랑, 용서, 무죄성은 극단적으로 대립할 수밖에 없는 현실을 우선 인정한다. 그러나 그는 역사에서 폭력의 오용이 결국 한계성을 지닌다는 사실과 모든 폭력지배는 실패한다는 사실을 간과한 현실주의를 비판하며 이는 그리스도교적 사랑, 자기 부정, 용서, 고난, 포기, 원수사랑, 무죄성의 개념의 본질의 부재에서 비롯된다고 주장한다.100

본회퍼는 성육신을 하나님의 현실이 예수 그리스도의 현실을 통해서 세상의 현실 속으로 들어오는 것으로 이해했다. 사실 본회퍼는

---

98 참조: DBW6, 234.
99 참조: DBW6, 237.
100 참조: DBW6, 240.

하나님의 차안성(此岸性)에 관해 늘 고민했던 그리스도인이다. 본회퍼는 둘째형이 1차 세계대전 때 전사 후 자신에게 남겨준 성경책을 늘 가까이 했다. 견진례 때 어머니가 디트리히 본회퍼에게 전해준 이 성경책은 둘째 형의 핏자국이 여전히 선명한 상태였다. 본회퍼는 이 성경책을 묵상하는 가운데 성육신을 더 깊이 이해하려고 노력했다. 도대체 하나님의 현실이 성육신 사건을 통해 이 땅의 현실로 들어왔다고 하는 것은 어떤 의미인가? 본회퍼는 하나님이 인간이 되셨다는 의미에서 성육신이 낮아짐이라는 겸손의 미덕을 그리스도인이 삶에 적용한다는 제한적인 의미로 이해하지 않았다. 본회퍼에게 성육신은 '하나님의 사랑'이었다. 바꿔서 설명하자면, 하나님이 이 코스모스를 사랑하셔서 독생자를 주신 사건이 성육신이다. 본회퍼는 성육신을 우선 칼케톤적으로 이해한다. 하나님과 분리되지도 않으시지만 일치하시도 않으시는 예수 그리스도께서 죄인인 인간이 되신 사건이 성육신이다. 그는 특히 죄 없이 죄인이 되신 예수 그리스도의 성육신 사건이 그리스도인 개인이나 교회의 고백적 신앙 속에 머물러 있기를 원하지 않았다. 그는 예수 그리스도의 성육신이 비그리스도교인들에게 어떻게 여전히 적용되고 있는지를 질문했다. 죄인이었던 우리에게 죄인의 모습으로 오신 죄 없으신 예수 그리스도는 여전히 죄 없는 인간에게, 죄의 문제가 해결되지 않은 인간들에게 다가가기를 원하신다. 본회퍼는 이들을 향한 성육신은 오늘 현실 속에서는 바로 그리스도인을 통해서 이루어져야 한다고 설명한다. 그것은 바로 사랑이다. 인간이 상상할 수도 측량할 수도 없는 하나님의 사랑이다.[101] 그리스도인에게

---

101 루드비히 포이어바흐(Ludwig Freuerbach)는 『기독교의 본질』(박순경 옮김, 종로서적, 1982.)에서 '신학의 비밀은 인간학이다'라는 명제하에 책을 서술한다. 그는 성육신에 관한 담론에서 "신의 사랑은 나로 하여금 사랑하게 하며, 인간에 대한 신의 사랑은 신에 대한 인간의 사랑의 근거이다. 신의 사랑은 인간의 사랑을 야기하며 눈

각인된 예수 그리스도의 성육신의 형상은 예수의 성육신의 본질적 사건이 본회퍼에 의하면 그리스도인들을 통해 세상에서 실현되어야 한다. 본회퍼는 서구 역사의 타락한 원인은 성과 속을 구분한 이분법적 사고, 즉 중세시대의 교회 아래에 세상이 존재한다고 보는 세계관에 있다고 지적한다. 이로써 세상은 무조건 악한 영역, 죄가 가득한 현실이라는 관점이 교회를 지배하게 되었다. 본회퍼에 의하면 이러한 관점이 진정한 하나님 사랑의 본질을 훼손하였고 성육신이 그리스도인들에게만 의미 있는 교리적 요소가 되어버렸다고 비판한다. 그러나 예수 그리스도는 여전히 성육신하시며 오늘날 그 형태는 세상을 사랑의 대상으로 마주 대함에 있다. 이 마주 대함은 본회퍼가 『창조와 타락』에서 말했던 타자성을 의미한다. 타자를 등지고 외면하는 것이 아니라 타자와의 마주 대함을 통해 그들을 바라봄이 성육신의 원래적 의미를 회복하기 위한 첫 번째 단계일 것이다.102 예수 그리스도는 죄인들을 외면하지 않으셨다. 그들의 실존에 벗어나 피안에 머무르시면서 그들을 위해 기도하시거나 축복하시지 않으셨다. 그는 죄인들에게 오셔서 그들과 이 땅위에서 동고동락했다. 예수 공동체의 제자들과 함께 죄인들에게 용서를 선언하셨고 한없이 포용하는 사랑을 보여주셨다. 필자는 본회퍼의 성육신 이해는 우리로 하여금 오랫동안 간과

뜨게 한다. '우리가 신을 사랑하는 것은 신이 먼저 인간을 사랑했기 때문이다(요한1서 4장 19절)' 그렇다면 나는 신 안에 그리고 신에 즉하여 무엇을 사랑하는가? 나는 사랑을 사랑하는 것이다. 그리고 더욱이 인간에 대한 사랑을 사랑하는 것이다"라고 말했다(97-98). 본회퍼 전집에서 포이어바흐는 9군데에서 발견된다 (DBW3, 71; DBW7, 84; DBW8, 532, DBW10, 506; DBW11, 147-149, 158; DBW12, 163, DBW17, 101,146.). 본회퍼와 포이어바흐는 성육신을 논할 때 '성육신은 하나님의 사랑이다'라는 지평에서 접근했던 유사점은 보이지만, 포이어바흐는 '신학의 비밀은 인간학이다'라는 테제아래 성육신의 인간학적 담론에 더 비중을 두었던 것에 비해, 본회퍼는 성육신 이해를 철저히 그의 그리스도론과 교회론적 틀 안에서 논의했다.
102 참조: DBW3, 88-95.

하고 있었던 성육신의 본질적 의미로의 사유로 이끈다고 평가한다. 본회퍼의 성육신 이해는 타자를 대하는 참 인간상을 제시하며, 교회와 세상 사이에 벽을 만들고 거룩과 타락의 경계 지어진 왜곡된 신앙관을 허물어뜨리라는 요구로 다가온다.

오늘날 한국 그리스도교인의 대부분은 일상에서 교회와 세상을 나누는 이분화 된 사고를 소유한 채 살아가고 있다고 여겨진다. 서구의 중세가 범했던 이러한 구분은 한국의 현대 교회에 왜곡된 전통으로 자리 잡았다. 성육신의 원래의 의미는 본회퍼에 의하면 그리스도인들의 타자와 마주 대함, 타자에 대한 끊임없는 용서 나아가 타자의 죄를 대신 짊어지기까지 하는 구체적인 형태로 예수 그리스도의 사랑이 이 땅위에서 실현되는 것을 의미한다. 필자는 이러한 본회퍼의 성육신 이해를 "타자를 위한 성육신"(Inkarnation für andere)이라고 규정한다.

2. 타자를 위한 책임(Verantwortung für andere)

본회퍼는 하나님의 사랑은 성육신을 넘어 세상의 형태를 취했다고 설명한다.[103] 본회퍼는 하나님의 사랑은 나와 인간과 세상을 향한 하나님의 사랑에 근거한 인간과 인간의 그리고 인간과 세상의 현실적 일치성과 연대성으로서 존재한다고 설명한다. 본회퍼는 예수의 산상수훈 해석을 통해 하나님의 사랑을 구체적으로 제시한다. 그것은 '자기 부정'인데, 본회퍼는 『나를 따르라』에서 마태복음 5장을 해석하면서 사용한 관점인 '~에 대한 포기'(Verzicht auf)를 제시한다. 즉, 본회퍼는 자신의 행복과 권리, 자신의 의로움, 자신의 존엄성, 폭력과 성

---

103 DBW6, 240.

공, 자신의 생명까지 포기할 때, 인간은 타인을 사랑할 수 있다고 말한다. 본회퍼는 산상수훈이 인간을 사랑으로 부른다고 말하고 사랑은 이웃에 대한 책임적 행동 안에서 입증되고 하나님의 사랑처럼 인간의 사랑도 특정한 생명의 영역과 생명의 관계에 국한되지 않는다고 말한다. 더 나아가 본회퍼는 세상을 향한 하나님의 사랑은 정치적 행위를 포함하고 있다고 보고[104] 당시 히틀러 정권에 대한 침묵으로 암묵적 동의를 일삼는 국가교회와 독일인들을 비판하고 있다.

본회퍼는 그리스도인들이 자기 부정을 통한 사랑을 통해 세상과 맞서야 하며, 그 사랑의 현실이 바로 '책임'이라고 정의했다. 그리고 역사 속에서 정치적 행위로도 나타나야 한다는 담론을 전개했다. 본회퍼는 『윤리학』의 "역사와 선" 제2판에서 '책임적인 삶의 구조'와 '책임의 장소'에 관해 논한다. 본회퍼는 "역사와 선" 제2판 서두에서 생명 되신 예수 그리스도와 책임의 개념을 연결한다. 이러한 본회퍼의 이해는 『창조와 타락』의 내용을 상기시킨다. 그는 창조를 '원역사(창 1-3장)의 창조'와 '보존' 개념으로 구분하여 이해하였다. 즉, 원역사의 창조 속의 하나님의 의지는 인간의 죄로 소멸되었지만, 예수 그리스도를 통해 죄의 문제가 해결되고 하나님과의 공동체적 관계가 회복된 인간은 원역사 때의 창조의지를 회복하는 새로운 창조 사역에 동참해야 한다. 본회퍼의 신학 전체에 계속적 창조, 새로운 창조의 형태는 '교회'였고, 윤리학에서는 특히 '책임' 개념 안에 용해되어 있다.

위의 논의를 근거로, 본회퍼의 책임적으로 행동한다는 것의 의미를 다음과 같이 해석할 수 있을 것이다. 그에게 '책임'은 예수 그리스도 안으로 들어가는 것이다. 예수 그리스도 안으로 들어가는 이유는 그분이 책임의 근원이고 본질이기 때문이다. 그 형태는 죄 없는 예수 그

---

104 참조: DBW6, 244.

리스도가 죄 있는 인간에게 다가가는 것이다. 그리스도인이 책임을 진다는 것은 죄 없는 예수 그리스도 안으로 들어가 그분과 함께, 그분의 요구를 이 땅에서 실현하는 것이다. 본회퍼의 용어로는 그리스도인이 역사 속에서 예수의 대리자가 되는 것이며, 그것은 역사 속에서 나의 시간과 나의 자리, 나의 존재에 예수 그리스도께서 주인됨을 의미하는 것이다. 이러한 일련의 사건들의 총합을 본회퍼는 하나님의 사랑이라고 보고, 그 사랑은 초월적인, 형이상학적인 것이 아니라 오늘 여기에서 산상수훈의 말씀을 '~의 포기'라는 지평에서 실천하는 구체적인 현실을 의미한다. 20세기 초 독일의 산상수훈(마태복음 5-7장)의 해석들이 당시 상황에서 실천할 수 없는 비현실적이라는 해석이 만연한 가운데 본회퍼의 해석들은 실천의 주체를 인간에서 예수 그리스도로 옮김으로써 불가능을 가능성으로 정당화하고, 하나님의 사랑을 추상적인 것에서 구체적인 것으로 인식할 수 있도록 만드는 데 성공했다. 그 어느 때보다 맘몬이 지배하는 사회에서 심령이 가난하지 않다면(마 5:3) 그리고 실제로 가난하지 않다면(눅 6:20), 하나님의 현실, 하나님의 나라는 오늘, 우리에게 부재할 것이다. 이미 시작된 하나님 나라에서, 그러나 아직 완성되지 않은 하나님 나라에서 살고 있는 하나님 나라 백성들인 그리스도인들은 예수 그리스도 안으로 끊임없이 들어갈 수 있는 하나님의 은혜와 사랑을 구해야 할 것이다. 그러나 본회퍼의 이러한 사고는 이미 산상수훈을 들었던 제자들이나 무리들과 유사한 상황을 힘겹게 겪으면서 살아가는 그리스도인들에게 희망고문은 아닌지 혹은 이미 하나님 앞에서 세속적 가치를 포기할 것을 포기하고 예수 그리스도의 가치를 망각한 포스트—포스트—포스트 모더니즘 시대의 그리스도인들에게 적용 가능한 것인가라는 의문을 가지게 만든다. 동시에 본회퍼의 표현대로라면 실천 가능한 현실은 그리스도인들이 예수 그리스도 안으로 들어가는 행위를 통해 이루어지는데, 이 행위의 구체적 현상은 무엇을 의미하며 또한 산상수훈 자체를 이 땅에서 그대로 실현하는 현상이 이루어진다면, 특히 원수 사랑의 계명이 이 땅위에서 현실이 됨에도 불구하고 그 원수가 여전히 진행하는 악의 역사에 대한 방관과 침묵을 통한 암묵적 동의는 또 다른 죄를 저지르는 그리스도인이 되는 것을 의미하는 것은 아닌지 의심케 한다. 이러한 질문들에 대해서 본회퍼는 명확한 답변을 해 주지 못하고 있다. 그러나 한 가지 분명한 것은 기독교 윤리적 선, 자유, 책임, 하나님의 사랑에 대한 이론적 정립들이 역사 속에서 그의 삶을 통해 입증되었다는 것이다. 그는 선을 선함을 통해, 자유를 자유함을 통해, 책임을 책임적 삶을 통해, 하나님의 사랑을 죄 없이 죄인이 되는 피할 수 없는 선택하는 삶을 통해 스스로 입증했다. 본회퍼가 오늘, 우리에게 요구하는 것은 기독교 윤리의 이론적 담론들의 앎에서 그치는 것이 아니라 사회 속에서의 비윤리적 상황가운데, 앞선 이론적 담론을 토대로 실천적 담론과 더불어 예수 그리스도에 의해 자유로운 책임가운데 행동하는 자가 되고 반드시 그렇게 살아내는 삶일 것이다. 필자는 이러한 본회퍼의 책임 이해와 책임적 행동을 "타자를 위한 책임"(Verantwortung für andere)이라고 규정한다.

VIII. 생명이신 그리스도("역사와 선" 제2판을 중심으로)

본회퍼의 책임에 대한 이해는 그의 다른 신학적 이해와 마찬가지로 그리스도론적으로 이해하고 있다. 특히 윤리학 "역사와 선" 제2판의 부분에서는 요한복음 14장 6절의 말씀을 근거로 '책임'의 개념을

'생명'의 지평에서 이해하고 있다.105

본회퍼는 예수 그리스도의 "나는 생명이다"(요 14:6, 11:27)의 말씀은 '생명이란 무엇인가'에서 '생명이 누구인가'라는 생명에 관한 인식의 전환을 가져온다고 말한다.106 예수 그리스도는 "나는 생명을 소유하고 있다"라고 말씀하시지 않고, "내가 생명이다"라고 말씀하신다. 본회퍼에 따르면, 예수 그리스도의 인격과 분리될 수 있는 생명은 존재하지 않는다. 본회퍼는 바울의 "그리스도는 나의 생명이시다"(빌 1:21)와 "우리의 생명 되신 그리스도"(골 3:4)라는 고백에 주목한다.107 본회퍼는 생명은 예수 그리스도 자신의 하나의 생명만이 아니라, 어떠한 형이상학적 실체가 아니라 예수 그리스도 자체가 생명이라고 말하며,108 이는 본회퍼가 인간의 생명은 예수 그리스도와 인격적 관계를 통해서 진정한 생명에 이르게 된다고 보고 있다고 해석할 수 있다. 본회퍼는 『성도의 교제』에서 교회에 관한 이해와 마찬가지로 『윤리학』에서 생명을 그리스도를 통한 공동체적 개념으로 이해하고 있다.

---

105 프리드리히 요한센은 본회퍼의 윤리를 생명윤리적 관점에서 해석한다. 참조: Friedrich Johannssen, Was heißt Leben schützen? in: Reinhold Mokrosch (hg.), *Dietrich Bonhoeffers Ethik*, Gütersloh 2003, 61-106; 참조: 고재길, 본회퍼의 『윤리학』에 나타난 생명의 개념과 선의 문제, in: 선교와 신학 29(2012), 251-282.

106 참조: DBW6, 248-249.

107 본회퍼의 이러한 생명의 이해는 『성도의 교제』의 '그리스도교적 인격'과 '집합인격'의 이해를 상기시킨다. 본회퍼는 『성도의 교제』에서 예수 그리스도를 통해 하나님과 한 인간 사이의 인격 공동체를 그리스도교적 인격으로, 하나님과 인간들 사이의 인격 공동체를 집합인격이라고 보았다. 이러한 이해는 본회퍼의 그리스도론적 교회 이해의 초석이며, 그는 『성도의 교제』에서 이미 "교회는 그리스도 안에서 모든 사람들이 서로 함께, 서로를 위해 하나의 생명을 영위 한다."라는 명제아래 교회를 생명의 지평에서 논한바 있다(DBW1, 120-121).

108 참조: DBW6, 249.

본회퍼는 이러한 그리스도론적 생명 이해의 현실을 부정과 긍정의 긴장으로 설명한다. 즉, 인간의 진정한 생명은 예수 그리스도 안에서 근원과 본질과 목표를 발견하는 생명으로, 긍정과 부정의 긴장 속에서 인식할 수 있다. 여기서 본회퍼가 말하는 긍정이란 창조와 화해와 구원의 긍정이고, 부정은 자신의 근원과 본질과 목표로부터 타락한 생명에 내려진 심판과 죽음의 부정이다.[109] 긍정은 창조된 것, 생성되는 것, 성장하는 것, 꽃과 열매, 건강, 행복, 능력, 실천, 가치, 성공, 위대함과 명예에 대한 긍정이다. 부정은 이 모든 것 안에 들어 있는 생명의 근원과 본질과 목표로부터의 타락에 대한 부정이다. 이러한 이해를 통해 본회퍼는, 하나님의 창조하신 것들의 생명들을 긍정하면서, 동시에 이러한 순수한 생명들이 죄인 된 인간으로 인해 타락하고 본질적인 모습을 잃어가는 것들에 대한 끊임없는 부정을 통해, 생명의 원래적인 모습을 회복을 추구한다. 본회퍼는 이러한 의미에서의 긍정과 부정의 긴장을 통한 생명회복을 논의하고 있으며 위에서 말한 의미의 부정은 오직 예수 그리스도를 통해 가능하다고 그의 생명에 관한 이해를 전개하고 있다. 왜냐하면 생명에 내려진 심판과 죽음에 대한 극복은 오직 하나님과 세상의 성취된 화해로부터 예수 그리스도 안에서 완성된 구원활동의 평화로부터 만물을 포용하는 생명, 곧 예수 그리스도로부터 출발하기 때문이다.[110]

본회퍼는 이러한 생명에 관한 이해를 기독교윤리학적 담론으로 옮기며, '선'과 '책임'에 관해 논한다. 본회퍼는 하나님의 창조로 인한 생명은 인간의 죄로 인해 생명이 훼손되었지만 예수 그리스도를 통해 다시 그 생명이 회복된 이해를 통하여 이러한 생명에 대한 긍정과 부

---

109 참조: DBW6, 250.
110 참조: DBW6, 251.

정의 끊임없는 역사와 활동 속에서 생성되는 생명이 곧 선이라는 주장을 한다. "선한 것은 생명이 가진 하나의 성질이 아니라 '생명' 자체다. 선하다는 말은 '살아 있다'라는 뜻이다."[111] "우리가 살아 있는 까닭은 하나님과의 만남과 인간과의 만남 속에서 긍정과 부정이 모순적인 통일성을 향해, 몰아적 자기주장을 향해, 하나님과 인간에게 헌신하는 자기주장을 향해 서로 결합되기 때문이다."[112] 본회퍼는 그리스도인이 살아 있는 까닭은 예수 그리스도 안에서 우리에게 다가오는 하나님의 말씀에 응답하기 때문이라고 말한다. 본회퍼는 이러한 생명에 관한 이해를 선과 관련시키며 논의한 후에 생명을 책임의 개념과 연결시킨다. 본회퍼는 책임을 "예수 그리스도의 생명에 대해 응답하는 삶"(우리의 생명을 긍정하고 부정하는 삶)[113]이라고 정의 한다. 본회퍼는 삶의 일부만 긍정하고 부정하는 '부분적 응답으로서의 책임'은 충분하지 못하며, '전적이고 유일한 응답으로서의 책임'을 주장한다. 본회퍼는 "책임이란 생명의 전체성을 투입한다는 뜻이며 생사를 걸고 행동한다는 뜻"[114]이라고 강조한다. 생명 되신 예수 그리스도에 대해 책임을 짐으로써만 인간은 동시에 그리스도 앞에서 사람들에 대해서도 책임을 질 수 있다. "성서에서 책임이란 우선적으로 그리스도의 사건에 관한 인간의 질문에 대해 생명을 걸고 말로써 책임을 진다는 뜻이다"(딤전 4:16, 벧전 3:15, 빌 1:7, 17).[115]

---

111 DBW6, 252.
112 DBW6, 253.
113 DBW6, 254.
114 DBW6, 254.
115 DBW6, 255.

IX. 책임적인 삶의 구조: 대리, 현실적합성, 삶과 행동의 수용(죄책 수용), 자유

책임은 하나님 앞에서, 하나님을 위해 일어나며 사람들 앞에서 그리고 사람들을 위해 일어난다. 그것은 항상 예수 그리스도의 사역을 위한 책임이며, 오직 그러한 점에서 자신의 생명을 위한 책임이다. 오직 말과 삶으로 예수 그리스도를 고백하는 곳에서만 책임은 존재한다.[116]

책임적인 삶의 구조는 하나님을 위한 삶의 의무와 인간 자신의 삶의 자유라는 두 가지 방식으로 결정된다. 본회퍼는 구체적으로 삶의 의무에 대해서는 '대리'(Stellvertretung)와 '현실적합성'(Wirklichkeitsgemäßheit)의 형태로, 삶의 자유는 '삶과 행동의 수용'과 '구체적 결단의 모험'으로 나타난다고 설명한다.[117] 본회퍼는 '형성의 윤리'에서 논한 방식으로 책임 개념에 관한 모든 근거도 예수 그리스도에게 둔다. 그리스도인이 오늘, 여기에서 예수 그리스도의 책임 개념을 대신한다는 것은 그리스도인이 예수 그리스도가 그러셨듯이 '참 인간'이 되어야 한다는 것을 의미한다.[118] 그러나 본회퍼의 대리 개념에서 놓치지 말아야 하는 점은 그의 대리 개념은 그리스도인이 예수를 대신하는 삶에 관한 논의가 아니라 예수가 그리스도인의 삶을 대신한다는 것을 의미한다는 것이다.

우리의 생명이신 예수 그리스도는 인간이 되신 하나님의 아들로서 우

---

116 DBW6, 255-256.
117 참조: DBW6, 256.
118 참조: DBW6, 257.

리를 대신하시며 살아가셨다. 바로 그렇기 때문에 인간의 모든 삶은 예수 그리스도로 인해 본질적으로 대리적인 삶이 되었다. […] 그분의 모든 삶과 행동과 고난은 대리적인 것이었다. 사람들의 삶과 행동과 고난은 그분에게서 성취되었다.[119]

본회퍼는 현실적합성에 관해서는 니체의 말을 인용하면서 "사실 앞에서 굴종하는 생각"으로 오해되어 왔음을 지적한다. 앞서 대리에 관한 이해처럼 본회퍼는 현실에 적합한 행동도 예수 그리스도에게서 그 근거를 찾는다. 즉, 본회퍼는 현실적합한 행동은 그리스도 적합한 행동(das christusgemäße Handeln)이라는 도식을 만들고 예수 그리스도가 현실의 근원과 본질과 목표라고 본다.[120] 본회퍼의 이런 이해를 재해석하자면, 내가 그리스도인으로서 현실적합적으로 살아간다는 것은 그리스도의 현실이 나의 현실이 되는 것을 의미한다. 본회퍼의 현실적합성을 통한 책임적 삶이란, 세상이라는 구체적인 책임의 영역 속에서 세상 그 자체로서 선하거나 악한, 선과 악이 혼합된 하나의 원리를 보며 행동하는 것이 아니다. 오히려 선과 악에 대한 판단의 인간의 한계를 발견하고 전적으로 판단을 하나님께 맡기는 것을 의미한다. 현실적합적인 사람은 행동하는 그 순간에 오직 하나님만을 의지한다. 본회퍼는 이념적으로 행동하는 자는 자신의 이념에서 정당성을 발견하면서 가장 시의 적절한 행동이라고 주장하지만, 책임적으로 행동 하는 자는 자신의 행동을 하나님의 손에 위탁하고, 하나님의 은혜와 심판으로 살아간다고 설명한다.[121] 본회퍼는 책임의 한계는 참

---

119 DBW6, 258.
120 DBW6, 262-263.
121 참조: DBW6, 266-267.

인간 근원과 본질과 목표인 예수 그리스도를 통해서 극복되며, 예수 그리스도 안에서 책임적인 삶을 살아 갈 수 있다고 말하고 있다.

본회퍼는 '현실적합성'이란, 인간 스스로는 선과 악을 규정할 수 없다는 한계를 예수 그리스도를 통해 극복할 수 있다는 것을 의미한다고 말함으로써 책임적인 삶을 그리스도론적으로 이해했다면, 다음으로 '사태적합성'(Sachgemäß)이라는 개념을 통해 책임적인 삶을 살아가는 책임적 인간과 세상과의 관계성을 설명한다. 본회퍼가 말하는 사태적합성은 두 가지 내용을 포함한다. 첫째 "사태적합성이란 하나님과 인간에 대한 근원적, 본질적, 목표적 관계에 주목하는, 사실에 대한 태도이다."122 둘째, "모든 사실에는 근원적으로 본질적 법칙이 내재해 있다 […] 이러한 법칙을 발견하고 따르는 것은 이제 책임적 행동의 현실적합성에 속한다." 그러나 결국 본회퍼는 두 번째 내용 즉, 역사 속에서의 본질적 법칙으로서의 사태적합성은 삶의 필연성과 충돌할 때, 어떠한 법칙으로도 규제 불가능한, 궁극적 필연성의 특수한 상황에서 원리적 법칙과 규범과 규정의 영역을 벗어날 수밖에 없는 상황에 놓이게 된다는 것을 지적한다. 그러나 이러한 궁극적 필연성은 삶 자체의 근원적 사실인데, 그 어떤 법칙을 통해서도, 스스로 법칙이 될 수도 없다는 사실에 놓이게 된다. 본회퍼는 역사 속에서 이러한 필연성이 인간의 이성(ratio)이 피해갈 수 있는 많은 방법보다 마지막 수단(ultima ratio)에 대한 질문으로 인해, 전쟁이나 기만, 계약 파기 같은 이성의 한계를 넘는 선택들이 있어왔음에 주목했다. 그러나 본회퍼는 이러한 마지막 수단이 원리와 법칙과 규범이 된 폭력이 될 수 있다는 점을 볼드윈(Baldwin)의 말을 빌려 경계한다. 결국 본회퍼가 주장하고자 하는 '사태적합성'은 거대한 폭력으로 전락할 수 있는 본

---

122 DBW6, 269-270.

질적 법칙으로서의 사태적합성 혹은 마지막 수단으로서의 사태적합성을 경계하고, 비정상적 사태에 대한 비정상적 필연성, 즉 하나님의 뜻에 의한 궁극적 필연성을 감행할 수 있는 책임적 인간이 되는 것이라고 재해석할 수 있다.123 "역사적 행동에서 궁극적인 것이 영원한 법칙인지, 하나님 앞에서 모든 법칙에 맞서는 자유로운 책임인지는 이론적으로 결정할 수 있는 질문이 아니다."124

본회퍼는 책임적 삶의 구조의 세 번째 개념으로 삶과 행동의 수용에 관해 논한다. 본회퍼는 이 개념을 '죄책 수용의 자세'라는 용어로 그리스도론적 논의를 시작한다. 본회퍼는 예수 그리스도가 어떠한 새로운 윤리적 이념을 선포하거나 실현하려고 하지 않으셨으며, 스스로 선한 존재가 되려고 하지 않으셨음에 주목한다. 본회퍼는 예수 그리스도는 인간의 역사적 존재 가운데서 책임적으로 행동하는 분으로서 죄인이 되었다고 본다. 그는 자신을 비우는 사랑으로부터, 자신의 무죄로부터 인간의 죄책 속으로 들어가셨고, 감당하셨다.

> 모든 책임적 대리 행위는 이처럼 무죄한 죄인 예수 그리스도 안에 근거해 있다. 이것은 책임적 행위다. […] 이것(책임적 행위)은 죄인의 공동체로부터 벗어나려고 하지 않는다. 책임적으로 행동하는 자는 모두 죄인이다. 왜냐하면, 예수 그리스도가 모든 인간의 죄책을 친히 감당하셨기 때문이다.125

뒤에서 더 상세하게 다루겠지만 이 '죄책 수용'은 우선, '예수 그리

---

123 DBW6, 270-274.
124 참조: DBW6, 274.
125 DBW6, 276.

스도의 인간의 사랑을 위한 율법을 깨뜨림'을 의미한다. 예수에게 이웃을 사랑하기 위해서 깨뜨릴 수밖에 없는 율법은, 오늘 우리에게 '양심의 자기 정당화'(Selbstgerechtigkeit des Gewissens)[126]라고 본회퍼는 설명한다.

본회퍼에 의하면 나치 당원의 "나의 양심은 아돌프 히틀러(Adolf Hitler)이다" 같은 말은 무조건적 타율성을 위해 자율성을 포기하는 결과를 낳는다. 이는 인간이 구세주의 역할을 떠맡을 때에만 가능한데, 나치 당원의 위와 같은 선언은 결국 그리스도교의 진리와 가장 유사한 세속적인 사례가 될 것이라고 말한다.[127] 이와 같은 의미에서 본회퍼의 책임적 대리 행위는 인간이 타인을 위해 예수 그리스도의 역할을 대신하는 것이 아니라, 예수 그리스도가 인간과 교제하며, 예수가 인간의 삶의 주체로 인간을 통하여 타인을 위한 삶을 살게 한다는 의미에서 이해해야 한다. 본회퍼가 주장하는 타인을 위한 대리적 삶은 자율성을 포기하지 않는 것이다. 이 자율성은 양심의 부름을 따름으로써 자신의 의지와 지식 너머에, '아담' 안에 자신의 근원을 발견해 나가는 것이다. 참 하나님이시고 참 인간이신 그리스도가 인간의 존재의 일치점이 될 때, 양심은 인간 자신과 일치하기를 촉구하는 부름으로 존재한다.[128] 본회퍼에 의하면 양심이란 "자신의 의지와 자신의 이성 너머의 깊은 곳에서 들려오는 인간 존재의 부름이며, 곧 자기 자신과 일치하기를 요구하는 부름"[129]이다. 인간이 자기 자신과 일치할 수 있는 근거는 율법으로 살아가는 나의 자율성으로 되돌아감을 통해서가 아니라 오직 예수 그리스도와의 교제함으로써 실현된다.[130]

---

126 DBW6, 280.
127 참조: DBW6, 278.
128 참조: DBW6, 277-278.
129 DBW6, 277.

예수 그리스도는 나의 양심이 되었다. […] 나의 양심의 근원과 목표는 율법이 아니라, 예수 그리스도 안에서 만날 수 있는 살아 계신 하나님과 살아있는 인간이다.131

정리하자면, 자신의 의지와 자신의 이성 너머의 자신과 일치하고자 하는 양심은 어떠한 율법이나 자신이 처한 상황의 도덕이나 윤리적 체계가 아니라 오직 예수 그리스도를 통해서만 가능하다. 본회퍼에 따르면 이러한 양심은 율법으로부터 해방되고 율법이 규정해 놓은 죄책으로 들어가서 이웃을 위해 책임을 지게 한다.132 본회퍼는 예수의 안식일을 깨뜨림(막 23-28), 부모를 떠남(눅 2:48-50), 죄인들과 함께 식사함(마 9:11), 하나님께 버림받음(막 15:34)의 장면들을 근거로 예수는 하나님과 이웃을 섬기도록 양심을 자유롭게 하신 분이라고 본다.133

예수 그리스도가 나의 양심이 된 사람은 특정한 행위를 지향하는 것이 아니라, 특정한 존재를 지향한다. 이런 사람은 양심이 스스로를 정당화 하는 것에 저항한다. 본회퍼에게 "양심은 그리스도 안에 근거해 있는 책임, 곧 이웃을 위해 죄책을 지는 책임과 하나가 된다."134 "예수 그리스도는 하나님과 이웃을 섬기도록 양심을 해방하신 분이다."135 예수 그리스도가 없는 인간은 끊임없는 "양심의 자기 정당화"136로 인해 책임적 존재도 될 수 없으며, 책임적 행동도 할 수 없다.

---

130 참조: DBW6, 278-279.
131 DBW6, 279.
132 참조: DBW6, 279-280.
133 참조: DBW6, 279, 각주 109.
134 DBW6, 279.
135 DBW6, 279.

본회퍼에게 "죄책 수용의 자세"는 그가 책임적 행동의 구조를 논할 때 필요한 세 번째 요소였다. 본회퍼의 위와 같은 이해는, 예수 그리스도에 의해 지배되는 양심을 가진 사람만이 주어진 상황 속에서의 책임적 행동을 할 수 있다는 결론을 낳게 한다. 예수께서 깨뜨린 율법은, 오늘날 우리에게는 "예수 없는 양심의 자기 정당화"이다. 하나님을 사랑하고 이웃을 사랑하기 위해 율법을 깨뜨리는 예수님의 죄책의 수용은 오늘 우리에게 무엇을 의미하는가? 그것은 인간의 자기 정당화를 위해 오용되어지는 양심과, 인간의 자기 목적을 위해 세워진 이성, 가치, 경험들을 깨뜨리는 것을 의미한다. 본회퍼에게 인간에 대한 책임은, 예수 그리스도의 양심을 가진 그리스도인들이 기존의 신앙 체계들이 무너지고 그런 율법적인 테두리를 벗어나는 잘못을 저지르며 나아가 그것이 죄로 인식될 수밖에 없는 상황일지라도, 예수께서 주시는 새로운 양심의 소리를 통한 하나님의 뜻을 바로 그 자리에서 충실히 이뤄내는 것을 의미한다.

본회퍼는 이러한 죄책의 수용이 자기 파괴와 자기 부정과 혼돈되어서는 안 되며 본질적으로 자기 자신과 일치하기를 요구하는 부름이라고 본다. 또한 예수 그리스도 안에서 주어진 새로운 양심의 경험이 책임적 행동에 대한 새로운 율법이 될 수 있다고 경계한다. 책임은 예수 그리스도를 위해 일어나야 하며, "구체적 책임의 근원과 본질과 목표는 참으로 양심의 주님이신 예수 그리스도"[137]이다.

본회퍼는 책임적 행동의 구조에 대한 네 번째 개념으로 자유에 관해 논한다. "책임은 하나님을 이웃과 결속하는 가운데서만 주어지는 인간의 자유다."[138] 본회퍼는 책임의 개념을 자유와 순종의 개념 사이

---

136 DBW6, 280.
137 DBW6, 283.

의 한계를 극복하는 개념으로 이해하며, 그리스도론적인 근거를 세운다. 예수는 하나님 앞에서 순종하셨고 자유로우셨다. 그분은 맹목적으로 자신에게 명령된 율법을 맹목적으로 따르시면서 아버지의 뜻을 행하셨다. 예수 그리스도의 순종은 선이란 무엇이고 하나님이 무엇을 요구하시는지에 대해(미 6:6) 인간이 스스로 응답해야 한다는 사실을 그에게 보여주며, 예수 그리스도의 자유는 자유케 된 인간에게 스스로 선 자체를 창조하게 한다. 순종은 선이란 무엇인지를 알게 하며, 선을 행하게 한다. 자유는 용감하게 행동하며, 선과 악에 대한 판단을 하나님에게 맡기게 한다.139

본회퍼는 순종과 자유는 책임 안에서 실현된다고 본다. "자유 없는 순종은 노예생활이며, 순종 없는 자유는 방종이다."140 본회퍼에 의하면, 자유 없는 순종이나 순종 없는 자유 사이에서 자기 자신과 자신의 행위를 하나님에게 맡긴 인간은 책임적인 선택을 할 수 있다. 본회퍼는 이미 『창조와 타락』에서 자유에 관해 논한 적이 있다.141 『창조와 타락』에서의 자유는 본회퍼가 이해한 '하나님의 형상'(창1:26)의 구체적인 내용이었다. 본회퍼는 하나님이 창조 때 인간에게 심긴 그의 형상은 자유이며, 이는 '~으로부터의 자유' 이전에 '~을 위한 자유'를 의미했으며,142 본회퍼는 이 자유의 개념을 '타자를 위한 자유' 개념으로 발전시킨다.143 그리스도인들에게 '자유'란 자신의 의지의 실현이 아니라 삶 가운데 예수 그리스도를 통한 하나님의 의지의 실현이며, 지

---

138 DBW6, 283.
139 참조: DBW6, 288.
140 DBW6, 288.
141 DBW3, 56-63.
142 참조: DBW3, 63.
143 참조: DBW3, 58.

금 『윤리학』에서 논의하고 있는 자유는 결국 순종을 포함한 자유를 지향해야 함을 전제하고 책임적인 삶에 관해 논의하고 있다고 해석할 수 있다.

X. 책임의 장소: 직업

대리, 현실적합성, 죄책 수용, 자유의 개념을 통해 책임적인 삶의 구조를 다루었던 본회퍼는 책임의 장소에 관해 논한다. 본회퍼는 직업을 그리스도의 부르심에 응답하고 책임적으로 살 수 있는 장소라고 이해한다.144 그러나 세상 직업의 의무를 충실히 수행할 때가 아닌 예수의 부름을 받아들임으로써 그 직업을 수행할 때 그 직업은 책임의 장소가 된다. 본회퍼는 직업을 다음과 같이 이해하고 있다.

> 직업은 예수 그리스도께서 그분에게 전적으로 속하기를 요구하는 그분의 부르심이다. 직업은 예수 그리스도의 부름을 듣는 장소에서 그분의 요구를 듣는 일이다. 직업은 실제적 노동과 인격적 관계를 포함한다. […] 직업은 책임이고, 책임은 전적인 현실에 대한 전적인 인간의 전적인 응답이다."145

본회퍼는 직업의 의미를 매우 좁은 의무로만 제한시키지 않는다. 그는 의사를 예로 들어 의사는 환자만이 아니라 자연과학적 지식을 위해서도 봉사하며, 의학이나 인간 생활이나 학문 자체를 위협하는

---

144 참조: DBW6, 291-292.
145 DBW6, 293.

조치에 대해 공개적으로 항의하는 것도 의사의 책임이라고 본다. 이러한 본회퍼의 책임의 장소로서의 직업의 이해는 인간의 직업이라는 것이 전문성을 넘어서서, 그 직업을 가진 자로서의 책임의 영역의 확장을 의미한다고 해석할 수 있다. 앞의 본회퍼의 예를 빌려오자면, 의사가 아닌 자는 의사로서 할 수 있는 다양한 봉사를 할 수 없다. 우리에게 주어진 직업 가운데서 예수 그리스도는 책임의 장소를 창조하신다. 직업의 기능적인 역할만 감당한다면, 그리스도인으로서의 올바른 책임적인 삶이 아니라고 본회퍼는 설명한다.

본회퍼는 인간의 직업 안에서의 책임을 좁은 영역에 제한하는 것을 예수 그리스도의 부름이라고 표방하지 않도록 유의해야하며, 직업에 대한 관점이 인간 자신이 아니라 오직 그리스도의 부름에 대한 관점을 통해 그 직업을 통한 참된 책임을 이 땅에서 실현해야 한다고 강조하고 있다.146 본회퍼의 이러한 책임 이해로 당시 목사직을 가지고 있는 목사들의 책임적이지 못한 삶을 비판하고 있다. "독일교회가 히틀러 정권에 저항하며 맞설 때, 많은 목사들은 형제들과 온갖 박해를 받는 자들에게 공적으로 책임적인 입장을 표명하는 것을 거절했다."147 본회퍼는 당시 목사들이 제멋대로 자신들의 직업의 한계 설정을 함으로써, 고난과 시련 속에 있는 교회를 위해 목소리를 내는 것을 거부한 점을 비판했다.

본회퍼의 이러한 직업에 관한 이해는 목회윤리148와 정치윤리, 직

---

146 참조: DBW6, 295.
147 DBW6, 297.
148 한국 내에서의 목회와 책임윤리에 관해서는 참조: 임성빈, 21세기 책임윤리의 모색, 장로회신학대학교출판부, 2002, 469-490: 임성빈은 책임윤리의 담론에서 각론의 하나로 목회윤리를 다루었는데, 재정, 성적인 것, 힘의 사용의 문제에 관해 성직자의 책임에 관해 조명했다; 책임에 관한 '생태학적 윤리'의 지평은 참조: 한스 요나스, 『책임의 원칙:기술 시대의 생태학적 윤리』, 이진우 옮김, 서광사, 1994.

업윤리149의 새로운 이정표를 제시한다고 해석할 수 있다. 오늘날 목사직분을 수행하고 있는 성직자들은 예배, 설교, 성례전 집례 등의 협소한 목사로서의 소명이해를 넘어, 목사로서 당신에게 전적으로 속하기를 부르신 예수 그리스도의 부름이 무엇인지 파악하기 위해 늘 노력해야 할 것이다. 그것은 목사의 개인윤리와 사회윤리적인 책임의 영역의 확대를 통해 의무적인 직업수행의 성직이해의 한계를 넘어선다. 본회퍼는 이미 1933년 4월 15일 "유대인 문제 앞에서의 교회"(Die Kirche vor der Judenfrage)150라는 제목의 글에서 국가에 대한 교회의 세 가지 책임적 행위의 가능성들에 관해 논했다.

"첫째, 교회는 국가의 행위가 적법한 국가적 성격을 지니고 있는지 올바르게 질문해야 한다. 다른 말로, 국가의 책임화(Verantwortlichmachung des Staates)이다."151 본회퍼는 책임 있는 국가를 만들기 위한 교회의 노력은 국가가 법과 질서를 바로 세우고 있는지 견제하는 역할을 할 수 있어야 하고 또한 반드시 해야 한다고 말하고 있었다.152

"둘째, 국가 행위의 희생자들에 대한 섬김(der Dienst an den Op-

---

149 참조: Walton Padelford, *Dietrich Bonhoeffer and Business Ethics,* BorderStone Press 2011.

150 참조: DBW12, 349-358: 1933년 3월 28일 히틀러는 4일후인 4월 1일부터 모든 유대인과 유대 상점들에 대한 보이콧(Boykott)을 명령했다. 이 명령이 발표된 당시 개신교와 가톨릭교회의 그 누구도 이 '아리안 조항'에 대해서 저항의 목소리를 내지 못했다. 그러나 본회퍼는 당시 27살의 나이로 아리안 조항에 대한 신학적 입장을 담아 1933년 4월 15일에 '유대인 문제 앞에서의 교회'를 발표하면서 저항의 목소리를 냈다. 본회퍼의 이 글에 대한 더 상세한 논의에 관해서는 참조: Wolfgang Huber, *Folgen christlicher Freiheit,* Ethik und Theorie der Kirche im Horizont der Barmer Theologischen Erklärung, Neukirchener Verlag, 1985, 71-93.

151 DBW12, 353.

152 참조: Wolfgang Huber, *Folgen christlicher Freiheit,* Ethik und Theorie der Kirche im Horizont der Barmer Theologischen Erklärung, Neukirchener Verlag, 1985, 82.

fern des Staatshandelns)에 관한 문제이다. 교회는 모든 사회질서의 희생자들을 어떠한 조건도 요구하지 않고 돌보아야 하는데, 설령 그들이 교회 공동체에 속하지 않더라도 그렇게 해야 한다. 모든 이에게 선을 행하라(갈 6:10). 위의 두 가지 태도 방식은 여기에서! 교회는 자유로운 국가에게 교회의 자유로운 방식으로 섬기며, 법의 유린 시대에 교회는 이 두 가지 과제를 어떠한 경우에도 외면해서는 안 된다.

셋째, [교회의] 가능성은 더 이상 바퀴 아래 깔린 희생자의 상처를 감싸주기 위함이 아니라, 바퀴 자체를 멈추기 위함에 놓여있다"(nicht nur die Opfer unter dem Rad zu verbinden, sondern dem Rad selbst in die Speichen zu fallen).[153] 본회퍼에 의하면, 그러한 행위는 위의 두 경우와는 다르게 교회의 직접적인 정치적 행위일 수 있는데 교회가 직접적인 정치적 행위가 가능하고 요구되는 시점은 국가가 법과 질서의 테두리 안에서 창조적인 기능(schaffenden Funktion)을 포기하는 것을 목격할 때이다. 다시 말하면, 국가가 자제력을 잃고 너무 과하게 혹은 너무 적게 질서와 법을 실현하는 것을 교회가 볼 때, 교회의 직접적인 정치적 행위가 이루어져야 한다.[154]

본회퍼의 이 세 번째 "[교회의] 가능성은 더 이상 바퀴 아래 깔린 희생자의 상처를 감싸주기 위함이 아니라, 바퀴 자체를 멈추기 위함"에 관한 담론은 본회퍼가 사형당한지 1년 가까이 지난 1946년 3월 6일에 가에타노 라트미랄(Gaetano Latmiral)이 게르하르트 라이프홀츠(Gerhard Leibholz)에게 보낸 편지에서 한국에서 잘 알려진 소위 '미친 운전사 이야기'로 재발견된다. 라트미랄은 본회퍼가 테겔 형무소 시절에 가깝게 지냈던 이탈리아인 장교 출신 수감자 중 한사람이

---

153 DBW12, 353.
154 참조: DBW12, 353-354.

었다. 라트미랄은 편지에서 본회퍼의 말을 다음과 같이 전한다.

> 만약 쿠담거리(베를린의 한 거리: 필자 주)에서 한 미친 사람이 그의 자동차를 인도를 넘어 운전한다면, 저는 목사로서 죽은 자들을 위해 장례를 치른다거나 희생자들과 관련된 이들에게 위로를 하는 일만을 하지는 않을 것입니다. 만약 제가 이와 같은 상황에 처해 있다면, 저는 그 차 위로 뛰어올라 그 운전대에서 그 운전자를 끌어내려야만 하지 않겠습니까?(Wenn ein Wahnsinniger auf dem Kurfürstendamm sein Auto über den Gehweg steuert, so kann ich als Pastor nicht nur die Toten beerdigen und die Angehörigen trösten; ich muß hinzuspringen und den Fahrer vom Steuer reißen, wenn ich eben an dieser Stelle stehe?)"[155]

본회퍼에 의하면, 성직자들은 그리스도의 부름 받은 제자로서의 소명과 사명을 감당해야 하며, 교회 공동체 내의 지체들뿐만 아니라 사회 내의 다른 타자와의 관계 속에서도 자유로운 책임을 다하는 삶을 살아야 한다. '유대인 문제 앞에서의 교회'를 쓴 27세의 본회퍼가 33세 즈음에 본회퍼의 히틀러 체제 전복을 위한 방첩단에 가입하는 선택은 아마도 자기 스스로 목사로서, 신학자, 신학과 교수로서 감당해야 하는 공적 책임의 한 부분이라고 생각했을 것이고, 어떠한 선택이 과연 책임적인가에 대한 질문에 "율법을 파괴함으로써 율법을 참으로 거룩하게 하는지"[156]의 여부로 증명될 수 있다는 스스로의 이해

---

[155] Gaetano Latmiral, *Brief an G. Leibholz vom 6. März 1946*, in: Dietrich Bonhoeffer Jahrbuch 1, Gütersloh 2003, 30.
[156] DBW6, 298-299. 본회퍼는 원수 사랑의 계명을 깨뜨리면서, 유대인을 위해 히틀러 방첩단에 가담함으로써 고난에 처한 이웃들의 사랑에 대한 계명을 완성하였다.

라는 관점에서, 책임적인 삶의 선택이라고 볼 수 있을 것이다. 본회퍼는 목사로서 행정적인 의무만을 수행하면서 살지 않았다. 교회의 직접적 정치 행위에 대한 자신의 의견을 직접 실행에 옮겼다. 본회퍼의 '유대인 문제 앞에서의 교회'는 비단 성직자들의 책임담론에만 국한되지 않는다. 이는 이 땅의 모든 그리스도인들의 국가에 대한 공적 책임에 관한 담론이다. 본회퍼는 히틀러 정부하에 유대인 문제에 관해 그 누구도 내지 않던 교회의 책임의 목소리를 높였다. 국가가 법과 질서를 유린하고 있을 때, 교회는 결코 침묵하며 방관해서는 안 된다.157 본회퍼는 원수사랑에 대한 계명을 깨뜨리면서, 고난에 처한 이웃사랑의 계명을 완성하는 책임적인 삶을 살았던 목사였으며 한 사람의 그리스도인이었다. 그의 용어를 빌리자면, 그는 "자유로운 책임 안에서의 행동"과 "구체적 결단의 모험"을 단행하는 삶을 살았다.

XI. 본회퍼의 『윤리학』의 해석들과 비판

책임적 인간은 인간과 상황 혹은 원리에 구애를 받지 않지만, 주어진 모든 인간적, 일반적, 원리적 조건을 고려하는 가운데서 자기 자신의 자유 안에서 행동한다."158

---

157 정종훈은 교회와 정치 참여에 대한 오해는 마 22:21의 예수의 말씀(가이사의 것은 가이사에게, 하나님의 것은 하나님께 바치라 하시니)에 대해 정치과 종교가 분리되어야 한다는 기독교인들의 오해, '정치는 더러운 것이다'라는 편견, '정치적이다'는 말의 기독교인들의 편견, '교회가 전도하는 곳이지 정치적인 문제와 씨름하는 곳이냐'라는 말과 같은 개인구원과 사회구원의 철저한 구별에서 비롯된다고 설명한다. 그는 '자유', '평등', '약자에 대한 우선적인 관심'으로 '하나님 나라에 근접한 삶을 추구하는 사회정의의 실현에 기여하기'에 의한 기독교인의 정치참여의 대안을 제시한다(참조: 정종훈, 『생활신앙으로 살아가기』, 대한기독교서회, 2007, 174-183).
158 DBW6, 283-284.

> 책임적으로 행동하는 인간은 단순히 정의와 불의 사이에서, 선과 악 사이에서 결단할 것이 아니라 정의와 정의 사이에서, 불의와 불의 사이에서 결단해야 한다.159

본회퍼는 책임적 행동을 하는 인간은 자유라는 선물을 하나님으로부터 부여받고 행동하며, 결단은 하나님의 섭리이며 모험은 하나님의 필연성으로 인식된다고 설명한다.160 본회퍼는 이 과정에서 『윤리학』의 "역사와 선" 제1판에서 다루지 않은 순종의 문제를 다룬다. 본회퍼는 예수는 하나님 앞에서 순종하는 분이시고, 자유로운 분이신데, 이를 근거로 책임적 삶이란 순종과 자유가 분리되지 않은 채 하나님의 뜻을 수행하는 것이라고 설명한다.

> 자유가 없는 순종은 노예생활이며, 순종이 없는 자유는 방종이다. […] 인간은 순종 안에서 하나님의 십계명을 따르며, 자유 안에서 새로운 십계명을 만든다(루터).161

본회퍼가 말하는 인간의 자유는 예수 그리스도의 하나님의 명령에 대한 순종을 근거삼고 있으며, 인간 안으로 그의 형성을 각인한 예수 그리스도는 인간의 자유를 지배한다. 그러나 현실 속에서 인간, 특히 그리스도인의 자유의지가 전적으로 예수의 형성에 기인하고 있는가라는 질문은 피해갈 수 없다. 왜냐하면 칭의를 경험한 인간 역시 끊임없이 순종 없는 자유, 예수 그리스도 없는 자유의지를 상실하는 경

---

159 DBW6, 284.
160 참조: DBW6, 285.
161 DBW6, 288.

험을 하고 있기 때문이다. 칭의(중생)가 임한 자는 성결(성화)한 삶을 살아가고 있는가? 실제로는 그렇지 못하고 있지 않는가?

본회퍼에 의하면 직업은 그리스도의 부름에 응답하고 그래서 책임적으로 살 수 있는 장소이다. 루터는 수도원이 아니라 세상 속에서 예수 그리스도의 부름에 대해 긍정과 부정의 삶을 살아가는 것을 선택했다. 본회퍼는 "루터는 예수 그리스도의 부름 앞에서 책임적으로 세상의 직업을 수행할 때, 예수 그리스도와의 사귐으로부터 나오는 자유롭고 즐거운 양심을 유지할 수 있다고 가르쳤다"[162]라고 소개한다. 본회퍼는 오직 직업 속에서 책임 있게 따르는 그리스도의 부름만이 타협을 극복하며, 타협으로 인해 불안해진 양심을 극복한다고 말했다.[163] 이러한 본회퍼의 이해는 그의 위임 사상을 상기시킨다. 노동, 결혼, 정부, 교회에 주어진 하나님의 위임은 그리스도인이 세상 속에서 어떻게 살아가야 하는지에 대한 4가지 유형으로 본회퍼는 이해했다. 즉 그리스도인은 세상 속에서 인간의 모든 사회활동을 의미하는 노동의 장소에서, 가정에서, 국가 내에서 하나님의 창조 섭리를 이어가야 한다. 타락한 인간 사회는 오직 예수 그리스도를 통해 원역사의 창조(창1-3장)속의 하나님의 의지를 보존해 나가야 한다는 의미에서 본회퍼는 그의 위임사상을 전개했다. 만약 이러한 기능이 이루어지지 않을 때 나머지 세 가지 위임을 비판하는 기능을 담당하는 것이 교회에 주어진 위임이라고 본회퍼의 위임 사상을 이해할 수 있다. 본회퍼는 "역사와 선" 제2판에서 책임의 장소를 그리스도인이 일하는 곳이라고 규정하고 직업 속에서 하나님의 참 보기 좋았던 공동체의 회복을 이뤄나가는 책임적 삶을 전개해 나갈 것을 주문하고 있다. 즉,

---

162 DBW6, 292.
163 참조: DBW6, 293.

본회퍼는 직업을 기능적 업무만을 담당하지 말고, 직업 공동체 내에서의 이웃사랑의 계명을 실천하는 책임적 삶을 요구하고 있는 것이다. 그 이웃은 공간적 이웃, 사회적 이웃, 직업적 이웃, 가족적 이웃을 넘어서서 타인과 공존하는 생명 공동체의 창조를 의미한다고 해석할 수 있다.

본회퍼에게 예수 그리스도의 성육신은 역사의 새로운 시작이고 하나님께서 보시기에 참 좋았던 공동체적 관계, 선(Gute)의 새로운 창조였다. 본회퍼는 성육신 사건을 예수 그리스도를 통한 하나님의 창조의지를 회복하는 계기로 보았다. 본회퍼는 '책임'을 공동체로 존재하는 그리스도와 함께 교회된 자들의 하나님의 뜻에 대한 이 땅위에서의 삶을 통한 응답이라고 보았다. 그 삶은 예수 그리스도가 그(들)의 삶 속으로(hinein) 들어와 인간의 욕구와 욕망과 자아(Ich)는 끊임없이 죽고, 예수가 삶의 주체로 참 생명으로 지배하는 삶이다. 본회퍼의 책임 개념을 통해 우리는 '타자성' 즉, 창조주 하나님의 모든 피조물들에 대한 경외심을 가져야 하는 시대적합한 과제를 부여받는다.

그러나 이 원고의 마지막에 이른 독자들은 현실속의 그리스도인이 책임적 자유 안에서 행동하는 것이 과연 가능하기나 한가라는 질문 앞에 놓인다. 왜냐하면, 신학적 개념들을 올바르게 인식하고 이를 자신의 신앙고백으로 삼더라도, 현실 속에서 부딪히는 윤리적 갈등 속에서 본회퍼가 제시한데로 지금, 여기에서의 하나님의 뜻을 현실적합하고 시의적절하게 적용해나가는 것은 쉬운 일이 아니기 때문이다.

본회퍼에게 '책임'은 이성과 경험, 가치에 의한 어떠한 규범적인 원칙이 아니라 삶 전체에서 끊임없이 치열하게 하나님의 뜻을 수행해 나가는 것이다. 이러한 책임적 삶에는 하나님과 함께하는 자유라는 선물(Donum)이 주어진다. 그 자유는 어떠한 것으로부터의 해방을 의미하는 것이 아니라 하나님과 함께하는 자유, 즉 창조 때의 공동체적 관계를 회복하며 모든 피조물들과 더불어 살아감을 의미한다. 이러한 의미에서 본회퍼는 '책임의 자유 안에서 행동하는 자'가 되는 것이 역사 속의 선을 설립해 나가는 진정한 그리스도인이 되는 것이라는 기독교윤리학적 모델을 오늘, 우리에게 제시하고 있다. 나아가 본회퍼는 그의 책임 개념을 통해, 그리스도인들만의 이익집단(Gesellschaft)이 아니라 하나님 그리고 타자와 함께하는 공동체(Gemeinschaft)로의 삶의 예배로 우리를 초대한다.

본회퍼는 히틀러 정부 아래에서 그가 형제라고 일컬었던 유대인들을 위한 책임적인 삶을 살았다. 무엇보다도 『윤리학』의 대리, 현실적합성, 삶과 행동의 수용(죄책 수용), 자유, 책임 사상은 그의 삶 속에서 시의적절하게 다양한 형태로 용해되었으며, 바로 그 때문에 본회퍼의 윤리사상은 소위 신앙생활과 현실적 삶과의 갈등 속에서 살아가는 이 땅위의 많은 그리스도인들에게 단지 윤리 연구서나 혹은 메아리치다 이내 소멸되고 마는 도덕적 구호로서만 존재하는 것이 아니라, 하나님의 뜻대로 행하는 자로서의(마 7:21) 마태적 행위의 의(Werkgerechtigkeit)를 실현하는 그리스도인으로 살아가도록 돕는다.

XII. 『윤리학 원고』와 '타자를 위한 교회'

본회퍼에게 책임은 삶 전체를 통해 역사 속에서 하나님의 뜻의 실현을 목숨 걸고 해내야 하는 과제를 제시하지만 우리네 그리스도인의 삶은 과연 그런 의지가 있는가? 우리네 그리스도인의 삶은 본회퍼의 요구에 대해서, 윤리적 갈등만 증폭된 채 하나님과 세상을 향한 절규와 순종 없는 값싼 은혜로 가득 차 있지는 않는가? 본회퍼는 "역사와 선"을 집필하는 시기에 이미 오스터 대령과 한스 폰 도나니를 주축으로 하는 히틀러 정권의 체제 전복을 위한 방첩단에 가담하고 있었다. 예수 그리스도의 진정한 제자라면 인간의 모든 것을 포기해야 한다고 일관되게 주장하고, 원수를 사랑해야 한다는 산상수훈의 해석이 있었던 핑켄발데 신학교의 폐쇄 이후 본회퍼는 강연금지, 출판금지를 당하고 자신의 가르침들에 대해 혼란을 겪고 있었을 것이다. 유대인과 독일 국민들의 상처를 감싸는데 그치는 것이 아니라 원수를 사랑하고, 살인하지 말라는 계명을 깨뜨리며 스스로 죄인이 됨에도 불구하고 난폭한 자동차의 운전기사였던 히틀러를 끌어내리는 것이 그에게 주어진 하나님의 사랑의 현실적합하고, 사태적합하고, 책임 안에서의 자유를 감행하기로 한 선택이었을까? 본회퍼의 핑켄발데 시절을 지배했던 기독교 평화주의는 이 과정에서 소멸되고 만 것인가? 그의 행동은 책임적 인간으로서 인간과 상황 혹은 원리에 구애를 받지 않지만 주어진 모든 인간적, 일반적, 원리적 조건을 고려하는 가운데서 자기 자신의 자유 안에서의 행동이었을까? 그러나 그의 이러한 결단이 우리의 상황에서 절대적 규범으로 자리 잡는다면 그것은 본회퍼의 『윤리학』 원고를 오독하고 오해한 결론일 것이다. 우리가 우리의 일상에서 책임 있게 행동하는 것을, 타자의 입장은 전혀 고려하지 않은 채로 '타자를 위한 고난'으로 정당화하며, 양심으로 자유롭게 한다고 주장하고, 그 결과에 대해서 오직 하나님의 은혜만을 구한다면 현실 속에서는 오히려 새로운 율법적 양심을 야기하지는 않는가? 하나님과 이웃 때문에, 곧 그리스도 때문에 안식일 규정에서 자유로울 수 있고, 부모 공경에서 자유로울 수 있으며 하나님의 모든 율법에서 자유로울 수 있다는 본회퍼의 가르침은, 실정법이 현존하는 오늘날의 현실 속에서, 정의롭지 못한 모든 현상들에 대해 죄책을 짊어지고, 위법적인 행동을 통해서라도 타자의 고난을 해소하는 것, 창조의 생명을 유일하게 지니신 예수 그리스도의 형성에 동참하는 것이라고 해석할 수 있을까? 우리는 어디까지 예수의 선에 동참할 수 있으며, 동참해야 하는가? 혹시 우리네 그리스도인들의 대부분은 가족부양과 무엇을 먹고, 마시고, 입어야 하는 문제에 부딪쳐서, 난무하는 부정의적 현실에 대해 침묵으로 일관하는 것을 정당화하고 있는지도 모른다. 우리의 소유, 행복이라고 일컬어지는 모든 것의 포기는 현실 속에서는 또 다른 포기들의 요구와 만나 하나님께서 위임하신 책임의 장소를 끊임없이 벗어나려고 하고 있는지 모르겠다. "인간은 순종 안에서 하나님의 십계명을 따르며, 자유 안에서 새로운 십계명을 만든다"164라는 루터의 말을 인용한 본회퍼는 도대체 어디까지의 순종을 통한 새로운 십계명을 의미한 것인가?

예수 그리스도의 제자로 부르심은 선물이자 계명이지만165, 우리를 세상 속의 삶에 대한 끊임없는 긍정과 부정 속에서 갈등하게 한다. 나는 본회퍼가 말하고 있는 의미에서의 역사 속에서의 선을 얼마나 행하며 살아가고 있는가? 우리의 의지와 우리의 이성 너머의 깊은 곳에서 들려오는 인간 존재의 부름, 곧 우리 자신과 일치하기를 요구하는 부름을 통한 양심의 회복은 어떠한 이성, 경험, 가치를 통해서가 아니라 주어지는 상황 속에서의 세밀한 음성을 들려주시는 예수 그리스도를 통한 하나님의 계시라는 사건을 통해서 가능할 것이다. 우리는 바로 그러한 의미에서 '역사 속에서의 책임적 자유 안에서의 행동을 감행'해야 한다는 삶의 과제를 본회퍼로부터 배울 수 있다. 아마도

---

164 DBW6, 288.
165 참조: DBW4, 47.

이러한 의미에서 본회퍼는 옥중에서에서 믿음은 배우는 것(Glauben lernen)[166]이며, 그리스도인의 삶이란 기도하고 정의를 행하는 것[167]이라고 말했을 것이다. 죄 없이 죄인이 되신 예수 그리스도 안에서 타인의 죄를 위해 그리스도의 대리적 삶을 살아내야 하는 무거운 과제는 우리의 욕구와 욕망의 포기와 하나님보다 더 선하게 생각하는 가치들을 제거하는 데에서 시작될 것이다. 이러한 본회퍼의 요구는 모든 것을 해로 여김은 내 주 그리스도 예수를 아는 지식이 가장 고상함을 인함이라(빌 3:8)는 바울의 고백을 담고 있다. 1945년 4월 9일 플로센베르크 수용소에서의 본회퍼가 조지 벨 목사에게 전해달라고 마지막으로 남긴 "이것은 끝이 아닙니다. 새로운 시작입니다"라는 말은 오늘, 여기에서 예수 그리스도 안에서 책임적 자유 안에서 행동해야만 하는 새로운 시작으로, 새로운 창조로 실존하고 있다.

자유의 도상에 있는 정거장들(Stationen auf dem Wege zur Freiheit)[168]

훈련(Zucht)
그대가 자유를 찾아서 떠나려고 하거든
욕망과 그대의 지체가 그대를 이리저리 끌고 다니지 않도록
먼저 그대의 감각과 영혼을 훈련하는 법을 배워라.
정신과 육체를 정결케 하고,
그대에게 정해진 목표를 찾아 거기에 복종하고 또 순종하라.

---

166 DBW8, 542.
167 참조: DBW8, 435
168 DBW8, 570-572(번역은 참조: 디트리히 본회퍼, 『저항과 복종』, 손규태·정지련 옮김, 대한기독교서회, 2010, 727-728).

자유의 비밀을 경험한 사람은 없다. 그것은 오직 훈련에 의할 뿐이다.

행동(Tat)

마음대로 행하지 말고, 정의를 행하고 모험하며,
가능성 속에서 도용하지 말고, 현실적인 것을 대담하게 붙잡으라.
자유는 생각의 도피 속이 아니라, 오직 행동 안에만 있다.
오직 하나님의 계명과 그대의 믿음만을 의지하여
두려운 주저에서 뛰쳐나와 사건의 폭풍 속으로 나서라.
그리하면 자유는 그대의 혼을 환호하며 맞이할 것이다.

고난(Leiden)

놀라운 변화, 힘차고 살아 있는 손이 그대에게 연결되어 있다.
무력함과 고독 속에서 그대는 그대 행동의 종말을 보고 있다.
그러나 그대는 안심하고, 믿으며, 더 강한 손 안에서 위로받으며
조용히 만족한다.
오직 한 순간 동안 그대는 환희에 넘쳐 자유를 맛보았지만,
그대는 자유를 하나님에게 맡겼다. 그분이 자유를 영광스럽게 완성하시도록.

죽음(Tod)

자, 이제 오너라, 영원한 자유에의 도상에 있는
최고의 축제인 죽음이여,
우리의 덧없는 육신과 현혹된 우리 영혼의
무거운 사슬과 장벽을 부수고,

이 세상에서는 보기를 꺼리는 것을 마침내 보기 위하여.
자유여,
우리는 오랫동안 훈련과 행동과 고난 속에서 그대를 찾았다.
그런데 이제 죽으면서 우리는 그대 자신을
하나님의 얼굴 속에서 본다.

제 13 장
『저항과 복종』(*Widerstand und Ergebung*)
: 교회를 위한 신학적 유언

I. 『저항과 복종』의 등장 배경

『저항과 복종』은 '10년 후'[1]라는 제목의 글과 1943년 4월 5일에 본회퍼가 체포된 날부터 1945년 4월 9일 사형당하기까지 베를린 테겔에 있는 군 형무소와 그 후 베를린의 프린츠 알브레히트(Prinz-Albrecht)가(街)의 지하형무소에 감금되어 있던 기간 동안에[2] 쓴 편지, 신학적 연구를 위한 기획들, 시들 그리고 그 밖의 메모들을 에버하르트 베트게(Eberhard Bethge)가 편집하여 낸 책이다.[3] 이 책에 관한

---

1 참조: DBW8, 19-39.
2 참조: DBW8, 1. (편집자 서문)
3 본회퍼의 옥중신학 특히 "비종교적 해석"에 관한 최초의 논문은 다음을 참조할 것: Gerhard Ebeling *Die nicht-religiöse Interpretation biblischer Begriffe*, in: Zeitschrift für Thologie und Kirche 52 (1955), 296-360. 이에 관한 더 자세한 연구는 Gerhard Ebeling, *Word und Glaube*, Tübingen 31962, 90-160.

연구서로 간과할 수 없는 책은 뷰스텐베르크(Wüstenberg)의 『삶의 신학』(*Eine Theologie des Lebens*)4 이다. 그는 본회퍼의 '비종교적 해석'과 딜타이의 삶의 철학을 비교하면서 삶의 신학을 착안해 냈다. 티츠(Tietz)는 본회퍼의 옥중 편지를 주도면밀하게 관찰한 논문5에서 본회퍼의 옥중신학에 대한 베트게의 참여한 부분이 무엇인지를 논했다. 그녀는 본회퍼가 베트게와 주고받은 편지들 속에서 종교와 비종교성(Religion und Religionslosigkeit), 세상 속의 하나님의 공간(der Raum Gottes in der Welt), 세상 속의 교회(die Kirche in der Welt), 차안과 피안(Diesseits und Jenseits)이라는 네 가지 주제로 분류해서 본회퍼의 옥중신학을 다루었다. 찜멀링(Zimmerling)은 옥중시절의 본회퍼의 영성(Spiritualität)과 이 기간에 본회퍼의 약혼녀였던 마리아 폰 베데마이어(Maria von Wedemeyer)와 주고받았던 편지들의 내용에 관해 연구했다. 그는 본회퍼의 옥중에서의 영성은 기도하고, 정의를 행

---

4 Ralf K. Wüstenberg, *Eine Theologie des Lebens* - Dietrich Bonhoeffers nicht-religiöse Interpretation biblischr Begriffe, Evangelische Verlagsanstalt, 2006. 이 외의 『저항과 복종』에 관한 연구 논문들은 다음을 참조할 것: Walter Dress, Dietrich Bonhoeffer. Widerstand aus Glauben, in: Gloede, Günter (ed.): Ökumenische Profile. Brückenbauer der einen Kirche, Bd. 2, Stuttgart (1963) 21966, 180-193. Wolf-Dieter Zimmermann, *Widerstand aus Gehorsam*, in: Colloquium (Berlin FU) 19 (1965) 14-15, Klaus Haacker, *Widerstand oder Anpassung?* Zur theologischen Verarbeitung des Säkularismus bei Dietrich Bonhoeffer, in: Brüderlicher Handreichung (Pfarrer-Gebets-Bruderschaft) 39 (1966) 7-15. Margret Fischer, *Christ im Widerstand*. Zeitgeschichte im Religionsunterricht mit Beispielen für das exemplarische Lehren und Lernen, Hamburg 1967 (Hamburger Arbeitshilfen 13). Martin, Kuske, *Die Weite des Herrschaftsbereiches Christi*. D. Bonhoeffer auf dem Wege zu Widerstand und Ergebung, in: Evangelische Theologie 28 (1968) 579-594.

5 Christiane Tietz, *Eberhard Bethges Anteil an Dietrich Bonhoeffers Gefängnistheologie*, in: Martin Hüneke, Heinrich Bedford-Strohm (Hg.), Eberhard Bethge, Weggenosse, Gesprächspartner und interpret Dietrich Bonhoeffers, Gütersloh, 2011, 57-82.

하며6 하나님의 때(Zeit)를 기다리는 것이라고 규정했다.7

II. 10년 후: 저항의 신학적 근거?

이 책의 서두에 나오는 '10년 후'라는 제목의 글은 베트게에 의하면 1942년 성탄절에 베트게 자신과 도나니, 오스터 등을 위해 본회퍼가 저술한 글이다. 본회퍼가 고등군법회의의 뢰더 대령과 게슈타포 형사 존더레거에 의해 체포된 시기가 이 글을 쓴 이후 4개월 정도 후라는 점을 감안한다면, '10년 후'라는 이 글은 엄밀하게 말해서 옥중서신, 혹은 소위 옥중 신학으로 분류할 수 있는 글은 아니다. 베트게가 『저항과 복종』을 편집하면서 이 책을 '10년 후'라는 본회퍼의 글로 시작하는 이유는 아마도 이 글이 본회퍼의 옥중신학과의 연속성을 같이 한다고 여기기 때문일 것이다. 이 연속성은 본회퍼의 이전의 신학적 관점으로부터 어느 정도의 전환을 의미하기도 하는데, 이 시기에 본회퍼는 '위로부터 아래로의 신학'이라는 그의 일관된 신학방법론에서 '아래로부터 위로의 신학'의 시각을 수용한다. 그러나 이러한 본회퍼의 신학적 관점이 아래로부터 위로의 신학으로의 완전한 전환을 의미하지는 않는다. "아래로부터의 시각은 우리에게 항상 만족을 모르는 사람들 쪽에 서지 않도록 만든다. 아래나 위로부터가 아니라, 양자를

---

6 DBW8, 435(1944년 5월 디트리히 빌헬름 뤼디거 베트게의 세례식에 대한 단상): "im Beten und Tun des Gerechten unter den Menschen"

7 참조: Peter Zimmerling, *Die Spiritualität Bonhoeffers in den Gefängnisjahren: Beten, das Gerechte tun und auf Gottes Zeit warten*, in: Rainer Mayer(Hg.), *Dietrich Bonhoeffer - Mensch hinter Mauern*. Theologie und Spiritualität in den Gefängnisjahren, Brunnrn, 1993, 35-68.

초월한 차원에 근거한 좀 더 높은 만족감으로부터 나와 삶의 모든 차원에 대해 정당하게 대처하며, 이로써 그 삶을 긍정하는 것이 중요하다."8 본회퍼 전체의 일관된 연속성은 위로부터 혹은 아래로부터의 관점들 중의 선택이 아니라, 주어진 삶의 상황 속에서 하나님의 뜻을 분별하며 행하는 것이 그의 신학의 일관성이라고 볼 수 있다. 이러한 점에서 오늘, 우리에게 예수 그리스도는 누구인가라는 본회퍼의 신학함의 근본 질문은 위로부터 아래로, 아래로부터 위로의 신학방법론을 모두 수용 가능하다고 볼 수 있다.

'10년 후'를 집필한 이 시기는 한스 폰 도나니가 주도하는 방첩대의 히틀러 암살 모의가 진행 중이었으며, 본회퍼도 그 단체의 일원이었다. 본회퍼가 위로부터 아래로의 신학만을 고수했다면, 기독교 평화주의자였던 그가 이 모임에 가담하지 않았을 것이다. 물론『윤리학』의 내용들 가운데 '사태적합성', '자유로운 책임'에 관한 내용에 근거해서 본회퍼가 왜 목사이자 기독교 평화주의자로서 히틀러 암살 모의에 가담했는가라는 질문에 대한 신학적 답변을 마련할 수 있기는 하다. 이미 앞에서 이 부분에 관해 다루기도 했지만, 본회퍼는 목사로서 위로부터 아래로의 신학적 모습을 버리고 아래로부터 위로의 신학 즉, 원수를 사랑하라는 말씀을 깨뜨리며, 유대인의 고난에 대해 외면할 수 없는 소위 책임적 삶이라는 피할 수 없는 선택을 수용한다. '10년 후'의 글들 가운데 '아래로부터의 관점'이라는 제목의 짧은 글에서 본회퍼는 아래로부터의 관점이란 "사회로부터 소외당한 자들, 혐의를 받고 학대받는 자들, 권력 없는 자들, 억압당하고 멸시당한 자들, 간단히 말해서 고난당하는 자들의 관점에서 보는 것"9이라고 정의한다. 이러

---

8 DBW8, 39.
9 DBW8, 38.

한 시각은 『저항과 복종』의 소위 옥중신학 전체를 이끌어 가고 있는 고난에 관한 신학적 사유를 낳았고, 이는 본회퍼의 "타자를 위한 교회"10 사상의 핵심 개념으로 발전된다.

III. 책임적 인간의 자유로운 책임성
   : 고난을 함께 나누는 것

『저항과 복종』의 '10년 후'에서 '확고하게 설 자는 누구인가?'라는 글에는 『윤리학』의 '형성으로서의 윤리학'11의 개념이 용해되어 있다.12 본회퍼는 이 글에서 '책임적 그리스도인'에 관해 논했다.

> 확고하게 설 자는 누구인가? 그의 이성, 그의 원칙, 그의 양심, 그의 자유, 그의 덕행을 궁극적 기준으로 삼는 자가 아니라 하나님에 대한 믿음과 오직 믿음에 속박됨으로써 순종하며 책임을 지는 행위로 부름을 받아 이 모든 것을 희생시킬 준비가 되어 있는 자이다. 즉 자신의 삶이 하나님의 물음과 부르심에 대한 응답 외에는 그 어떤 것도 되기를 바라지 않는 사람이야 말로 '책임적 그리스도인'(der Verantwortliche)이 되는 것이다.13

이러한 '책임적 그리스도인'에 관한 이해는 본회퍼의 '시민적 용기?'14라는 글에서 '자유로운 책임'(freie Verantwortung)15 개념으로

---

10 DBW8, 560-561.
11 DBW6, 63-66.
12 참조: DBW8, 21. 각주 3.
13 DBW8, 23.

확장된다. "자유로운 책임은 책임적 행동의 자유로운 신앙의 모험을 요구하며, 죄인에게 용서와 위로를 허락하시는 한 분 하나님에게 기초하고 있다."16

그렇다면 본회퍼에게 이러한 '책임적 인간'의 '자유로운 책임'은 구체적으로 무엇을 의미하는가? 그것은 '고난을 함께 겪는 것'(Mitleiden)이다.17

그리스도는 그의 시간이 도래할 때까지 고난을 피했다. 그러나 그리스도는 그 후 자유로이 고난을 받아들였고, 그것을 극복했다. 성서에 의하면 그리스도는 모든 인간의 고난을 자신의 몸을 통해 자신의 고난으로 경험했고 […] 고난을 자유 가운데 스스로 받아들였다. 우리는 물론 그리스도가 아니며 우리의 행동과 고난을 통해서 세상을 구원하도록 부름 받지도 않았다.18

본회퍼는 이 진술은 『윤리학』의 '형성으로서의 윤리'에서 제시했던 그리스도인의 '예수되기'의 의미들 가운데 어떻게 인간이 그리스도가 될 수 있는가는 세상을 구원하는 것에 있지 않다고 분명히 하고 있다. 인간은 예수 그리스도의 구속 사역을 대신할 수 없다. 그러나 예수

---

14 참조: DBW8, 23-24.

15 DBW8, 24.

16 DBW8, 24.

17 참조: DBW8, 33-35; 본회퍼의『성도의 교제』의 마지막 문장은 그의 박사학위 전체의 주제인 교회 이해가 그의 남은 인생가운데 '고난'의 문제에 대한 사유로 이어지게 될 것이라는 것을 이미 예고했다(참조: DBW1, 199). 본회퍼는 실제로 1933년 '유대인 문제 앞에서의 교회(Aufsatz 15. April 1933)(DBW12, 349-358)'에서 교회가 유대인의 고난을 외면해서는 안 된다는 주장을 통해 '고난'에 대한 교회의 실천적 담론을 처음 시작했다.

18 DBW8, 34.

그리스도의 사랑을 가지고 고통당하는 사람들과 고난을 함께 나누는 것이라고 '예수되기'의 구체적 과제를 제시한다. "우리는 그리스도가 아니다. 그러나 우리가 그리스도인이 되려고 한다면 책임적 행동으로 그리스도의 심장의 넓이에 참여해야 한다. 이러한 책임적 행동은 자유함 가운데 시간을 포착하고 위험에 맞서도록 만든다. 이러한 책임적 행위는 불안이 아니라, 자유롭게 하시며 구원하시는 그리스도의 사랑을 갖고 고통당하는 사람들에게 다가서도록 만든다."[19] 본회퍼는 '행동하지 않고 기다리는 것'과 '둔감하게 방관하고 있는 것'은 그리스도교적인 자세가 아니라고 말했다.[20] 악한 행실들에 대한 무언의 증인이었으며, 진리와 자유로운 말을 하지 않았던 2차 세계대전 당시 독일 그리스도인들을 향해 단순하고 곧은 인간, 단순성과 정직성을 향한 길을 회복해야 한다고 본회퍼는 적어두고 있다.[21]

『성도의 교제』의 마지막 문장은 교회가 고난을 외면해서는 안 된다는 것을 담고 있다. "교회는 '현재의 고난은 장차 우리에게 나타날 영광과 비교할 수 없다(롬 8:18)'라는 사실을 안다."[22] 본회퍼는 첫 학문적 저서인 『성도의 교제』에서 예고한 고난의 문제에 관한 신학적 사유를 '옥중신학'에까지 이어 나갔다. 그는 유대인의 고난을 외면하지 않았으며, 『나를 따르라』에서 제자직을 논하면서도 고난을 강조했다. 십자가의 고난은 수동적이고 필연적이라는 그의 사유는 그리스도인의 제자라면 피할 수 없는 삶의 과제였다. 그는 세상 속에 있는 고난을 찾아나서야 한다고 말함으로써, 타인에게 다가가는 고난 나눔을 강조했다. 본회퍼는 '10년 후'라는 글에서 고난을 '타자를 바라보는 시

---

19 DBW8, 34.
20 참조: DBW8, 34.
21 DBW8, 38.
22 DBW8, 199.

작점'으로 이해하기도 했다.

> 우리는 인간을 그들의 성취가 아니라, 그들이 당하는 고난 속에서 바라보는 법을 배워야 한다. 인간에 대한 관계, 약한 자들과의 유일한 관계는 사랑, 바로 그들과의 사귐을 지속하겠다는 의지이다. 하나님은 인간을 멸시하지 않고 인간을 위해서 인간이 되셨다.23

본회퍼는 옥중에서 고난의 시간을 경험했다. 루터의 시련(Anfechgung)에 관한 이해는 본회퍼의 상황 속에 자리 잡았다.24 이 시간은 본회퍼의 고난에 관한 신학적 사유를 더욱 깊게 만들었다. 본회퍼는 1943년 4월 14일 자신 때문에 심적 고난을 겪고 있을 부모님에게 체포된 지 열흘 만에 편지를 썼다.25 이 편지에는 자신의 고통의 호소가 아니라, 그의 아버지였던 칼 본회퍼의 생일에 즐거웠던 기억을 적으며 부모님을 위로하는 마음을 담고 있었다. 본회퍼는 옥중에서 찬송가의 가사를 읊조리거나 시편과 찬송시를 읽으면서 시간을 보냈으며, 그의 부모에게 끊임없이 읽을 만한 책들을 주문했다. 당시 그는 도저히 믿기지 않는 분량의 편지를 썼는데, 그의 약혼자였던 마리아와 주고받은 서신은 훗날 책으로 엮여 출판되었다.26

본회퍼는 옥중에서도 끊임없이 자신보다 타인의 시련과 아픔을 염려했다. 어쩌면 원망 섞인 목소리를 낼 수 있는 한스 폰 도나니에게

---

23 DBW8, 28.
24 DBW8, 70.
25 이 후 본회퍼는 옥중에서 열흘 마다 편지를 쓸 수 있도록 허용되었다(참조: DBW8, 49.).
26 Ruth-Alice von Bismarck (Herausgeber), *Brautbriefe Zelle 92. Dietrich Bonhoeffer – Maria von Wedemeyer 1943-1945*, München: Beck, 1995.

자신이 처한 상황이 오직 하나님의 뜻이라고 위로하고 있다.[27] 본회 퍼는 자신의 시련과 고난에 대한 위로도 그 어느 때보다 절실히 경험 했다. 그의 아버지 칼 본회퍼도 엄격한 대외 이미지가 무색하게도 외부와 차단된 아들의 면회를 위해 노력하는 등[28] 그 누구보다도 아들의 신변을 걱정했다. 전쟁 중에 두 아들을 먼저 보낸 아버지로서 칼 본회 퍼는 암울한 시기에 감옥에 있는 막내 아들 디트리히 본회퍼의 처지 를 그 어느 때보다 더 애틋하게 느꼈을 것이다. 본회퍼가 수감된 지 반년 정도 지난 날 아버지 칼 본회퍼는 자신의 아들을 위해 석방을 청 원하기도 했다.[29] 본회퍼의 어머니 파울라 본회퍼는 아들의 고난과 시련을 공감의 형태로 나누고 있다. 자신이 읽은 책을 아들에게 보내 는 한편, 본회퍼의 신학적 사유를 나누려고 노력하였다.[30] 본회퍼는 그의 가족을 통해 옥중에서 고난을 함께 나누는 공동체적 삶을 경험 했다. 전쟁을 통한 두 형들은 먼저 세상을 떠났지만 온정이 가득한 그 의 가정은 본회퍼에게 타인에 대한 고난을 사유하게 만든 원동력이었 다고 볼 수 있을 것이다.

1943년 5월 15일 레나테와 에버하르트 베트게의 결혼식을 위한 쓴 설교문에는 본회퍼의 삶을 통해 정리된 '가정'에 대한 이해가 잘 나 타나 있다.

> 가정은 외적이고 공적인 삶 속에 나타나는 변화무쌍한 사건들의 흔들 리는 터전에 의존하지 않고, 하나님 안에서만 안식처를 갖습니다. 즉 가정은 하나님에 의해서만 의미와 가치, 본질과 권리 그리고 규정과

---

27 DBW8, 59.
28 DBW8, 65.
29 참조: DBW8, 174.
30 참조: DBW8, 86, 88.

존엄성을 획득합니다. 가정은 세계 안에 있는 하나님의 터전 - 평화, 정숙, 기쁨, 사랑, 순수, 규율, 경외, 복종, 전통 그리고 무엇보다도 행복이 거처해야 하는 장소입니다.31

본회퍼의 수감은 가족들과의 단절을 가져왔다. 그러나 당시 본회퍼의 가족들은 그 어느 때보다 끈끈한 사랑으로 하나님의 가정으로서의 의미를 경험했다. 1943년 8월 24일 새벽이 오기 전 밤사이 그리고 9월 4일 밤 영국 폭격기 편대의 베를린 공격이 있었다.32 본회퍼와 그의 부모님은 같은 마음으로 서로를 걱정했다.33

1943년 수감된 지 반년이 지난 1943년 9월 20일 본회퍼는, 아마도 자신이 감옥에서 죽을 수도 있겠다는 생각을 한 것 같다. 여름날의 수감생활이 힘겨워 몸에 이상이 생긴 것인지, 긴박한 전쟁 상황 속에서의 폭격을 두려워 한 것인지 어떤 심리상태에서 작성된 것인지는 알 수 없지만, 그는 이날 첫 번째 유언을 작성한다.34 그는 풍요롭고 완성된 삶을 살았다는 고백과, 용서를 받을 수 있다는 확신이 있으며, 이 편지에 언급된 이들을 위해 중보기도를 하고 있다고 결말을 맺는다.35 본회퍼는 무엇에 대한 용서를 의도했던 것일까? 그 시기까지 밝혀지지 않은 히틀러 체제 전복을 위한 방첩 모의에 대한 스스로의 반성과 죄 고백을 의미하는 것일까? 그러나 이 유언장을 작성한지 나흘 후의 편지에서 본회퍼의 절망은 다시 희망으로 바뀌게 되었음을 보여준다.

---

31 DBW8, 77.
32 DBW8, 138, 각주 2의 국방부 보고(II)의 내용, DBW8, 151, 각주 2의 국방부 보고 II, 554을 참조할 것.
33 참조: DBW8, 138, 147.
34 DBW8, 163(첫 번째 유언: 1943년 9월 20일(편지 60번), DBW8, 203(두 번째 유언: 1943년 11월 23일(편지 75번).
35 DBW8, 163.

왜냐하면 그에게 드디어 변호사로 쿠르트 베르긴 박사(Kurt Wergin) 박사가 선임이 되었고36 구금 명령이 내려졌는데 역설적이게도 본회퍼는 이 일을 그가 석방될 수도 있다는 희망을 안겨 주었다고 생각했기 때문이다.37

본회퍼는 자신의 삶의 여정에서 늘 그랬듯이, 옥중에서도 하루하루 무언가에 대한 연구와 사유를 게을리 하지 않았다.38 그는 성서 연구를 부지런히 했으며, 수감 된지 7개월 동안 구약성서를 두 번 반 읽었다.39 그는 테겔 감옥 수감 당시 '시간감각에 대한 연구'를 했는데, 이는 주로 시간이 쉽게 공허하고 상실된 것으로 나타날 수 있는 옥중에서 자신의 과거를 현재와 하려는 욕구에서 비롯된 것이라는 내용 이외에는 남아 있는 내용은 없다.40 단지 1943년 5월의 노트들41과 1943년 5월 11일의 노트42속의 본회퍼의 이 연구에 대한 구상에 대한 개념어들의 나열만 발견될 뿐이다. 본회퍼가 1943년 12월 18일 베트게에게 보낸 편지에 전도서 3장 15절을 해석한 부분에서 옥중에서 그의 시간에 대한 이해를 엿볼 수 있다.

---

36 참조: DBW8, 160, 쿠르트 베르긴(Kurt Wergin) 박사
37 참조: DBW8, 165.
38 참조: DBW8, 59-60.
39 참조: DBW8, 188; 본회퍼는 옥중에서 구약성서 적으로 생각하고 느끼는 것 같았다고 베트게에게 쓴 편지에서 말했다. "나는 점점 더 구약 성서적으로 생각하고 느끼는 것 같네. […] 사람이 삶과 땅을 진정으로 사랑하여 그것들과 더불어 모든 것을 상실하고 생명을 버릴 수 있을 때에만 죽은 자들의 부활과 새로운 세계를 믿을 수 있다네. 사람이 하나님의 율법을 자신에게 타당한 것으로 받아들일 때에만 은총에 대해서도 말하는 것이 허락되며, 자신의 적에 대한 하나님의 진노와 복수가 타당한 현실로 남아 있을 때에만 용서와 원수사랑 같은 것이 우리 마음에 와 닿을 수 있다네. 너무나 성급하고 직접적으로 신약 성서적이 되고 또 그렇게 생각하기를 원하는 자는 그리스도인이 아닐세."(DBW8, 226.)
40 참조: DBW8, 61, 각주 8, 참조: DBW8, 188, 각주 16.
41 참조: DBW8, 60-63.
42 참조: DBW8, 63-64.

하나님이 우리와 함께 우리에게 속한 우리의 과거를 다시 찾으신다는 말씀(전 3:15)은 이미 지나간 것일지라도 결코 없어지는 것이 아니라는 사실을 말하는 것이라네. 지나간 것에 대한 갈망이 우리를 엄습할 때 - 그리고 그런 일이 예기치 않게 일어나면 - 지나간 것이 하나님께서 우리를 위해서 언제나 예비해 두신 많은 '시간들' 가운데 하나라는 것을 알게 된다네. 그리고 그렇게 되면 지나간 것을 우리 자신의 노력에 의해서가 아니라 하나님과 더불어 다시 찾아야 한다는 사실을 알게 될 것일세.[43]

본회퍼의 '시간감각에 대한 연구'의 원고는 오늘 우리에게 남아 있지 않지만, 그의 신학 말기에 생성된 옥중신학은 그의 교회 이해에 관한 절정의 내용을 담고 있다. 본회퍼의 옥중에서의 연구를 통해 탄생한 옥중신학은 그의 신학을 논할 때 가장 빈번하게 인용되고 논의되는 "타자를 위한 교회" 개념뿐만 아니라 "시민계급 가족사"[44], "진리를 말하는 것은 무엇을 의미하는가?"[45], "옥에 갇힌 자들을 위한 기도"[46] 그리고 12편의 시들이 있다. 이는 모두 옥중에 있는 상황에서 비롯된 신학이며, 본회퍼의 신학방법론의 핵심 질문이었던 "오늘 우리에게 예수 그리스도는 누구신가?"라는 질문에 대해 2년여 간의 감옥 생활에서 사유된 주제들이다. 그러나 이는 이전의 신학들과의 단절을 의미하지는 않는다. 오히려 본회퍼의 제자도 이해, 『윤리학』 원고의 '형

---

43 DBW8, 245.
44 참조: DBW8, 189: 시민계급 가족사의 주제는 그리스도교적인 것을 통한 명예회복이다. 본회퍼에 의하면 이 글은 서로 친했던 두 가족의 아이들이 점차 작은 한 도시의 책임적 과제들과 직무들을 짊어질 수 있도록 성장한 후 시작, 교사, 목사, 의사, 기술자로서 공동체 건설에 이바지 한다는 내용이다; DBW7, 73-791: "테겔로부터의 단편들."
45 참조: DBW8, 189, DBW16, 619-629.
46 참조: DBW8, 204-208.

성으로서의 윤리', '교회의 형성'에 관한 연속성에서 이해한다면 옥중 신학은 그의 신학이 구체성을 갖춰간다고 이해할 수 있다. 변호사를 통해 두 번이나 유언장을 작성했던 본회퍼는 옥중에서 많은 분량의 편지를 남겼을 뿐만 아니라, 어느 정도 남은 자들에게 그의 신학적 유언을 남기고 싶어 했을 것이다. 이러한 그의 '신학적 유언'은 "시민 계급 가족사", "진리를 말하는 것은 무엇을 의미하는가?" 그의 12편의 시들, "타자를 위한 교회" 개념 속에 남아있다고 볼 수 있다.

IV. 타자를 위한 교회

『성도의 교제』를 시작으로 교회의 현실과 본질에 대해서 늘 고민하고, 핑켄발데 신학교 시절 예수 그리스도의 진정한 제자도에 대해 논했던 디트리히 본회퍼는 1939년 7월 27일, 26일간의 짧은 미국 일정을 마치고 전운이 감돌고 있었던 독일로 돌아온다. 그는 미국에서 신학을 강의하면서 교수로서 안정된 삶을 살아갈 수도 있었을 것이다. 그러나 1930년에 1년여 동안 뉴욕 유니온 신학교에서의 수학했던 경험이 있었던 본회퍼가 1939년에 두 번째로 미국에 도착했을 때, 그는 그를 향한 하나님의 뜻과 의지에 대해서 기도하지 않을 수 없었다. 본회퍼와 함께 저항의 과정을 함께 했던 트라우프는 독일로 돌아온 본회퍼를 이렇게 회상했:

본회퍼는 이번의 미국행은 실수였다며 자신이 왜 그랬는지 이해하지 못하겠다고 말했다. 그의 귀국은 자유로운 나라들에서 발전하게 될 자신의 수많은 가능성을 완전히 포기하고 우울한 종살이와 암울한 미래로 돌아온 셈이었다. 하지만 자신의 현실로 돌아온 것이기도 했다. 이는 본회퍼가 우리에게 말한 모든 것을 확고하고 즐겁게 붙잡은 것이었다. 그것은 생생하게 깨달은 자유에서만 생겨나는 것이었다. 그는 자신이 분명한 조치를 취했다고 확신하기는 했지만, 그의 앞에 놓인 현실은 매우 불투명했다.47

그로부터 4년 후 1943년 4월5일 디트리히 본회퍼는 베를린 자택에서 체포되어 테겔감옥에 수감된다. 이후 감옥에서 쓴 편지들과 시들, 신학적 사유가 담긴 습작들을 포함한 글들을 베트게가 엮어 발간된 책이 바로 『저항과 복종』이다. 본회퍼는 1943년 테겔형무소에서 1945년 플뤼센베르크에서 사형을 당할 때까지 2년여 동안의 네 곳의 수감생활동안 '교회'에 대해서 무엇을 말했는가?

본회퍼는 감옥에서 당시 종교화된 독일 교회에 대해 '성인됨'을 요구한다. 기독교의 본질을 잃어버린 종교화된 교회와 그리스도인은 하나님 없이도 삶을 살아 갈 수 있는 자로 살아야 한다는 것을 인식가능하게 한다. 그것은 하나님의 부재와 인간의 독립을 의미하는 것이 아니다. 종교화된 기독교를 비판하는 의미에서 본회퍼는 하나님 없이(ohne Gott)48라는 문학적 표현을 쓴 것이다.

본회퍼가 말하는 '비종교적 해석' 개념은 성서의 종교적 해석에 대한 비판(본회퍼와 불트만, 1928년 두 번째 강연 참조)을 담고 있다. 그가 비판하는 종교적 해석이란 성서의 개인주의적, 형이상학적 해석이며49 이러한 해석은 일상에서의 하나님에 대한 사유를 상실하게 했다

---

47 Eric Metaxas, 『디트리히 본회퍼』, 김순현 옮김, 495-496.
48 참조: DBW8, 533-534. (1944년 7월 16일 본회퍼가 베트게에게 보내는 편지)

는 것이며, 바로 이 점이 본회퍼가 성서의 비종교적 해석을 주장하는 근본적인 이유이다. 본회퍼에 의하면, 틸리히는 인간의 한계 상황에서만 하나님을 등장시켜서 한계 상황이 다다르지 않을 때까지 인간 스스로를 일상의 삶의 주체로 인식되는 결과를 만들었다. 또한 본회퍼는 초기 바르트의 계시 이해는 '실존적이지 않다'라는 의미에서 그의 계시 이해를 '계시실증주의'라고 비판했다. 본회퍼는 이런 식의 사고에 근거한 신학은 피안의 하나님, 영광의 하나님, 전능자 하나님, 기계장치로서의 신 인식을 낳았으며, 이와 대조적으로 성서의 비종교적 해석으로 삶의 한 가운데서의 하나님과의 만남, 고난의 하나님, 약자와 함께 실존하시는 하나님의 사유가 필요하다고 강조했다.

> 작업가설(Arbeitshypothese)이라는 하나님 없이, 우리를 세상에서 살도록 하시는 하나님은 우리가 항상 그의 앞에 서 있는 하나님이시지. 우리는 하나님 없이 하나님 앞에서 하나님과 더불어 살아간다네.50

본회퍼는 1944년 7월 16일 쓴 편지에서 기록한 이 문장은 종교화된 기독교를 비종교적 지평으로의 사유로 인도한다. 이런 의미에서 본회퍼는 '하나님 없이'라고 표현 했고, 바로 그러한 상태에서 그는 하나님 앞에서 하나님과 더불어 사는 진정한 공동체의 모습을 구상한다. 그러면서 당시 독일의 시대적 상황의 하나님을 기계장치로서의 신(deus ex machina)이 아니라 무력하고 수난 당하시는 하나님으로 묘사한다. "이 세상에서 그의 무력함을 통해 능력과 공간을 획득하시는"이라는 본회퍼의 역설적인 표현은 하나님께서 인간들과 함께 공동

---

49 참조: DBW8, 414.
50 DBW8, 533-534. (1944년 7월 16일 본회퍼가 베트게에게 보내는 편지)

체를 이루는 구체적인 모습이 낮아지심을 통해, 고통가운데 처해있는 인간들과의 공동체를 이루는, 성서 속에서 인식되는 하나님을 볼 수 있는 지평을 열게 한다. 낮아짐과 고난당하는 하나님이 주는 도움이란 그동안 전능하신 하나님 개념에 의해 가려졌던 참된 현실성에 대한 참된 인식과 실천을 가능하게 함을 의미한다. 즉, 하나님 없이 살아야 하는 세상의 세상성에 대한 적극적이고 무제약적인 책임성을 열어주는 것, 이것이야말로 고난당하는 하나님의 무력함 속에 놓인 힘이라고 할 수 있다.51

본회퍼는 1944년 8월 3일 '연구를 위한 기획'이라는 제목의 옥중 원고에서 다음과 같이 교회에 관해 말한다:

> 교회는 타자를 위해 존재할 때만 진정한 교회이다. 그런 교회가 되기 위해 교회는 모든 재산을 팔아 가난한 사람들에게 주어야 한다. 목사들은 전적으로 교회의 자발적인 헌금으로 살아야 하며, 부득이한 경우에만 세속적 직업을 가져야 한다. 교회는 인간 공동체의 세상적인 과제에 참여해야 하지만, 군림하면서가 아니라 섬기고 봉사하는 방식으로 참여해야 한다. 교회는 모든 직업에 종사하는 이들에게 그리스도와 함께 사는 삶이 어떤 것이며, '타자를 위한 존재'가 무엇을 의미하는지에 대해 말해 주어야 한다. 특히 우리의 교회는 모든 악의 근원

---

51 참조: 박영식, 『고난과 하나님의 전능 – 신정론의 물음과 신학적 답변』(서울: 동연, 2012), 275: 박영식은 본회퍼의 "고난당하는 하나님만이 도울 수 있다"라는 본회퍼의 말의 정당함을 말하면서 "하나님의 고난이 곧 하나님의 전적인 무능으로 이해되어서는 안 된다"고 설명한다. 그는 "하나님의 고난이 하나님은 현실 속에서 아무것도 하지 않으며 할 수 없다는 식으로 이해되어서는 안 된다. 고통당하는 인간의 무력함에 참여하시는 하나님은 인간의 나약함을 자신 안에 수용하신다는 점에서 결코 무능하지 않다. 아파하는 자와 함께 고통당할 수 있는 사랑의 힘이야말로 하나님의 사랑의 본성에 부합하는 힘이며, 고통을 자기 속에 포괄할 수 있는 사랑의 힘이야말로 고통의 파괴력을 극복할 수 있는 힘이기 때문이다"라고 본회퍼의 '고난'에 대한 이해를 재해석한다 (같은 책, 364).

인 교만함, 권력, 오만 그리고 환상주의라는 악덕들과 싸워야만 한다. 교회는 절도, 순수함, 신뢰, 성실, 한결같음, 인내, 훈련, 겸손, 겸양, 자족함에 대해 말해야 한다.52

본회퍼의 '타자'에 관한 이해는 『성도의 교제』에서 시작된다. "하나님 혹은 성령은 구체적인 너에게 다가온다. 오직 그의 활동을 통해서만 타자는 내게 네가 된다. 그에게서 나의 자아가 생겨난다. 다르게 말하면, 모든 인격적인 너는 하나님의 너(göttliche du)의 모형이다."53 자아의 타자규정은 인간 스스로 상대함이 아니라 하나님의 마주 대함을 통해 규정된 너이다. 본회퍼는 죄로 인해 깨져버린 하나님의 '너', 타자와의 관계가 예수 그리스도를 통해서 새로운 관계로 자아에게 다가옴을 말하고 있으며, 그것이 그가 말하는 교회였다. 이런 의미에서 본회퍼는 인간의 의식에 의해 규정되는 나와 너의 관계를 극복하고, 오직 예수 그리스도를 통해 타자에게 다가섬의 근거를 마련하고 이는 『창조와 타락』에서 '타자'란 "나에게 하나님이 정해 주신 한계"54라는 개념으로 발전된다. 타인과의 사귐을 기다리던 홀로된 존재였던 아담에게 하나님은 돕는 배필인 하와를 창조하신다. 아담은 자신으로부터 나온 이 하와와 새로운 방식으로 결속되어 있으며, 이 둘은 어느 하나가 없이는 더 이상 살 수 없는 존재가 된다. 본회퍼는 이러한 이해를 하나됨이라고 설명한다. "이 하나됨은 결코 둘이 혼합되는 것이나 개별적 존재로서 지음 받음 그들의 피조성이 지양(止揚)되는 것이 아니라, 서로 다름의 존재에 기초하여, 서로에게 속함의 궁극적 실현 가능

---

52 DBW8, 560. ("연구를 위한 기획(Entwurf für eine Arbeit)(DBW8, 556-561.))" 중에서)
53 DBW1, 33.
54 DBW3, 92.

성이다."55 본회퍼는 이 하나됨의 이해 속에서 타자의 개념을 다시 언급한다. "타자를 하나님의 피조물로서 단순한 타자로서 또한 내 옆에 서 있어 나를 제한하는 대상으로서 인식하는 것과 나와 나의 생명으로부터 나온 타자의 기원에 대한 앎, 이 두 가지로 인해 타자를 사랑하게 되고 그로부터 사랑을 받는 것이다. 왜냐하면 타자는 나로부터 나온 나의 한 부분이기 때문이다."56 이렇게 하나님의 너는 하나님이 정해 주신 한계로 실존하고 두 인간은 서로의 한계를 함께 짊어지며 바로 이것이 교회의 원초적 형태라고 본회퍼는 설명한다.57 이제 인간은 한계를 깨달으면서 인간의 조력자가 되는 타자로 하여금 하나님 앞에서 살 수 있게 된다. 그러므로 인간은 타자의 생명을 존중하고 존귀히 여기는 "서로에게 속함"(Einandergehören)58이라는 타자성을 하나님으로부터 부여받는다. 바로 이런 의미에서 본회퍼는 하나님의 형상을 "~을 위해 자유한 존재"59라고 규정했다. "하나님과 타자를 위해 자유한 존재 그리고 피조물을 지배하는 자이기에 그것으로부터 자유로운 존재인 첫 번째 인간에게 하나님의 형상이 새겨져 있다."60 이러한 하나님의 형상, 타자를 위해 자유한 존재라는 의미에서의 타자성은 그리스도 안에서, 그리스도를 통해 하나님과 인간 사이의 관계 회복을 통해 다시 인간에게 부여되고 이 땅위에서 구체적인 공동체로, 즉 교회로 실존한다는 것이 본회퍼의 '타자를 위한 교회'라고 이해할 수 있다.

---

55 DBW3, 91.
56 DBW3, 92.
57 참조: DBW3, 92, 94.
58 DBW3, 94.
59 DBW3, 63.
60 DBW3, 63.

죄로 인해 잃어버렸던 타자성을 예수 그리스도를 통해 회복한 교회 공동체가 관념적 이해만 소유한 채 머물러 있다면 본회퍼의 표현을 빌리자면 값싼 은혜의 교회이다. "값싼 은혜란 죄인을 의롭다고 인정하는 것이 아니라 죄를 의롭다고 인정하는 것이다."[61] 타자를 위한 교회됨의 관념론적 인식에 머무르는 것은 죄의 문제가 해결되고 실제로 제자됨을 실현하지 못하는 값싼 은혜의 소유자에 불과하다. 하나님의 은혜를 입은 타자를 위한 교회에 예수 그리스도를 뒤따름이 요구된다. 이러한 의미에서 본회퍼는 『나를 따르라』에서 예수 그리스도의 부르심에 단순한 순종과 예수 그리스도의 인격에 매이는 것[62]을 타자를 위한 교회에 요구한다. 타자를 위한 교회는 "실존의 새로운 창조"[63]라는 타자성을 실현한다. 이 타자성은 그리스도를 따르는 교회가 지는 십자가이며 구체적으로는 타자의 고난을 짊어짐이다. "교회는 고난을 진다. 왜냐하면 그리스도가 친히 교회를 지시기 때문이다. 예수 그리스도의 교회는 십자가를 지고 그분을 따름으로써 세상을 위해 대리적으로 하나님 앞에 선다."[64] 그러나 그 고난은 그리스도의 제자들에게는 오히려 "순수한 은혜와 기쁨"[65]이다.

홀로 있던 아담, 개체[66]가 되었던 인간은 예수 그리스도의 제자됨을 통해 완전한 새로운 사귐[67]을 선물로 받는다. 이제 타자를 위한 교회는 세상이 행복과 평화라고 부르는 것들을 전적으로 포기하는 "비

---

61 DBW4, 29.
62 참조: DBW4, 45-47.
63 DBW4, 50.
64 DBW4, 84.
65 DBW4, 82-83.
66 참조: DBW4, 89.
67 DBW4, 94.

범성"68과 실체는 드러내지 않지만 다양한 교회됨을 세상에 드러내는 "은밀한 의"69를 소유한다.

『윤리학』에서의 타자를 위한 교회는 예수 그리스도의 형상을 소유하는 교회70이다. 예수 그리스도의 성육신, 십자가, 부활의 형상이 각인되는 그리스도인과 교회는 타자에게 예수 그 자체로 다가간다.

> 교회는 세상 안에서 존재하면서, 자신의 모든 관계 속에서 모든 인간과 관련을 맺는다. 교회의 관심사는 종교가 아니라 그리스도의 모습이며, 그리스도의 모습이 인간의 무리 가운데서 모습을 취하는 것이다.71

본회퍼의 기독교 윤리가 『성도의 교제』(1927)의 '교회의 현실'에 관한 이해에서부터 출발하고 집단인격 개념과 대리사상을 거쳐 형성된다고 전제할 때, 옥중신학에서 그의 유명한 형식인 '타자를 위한 교회'(Kirche für andere)는 '교회론적 윤리'(*die ekklesiologische Ethik*)의 이론적, 실천적 담론들의 핵심이 담긴 것으로 이해될 수 있다. 그러나 본회퍼의 '타자를 위한'이라는 표현이 소외된 이웃을 위한 교회라는 사회봉사적인 교회, 실천적 대안만을 위한 교회라는 의미로서 성급하게 해석되어서는 안 된다. '타자를 위한 교회'는 본회퍼의 '그리스도교적 인격 개념'에서부터 출발해서 '윤리적 집단인격', '공동체로 존재하는 그리스도'로 대표되는 『성도의 교제』에서의 교회 이해가 이후의 그의 삶과 신학에서 나타나는 교회 이해의 신학적 근간을 이룬다. 이런 의미에서 '타자를 위한 교회'는 하나님 앞에서 진정한 교회됨을 이

---

68 참조: DBW4, 99-110.
69 참조: DBW4, 150-175.
70 참조: DBW6, 62-90: "형성으로서의 윤리"
71 DBW6, 84.

루고 있는 그리스도인 개인과 공동체가 이 땅위에서 타자를 위해 존재할 수 있는 교회임을 늘 전제한다. 본회퍼의 '타자' 이해는 하나님의 초월성을 넘어 내재성의 사유로 안내한다. 그것은 사회성의 신학(Theologie der Sozialität)이었으며, 이는 이 땅에서의 타자를 위한 삶, 대리(Stellvertretung)의 삶이라는 구체적인 기독교 윤리적 과제를 제시한다. 그것은 본회퍼가 제시했듯이, 세상과 대립하거나 군림함으로써가 아니라 섬김과 봉사를 통한 타자를 위한 교회됨이다.

제 1 4 장
나오는 말

I. 본회퍼의 타자의 신학

본회퍼의 신학은 '타자의 신학'이다. 그에게 타자는 하나님에 관한 담론의 출발점이고, 하나님으로부터의 담론의 시작이다. 본회퍼에게 타자는 하나님의 '너', 구체적인 '너'이다. 추상적인 대상으로서의 너(du)가 아니라, 하이데거식의 표현을 빌리자면, 세계-내적-존재로서의 '너'이며, 레비나스의 사상을 빌리자면 타자자신은 바로 자기 자신이다. 다만, 하이데거와 레비나스의 타자 개념과 본회퍼의 타자 개념은 '함께 존재함' 안에서의 나의 존재를 깨닫게 하는 대상으로 간주하는 것에서 공통점을 찾을 수 있겠지만, 본회퍼에게 타자는 예수 그리스도 없이는 다가갈 수 없는 대상이다. 본회퍼에게 '나'(Ich)는 예수를 통해 비로소 타자를 발견하고, 타자와의 차이를 발견하게 되며, 타자 속으로 들어가, 타자와 관계를 맺게 된다. 본회퍼에게 타자는 '나'에게 객체가 구체성을 가진 존재가 되는 것이며, 이는 마치 하나님의 명령으로 아담이 이름 없는 존재에게 이름을 부여하는 과정을 통해 관계맺음 했던 역사와 동일하다. '나'와 공동체적 관계를 맺고 있는 예수 그리스도는, 내 안에서 끊임없이 타자를 향해, 관계없는 객체에서 관계있는 대상으로 함께—존재하기(Mit-sein)를 원하고 계신다.

이와 같은 의미에서 본회퍼에게 타자는 '나'를 포함한 하나님의 모든 피조물이다. 한 인간은 예수 그리스도를 통해 하나님의 다른 모든 피조물을 타자로 대할 수 있게 된다. 또한, 모든 타자에게는 예수 그리스도 안에서 교회가 될 가능성이 있다. 예수 그리스도는 인간이 타자를 향해 다가가게 하는 중보자이시다. 인간은 예수 그리스도를 통해 '타자를 위한 자유'라는 하나님의 타자성, 하나님의 형상을 회복하고, '나'로서의 나를 넘어, 예수 그리스도와 함께 타자 속으로 들어감으로서 타자로서의 '나'가 된다. 하나님의 모든 피조물들에게 타자됨은 예수 그리스도의 교회로 이 땅위에서 실재한다.

'타자를 위한 교회'라는 본회퍼 신학 사상 전체를 담고 있는 개념은 타자를 위한 개인 그리스도인, 타자를 위한 공동체 그리스도인들의 이 땅위에서의 책임과 대리를 통한 예수 그리스도의 현실을 설립하는 것이다. 본회퍼에 의하면 예수 그리스도 안에서, 예수 그리스도를 통해 하나님과의 공동체적 관계를 회복하지 않으면 이 땅위에서의 교회 자체가 될 수 없으며, 나의 존재를 인식할 수도, 타자 속으로 들어갈 수 있는 근거도 마련 할 수 없다. 이 땅위의 인간들이 타자를 위한 존재인 예수 그리스도와의 공동체적 관계를 회복할 때, 예수 그리스도의 형상도 그들에게 각인되어 그들이 타자를 위한 교회 될 수 있는 가능성이 주어진다. 이러한 의미에서, 오직 타자를 위한 존재인 예수 그리스도가 타자를 위한 교회의 '주체'이다.

본회퍼에게 타자와의 관계 회복에 대한 논의는 유대인과의 관계를 끊어 버렸던 국가사회주의의 만행을 배경으로 한다. 전체주의자들에게서는 집단인격만이 존중될 뿐, 개별인격의 존엄성은 집단속에서 상실된다. 본회퍼가 그리스도교적 인격과 집단인격을 논의하면서 집단인격과 개별인격을 동일하게 바라보시는 하나님의 시각을 소개한 것은, 전체 속에서 상실되는 개인의 존엄함의 회복을 의도한 것을 볼 수 있다. 본회퍼에게 타자가 고통 받고 희생되는 공간에서 교회의 책임은 심리적 위로나 상처의 어루만짐이 아니라, 타자를 희생하게 하는 근본 원인을 제거하는 것이었다. 그에게 타자의 목숨까지 빼앗는 히틀러 정부는 더 이상 스스로 소멸하는 악이 아니라, 저항의 대상이었다.

옥중(1943.4.5.-1945.4.9.)에서도 본회퍼의 타자에 대한 논의는 이어졌다. 그는 개별인격과 집단인격이 모두 교회의 형태로 타자를 위한 존재가 되어야 함을 '타자를 위한 교회' 개념에서 주장했다. 본회퍼에게 나를 초월한 타자와의 관계 회복은 더 이상 나의 사유가 아니라(cogito), 예수 그리스도의 현실을 통해 가능하며, 예수 그리스도는 성령을 통하여, 내 안에서 타자로 향하게 하는 주체로 활동하신다.

본회퍼에게, 예수 그리스도와 함께 타자 속으로 들어가면서 타자를 위한 존재, 타자를 위한 교회가 되는 것은 예수 그리스도의 형상을 그대로 형성한 그리스도인에게 주어지는 삶의 과제이다. 그 과제의 절정은 자기-포기(Verzicht)이다. 본회퍼는 『나를 따르라』에서 이러한 자기 포기를 하는 제자의 특성을 '비범성'이라고 규정한 바 있다. 자기 포기의 과정은 타자를 욕망과 욕구의 대상, 이익 추구의 도구로 대함에서, 타자의 고난 속으로 들어가 예수 그리스도와 더불어 한 몸 공동체가 되기 위한 전인격적인 몸(소마)의 영성 훈련의 일부이다. 자기 포기는 그리스도께서 인간 자신의 삶 속으로 들어오게 하는 공간의 마련이며, 죄인이었지만 이제는 예수 그리스도를 통해 하나님과의 공동체적 관계를 회복한 인간의 하나님의 뜻의 수용을 위한 열어젖힘이다. 탐욕과 탐심의 자아는 자기 포기를 통해 텅 빈 존재가 되어, 그 속에 하나님의 말씀과 예수 그리스도의 형상을 채워 넣을 준비를 한다.

본회퍼의 '타자의 신학'의 핵심 사상은 '타자를 위한 교회'(Kirche für andere)이며, 이 개념 속에는 본회퍼의 삶과 신학의 교회에 관한 담론들이 융합되어 있다. 예수 그리스도 안에서, 예수 그리스도를 통해 설립된 교회 안에 있는 그리스도인은 '타자를 위해 자유'(Freiheit für andere)하셨던 하나님의 형상인 '타자성'을 회복하고, 끊임없는 자기 포기의 과정을 통해 타자 속으로 들어간다. 타자는 하나님의 '너', 구체적인 '너'라는 본회퍼의 규정은, 타자는 예수 그리스도를 통해 나와 관계 맺는 하나님의 모든 피조물임을 의미한다.

예수 그리스도는 오늘, 우리에게 누구신가? 이 물음은 디트리히 본회퍼의 삶과 신학의 근본물음이었다. 이 질문에 대해 그의 삶과 신학의 총합은 우리에게 다음과 같은 답변을 제시한다.

예수 그리스도는 오늘, 우리에게 타자를 위한 교회이다.

타자를 위한 교회인 예수 그리스도는 '나'와 '우리'를 타자를 위한 교회로 참여하게 하기 위해 오늘, 여기에서 제자로 부르신다. 예수 그리스도 안에서, 예수 그리스도를 통해서 교회된 '나'와 '우리'는, '나' 중심의 '나'에서 타자를 위하는 새로운 '나'가 되고, '우리' 중심의 '우리'에서 타자를 위하는 새로운 '우리'가 된다. 본회퍼에게 그 근거는 예수를 '타자를 위한 존재'라고 규정하고, 『행위와 존재』의 '직접적 의식'(actus directus)과 '반성적 의식'(actus reflexus)에 관한 담론에 있다. 타락한 인간은 예수 그리스도를 통해 하나님과의 공동체적 관계를 회복하게 되고, 하나님의 자유하심이라는 타자성(『창조와 타락』)과 예수 그리스도의 타자를 위한 존재(『그리스도론』-강의)됨의 형상이 각인된다(『윤리학』, '형성의 윤리'). 예수 그리스도와 함께하는 인간은 하나님의 새로운 의지(『성도의 교제』)로서 타자를 위한 인간이 되며, 이 인간은 개인과(그리스도교적 인격) 동시에 다수의 인간(집단인격)이며 공동체로 존재하는 그리스도 안에서 '책임'과 '대리'라는 삶의 준칙(Lebensprinzip)을 부여받는다.

본회퍼에 의하면, 교회 이해에서 기독교윤리학적 담론으로 옮겨갈 때 책임과 대리의 주체성은 하나님에게서 인간으로 옮겨가는 것이 아니라, 철저히 하나님에게 머물러 있다. 이러한 하나님의 주체성은 예수 그리스도를 통해 하나 된 현실 속에서 교회의 형태로 역사 속에서 실존한다.

예수 그리스도 안에서, 예수 그리스도를 통해 교회된 은혜를 선물로 받은 나와 우리는 '타자 속으로 들어가기'와 '하나님의 고난에 참여함'이라는 '타자를 위한 교회'로서의 구체적인 삶의 과제를 끊임없이 수행해야 한다.

II. 오늘, 여기에서의 타자를 위한 교회

1. 21세기 초의 한국 사회

오늘, 여기 한국 사회는 어떠한가?

첫째, 21세기 초 한국 사회에서 개인은 집단에 매몰되어 버렸다. 이익사회(Gesellschaft)에서 개인은 집단을 위한 도구로 전락했고, 집단의 이윤 추구와 이익 추구 속에서 개인의 윤리는 거추장스러운 장신구가 되어버렸다. 20세기 초 인간 자아의 가치 상실을 그린 '모던 타임즈'는, 20세기 후반 경제발전과 애국이라는 구호 아래 20세기 중·후반 한국에서 허구가 제거된 채 일상의 공간에서 재상영되었으며, 지금까지도 계속 새로운 버전으로 재상영되고 있다. 물론, 일제 강점기와 한국전쟁을 겪으면서 배부르게 먹는 것이 평생의 소원이었던 세대들의 헌신적 삶과, 자식들만큼은 당신들의 삶을 되풀이 하지 말기를 소망하며 희생했던 삶마저 평가 절하하는 것은 아니다. 아니, 그들 세대의 대부분은 후손 대대로 찬사를 받기에도 모자람이 없는 삶을 살았다. 그들은 '의리'를 외치며 소아암 환자들에게 희망을 주기 위해 50대의 자신의 몸을 불살랐던 요즈음의 어느 영화배우처럼 그들이 희생에 그들의 몸이 만신창이가 되는 것은 아랑곳하지 않았다. 그러나 문제는 그들의 몸의 피폐해짐이 아니었다. 오직 성공만을 꿈꾸는 세대가 남긴 것은 먹거리의 풍족함과 다양함이었지만, 배부르게 먹으면서도 시나브로 비대해지면서 발생한 정신적 성인병도 포함된다. 현대 한국 사회의 성공주의 그리고 물질 만능주의는 한국 사회를 인슐린을 주사 하지 않으면 일상을 정상적으로 생활할 수 없는 심리적, 정신적 당뇨병 환자들의 병동으로 만들어 버리고 말았다. 우리사회에서 개인은 철저하게 집단의 원칙에 순응해야만 하는 기계로 전락하고 말았다.

둘째, 21세기 초 한국 사회에서 타자는 그저 자신의 성공을 위한 욕망의 대상일 뿐이다.

초등학교 1학년 운동회부터 우리는 일등이 되기 위해 그렇게 남들보다 한발 먼저 뛰는 것에 너무나 익숙해져 있다. 개인의 신분 상승 욕구는 한국 사회에 '고시병'을 유행시켰다. 인간 신분의 수직상승으로 대변되는 '고시병'은 더 이상 고시생들에게만 유행하는 몹쓸 병이 아니었다. 고시병은 한국 사회를 좀먹게 했다. '나'의 잘됨 속에, '너'라는 존재는 그저 영어 시간에 배우는 2인칭 대명사에 불과했다. 고학력 시대가 된 한국은 인문학에 대한 관심을 증대시켰다. 수많은 인문학적 사상 속에서, 마틴 부버에게 '너'라는 존재의 소중함, 레비나스에게 타자의 얼굴에서 자기 자신을 찾는 생각도 하게 되었다. 이로 인해 서구의 전체주의가 사회 전체를 지배하고 있었던 배경에서 발생한 '인격주의'나 '타자 중심의 사고'는 전체 속에서의 개인을 주체로 다시 사유하는 듯 했으나, 결국 코기토(cogito)를 벗어나기에는 역부족이었다. 그것은 마치 집단에 매몰된 개인을 건져내기에는 성공했지만, 다시 전체를 부정적 대상으로 삼는 윤리 상대주의적 현상을 만들어 냈다. 그 결과로 한국 사회에서의 인간성이라는 본성은 자기 보호라는 구실의 정당성하에 숨겨져 버렸으며 비정상의 정상화, 언행 불일치의 사회로 만들어 버렸다.

셋째, 21세기 초 한국 사회는 극도로 이분화 되었고, 양극화 되어 있다.

좌·우로 갈라선 이념 논쟁, 빈·부의 극단적 양극화, 세대 간의 갈등과 남북문제에 이르기까지 한국에서 살아가는 우리는 매일의 일상 속에서 나누기를 경험한다. 예수 그리스도를 통해 하나님의 현실과 세상의 현실이 비로소 하나의 현실(*eine* Wriklichkeit)이 되었다고 보는 본회퍼의 주장은 오늘, 여기의 대한민국 사회에서 요구되는 새로운 정치 이념으로 삼을 수도 있다. 균형을 이루어야 할 하나님의 초월성과 내재성 사이에서의 무게 중심의 이동은 한국교회마저도 보수와 진보로 이념논쟁에 뛰어들게 만들었다. 본회퍼는 자유주의 신학에서는 하나님의 초월성의 강조의 필요성을, 옥중신학 집필당시에 말했던 자신의 한계에 이르러서 비로소 하나님을 찾는 성숙한 인간에게서는 하나님의 내재성의 강조의 필요성을 느꼈다.[1] 본회퍼의 하나의 현실 개념은 한국 사회 내에서 이념의 양분화를 넘어, 극도로 나누어진 대상들에 대해서 예수 그리스도 안에서 타자와 공존(Mit-sein)하며 예수 그리스도와 더불어 타자와 공생(Mit-leben)하기를 요구하고 있다. 포스트-포스트-포스트 모던 시대로 대변되는 21세기 초에, 다양한 악기들이 아름다운 하모니로 천상의 연주를 만들어 내는 오케스트라처럼, '다양성 속의 일치'가 요구되며 본회퍼에게 이는 오직 예수 그리스도를 통해서만 가능하다. 예수 그리스도는 좌·우를, 부자와 가난한 자를, 남자와 여자를, 유대인과 이방인을 나누시지 않으셨다. 그는 지금도 분쟁의 중심에서 하나됨의 평화로 실존하신다.

넷째, 21세기 한국 사회는 윤리 상실의 시대이다.

실제로 교회 내에서 윤리적인 담론은 그 개념이 모호하고 흐려지게 되었다.[2] 한국교회에서마저 하나님의 창조질서는 성서에서만 확

---

[1] 강성영은 본회퍼의 비종교적 해석을 토대로 한국교회 신앙 갱신의 과제를 제시했다(참조: 강성영, 『생명, 문화, 윤리 – 기독교 사회윤리학의 주제 탐구』, 한신대학교출판부, 2006, 233-253.): 첫째, 본회퍼는 "비종교적 해석을 말하고 있는 곳에서 종교적 개인주의와 추상적인 형이상학적 교리를 신랄하게 비판하고 있다(245)", "둘째, 비종교적 해석으로부터 제시되는 한국교회 신앙 갱신의 과제는 신앙과 삶의 통일이다.(247)" 셋째, 극단적 이원론의 극복(248), 넷째, 신앙생활이 아닌 생활신앙으로의 전환하는 운동이다. "생활 신앙은 곧 우리 교회의 모든 생명 문화 운동과 나눔과 살림의 실천 속에서 뿌리 내려야 할 21세기의 영성의 과제이다(249)."

[2] 박충구는 이러한 현상을 한국 기독교 안의 '개념흐리기'라고 규정한다(참조: 박충구, 『

인될 수 있는 내용으로 전락하고 말았고, 본회퍼가 성서의 종교적 해석의 의미를 말했듯이 하나님의 말씀은 개인주의적, 형이상적 내용에 머무르며 일상의 삶에서는 예수 그리스도의 형상이 형성된 그리스도인을 찾아보기 힘들다. 교회의 비윤리적 행태는 권력을 가진 자의 바로 내가 주장하는 것이 하나님의 뜻이라는 주장에 가려 비정상적으로 정당화 되고 있다. 건강한 비판을 청종하고 반영하는 의사 결정기구가 한국 교계에는 부족하다. 이와 더불어 비윤리적 현상에 대한 정당한 비판과 대안을 제시할 수 있는 담론의 장도 부족한 것이 현실이다.

본회퍼는 『윤리학』에서 말했다: "악한 행위보다 악한 존재가 더 악하다. 거짓말쟁이가 진리를 말하는 것은 진리를 사랑하는 자가 거짓말을 하는 것보다 더 나쁘며, 인간을 경멸하는 자가 형제를 사랑하는 것은 인간을 사랑하는 자가 한 때 증오에 휘말리는 것보다 더 나쁘다."[3]

우리 사회는 비양심적 행위와 무책임한 태도가 넘쳐난다. 그리스도인조차도 마찬가지다. 그들의 '안으로 굽어진 마음'은 더 구부러지고, 하나님의 뜻에 대한 삶의 응답으로서의 책임은커녕 막스 베버식의 책임 정의에 따른 모습도 찾아보기 힘들다. 개인은 선한데, 조직은 악해서 어떻게 해 볼 도리가 없다는 말들은 개인 윤리의 실체마저 의심하게 한다. 비윤리적 사회에서 윤리적 개인의 비윤리화는 정당화될 수 있다는 말인가? 어떤 근거로 개인은 조직에 비해 선하다고 말할 수 있는가?

비윤리적 행태는 그 모습이 숨겨진 채 잊히는 듯하지만, 축적된 비윤리적 행동의 결과는 어느 순간 그 무게를 견디지 못하고 드러나게

예수의 윤리 - 혼란과 갈등시대에 생명과 평화의 길 찾기』, 대한기독교서회, 2011, 85-100.).
3 DBW6, 62-63.

마련이다. 몇 사람의 잘못이 온 국민을 멍들게 하고 있는 현상을 2016년 겨울과 이듬해 봄에 우리는 확인하지 않았는가? 우리 사회의 언행불일치, 한국교회의 신행불일치는 무책임한 사회, 타자와는 무관한 교회 만들기의 가속도 역할을 하고 있다. 본회퍼의 시각을 빌리자면, 비윤리적 행위보다 비윤리적 존재가 더 악하다. 교회는 예수 그리스도와 함께 비윤리적 행위를 넘어, 비윤리적 존재의 근절을 위해 앞장서야 할 것이다.

이처럼, 집단 속에서 개인의 매몰, 욕망의 시선으로 타자 바라보기, 극단적 양극화, 비윤리적 사회는 21세기 한국 사회의 현 주소이다.

2. 21세기 한국 사회 내에서의 교회의 과제 - 타자 속으로 들어가기

본회퍼의 타자를 위한 교회 개념, 21세기 한국교회에 어떠한 과제를 요구하는가?

인간은 사회적 존재이다. 마틴 부버, 레비나스, 하이데거와 비슷한 시기를 살았던 젊은 시절의 본회퍼는 다른 이들이 그랬던 것처럼 분명 전체주의를 문제 삼았던 것은 분명하다. 그러나 그가 말한 기독교적 인격(Christliche Person)은 집단인격(Kollektivperson)에 매몰되는 성격의 개념이 아니었다. 그것은 집단에서 그 가치가 소멸되어 가는 개인의 주체성도 회복하면서, 동시에 '나'와 '너'의 진정한 관계들의 총합이 더 이상 이익사회(Gesellschaft)가 아니라 공동체(Gemeinschaft)라는 사실을 본회퍼는 말하고 싶어 했다. 이러한 의미에서 본회퍼의 기독교윤리학은 개인윤리와 사회윤리를 동시에 담론화할 수 있는 특성을 지니고 있다.

본회퍼에게 한 인간의 자아의 회복도, 나와 너의 관계의 회복도 오직 그리스도 안에서, 그리스도를 통하여 가능하다. 본회퍼에게 코기토를 벗어나지 못하는, 즉 결국 자아의 생각 안으로 복귀하는 '타자를 바라봄'이나 '관심'은 더 이상 사유의 대상이 아니었다. 인간 스스로에게서는 불가능한 가능성이 예수 그리스도 안에서는 가능한 현실이 되고, 역사가 된다. 본회퍼에게 '예수 그리스도는 공동체로 탈존(Christus als Gemeinde existierend)'하고 계시며, 또한 그것을 이 땅위에서 가능하게 하는 분이며, 성령을 통하여 여전히 역사 속에서 실존한다. 예수 안에서, 예수와 함께 타자를 바라봄은 나 홀로 타자 바라보기에서 예수의 시선으로 타자를 바라보기를 가능하게 하며, 나아가 타자 속으로 들어가기를 가능하게 한다. 이것이 본회퍼가 말하는 대리(Stellvertretung) 사상의 핵심 내용이다. 21세기 한국은 20세기의 한국보다 개인이 집단 속에서 소멸되는 현상이 더욱 가속화 되고 있고, 인간의 실체마저 왜곡되게 포장하고 있다.

예수 그리스도 안에서 공동체성을 회복한 인간은 하나님의 뜻을 수행해야만 하는 과제를 지니고 있다. 본회퍼에 의하면, 예수 공동체가 실존하는 교회는 개인이든 집단이든 모두 교회이며, 그들이 서 있는 장소가 이미 교회의 공간으로 창조된다. 그들이 그리스도와 한 몸이라면, 타락한 육이 새로운 육으로, 타락한 정신이 새로운 정신으로, 타락한 영혼이 새로운 영혼으로 재창조되는 것을 의미한다. 21세기 한국교회는 수많은 조직들의 망 속에 한 기능만을 담당하는 것이 아니고, 제 모습을 잃어가고 이익만을 추구하는 조직들 속으로 들어가서, 타락한 공동사회를 참 보기에 좋았던 원시 공동체의 모습으로의 선한 공동체를 만들기 위한 노력을 시작해야 한다. 한국 사회 내에서 많은 그리스도인들이 개혁을 말한다. 그러나 한국교회의 개혁은 피상적인 구호나 교회의 일시적인 리모델링만으로 설립되지 않는다. 한국교회는 한국 사회를 개혁시킬 수 있는 교회의 능력을 회복해야 하며, 그 시작은 조직 속에 소멸된 인간 자아의 본질을 회복하는 것이다. 그것은 인간 속으로 굽어진 양심의 올곧게 함이며, 이는 오직 예수 그리스도를 통해서만 가능하다. 이와 더불어 한국교회는 예수와 함께 타자 속으로 들어가기를 실현해야 한다. 타자 속으로 들어가기 위해서는 타자성을 소유해야 한다. 본회퍼에게 타자성은 하나님의 형상이며, 그는 하나님의 형상을 '타자를 위한 자유'(Freiheit für andere)라고 이해했다. 본회퍼가 말하는 타자를 위한 자유라는 타자성은 우리가 타자 속으로 들어가게 하는 능력을 부과한다. 그것은 앞선 내용에서도 규명하였듯이 인간을 위해 자유하심으로 이 땅에 오신 하나님의 성육신 사건이다. 본회퍼에게 성육신 사건은 인간을 위해 자유하신 하나님의 사랑이며 자기 헌신이다. 일상 속에서 상식적으로 규정되는 인간의 편안함은 그 무엇보다도 타자성을 왜곡시킨 비정상적인 정상일지도 모른다. 기윤실에서 주도했던 자발적인 불편운동은 어쩌면 어느 순간부터 잃어버린 타자성의 회복을 위한 운동이라고도 볼 수 있을 것이다. 우리의 편안함이 타자를 불편하게 했고, 우리의 행복이 타자를 불행하게 만들었다고 보는 인식은 어떤 이들에게는 비상식적 접근일 수도 있겠지만, 본회퍼의 신학 속에서는 인간의 타자를 위한 희생과 포기가 회복된 하나님의 형상으로서의 '자유'라면 한국의 그리스도인과 교회는 자발적 불편운동을 넘어, 타자를 위한 불편해짐으로 진정한 성육신의 신학을 회복하고 진정한 행복을 누리겠다는 의지적 선언과 실천이 요구된다.

한국교회는 그동안 너무나 오랫동안 교회를 향한 비판의 목소리에 귀 기울이지 않았다. 맘몬은 한국교회를 병들게 했으며, 성장주의는 한국교회의 기독교 윤리적 가치 상실을 낳았다. 귀는 있었지만 들을 귀가 없었던 한국교회는 지금부터라도 듣는 훈련을 해야 한다. 타자의 목소리를 통해 필요한 요구 사항에 대한 응답만을 내놓는 것이 아니라, 타자의 목소리 안으로 들어가 그들의 목소리를 분석해서 요구 사항의 근본 원인을 규명해야 한다. 한국 사회 내에서 한국교회를 비판하는 목소리도 커지고 있으며, 비판하게 되는 이유도 점점 더 다양해지고 있다. 무엇을 절대화시키는 것은 본회퍼가 가장 우려한 모습이다. '오늘, 우리에게 예수 그리스도는 누구신가?'라는 질문은 본회퍼의 성서 해석 방법론을 이해할 수 있을 뿐만 아니라, 매일 매일 어떤 타자를 만나느냐에 따라 그때그때 세밀하게 간섭하시는 하나님의 뜻을 분별해야만 한다는 대답을 요구하고 있다. 본회퍼의 하나의 현실 개념은 둘의 하나됨이라는 것을 강조하게 되는 결과로서의 무조건적인 '통일성'을 의미하는 것이 아닌 둘 사이에서의 동일성에서 차이를, 차이에서 다시 동일성의 사유를 반복해서 결국 다양성 속에서 하나님의 뜻에 합당한 일치를 이끌어내기를 요구하고 있다. 서로의 목소리 속으로 들어가는 타자성의 총합은 일상에서 화해와 평화, 협력이라는 가치를 늘 새롭게 창조하게 될 것이다.

본회퍼는 21세기 한국교회에 예수 그리스도 안에서, 예수 그리스도를 통해 '타자를 위한 교회'되어, '예수 그리스도와 함께 타자 속으로 들어가기'라는 구체적인 삶의 과제(Aufgabe)를 제시하고 있다.

참 고 문 헌

디트리히 본회퍼 선집(전8권), 대한기독교서회, 2010:
본회퍼, 디트리히.『성도의 교제』, 유석성·이신건 옮김, 대한기독교서회, 2010.
_____.『행위와 존재』, 김재진·정지련 옮김, 대한기독교서회, 2010.
_____.『창조와 타락』, 강성영 옮김, 대한기독교서회, 2010.
_____.『그리스도론』, 유석성 옮김, 대한기독교서회, 2010.
_____.『나를 따르라』, 손규태·이신건 옮김, 대한기독교서회, 2010.
_____.『신도의 공동생활』, 정지련·손규태 옮김, 대한기독교서회, 2010.
_____.『윤리학』, 손규태·이신건·오성현 옮김, 대한기독교서회, 2010.
_____.『저항과 복종』, 손규태·정지련 옮김, 대한기독교서회, 2010.

갓시, J. D..『디트리히 본회퍼의 신학』, 유석성 옮김, 대한기독교서회, 2006.
강성영,『생명, 문화, 윤리 - 기독교 사회윤리학의 주제 탐구』, 한신대학교출판부, 2006.
_____. "타자성과 동일성의 삶의 유희 - 혼합주의의 에큐메니칼 사회윤리적 이해", in:「신학연구」40(1999), 113-126.
_____. "한국교회가 읽는 본회퍼의 신학: 역사적 만남, 가치간과 영성의 차원을 중심으로", in:「신학연구」41(2000), 328-347.
_____. "하나님의 고난과 뒤따름의 의미: 본회퍼와 한국교회의 만남", in:「기독교사상」50(2006), 74-83.
강영안.『타인의 얼굴 - 레비나스의 철학』, 문학과지성사, 2005, ⁹2015.
고범서. "본회퍼윤리의 상황주의적 요소", in:「신학사상」12(1976), 164-174.
고재길,『한국교회 본회퍼에게 듣다』, 장로회신학대학교출판부, 2014.
_____(공저).『동북아시아의 평화를 위한 기독교의 역할』, 장로회신학대학교, 2012.
_____. "사회 속의 기독교와 그리스도인의 정치적 책임", in:「한국기독교윤리학논총」12(2009), 96-122.
_____. "디트리히 본회퍼의 사회윤리에 대한 소고", in:「장신논단」37(2010), 117-151.
_____. "한국사회의 통일문제와 기독교", in:「한국기독교윤리학논총」17(2012), 81-110.
_____. "본회퍼의『윤리학』에 나타난 생명의 개념과 선의 문제", in:「선교와 신학」29(2012), 251-282.
_____. "본회퍼의『나를 따르라』에 나타난 제자의 윤리", in:「장신논단」45(2013), 117-143.
김성호. "디트리히 본회퍼의 교회론적 윤리", in:「신학과선교」43(2013), 331-361.
_____. "디트리히 본회퍼의 '평화' 이해에 관한기독교윤리학적 담론", in:「신학과선교」46(2015), 261-297.
_____. "디트리히 본회퍼의 '계시' 이해 -『행위와 존재』(Akt und Sein)의 'actus directus'와 'acrus

reflexus' 개념을 중심으로", in:「신학과선교」48(2016), 49-85.
_____. "예수 그리스도 안에서의 하나님의 평화-디트리히 본회퍼의 그리스도론적 평화 이해", in: 평화와통일 1(2016), 95-129.
_____(공저).『신학고전 20선』, 서울신학대학교 출판부, 2016.
김은혜 외.『교회와 사회』, 성광문화사, 2002.
_____. "대중매체와 교회의 과제", in:「교회와 신학」47(2001), 135-140.
김중기. "윤리의식의 부재와 교회의 과제", in:「기독교사상」37(1993), 30-42.
김형민 외.『공공신학이란 무엇인가?』, 북코리아, 2007.
_____. "공적교회의 윤리적 책임", in:「기독교사회윤리」26(2013), 83-116.
노영상 외.『하나님 나라와 문화』, 한국장로교출판사, 2004.
_____. "한국교회와 목회윤리", in:「한국 기독교윤리학회논총」2(2000), 161-195.
니버, 리차드 H..『책임적 자아』, 정진홍 옮김, 한국장로교출판사, 2011.
니콜스, 스티븐.『본회퍼가 말하는 그리스도인의 삶』, 김광남 옮김, 아바서원, 2014.
드람, 자비네.『본회퍼를 만나다』, 김홍진 옮김, 대한기독교서회, 2013.
로빈슨, 존.『신에게 솔직히』, 현영학 옮김, 대한기독교서회, 22012.
맹용길.『교회 미래 이데올로기』, 대한예수교장로회총회출판국, 1989.
메택시스, 에릭.『디트리히 본회퍼』, 김순현 옮김, 포이에마 2011.
문시영.『교회됨의 윤리』, 북코리아, 2013.
_____. "공동신학의 교회, 교회윤리의 교회", in:「한국기독교신학논총」88(2013), 211-232.
바르트, 칼.『교의학 개요』, 신준호 옮김, 복있는 사람, 2015.
박봉배. "한국교회의 성숙과 윤리적 과제",「기독교사상」32(1988), 116-126.
박영식.『고난과 하나님의 전능』, 동연, 2012.
박충구.『21세기문명과 기독교윤리』, 대한기독교서회, 1999.
_____.『기독교윤리사 II』, 대한기독교서회, 2001.
_____. "한국개신교의 윤리적 위기와 그 극복 과제", in:「한국기독교윤리학논총」9(2007).
_____. "한국 기독교의 윤리적 반성", in:「한국기독교신학논총」(1998)
_____.『예수의 윤리 – 혼란과 갈등시대에 생명과 평화의 길 찾기』, 대한기독교서회, 2011.
백소영.『우리의 사랑이 의롭기 위하여: 한국교회가 무교회로부터 배워야할 것들』, 대한기독교서회, 2005.
베트게, 레나테.『디트리히 본회퍼, 사진으로 보는 그의 삶』, 정성묵 옮김, 가치창조, 2010.
베트게, 에버하르트.『디트리히 본회퍼, 신학자-그리스도인-동시대인』, 김순현 옮김, 복있는 사람, 2014.
벨커, 미하엘.『성찬식에서 무엇이 일어나는가?』, 임걸 옮김, 한들출판사, 2000.
본회퍼, 디트리히.『이 땅에서 그리스도인으로 설 수 있을까』, 정현숙 옮김, 좋은씨앗, 2012.
_____.『타인을 위한 그리스도인으로 살 수 있을까』, 정현숙 옮김, 좋은씨앗, 2014.
_____.『교회가 세상에 소망을 말할 수 있을까』, 정현숙 옮김, 좋은씨앗, 2015.
볼프, 미로슬라브.『배제와 포용』, 박세혁 옮김, IVP, 2012, 437-487.

손규태. "본회퍼의 국가와 교회", in:「기독교사상」17(1973), 100-105.
_____. "평화를 위한 통일의 신학", in:「기독교사상」34(1990), 48-61.
_____.『사회윤리학의 탐구』, 대한기독교서회, 1992.
_____.『개신교윤리사상사』, 대한기독교서회, 1998.
_____.『세계화 시대 기독교의 두 얼굴』, 한울, 2007.
_____.『하나님 나라와 공공성: 그리스도교 사회윤리 개론』, 대한기독교서회, 2010.
아렌트, 한나.『인간의 조건』, 이진우·태정호 옮김, 한길사, 2015.
요나스, 한스.『책임의 원칙:기술 시대의 생태학적 윤리』, 이진우 옮김, 서광사, 1994.
유경동.『한국기독교사회윤리의 쟁점과 과제』, 감리교신학대학교출판부, 2006.
_____. "타자를 위한 기독교 윤리" in:「한국기독교윤리학회논총」(2007)
_____. "본회퍼의 윤리와 동북아시아의 평화", in:「신학과 세계」49(2004)
_____. "본회퍼와 기독교정치윤리의 과제", in:「한국본회퍼학회」(2004)
유석성. "디트리히 본회퍼의 신학사상", in:「신학과 선교」18(1993), 169-195.
_____.『현대사회의 사회윤리』, 서울신학대학교 출판부, 1997.
_____.『본회퍼 신학』, 서울신학대학교 출판부, 1998.
_____. "정의와 평화를 위한 기독교의 책임", in: 기독교사상 574(2006), 89-90.
_____. "정의와 평화를 위한 기독교의 책임: 본회퍼의 평화사상", in:「기독교사상」(2006, 10), 84-93.
윤대선.『레비나스의 타자철학 – 소통과 초월의 윤리를 찾아서』, 문예출판사 2004.
이장형.『다문화시대의 기독교윤리』, 북코리아, 2012.
임성빈. "한국교회와 사회적 책임", in:「교회와 신학」30(1997), 33-43.
_____ (공저).『통합적인 통일과 그리스도인들의 과제』, 한국장로교출판사, 1999.
_____.『새세기의 한국교회와 기독교윤리』, 한들출판사, 2000.
_____.『21세기 책임윤리의 모색』, 장로회신학대학교출판부, 2002.
_____.『기독교의 사회적 책임』, 기독교문서선교회, 2005.
_____. "한국교회의 사회참여를 위한 토대모색: 공공신학을 중심으로", in:「하나님 나라와 교회의 현실참여」9(2010)
_____. "한국사회의 발전과 기독교의 역할 – 20세기 후반 교회의 역할과 21세기 과제를 중심으로", in:「신앙과 학문」16(2011), 165-194.
_____. "다문화사회와 교회의 역할모색: 인권과 문화통합을 위한 토대제공의 관점에서", in:「기독교사회윤리」27(2013), 305-333.
정원범.『교회·목회·윤리』, 쿰란출판사, 2008.
_____. "한국교회의 위기에 대한 신학적 성찰과 그 대안", in:「신학과 문화」22(2013), 181-216.
_____. "한국교회의 공공성 위기와 기독교의 사회선교", in:「기독교사회윤리」27(2013), 335-368.
정종훈.『기독교 사회윤리와 인권』, 대한기독교서회, 2003.
_____. "기독교 평화운동의 방향과 한국기독교의 과제, in:「신학논단」31(2003), 237-254.

_____. "기독교 사회운동과 한국 기독교의 과제", in:「신학논단」37(2004), 353-384.
_____. "독일교회의 정치참여", in:「교회와 신학」58(2004), 19-25.
_____.『생활신앙으로 살아가기』, 대한기독교서회, 2007.
_____. "독일교회에 비추어 본 한국교회의 남북통일을 위한 과제", in:「한국기독교윤리학논총」68(2010), 257-285.
콘라트 라이저.『그리스도와 도덕적 삶』, 김철영 역, 장로회신학대학교 출판부, 2003.
포이에르바흐, 루드비히.『기독교의 본질』, 박순경 옮김, 종로서적, 1982.

Dietrich Bonhoeffer Werke (DBW). herausgegeben von Eberhard Bethge, Ernst Feil, Christian Gremmels, Wolfgang Huber, Hans Pfeifer, Albrecht Schönherr, Heinz Eduard Tödt, Ilse Tödt. München: Chr. Kaiser Verlag (ab 1986), Gütersloh Verlagshaus (ab 1994):

DBW 1: Sanctorum Communio. Eine dogmatische Untersuchung zur Soziologie der Kirche (1930). herausgegeben von Joachim von Soosten. München 1986.

DBW 2: *Akt und Sein*. Transzendentalphilosophie und Ontologie in der systematischen Theologie (1931). herausgegeben von Hans-Richard Reuter. München 1988, 2. Auflage Gütersloh 2002.

DBW 3: *Schöpfung und Fall*. Theologische Auslegung von Genesis 1-3 (1933). herausgegeben von Martin Rüter und Ilse Tödt. München 1989, 2. Auflage Gütersloh 2002.

DBW 4: *Nachfolge* (1937). herausgegeben von Martin Kuske und Ilse Tödt. München 1989, 3. Auflage Gütersloh 2002.

DBW 5: *Gemeinsames Leben* (1938). Das Gebetbuch der Bibel (1940), herausgegeben von Gerhard Ludwig Müller und Albrecht Schönherr. München 1987, 2. Auflage Gütersloh 2002.

DBW 6: *Ethik*. herausgegeben von Ilse Tödt, Heinz Eduard Tödt, Ernst Feil, Clifford Green. München 1991, 2. Auflage Gütersloh 1998.

DBW 6 Ergänzungsband: Zettelnotizen für eine Ethik. herausgegeben von Ilse Tödt. Gütersloh 1993.

DBW 7: *Fragmente aus Tegel*. herausgegeben von Renate Bethge und Ilse Tödt. Gütersloh 1994.

DBW 8: *Widerstand und Ergebung*. Briefe und Aufzeichnungen aus der Haft, herausgegeben von Christian Gremmels, Eberhard Bethge, Renate Bethge in Zusammenarbeit mit Ilse Tödt, Gütersloh 1998.

DBW 9: *Jugend und Studium 1918-1927*. herausgegeben von Hans Pfeifer in Zusammenarbeit mit Clifford J.Green und Carl-Jürgen Kaltenborn. München 1986, 2. Auflage Gütersloh 2005.

DBW 10: *Barcelona, Berlin, Amerika 1928-1931*. herausgegeben von Reinhart Staats und Hans Christoph von Hase in Zusammenarbeit mit Holger Roggelin und Matthias Wünsche, München 1991, 2. Auflage Gütersloh 2005.

DBW 11: *Ökumene, Universität, Pfarramt 1931-1932*. herausgegeben von Eberhard Amelung und Christoph Strohm. Gütersloh 1994.

DBW 12: *Berlin 1932-1933*. herausgegeben von Carsten Nicolaisen und Ernst-Albert Scharffenorth. Gütersloh 1997.

DBW 13: *London 1933-1935*. herausgegeben von Hans Goedeking. Martin Heimbucher und Hans-Walter Schleicher, Gütersloh 1994.

DBW 14: *Illegale Theologenausbildung: Finkenwalde 1935-1937*. herausgegeben von Otto Dudzus und Jürgen Henkys in Zusammenarbeit mit Sabine Bobert-Stützel, Dirk Schulz und Ilse Tödt. Gütersloh 1996.

DBW 15: *Illegale Theologenausbildung: Sammelvikariate 1937-1940*. herausgegeben von Dirk Schulz. Gütersloh 1998.

DBW 16: *Konspiration und Haft 1940-1945*. herausgegeben von Jørgen Glenthøj, Ulrich Kabitz und Wolf Krötke. Gütersloh 1996.

DBW 17: *Register und Ergänzungen*. herausgegeben von Herbert Anzinger und Hans Pfeifer unter Mitarbeit von Waltraud Anzinger und Ilse Tödt. Gütersloh 1999.

Dietrich Bonhoeffer, Gesammelte Schriften (GS). herausgegeben von Eberhard Bethge. München 1958-1974:

GS I: *Ökumene*. Briefe, Aufsätze, Dokumente 1928 bis 1942. München 1958.

GS II: *Kirchenkampf und Finkenwalde*. Resolutionen, Aufsätze, Rundbriefe 1933 bis 1943. München 1959.

GS III: *Theologie – Gemeinde*. Vorlesungen, Briefe, Gespräche 1927 bis 1944. München 1960.

GS IV: *Auslegungen – Predigten* 1931 bis 1944. München 1961.

GS V: *Seminare – Vorlesungen – Predigten* 1924 bis 1941. München 1972.

GS VI: *Tagebücher – Briefe – Dokumente* 1923 bis 1945. München 1974.

Die Mündige Welt (MW):

Band I: *Dem Andenken Dietrich Bonhoeffers*. Vorträge und Briefe, München ³1959.

Band II: *Weißensee – Verschiedenes*. München 1956.

Band III: *Weißensee 1959*. München 1960.

Band IV: *Weißensee 1961*. München 1963

Band V: *Dokumente zur Bonhoeffer-Forschung*. Herausgegeben von Jørgen Glenthøj, München 1969.

Internationale Bibliographie zu Dietrich Bonhoeffer / International Bibliography on Dietrich Bonhoeffer. Herausgegeben von / Edited by Ernst Feil unter Mitarbeit von/assisted by Barbara E. Fink, Gütersloh: Chr. Kaiser / Gütersloher Verlagshaus 1998.

Abromeit, Hans-Jürgen. *Das Geheimnis Christi*. Dietrich Bonhoeffers erfahrungsbezogene Christologie (Neukirchener Beiträge zur Systematischen Theologie, 8). Neukirchener Verlag 1991.

_____. *Die Beziehung zwischen Erkenntnis und Existenz bei Dietrich Bonhoeffer*.

Herausforderung zu einem anderen Verhältnis von Theorie und Praxis. in: *Pastoraltheologie* 75 (1986), 284-305.

Adler, Rolf. *Die Finkenwalder Homiletik Dietrich Bonhoeffers*. Eine theologisch-praktische Anwendung systematischer Grundentscheidungen. Zum 60. Jahrestag der Schließung des Predigerseminars Finkenwalde. in: *Evangelische Theologie* 33 (1998), 177-205.

Ahn Byung Mu. *Draußen vor dem Tor*. Kirche und Minjung in Korea, Göttingen 1986.

Altenähr, Albert. *Dietrich Bonhoeffer – Lehrer des Gebets*. Grundlagen für eine Theologie des Gebets bei Dietrich Bonhoeffer (Studien zur Theologie des geistlichen Lebens, 7). Würzburg 1976.

Barth, Friederike. Dietrich Bonhoeffers *Nachfolge* in der Nachfolge Kierkegaards. in: Torsten Meireis (Hg.). *Lebendige Ethik*. Beiträge aus dem Institut für Ethik und angrenzende Sozialwissenschaften. Hans-Richard Reuter zum 60. Geburtstag, Lit 2007, 7-37.

Barth, Karl. Brief an Eberhard Bethge. in: *Evangelische Theologie* 28 (1968), 555-556.

Bartl, Klaus. *Theologie und Säkularität*. Die theologischen Ansätze Friedrich Gogartens und Dietrich Bonhoeffers zur Analyse und Reflexion der säkularisierten Welt (Europäische Hochschulschriften XXIII/393). Frankfurt am Main 1990.

Bayer, Oswald. *Christus als Mittler*. Bonhoeffers Ethik im Banne der Religionsphilosophie Hegels. in: *Berliner Theologische Zeitschrift* 2 (1985), 259-276.

Baumann, Urs. *Schuldübernahme als Aufgabe zur Menschlichkeit*. Theologische Perspektiven. in: Urs Baumann / Karl-Josef Kuschel. Wie kann denn ein Mensch schuldig werden? Literarische und theologische Perspektiven von Schuld. München 1990.

Beckmann, Joachim. *Evangelische Kirche im Dritten Reich*. Kirchliches Jahrbuch 1993-1946, Gütersloh 1948.

Beckmann, Klaus-Martin. *Christus als Gemeinde existierend*. Der Begriff der Kirche in Dietrich Bonhoeffers Sanctorum Communio im Blick auf die Ökumene. in: *Evangelische Theologie* 21 (1961), 327-338.

Bedford-Strohm, Heinrich. *Dietrich Bonhoeffer als öffentlicher Theologe*. in: *Evangelische Theologie* 69 (2009), 329-341.

Berger, Peter L.. Sociology and Ecclesiology. in: Martin E. Marty (Herausgeber). The Place of Dietrich Bonhoeffer. Problems and Possibilities in His Thought. New York [2]1964, 53-80.

Bethge, Eberhard. *Dietrich Bonhoeffer*. Theologe – Christ – Zeitgenosse. Eine Biographie (1967). Gütersloh: Gütersloher Verlagshaus, [9]2005.

_____. *Glaube und Weltlichkeit bei Dietrich Bonhoeffer*. Stuttgart 1969.

_____. *Ohnmacht und Mündigkeit*. Beiträge zur Zeitgeschichte und Theologie nach Dietrich Bonhoeffer. München 1969; darin: *Gottesdienst in einem säkularen Zeitalter* – wie Bonhoeffer ihn verstand, 114-134.

_____. *Am gegebenen Ort*. Aufsätze und Reden 1970-1979, München 1979; darin: *Beten und*

　　　　Tun des Gerechten. Dietrich Bonhoeffers umstrittenes Erbe, 39-47.

_____. Nachwort(1979) zu: D. Bonhoeffer. Gemeinsames Leben. München 1986.

_____. *Dietrich Bonhoeffers Weg vom „Pazifismus" zur Verschwörung*. in: Hans Pfeifer (Herausgeber), Frieden – das unumgängliche Wagnis. Die Gegenwartsbedeutung der Friedensethik Dietrich Bonhoeffers (Internationales Bonhoeffer Forum, 5). München 1982, 118-136.

_____. *Bekennen und Widerstehen*. Aufsätze – Reden – Gespräche. München 1984; darin: *Der Weg vom „Pazifismus" in den Widerstand*. Gewaltlosigkeit und Gewalt im Tun und Denken Dietrich Bonhoeffers, 87-109; darin: Der Ort des Gebets in Leben und Theologie Dietrich Bonhoeffers, 159-177.

_____. *Erstes Gebot und Zeitgeschichte*. Aufsätze und Reden 1980-1990, München 1991; darin: *Bonhoeffer und Europa*. Apostelgeschichte 16,9, 161-169.

Bismarck, Ruth-Alice von (Herausgeber). *Brautbriefe Zelle 92*. Dietrich Bonhoeffer – Maria von Wedemeyer 1943-1945, München: Beck, 1995.

Bobert, Sabine. *Kirche für andere – das Kirchenverständnis Dietrich Bonhoeffers*. in: Karl Martin (Herausgeber). Dietrich Bonhoeffer – Herausforderung zu verantwortlichem Glauben, 2008, 225-236.

Bobert-Stützel, Sabine. *Dietrich Bonhoeffers Pastoraltheologie*. Theologenausbildung im Widerstand zum Dritten Reich. Dargestellt anhand der Finkenwalder Vorlesungen 1935-1937, Gütersloh 1995.

Boomgaarden, Jürgen. *Das Verständnis der Wirklichkeit*. Dietrich Bonhoeffers systematische Theologie und ihr philosophischer Hintergrund in Akt und Sein. Gütersloh 1999.

Brakelmann, Günter (Herausgeber). *Dietrich Bonhoeffer –Stationen und Motive auf dem Weg in den politischen Widerstand*. Münster 2005.

Caldas, Carlos. *Bonhoeffer in Brazil*. An Analysis of Brazilian Neopentecostalism from a Bonhoefferian Perspective. in: John W. de Gruchy u.a. (Herausgeber). Dietrich Bonhoeffers Theologie heute. Gütersloh 2009, 188-200.

Carter, Guy Chr. / René van Eyden / Hans-Dirk van Hoogstraten / Jurjen Wiersma (Herausgeber). *Bonhoeffer's Ethics*. Old Europe and New Frontiers (Papers of the 5th International Bonhoeffer Society Conference, Amsterdam, 1988), Kampen, The Netherlands: Kok Pharos, 1991.

Chung Ha-Eun. *Das Koreanische Minjung und seine Bedeutung für eine ökumenische Theologie*. München 1984.

Daub, Hans Friedrich. *Die Stellvertretung Jesu Christi*. Ein Aspekt des Gott-Mensch-Verhältnisses bei Dietrich Bonhoeffer. Mainz 2005.

Day, Thomas I.. *Conviviality and Common Sense*. The Meaning of Christian Community for Dietrich Bonhoeffer, Diss. New York 1975.

Dingel, Irene (Herausgeber). *Das Friedenspotenzial von Religion* (Veröffentlichungen des Institus für Europäische Geschichte Mainz, 78). Göttingen 2009.

Dinger, Jörg. *Auslegung, Aktualisierung und Vereinnahmung*. Das Spektrum der deutschsprachigen Bonhoeffer-Interpretation in den 50er Jahren. Neukirchener Verlag 1998.

_____. Tendenzen der Bonhoeffer-Rezeption in den letzten Jahrzehnten. in: *Evangelische Theologie* 67 (2007), 405-418.

Dramm, Sabine. *Dietrich Bonhoeffer. Eine Einführung in sein Denken*. Gütersloh: Chr. Kaiser / Gütersloher Verlagshaus, 2001.

Dreß, Walter. *Widerstandsrecht und Christenpflicht bei Dietrich Bonhoeffer*. in: Lutherische Monatshefte 3 (1964), 198-209.

_____. Religiöses Denken und christliche Verkündigung in der Theologie Dietrich Bonhoeffers. in: *Theologia Viatorum* XIV/1977-1978, 35-61.

Dudzus, Otto. *"Wer ist Jesus Christus für uns heute?" Dietrich Bonhoeffers Versuch einer Antwort durch 20 Jahre Verkündigung*. in: Dietrich Bonhoeffer. Predigen – Auslegungen – Meditationen(PAM) I, 11-93.

Ebeling, Gerhard. *Die nicht-religiöse Interpretation biblischer Begriffe*. in: Zeitschrift für Thologie und Kirche 52 (1955), 296-360.

_____. *Die nicht-religiöse Interpretation biblischer Begriffe*. in: Die mündige Welt (MW) II, 12-72 (wiederabgedruckt in: Wort und Glaube Bd. I, Tübingen 1960, 90-160).

Ebeling, Rainer. *Dietrich Bonhoeffers Ringen um die Kirche*. Eine Ekklesiologie im Kontext freikirchlicher Theologie (TVG Monographien und Studienbücher). Gießen / Basel 1996.

Eisenhuth, Heinz Erich. *Rezension zu Akt und Sein*. Theologische Literaturzeitung 58 (1933), 188-190.

Feil, Ernst. Standpunkte der Bonhoeffer-Interpretation. Versuch einer kritischen Zusammenfassung. in: *Theologische Revue* 64 (1968), 1-14.

_____. *Die Theologie Dietrich Bonhoeffers*. Hermeneutik, Christologie, Weltverständnis, München: Chr. Kaiser; Mainz: Matthias-Grünewald-Verlag (1971), 4. Auflage 1991.

_____. Aspekte der Bonhoefferinterpretation. in: *Theologische Literaturzeitung* 117 (1992), 1-15, 81-99.

_____. *Impulse Dietrich Bonhoeffers für den Weg der Evangelischen Kirchen in der DDR*. Zur Einführung in das Symposium (25.–28. April 1991 in Friedrichroda/Thüringen). in: Ernst Feil (Herausgeber), Glauben lernen in einer Kirche für andere. Der Beitrag Dietrich Bonhoeffers zum Christsein in der Deutschen Demokratischen Republik (Internationales Bonhoeffer Forum Forschung und Paxis, 9), Gütersloh 1993, 9-32.

Fink, Heinrich (Herausgeber). *Dietrich Bonhoeffer – Gefährdetes Erbe in bedrohter Welt*. Beiträge zur Auseinandersetzung um sein Werk, Berlin 1987.

Florian Schmitz. *Nachfolge* zur Theologie Dietrich Bonhoeffers. Vandenhoeck & Reprecht, 2013.

Gerlach, Gernot. *Bekenntnis und Bekennen der Kirche bei Dietrich Bonhoeffer*. Entscheidungen für sein Leitbild von Kirche in den Jahren 1935-36, Diss. Kassel 2002.

Gerrens, Uwe. *Medizinisches Ethos und theologische Ethik*. Karl und Dietrich Bonhoeffer in der Auseinandersetzung um Zwangssterilisation und „Euthanasie" im Nationalsozialismus (Schriftenreihe der Vierteljahrshefte für Zeitgeschichte, 73), München: R. Oldenbourg Verlag, 1996.

Gestrich, Christof. *Unterscheidung zwischen menschlicher und göttlicher Stellvertretung*. Zur Präzisierung des Verständnisses des wunderbaren Tausches und der Sündenvergebung. in: Una Sancta 46 (1991), 229-244.

_____. Ekklesiologie. in: *Theologische Rundschau* 63 (1998), 290-328.

Glenthøj, Jørgen. Dietrich Bonhoeffers Weg vom Pazifismus zum politischen Widerstand. in: Mayer / Zimmerling (Herausgeber). *Dietrich Bonhoeffer heute*, 1992, 41-57.

_____. Zwei Zeugnisse von der Ermordung Dietrich Bonhoeffers. in: Mayer / Zimmerling (Herausgeber). *Dietrich Bonhoeffer heute*, 1992, 84-96.

Godsey, John D.. *The Theology of Dietrich Bonhoeffer*. Philadelphia 1960.

Green, Clifford James. Sociality and Church in Bonhoeffer's 1933 Christology. in *Scottisch Journal of Theology* 21 (1968), 416-434.

_____. *Bonhoeffer's Public Theology and the Quest for Peace with Justice*. 1986, Bonhoeffer Collection, Union Theological Seminary, New York.

_____. *Freiheit zur Mitmenschlichkeit*. Dietrich Bonhoeffers Theologie der Sozialität, Gütersloh 2004 (Original: The Sociality of Christ and Humanity. Dietrich Bonhoeffer's Early Theology 1927-1933, Missoula, Montana 1972).

_____. *Pacifism and Tyrannicide*. Bonhoeffer's Christian Peace Ethic. in: Studies in Christian Ethics 18 (2005).

Gremmels, Christian(Hg.). *Theologie und Lebenswelt*. Beiträge zur Theologie der Gegenwart, Gütersloh, 2012.

Gruchy, John W. de / Stephen Plant / Christiane Tietz (Herausgeber). *Dietrich Bonhoeffers Theologie heute*. Ein Weg zwischen Fundamentalismus und Säkularismus?. Gütersloher Verlagshaus 2009.

Hampe, Johann Christoph. *Dietrich Bonhoeffer*. Von guten Mächten. Gebete und Gedichte (Ausgabe und Interpretation), München 1991.

Hase, Hans-Christoph von. Begriff und Wirklichkeit der Kirche in der Theologie Dietrich Bonhoeffers. in: *Mündige Welt* I, 1955, 26-46.

_____. Die Kirche muss gewagt werden. Zu Dietrich Bonhoeffers Gedanken über die Aufgabe der Kirche als Institution. in: *Die Innere Mission* 52 (1962), 37-47.

Heer, H.. Die große Maskerade des Bösen. Dietrich Bonhoeffers Bild und Bewertung des Nationalsozialismus. in: *Zeitschrift für Geschichtswissenschaft* 49 (2001), 1074-1096.

Heimbucher, Martin. *Christusfriede – Weltfrieden*. Dietrich Bonhoeffers kirchlicher und politischer Kampf gegen den Krieg Hitlers und seine theologische Begründung. Gütersloh 1997.

Henkys, Jürgen, *Geheimnis der Freiheit*. Die Gedichte Dietrich Bonhoeffers aus der Haft. Biographie – Poesie – Theologie, Gütersloher Verlagshaus 2005.

Hoffmann-Richter, Andreas. *Ahn Byung-Mu als Minjung-Theologe*. Gütersloh 1990.

Hofmeister, Heimo. Überlegungen zu Hegels Begriff der „Gemeinde". in: *Evangelische Theologie* 41 (1981), 300-309.

Holm, Jacob. G. W. F. Hegel's Impact on Dietrich Bonhoeffer's Early Theology. in: *Studia Theologica* 54 (2002), 64-75.

Holms, Christopher. 'The Indivisible Whole of Ged's Reality: On the Agency of Jesus in Bonhoeffer's *Ethics*. in: *International Journal of Systematic Theology* 12 (2010), 283-301.

Honecker, Martin. *Kirche als Gestalt und Ereignis*. Die sichtbare Gestalt der Kirche als dogmatisches Problem (Forschungen zur Geschichte und Lehre des Protestantismus, X, 25). München 1963.

Hopper, David A.. *A Dissent on Bonhoeffer*. Philadelphia 1975.

Huber, Wolfgang. *Kirche und Öffentlichkeit* (Forschungen und Berichte der Evangelischen Studiengemeinschaft, 28). Stuttgart: Ernst Klett Verlag, 1973.

_____. *Sozialethik als Verantwortungsethik*. in: Ethos des Alltags. Festgabe für Stephan H. Phürtner zum 60. Geb., hg.v.A.Bondolfi / W. Heierle / D. Mieth, Zürich / Einsiedeln / Köln 1983, 55-76.

_____. *Wahrheit und Existenzform*. Anregungen zu einer Theorie der Kirche bei Dietrich Bonhoeffer. in: Wolfgang Huber, *Folgen christlicher Freiheit*. Ethik und Theorie der Kirche im Horizont der Barmer Theologischen Erklärung (Neukirchener Beiträge zur Systematischen Theologie, 4). Neukirchen-Vluyn 1983, 169-204.

_____. *Sozialethik als Verantwortungsethik*. in: Wolfgang Huber, Konflikt und Konsens. Studien zur Verantwortungsethik. München 1990.

_____. (Hg.). *Friedensethik*. Kohlhammer, 1990.

_____. Das Vermächtnis Dietrich Bonhoeffers und die Wiederkehr der Religion. in: *Berliner Theologische Zeitschrift* 23 (2006), 313-322.

Huntemann, Georg. *Der andere Bonhoeffer*. Die Herausforderung des Modernismus, Wuppertal: Brockhaus, 1989.

Kim, Sung Ho. *Frieden stiften als Aufgabe der Kirche* - Dietrich Bonhoeffers Ekklesiologie und Friedensethik und ihre Wirkungsgeschichte in Südkorea, Lit, 2012.

Jenson, Matt. Real presence: contemporaneity in Bonhoeffer's Christology. *Scottish Journal of Theology* 58 (2005), 143 – 160.

Jüngel, Eberhard. Das Geheimnis der Stellvertretung. Ein dogmatisches Gespräch mit Heinrich Vogel, in: *Zeichen der Zeit* 37 (1983), 16-23.

_____. *Der Gott entsprechende Mensch*. Bemerkungen zur Gottesebenbildlichkeit des Menschen als Grundfigur theologischer Anthropologie. in: Hans-Georg Gadamer / Paul Vogler (Herausgeber), *Neue Anthropologie*, Band 6, Heidelberg 1975, 341-372.

Joest, Wilfried. *Der Friede Gottes und der Friede auf Erden*. Zur theologischen Grundlegung der Friedensethik, Neukirchener Verlag 1990.

Kallen, Werner. *In der Gewißheit seiner Gegenwart*. Dietrich Bonhoeffer und die Spur des vermissten Gottes. Mainz: Matthias-Grünewald-Verlag, 1997.

Kaltenborn, Carl-Jürgen. *Adolf von Harnack als Lehrer Dietrich Bonhoeffers*. Berlin: Evangelische Verlagsanstalt, 1973.

_____. *Nicht-religiöses Credo in Lateinamerika*. Zur Bonhoeffer-Rezeption in Lateinamerika. in: Krötke / Schönherr (Herausgeber). Bonhoeffer-Studien. 1985, 137-147.

Kang Sung-Young. *Wirklichkeit, Glaube und Leben*. Wirklichkeit Gottes in der Welt und nichtreligiöse Interpretation bei Dietrich Bonhoeffer, Diss. Heidelberg 1997.

Knittermeyer, Hinrich. Rezension zu *Akt und Sein*, Zwischen den Zeiten 11 (1933), 179-183.

Kodalle, Klaus-Michael. *Dietrich Bonhoeffer*. Zur Kritik seiner Theologie, Gütersloh 1991.

Kohler, R.F.. The Christocentric Ethics of Dietrich Bonhoeffer. in: *Scottish Journal of Theology* 23 (1970), 27-40.

Körtner, Ulrich. *Evangelische Sozialethik*. Grundlagen und Themenfelder, Göttingen 1999.

Koschyk, Hartmut (Herausgeber). *Deutschland, Korea – geteilt, vereint*. München 2005.

Kraft, Dieter. *Der Friedensgedanke in der Theologie Dietrich Bonhoeffers*. in: Krötke / Schönherr (Herausgeber). Bonhoeffer-Studien. 1985, 86–97.

Krause, Gerhard. *Dietrich Bonhoeffer und Rudolf Bultmann*. in: Zeit und Geschichte (Festschrift für Rudolf Bultmann). Tübingen 1964, 439-460.

Krötke, Wolf / Albrecht Schönherr (Herausgeber). *Bonhoeffer-Studien*. Beiträge zur Theologie und Wirkungsgeschichte Dietrich Bonhoeffers. Im Auftrage des Bonhoeffer-Komitees beim Bund der Evangelischen Kirchen in der DDR. Berlin: Evangelische Verlagsanstalt / München: Chr. Kaiser, 1985.

_____. Dietrich Bonhoeffer als „Theologe der DDR". in: *Zeitschrift für Evangelische Ethik* 37 (1993), 94-105.

_____. *Barmen – Barth – Bonhoeffer*. Beiträge zu einer zeitgemäßen christozentrischen Theologie. Luther-Verlag 2009.

Kütemeyer, Wilhelm(hsrg.). *Der Einzelne und die Kirche, Über Luther und den Protestantismus*. Kurt Wolff, 1934.

Kuske, Martin. *Das Alte Testament als Buch von Christus*. Dietrich Bonhoeffers Wertung und Auslegung des Alten Testaments (Diss. Rostock 1967). Berlin: Evangelische Verlagsanstalt, 1970, Göttingen 1971.

_____. *Die Weite des Herrschaftsbereiches Christi*. Dietrich Bonhoeffer auf dem Weg zu

Widerstand und Ergebung. in: Evangelische Theologie 28 (1968), 579-594.

_____. *Weltliches Christsein*. Dietrich Bonhoeffers Visionnimmt Gestalt an. München 1984.

Lange, Christina. *Dietrich Bonhoeffer im Religionsunterricht*, Diss. Kassel 2008.

Lange, Ernst. *Kirche für andere*. Dietrich Bonhoeffers Beitrag zur Frage einer verantwortbaren Gestalt der Kirche in der Gegenwart. in: Rüdiger Scholz (Herausgeber). *Kirche für die Welt. Aufsätze zur Theorie kirchlichen Handelns*. München und Gelnhausen 1981, 19ff.

_____. Kirche für andere. in: *Evangelische Theologie* 27 (1967), 513-546.

Lasserre, Jean. *Erinnerungen an Dietrich Bonhoeffer*. in: Von Gottes Barmherzigkeit und der Gerechtigkeit des Menschen (Reinhold-Schneider-Stiftung, 15). Hamburg 1981, 73-76.

Lee-Linke, Sung-Hee. *Bonhoeffer und die gelebte christliche Spiritualität*. Eine Theologin aus Korea erzählt (Vortrag auf der Jahrestagung der Internationalen Bonhoeffer Gesellschaft in Berlin-Spandau 14.-17. September 2006). in: ibg Bonhoeffer Rundbrief Nr. 82 (März 2007), 27-32.

Löhr, Christian. *Das Verständnis des Friedens in Dietrich Bonhoeffers Auslegung der Bergpredigt*. in: Krötke / Schönherr (Herausgeber). *Bonhoeffer-Studien*. 1985, 98-112.

_____. Rückblick auf die Jahrestagung in Spandau. in: ibg Bonhoeffer Rundbrief Nr. 81 (November 2006), 43-46.

Marsh, Charles. Human Community and Divine Presence: Dietrich Bonhoeffer's Theological Critique of Hegel. in: *Scottish Journal of Theology* 45 (1992), 427-448.

Martin, Karl (Herausgeber). *Aufbruch nach der Wende* – Militärseelsorge, Kultursteuer und das Staat-Kirche-Verhältnis, Baden-Baden: Nomos Verlagsgesellschaft, 1997.

_____. (Herausgeber). *Bonhoeffer bewegt*. Über die Wechselwirkungen zwischen Biografie und Theologie. Mit einem Grußwort des Bundespräsidenten zum 100. Geburtstag Dietrich Bonhoeffers, Wiesbaden / Berlin: Fenestra-Verlag, 1. Auflage 2006.

_____. (Herausgeber). *Dietrich Bonhoeffer: Herausforderung zu verantwortlichem Glauben, Denken und Handeln*. Denkanstöße – Dokumente – Positionen, Berliner Wissenschafts-Verlag 2008.

Marty, Martin E.. *The Place of Bonhoeffer*. London 1963.

Maurer, Wilhelm. *Luthers Lehre von den drei Hierarchien und ihr mittelalterlicher Hintergrund*. München: Verlag der Bayerischen Akademie der Wissenschaften, 1970.

Mayer, Rainer. *Christuswirklichkeit*. Grundlagen, Entwicklung und Konsequenzen der Theologie Dietrich Bonhoeffers. Stuttgart 1969, 43ff.

_____. *Recht und Grenze des theologischen Systems nach Dietrich Bonhoeffer*. in: Evangelische Theologie 31 (1971), 51-58.

_____. *Friede und Widerstand*. Biographische und theologische Reflexionen über Dietrich Bonhoeffer. in: der evangelische erzieher, Zeitschrift für Pädagogik und Theologie 34 (Moritz Diesterweg 1982), 438-450.

_____. *Seelsorge zwischen Humanwissenschaften und Theologie*. Ein Beitrag zur Neuorientierung in der gegenwärtigen Seelsorgediskussion. in: Theologische Beiträge 14 (1983).

_____. Was wollte Dietrich Bonhoeffer in Fanö? Zur aktuellen Diskussion um ein Friedenskonzil. in: *Theologische Beiträge* 19 (1988), 73-89.

_____. Zur Rezeption und Interpretation des Werkes von Dietrich Bonhoeffer. Literaturüberblick und Forschungsbericht. in: *Theologische Beiträge* 20 (1989), 29-42.

_____. Die Bedeutung von Bonhoeffers Mandatenlehre für eine moderne politische Ethik. in: Mayer / Zimmerling (Herausgeber). *Dietrich Bonhoeffer heute*. 1992, 58-80.

_____. / Zimmerling, Peter (Herausgeber). *Dietrich Bonhoeffer - Mensch hinter Mauern*. Theologie und Spiritualität in den Gefängnisjahren. Brunnrn, 1993.

_____. / Zimmerling, Peter (Herausgeber). *Dietrich Bonhoeffer: Beten und Tun des Gerechten*. Glaube und Verantwortung im Widerstand, Gießen: Brunnen, 1997.

Mawson, Michael. The Spirit and the Community: Pneumatology and Ecclesiology in Jenson, Hütter and Bonhoeffer. in: *International Jourmal of Systematic Theology* 15 (2013), 453-468.

Meuß, Gisela. *Arkandisziplin und Weltlichkeit bei Dietrich Bonhoeffer*. in: MW III, 68-115.

Wendel, Ernst Georg. *Studien zur Homiletik Dietrich Bonhoeffers*. Predigt – Hermeneutik – Sprache (HUTh 21), Tübingen 1985.

Mokrosch, Reinhold. *Das Gewissensverständnis Dietrich Bonhoeffers*. Reformatorische Herkunft und politische Funktion. in: Christian Gremmels (Herausgeber). Bonhoeffer und Luther. Zur Sozialgestalt des Luthertums in der Moderne (Internationales Bonhoeffer Forum, 6). München 1983, 59–92.

_____. *Bergpredigt im Alltag*. Gütersloh 1991.

_____. (Herausgeber). *Dietrich Bonhoeffers Ethik*. Ein Arbeitsbuch für Schule, Gemeinde und Studium, Gütersloh 2003.

_____. *Dietrich Bonhoeffer als Religionspädagoge?*. in: H. F. Rupp (Herausgeber). Denk-Würdige Stationen der Religionspädagogik (Festschrift für Rainer Lachmann). Jena 2005, 277-292.

_____. *„Gott ist mitten in unserem Leben jenseitig.“* Ist dieser religionspädagogische Grundsatz D. Bonhoeffers angesichts der Gottesbilder und Gotteserfahrungen Jugendlicher noch heute relevant? Und ist er eine Basis für ein religionspädagogisches Konzept?. in: John W. de Gruchy u.a. (Herausgeber). *Dietrich Bonhoeffers Theologie heute*. Gütersloh 2009, 244-261.

_____. *Dietrich Bonhoeffers Gedichte aus seiner Gefängniszelle* 1943-1945. Haben sie das öffentliche Friedensbewusstsein beeinflusst?. in: Carl-Heinrich Bösling (Herausgeber). Krieg beginnt in den Köpfen. Universität Osnabrück 2011, 73-88.

Moltmann, Jürgen. *Herrschaft Christi und soziale Wirklichkeit nach Dietrich Bonhoeffer* (Theologische Existenz heute Neue Folge, 71). München 1959.

_____. (Herausgeber). *Minjung*. Theologie des Volkes Gottes in Südkorea, Neukirchener Verlag 1984.

Müller, Dedo. Dietrich Bonhoeffers Prinzip der weltlichen Interpretation und Verkündigung des Evangeliums. in: *Theologische Literaturzeitung* 86 (1961), 722-744.

Müller, Gerhard Ludwig. *Bonhoeffers Theologie der Sakramente*. Frankfurt am Main: Knecht, 1979.

_____. *Für andere da*. Christus – Kirche – Gott in Bonhoeffers Sicht der mündig gewordenen Welt, Paderborn: Verlag Bonifacius-Druckerei, 1980.

Müller, Hanfried. *Von der Kirche zur Welt*. Ein Beitrag zu der Beziehung des Wortes Gottes auf die societas in Dietrich Bonhoeffers theologischer Entwicklung (1956). Hamburg-Bergstedt: Herbert Reich Evangelischer Verlag, 1961, 21966.

_____. *Zur Problematik der Rezeption und Interpretation Dietrich Bonhoeffers*. in: Die mündige Welt IV. München: Chr. Kaiser, 1963, 52-78.

Ott, Heinrich. *Wirklichkeit und Glaube I*. Zum theologischen Erbe Dietrich Bonhoeffers, Vandenhoeck & Ruprecht in Zürich 1966.

Padelford, Walton. *Dietrich Bonhoeffer and Business Ethics*. BorderStone Press, 2011.

Pangritz, Andreas. *Dietrich Bonhoeffers Forderung einer Arkandisziplin*. Eine unerledigte Anfrage an Theologie und Kirche, Köln: Pahl-Rugenstein, 1988.

_____. *Karl Barth in der Theologie Dietrich Bonhoeffers*. Eine notwendige Klarstellung, Berlin: Alektor-Verlag, 1989.

_____. *Polyphonie des Lebens*. Zu Dietrich Bonhoeffers Theologie der Musik, 2.. überarbeitete Auflage, Berlin: Orient und Okzident, 2000.

_____. *Dietrich Bonhoeffers ökumenische Friedensethik*. Damals – Heute?. in: Alexandra Hippchen (Herausgeber). Beharrlich gegen die Macht. Otto Meyer zu Ehren, Münster 2005, 187-200.

Peters, Tiemo Rainer. *Die Präsenz des Politischen in der Theologie Dietrich Bonhoeffers*. München: Chr. Kaiser, 1976.

Pfeifer, Hans. *Das Kirchenverständnis Dietrich Bonhoeffers*. Ein Beitrag zur theologischen Prinzipienlehre, Diss. Heidelberg 1963.

_____. *Das Außerordentliche in der Geschichte bei Walter Benjamin und Dietrich Bonhoeffer*. in: Christiane Tietz (Hg.), *Dietrich Bonhoeffers Christemtum*, Gütersloh, 2011, 226-250.

Phillips, John A.. *The Form of Christ in the World*. A study of Bonhoeffer's Christology, London 1967.

_____. *Christ for us in the Theology of Dietrich Bonhoeffer*. Harper & Row, New York, 1967.

Plathow, Michael. *Schuldübertragung oder Schuldübernahme.* Stellvertretung als dogmatisch-ethische Theorie. in: *Zeitschrift für Theologie und Kirche* 104 (1982), 411-422.

Prenter, Regin. *Jesus Christus als Gemeinde existierend.* Ein Beitrag zum Verständnis Dietrich Bonhoeffers. in: *Lutherische Monatshefte* 4 (1965), 262-267.

Prüller-Jagenteufel, Gunter. *Befreit zur Verantwortung.* Sünde und Versöhnung in der Ethik Dietrich Bonhoeffers. Münster: LIT Verlag, 2004.

Reuter, Hans-Richard. *Vom christlichen Pazifismus zum aktiven Widerstand.* Dietrich Bonhoeffers (Denk-)Weg zwischen 1930 und 1943. in: Hans-Richard Reuter (Herausgeber). Frieden – Einsichten für das 21. Jahrhundert. 12. Dietrich-Bonhoeffer-Vorlesung Juni 2008 in Münster, LIT Verlag 2008, 15–42.

Rieger, Julius. *Dietrich Bonhoeffer in England.* Berlin 1966.

Robinson, David S.. *Peccatorum Communio: Intercession in Bonhoeffer's Use of Hegel.* in: Studies in Christian Ethics, 86-100.

Robinson, John A.T.. *Gott ist anders.* München 1967; englisch: Honest to God, London 1963.

Rüegger, Heinz. *Bruderschaftliche Existenz nach Dietrich Bonhoeffer.* in: Theologische Beiträge 13 (1982), 101-120.

Rumscheidt, Martin. *Harnack, Seeberg and Bonhoeffer.* in: Peter Frick (Herausgeber). Bonhoeffer's Intellectual Formation. *Theology and Philosophy in His Thought.* Tübingen: Mohr Siebeck, 2008, 200-224.

Sauter, Gerhard. *Zur Herkunft und Absicht der Formel Nicht-religiöse Interpretation biblischer Begriffe bei Dietrich Bonhoeffer.* in: *Evangelische Theologie* 25 (1965), 283-297.

Schäfer, Albert. *Die theologische Beurteilung des Krieges in der deutschen protestantischen Theologie zwischen den Weltkriegen.* dargestellt an den Beispielen P. Althaus, E. Hirsch, D. Bonhoeffer und dem sogenannten Fall Dehn, Diss. Heidelberg 1978.

Scharffenorth, Ernst-Albert. *Bonhoeffers Pazifismus.* in: Christopher Frey / Wolfgang Huber (Herausgeber). Schöpferische Nachfolge (Festschrift Heinz Eduard Tödt, Texte und Materialen der Forschungsstätte der Evangelischen Studiengemeinschaft). Heidelberg 1978, 368-388.

Scheliha, Arnulf von. *Theologische und ethische Essays.* Osnabrück 2011.

Schließer, Christine. Schuld durch rechtes Tun? Verantwortliches Handeln nach Dietrich Bonhoeffer. Neukirchener Verlagshaus 2006.

Schwarz, Joachim. *Christologie als Modell der Gesellschaft.* Eine Untersuchung zu den ersten Schriften Bonhoeffers, Wien 1968.

Schwarzwäller, Klaus. Literatur zum Thema *Verantwortung.* in: Theologische Rundschau 57 (1992), 141-179.

Schönherr, Albrecht. *Sanctorum Communio.* Dietrich Bonhoeffer als Theologe der Kirche. in:

Monatsschrift für Pastoraltheologie 45 (1956), 327-339.

Slenczka, Notger. *Die unvermeidliche Schuld*. Der Normenkonflikt in der christlichen Ethik. Deutung einer Passage aus Bonhoeffers Ethik-Fragmenten. in: *Berliner Theologische Zeitschrift* 16 (1999), 97-119.

Smid, Marikje. *Deutscher Protestantismus und Judentum* (Heidelberger Untersuchungen zu Widerstand, Judenverfolgung und Kirchenkampf im Dritten Reich, 2). München: Chr. Kaiser, 1989.

Sölle, Dorothee. *Stellvertretung*. Ein Kapitel Theologie nach dem Tode Gottes, Stuttgart / Berlin 1965; darin: *Die Dialektik von Angewiesenheit und Verantwortung* (Auseinandersetzung mit Bonhoeffer), 121-129.

Soosten, Joachim von. *Die Sozialität der Kirche*. Theologie und Theorie der Kirche in Dietrich Bonhoeffers „Sanctorum Communio". München: Chr. Kaiser, 1992.

Stowasser, J.M.(Hg). *STOWASSER*. Lateinisch – deutsches Schulwörterbuch, Wien, 2004,

Strohm, Christoph. *Theologische Ethik im Kampf gegen den Nationalsozialismus*. Der Weg Dietrich Bonhoeffers mit den Juristen Hans von Dohnanyi und Gerhard Leibholz in den Widerstand (Heidelberger Untersuchungen zu Widerstand, Judenverfolgung und Kirchenkampf im Dritten Reich, 1). München: Chr Kaiser, 1989.

Stuhlmacher, Peter. *Jesu vollkommenes Gesetz der Freiheit*. Zum Verständnis der Bergpredigt, Zeitschrift für Theologie und Kirche 79(1982), 283-322.

Tietz, Christiane. *Bonhoeffers Kritik der verkrümmten Vernunft*. Eine erkenntnistheoretische Untersuchung (Beiträge zur historischen Theologie, 112). Tübingen: Mohr Siebeck, 1999.

_____. *Freiheit zu sich selbst*. Entfaltung eines christlichen Begriffs von Selbstannahme (Forschungen zur systematischen und ökumenischen Theologie, 111). Göttingen: Vandenhoeck & Ruprecht, 2005.

_____. / Klaus Grünwaldt / Udo Hahn (Herausgeber). *Bonhoeffer und Luther*. Zentrale Themen ihrer Theologie, Hannover 2007.

_____. *"Nur der Glaubende ist gehorsam, und nur der Gehorsame glaubt"*. Beobachtungen zu einem existentiellen Zirkel in Dietrich Bonhoeffers Nachfolge. in: Ditrich Bonhoeffer Jahrbuch 2, 170-181.

_____. Florian Schmitz (Hg.). *Dietrich Bonhoeffers Christemtum*. Gütersloh, 2011.

Tödt, Heinz Eduard / Günter Howe. *Frieden im wissenschaftlich-technischen Zeitalter*. Ökumenische Theologie und Zivilisation, Stuttgart / Berlin: Kreuz-Verlag, 1966.

_____. *Frieden*. in: Christlicher Glaube in moderner Gesellschaft (Enzyklopädische Bibliothek in 30 Teilbänden), Teilband 13. Freiburg im Breisgau: Herder, 1981, 79-119.

_____. *Dietrich Bonhoeffers ökumenische Friedensethik*. in: Hans Pfeifer (Herausgeber). Frieden – das unumgängliche Wagnis (Internationales Bonhoeffer Forum, 5). München 1982, 85-117.

_____. / Wolfgang Huber. *Menschenrechte*. Perspektiven einer menschlichen Welt. München 1977, 31988.

_____. *Perspektiven theologischer Ethik*. München: Chr. Kaiser, 1988.

_____. *Theologische Perspektiven nach Dietrich Bonhoeffer*. herausgegeben von Ernst-Albert Scharffenorth, Gütersloh 1993.

Tödt, Ilse (Herausgeber). *Dietrich Bonhoeffers Hegel-Seminar 1933*. Nach den Aufzeichnungen von Ferenc Lehel (Internationales Bonhoeffer Forum, 8). München: Chr. Kaiser, 1988.

Walker, Hamish. The Incarnation and Crucifixion in Bonhoeffer's Cost of Discipleship. in: *Scottish Journal of Theology* 21(December 1968), 407-415.

Weber, Manfred. *Dietrich Bonhoeffer von A bis Z*. Sein Denken und Reden, sein Predigen und Beten in Schlagworten erschlossen, Gütersloh 2010.

Weissbach, Jürgen. *Christologie und Ethik bei Dietrich Bonhoeffer*. München: Chr. Kaiser, 1966.

Weizsäcker, Carl Friedrich von. *Die Zeit drängt*. Eine Weltversammlung der Christen für Gerechtigkeit, Frieden und die Bewahrung der Schöpfung. München: Carl Hanser Verlag, 1986 und 2006.

Welker, Michael. *Karl Barths und Dietrich Bonhoeffers Beiträge zur zukünftigen Ekklesiologie*. in: Zeitschrift für Dialektische Theologie 22 (2006) Nummer 2, 120ff.

Wendebourg, Dorothea. *Dietrich Bonhoeffer und die Berliner Universität*. in: Berliner Theologische Zeitschrift 23 (2006), 285-312.

Wind, Renate. *Dem Rad in die Speichen fallen*. Die Lebensgeschichte des Dietrich Bonhoeffer. Weinheim: Beltz Verlag, 1990 u.ö..

Wüstenberg, Ralf K.. *Glauben als Leben*. Dietrich Bonhoeffer und die nichtreligiöse Interpretation biblischer Begriffe. Frankfurt: Peter Lang, 1996.

_____. *Eine Theologie des Lebens*. Dietrich Bonhoeffers „nichtreligiöse Interpretation biblischer Begriffe". Berlin: Evangelische Verlagsanstalt, 2006.

_____. (Herausgeber). *Dietrich Bonhoeffer lesen im internationalen Kontext*. Von Südafrika bis Südostasien, Bern / Frankfurt / Wien / Oxford / New York 2007.

Yu, Suk-Sung. *Christologische Grundentscheidung bei Dietrich Bonhoeffer*, Diss. Tübingen 1990.

Zimmerling, Peter. *Bonhoeffer als Praktischer Theologe*. Göttingen: Vandenhoeck & Ruprecht 2006.

Zimmermann, Jens. Reading the Book of the Church: Bonhoeffer's Christological Hermeneutics. in: Modern Theology 28 (2012), 763-780.

Zimmermann, Wolf-Dieter. *Begegnungen mit Dietrich Bonhoeffer*. München: Chr. Kaiser, 1964.

주님의 선하신 권능에 감싸여

Words by Dietrich Bonhoeffer
Song by Siegfried Fietz

손성현 역